HELMERT-KÖNIG

Die Vermögensrechnung des Bundes

SAMMLUNG GUTTENTAG

241

Die Vermögensrechnung des Bundes

Kommentar
zur Buchführungs- und Rechnungslegungsordnung für das Vermögen des Bundes (VBRO)
mit einer Einführung in die Entwicklung und Probleme der Vermögensrechnung
und den Vermögensrechnungsbestimmungen für den Ausgleichsfonds

von

Otto Helmert †
Oberregierungsrat am Bundesrechnungshof

2. Auflage

neu bearbeitet und ergänzt von

Herbert König
Oberregierungsrat im Bundesministerium für Wirtschaft

Berlin 1963

WALTER DE GRUYTER & CO.

vormals G. J. Göschen'sche Verlagshandlung / J. Guttentag, Verlagsbuchhandlung / Georg Reimer / Karl J. Trübner / Veit & Comp.

Archiv-Nr. 2941631

Vorwort zur ersten Auflage

Die

„Vermögensrechnung des Bundes"

beruht auf Artikel 114 Absatz 1 des Grundgesetzes; sie ist durch die

Buchführungs- und Rechnungslegungsordnung für das Vermögen des Bundes — VBRO —

in den Einzelheiten geregelt. Nach den Bestimmungen dieser Ordnung ist vom 1. April 1953 an über das Vermögen und die Schulden des Bundes Buch zu führen und Rechnung zu legen. Damit hat die Verwaltung eine neue Aufgabe erhalten und ist das staatliche Rechnungswesen in eine neue Phase seiner Entwicklung eingetreten. Das Ergebnis einer ersten allgemeinen Bestandsaufnahme des Bundesvermögens liegt bereits vor; es hat in der Öffentlichkeit, in Parlament und Presse lebhaftes Echo gefunden.

Die vorliegende Arbeit will einen doppelten Zweck erfüllen: Einmal will sie eine Einführung in die Entwicklung und die Probleme der öffentlichen Vermögensrechnung geben, zum anderen will sie denen, die mit der Ausführung der Bestimmungen betraut sind, Wegweiser und Berater sein. Dem ersten ist die Einleitung gewidmet, dem zweiten sollen die Erläuterungen und Beispiele dienen.

Bei der Durchsicht des Buches, besonders der Einleitung, mag auffallen, daß es auf die Vermögensrechnung der Gemeinden mehr eingeht, als es der Titel erwarten läßt. Das ist verständlich, weil die Hauptprobleme hier wie dort die gleichen sind, Erfahrungen aber nur auf dem Gebiete der gemeindlichen Vermögensrechnung vorliegen und die Literatur sich fast ausschließlich mit dieser beschäftigt. Gelegentliche Vergleiche mit betriebswirtschaftlichen Gegebenheiten haben ihren Grund darin, daß aus den Erkenntnissen und Erfahrungen der Erwerbswirtschaft wertvolle Anregungen für die Vermögensrechnung der öffentlichen Hand erwachsen.

Ich danke Herrn Ministerialrat Dr. Greuner (Bundesrechnungshof), Herrn Ministerialrat Dr. Beurlen (Bundesfinanzministerium) und Herrn Regierungsamtmann Steurer (Bundesfinanzministerium) für freundliche Förderung und Unterstützung meiner Arbeit. Auch dem Verlag gebührt mein Dank für die zweckvolle Ausstattung des Bandes.

Möge das Buch einen bescheidenen Beitrag zur Einführung der Vermögensrechnung des Bundes leisten und die Aufgabe erfüllen, die ihm zugedacht ist.

Frankfurt am Main, im März 1954

Otto Helmert

Vorwort zur zweiten Auflage

Der Verfasser dieses Buches, Otto Helmert, ist am 14. Januar 1961 verschieden. Von seiner unermüdlichen Arbeit im Dienste der öffentlichen Finanzwirtschaft, von seiner Ordnungsliebe, seinem Pflichtbewußtsein und letzlich seiner Treue zum Staat künden — außer einer Reihe von Einzelveröffentlichungen vornehmlich in der Zeitschrift „Der öffentliche Haushalt — Archiv für Finanzkontrolle“ — der hiermit in zweiter Auflage vorgelegte Kommentar zur Vermögensrechnung des Bundes und das kurz vor seinem Tode im gleichen Verlag erschienene umfassende Werk „Haushalts-, Kassen- und Rechnungswesen“, eine systematische Darstellung und Erläuterung des geltenden Rechts im Bund, in den Ländern und den Gemeinden. Mit beiden Büchern wollte der Verstorbene dem Praktiker wie dem Lernenden helfen, sich in der auf den ersten Blick vielschichtigen und schwierigen Materie des öffentlichen Haushalts, der Rechnungsführung und der Rechnungslegung zurechtzufinden; er entsprach damit zugleich einem von vielen Seiten an ihn herangetragenen Wunsch, er möge seine reichen Erfahrungen und seinen einmaligen Überblick über dieses weite Gebiet an die Allgemeinheit weitergeben, wie überhaupt Hilfsbereitschaft, gepaart mit Bescheidenheit und beglückender Herzensfreundlichkeit, die hervorragenden Wesenszüge des allzu früh Heimgegangenen waren.

Wenn nunmehr das Erläuterungsbuch zur Vermögensrechnung des Bundes in zweiter Auflage erscheint, so möchte der die Durchsicht und Ergänzung des Werkes Besorgende darin das Vermächtnis von Otto Helmert, aber auch den Dank und das Gedenken aller, die dem Verschiedenen persönlich und seiner Arbeit verbunden waren, fortleben lassen. In diesem Sinne fußt die neue Auflage auf der seit einiger Zeit vergriffenen ersten; sie enthält aber auch alle wesentlichen Neuerungen im Vollzug des Entwurfes zur VBRO in den inzwischen vergangenen neun Jahren, berichtet in der erweiterten Einleitung zu dem Kommentar zusammenfassend über die Entwicklung der Vermögensrechnungslehre und ihre Probleme und bringt ein hinsichtlich der Neuerscheinungen ergänztes, überarbeitetes Literaturverzeichnis.

Die wohl tiefgreifendste Neuerung im Vollzug der VBRO war der Verzicht auf den wertmäßigen Vermögensnachweis der beweglichen Sachen. In der Hoffnung und Erwartung, daß dieser Verzicht eines Tages, wenn die seinerzeit gegebenen Hemmnisse weggefallen sein werden, im Interesse eines umfassenden Vermögensnachweises rückgängig gemacht werden wird, sind in der neuen Auflage der sich hierauf beziehende Text der VBRO unberührt geblieben und die zugehörigen Erläuterungen lediglich umgestellt worden.

Neu aufgenommen und in den Erläuterungen berücksichtigt wurden der Text, der Vermögensgruppenplan und das Muster der Überführungserklärungen sowie der Rechnungsnachweisung zu den Vermögensrechnungsbestimmungen für den Ausgleichsfonds in heutiger Fassung. An weiteren Texten sind eingefügt und — soweit erforderlich — in ihrer Auswirkung auf das Gefüge der VBRO kommentiert die inzwischen erlassenen Richtlinien zur Führung der Bestandsverzeichnisse über bewegliche Sachen gemäß § 28 VBRO, ferner — zu § 38 VBRO — der endgültig gefaßte Abschnitt K 18 der RBBau nebst zwei Mustern, desgleichen ein Muster des jährlichen Rechnungslegungserlasses, soweit er sich auf die Vermögensrechnung bezieht, und schließlich ein Auszug aus dem Reichsvermögen-Gesetz vom 16. Mai 1961. Die ebenfalls aufgenommene Zusammenstellung der bei der Prüfung der Vermögensrechnung zu berücksichtigenden Fragen war in ihren Grundzügen noch von Helmert festgelegt worden.

Es hätte nahegelegen, gelegentlich der Neubearbeitung des Kommentars noch auf weitere Einzelregelungen in den Geschäftsbereichen der Bundesressorts einzugehen. So wünschenswert dies hier und dort gewesen wäre, hätte es doch den dem Werk vom Allgemeininteresse her gesetzten Rahmen gesprengt.

Als Materialien für die Neubearbeitung standen in erster Linie die Unterlagen des Bundesrechnungshofes und des Bundeswirtschaftsministeriums zur Verfügung. Dem Herrn Bundesminister für Wirtschaft und dem Herrn Präsidenten des Bundesrechnungshofes, auf dessen Vorschlag die Neuauflage beruht, sei hierfür verbindlichst gedankt.

Besonders verbunden ist der Bearbeiter der zweiten Auflage Herrn Ministerialrat und Mitglied des Bundesrechnungshofes Dr. Dreßler für dessen Anregung zur Übernahme des Auftrages hierzu, Herrn Amtsrat im Bundesministerium der Finanzen Steurer für seinen guten Rat zur Gestaltung des Werks, den Herren Ltd. Regierungsdirektor Dr. Gross*) Regierungsamtmann Altmann*) und Regierungsamtmann Kuhn vom Bundesausgleichsamt für ihre freundliche Unterstützung gelegentlich der Aufnahme der sich auf den Ausgleichsfonds beziehenden Bestimmungen, dem Verlag für seine Bereitschaft zur Neuauflage und zu einer ebenso handlichen wie ansprechenden Ausstattung des Buches.

Die Ergänzung des Sachregisters und dessen Umstellung auf die neuen Seitenzahlen sowie die Gestaltung und Bearbeitung eines besonderen Sachregisters zu den Vermögensrechnungsbestimmungen für den Ausgleichsfonds besorgte in höchst dankenswerter Weise Herr Regierungsoberinspektor Herbert Janeck von der Oberfinanzdirektion Frankfurt/Main.

Möge auch die zweite Auflage dem Zweck gerecht werden, dem Otto Helmert das Werk gewidmet hat.

Bonn und Frankfurt/Main, im Februar 1963

Herbert König

---

*) Siehe auch das Loseblattwerk „Der Sachbearbeiter im Lastenausgleich", Band 3: Haushalts-, kassen- und rechnungsmäßige Verwaltung des Ausgleichsfonds, von Gross-Altmann, Behörden- und Industrieverlag, Frankfurt.

Der Bundesminister der Finanzen hat mit Erlaß vom 16. März 1953 — II B — 0 4300 — 72/53 — im Einvernehmen mit den übrigen Bundesministern den unter Mitwirkung des Bundesrechnungshofs aufgestellten

Entwurf

der Buchführungs- und Rechnungslegungsordnung

für das Vermögen des Bundes

– VBRO –

veröffentlicht (MinBlFin 1953 S. 166). Die mit der Verwaltung von Bundesvermögen betrauten Behörden und Dienststellen sind angewiesen, vom 1. April 1953 an nach dem Entwurf zu verfahren. Der vorliegenden Arbeit liegen dieser Entwurf und die zu seinem Vollzug ergangenen Rundschreiben und Erlasse vor allem des Bundesministers der Finanzen zugrunde. Hinweise auf die Buchführungs- und Rechnungslegungsordnung für das Vermögen des Bundes (VBRO) sind Hinweise auf diesen Entwurf.

Inhaltsübersicht

Inhaltsübersicht

Abkürzungen

a. a. O.	= am angegebenen Orte
Abs.	= Absatz
Abschn.	= Abschnitt
Amtsbl. RFVerw.	= Amtsblatt der Reichsfinanzverwaltung
Akt.Ges.	= Gesetz über Aktiengesellschaften und Kommanditgesellschaften auf Aktien (Aktiengesetz) vom 30. Januar 1937 (RGBl. I S. 107)
Anl.	= Anlage
Anm.	= Anmerkung(en)
Art.	= Artikel
Aufl.	= Auflage
Ausf.Anw.	= Ausführungsanweisung
Ausf.Anw. z. KuRVO	= Ausführungsanweisung zur Verordnung über das Kassen- und Rechnungswesen der Gemeinden vom 1. März 1939 (RMBliV. S. 441)
Bad. GVBl.	= Badisches Gesetz- und Verordnungsblatt
Bd.	= Band
BGB	= Bürgerliches Gesetzbuch
BGBl.	= Bundesgesetzblatt
Buchst.	= Buchstabe
BZBl.	= Bundeszollblatt
DGO	= Deutsche Gemeindeordnung vom 30. Januar 1935 (RGBl. I S. 49)
DMBG	= Gesetz über die Eröffnungsbilanz in Deutscher Mark und die Kapitalneufestsetzung (DM-Bilanzgesetz) vom 31. August 1949 (WiGBl. S. 279)
EigBetrVO	= Eigenbetriebsverordnung vom 21. November 1938 (RGBl. I S. 1650)
Einl.	= Einleitung
Erl.	= Erlaß, Erläuterung
GemHVO	= Verordnung über die Aufstellung und Ausführung des Haushaltsplans der Gemeinden (Gemeindehaushaltsverordnung) vom 4. September 1937 (RGBl. I S. 921)
Ges.	= Gesetz
GG	= Grundgesetz für die Bundesrepublik Deutschland
GS	= Preußische Gesetzsammlung
GVBl. od. GuVOBl.	= Gesetz- und Verordnungsblatt
GVNW	= Gesetz- und Verordnungsblatt für Nordrhein-Westfalen
HGB	= Handelsgesetzbuch
i. Verb. m.	= in Verbindung mit
KuRVO	= Verordnung über das Kassen- und Rechnungswesen der Gemeinden vom 2. November 1938 (RGBl. I S. 1538)
LV	= Literaturverzeichnis

MBliV	= Ministerialblatt für die innere Verwaltung
MinBlFin	= Ministerialblatt des Bundesministers der Finanzen
Mtbl. BAA	= Amtliches Mitteilungsblatt des Bundesausgleichsamtes
RAO	= Reichsabgabenordnung vom 22. Mai 1931 (RGBl. I S. 161)
RBBau	= Richtlinien für die Durchführung von Bauaufgaben des Bundes im Zuständigkeitsbereich der Finanz-Bauverwaltungen
RBBl.	= Reichshaushalts- und Besoldungsblatt
RBewG	= Reichsbewertungsgesetz vom 16. Oktober 1934 (RGBl. I S. 1035)
rev. DGO	= Revidierte Deutsche Gemeindeordnung vom 1. April 1946 (Amtsbl. d. Militärregierung — Brit. Kontrollgebiet — S. 127)
RFH	= Reichsfinanzhof
RGBl.	= Reichsgesetzblatt
RGZ	= Rechtsprechung des Reichsgerichts in Zivilsachen
RHO	= Reichshaushaltsordnung vom 31. Dezember 1922 (RGBl. 1923 II S. 17)
Richtl. VR	= Richtlinien zur Vermögensrechnung
RKO	= Reichskassenordnung vom 6. August 1927 (Reichsministerialbl. S. 357)
RMBliV	= Reichsministerialblatt für die innere Verwaltung
RRO	= Rechnungslegungsordnung für das Reich vom 3. Juli 1929 (Reichsministerialbl. S. 439)
RSchO.	= Reichschuldenordnung vom 13. Februar 1924 (RGBl. I S. 95)
Rückl.VO	= Rücklagenverordnung vom 5. Mai 1936 (RGBl. I S. 435)
RWB	= Wirtschaftsbestimmungen für die Reichsbehörden vom 11. Februar 1929 (Reichsministerialbl. S. 49)
s.	= siehe
S.	= Seite
Tz.	= Textziffer
VBRO	= Buchführungs- und Rechnungslegungsordnung für das Vermögen des Bundes
vgl.	= zu vergleichen
VO	= Verordnung
WiGBl.	= Gesetzblatt der Wirtschaftsverwaltung des Vereinigten Wirtschaftsgebietes
Ziff.	= Ziffer

Einleitung

I. Allgemeines

Die Buchführung und die Rechnungslegung über die Einnahmen und die Ausgaben des Bundes, der Länder, Gemeinden und Gemeindeverbände sind bis in alle Einzelheiten geregelt. Die Dienststellen und Kassen der öffentlichen Verwaltung bemühen sich gewissenhaft um die Beachtung der einschlägigen Vorschriften. Mit der gleichen Sorgfalt wird das öffentliche Vermögen verwaltet. Indes war bei diesem ein einwandfreier Nachweis der Bestände und Wertveränderungen bisher weithin nicht möglich, weil eine ordnungsmäßige Buchführung und Rechnungslegung über das Vermögen fehlte. Die

Buchführungs- und Rechnungslegungsordnung für das Vermögen des Bundes — VBRO —

soll diese Lücke im Bereich der Bundesverwaltung schließen.

Nimmt man als „Vermögen" alle Bestände an, „die der öffentlichen Leistungserstellung dienen und deren Nutzungsdauer sich über das Anschaffungsjahr hinaus erstreckt"[1]) — im Gegensatz zu Mülhaupt jedoch nur die im Eigentum der Körperschaft stehenden —, so wird klar, daß es mit der bloßen Aufzeichnung der Einnahmen und Ausgaben nicht getan ist. Zwar kommt es in der öffentlichen Verwaltung nicht, wie in der Erwerbswirtschaft, darauf an, die Erträge und Aufwendungen eines Jahres genau abzugrenzen, um den Wirtschaftserfolg des Jahres festzustellen. Es erscheint aber notwendig, auseinanderzuhalten,

a) was von den Ausgaben im Laufe eines Jahres vollständig verbraucht und damit für die betreffende Körperschaft endgültig verloren ist, und

b) was von den Ausgaben auch nach Ablauf des Jahres noch erhalten ist und in Form von Vermögenswerten für die künftige Leistungserstellung zur Verfügung steht.

Das erfordert eine Scheidung der Einnahmen und Ausgaben in vermögenswirksame und vermögensunwirksame[2]).

Nun ist es nicht gleichgültig, in welcher Art von Vermögenswerten sich die in die Zukunft wirkenden Ausgaben niederschlagen. Es ist ein Unterschied, ob eine Ausgabe das grundsätzlich ertraglose Verwaltungsvermögen oder das werbende Vermögen vermehrt. Es ist auch nicht dasselbe, ob die Vermehrung des Vermögens bei den Forderungen eintritt, die früher oder später wieder in die Kasse zurückfließen, oder ob die Ausgabe zur Vermehrung des Sachvermögens dient und damit eine weitere Belastung künftiger Haushalte in Form von Unterhaltungs- und Ver-

---

1) Mülhaupt, Grundsätzliches zum Problem der Vermögensstatistik, im Allg. Stat.Arch. 30, 1941/42, S. 43.

2) Wegen des Begriffes vgl. Anm. 5 zu § 3.

waltungskosten nach sich zieht. Überlegungen dieser Art führen dahin, die vorhandenen Vermögenswerte nach bestimmter Ordnung aufzuteilen, die Bestände in dieser Ordnung darzustellen und ebenso die Veränderungen für die einzelnen Gruppen nachzuweisen. Ähnlich wie bei kritischer Betrachtung einer kaufmännischen Bilanz aus den Verschiebungen der einzelnen Bilanzposten in ihren Größenverhältnissen zueinander wichtige Schlüsse gezogen werden können, so lassen auch die Vermögensaufstellungen der öffentlichen Hand, wenn ihre Zahlen aus rechnungsmäßigen Unterlagen gewonnen sind, Schlüsse von weittragender finanzpolitischer und -wirtschaftlicher Bedeutung zu.

Der Gedanke, auch das Vermögen und seine Veränderungen rechnungsmäßig aufzuzeichnen, hat in der öffentlichen Verwaltung nur nach und nach Eingang gefunden. Frühe Anfänge lassen sich schon seit dem Jahre 1886 im italienischen Staatswesen feststellen (vgl. auch die Logismographie von Cerboni); Schweden kennt seit einem halben Jahrhundert eine Vermögensrechnung, aber auch in der Schweiz, in Spanien, Portugal, Großbritannien und anderen ausländischen Staaten sind Vermögensnachweis und -rechnung seit langem eine Selbstverständlichkeit. In Deutschland haben zuerst die Gemeinden den Wert einer Vermögensrechnung schätzen gelernt. Heute wächst zunehmend die Erkenntnis von der Notwendigkeit, auch auf Bundes- und Landesebene die großen Vermögensmassen dem Werte nach in einer ordnungsmäßigen Buchführung zu erfassen und ihre Beziehungen zu den öffentlichen Haushalten erkennbar zu machen.

Die Vermögensrechnung hat die Aufgabe, den Bestand und die Veränderungen des Vermögens und der Schulden systematisch geordnet darzustellen. Sie ist eine Bestandsrechnung, keine Ertragsrechnung. Nach ihrem Zweck darf man sogar die Vermögensveränderungen stärker herausstellen und die Vermögensrechnung dann als eine Vermögensveränderungsrechnung charakterisieren. Berücksichtigt man noch, daß es nicht so sehr auf den Nachweis der Veränderungen des Gesamtbestandes als auf den der Veränderungen in den einzelnen Vermögensgruppen ankommt, so kann man die Vermögensrechnung mit Leupold[3]) eine „Einzelbestandsveränderungsrechnung“ nennen.

Die Vermögensrechnung soll ferner die Auswirkung der Haushaltseinnahmen und -ausgaben auf das Vermögen und die Schulden aufzeigen und erkennen lassen, ob sie zu deren Vermehrung oder Verminderung geführt haben. Eine Gegenüberstellung des Haushaltsabschlusses und des Ergebnisses der Vermögensrechnung ermöglicht dann die richtige Bewertung eine Überschusses oder Fehlbetrages der Haushaltsrechnung. Ein Haushaltsüberschuß kann sich hier als Folge eines Eingriffs in das Vermögen oder einer Vermehrung der Schulden, ein Fehlbetrag als Folge einer Vermögensinvestition oder eines Abbaus der Verbindlichkeiten erweisen.

Die Aufgabe der Vermögensrechnung hat auch enge Berührung mit der Vermögensstatistik. Beide ergänzen einander. Wie die Buchführung und Rechnungslegung über die Haushaltseinnahmen und -ausgaben der Haushaltsstatistik die Unterlagen liefert, so dienen die aus der Buch-

---

[3]) Leupold, Die Verwaltungsbuchführung der deutschen Gemeinden, Leipzig 1942, S. 123.

führung und Rechnungslegung über das Vermögen und die Schulden gewonnenen Ergebnisse der Vermögens- (und Schulden-) Statistik zur Grundlage. Die volle Auswertung der Ergebnisse der Vermögensrechnung öffentlicher Körperschaften wird Aufgabe der Vermögensstatistik für die Zukunft sein; deren Gegenstand, Umfang und Art will die Rechtsverordnung der Bundesregierung gemäß § 5 des Gesetzes über die Finanzstatistik vom 8. Juni 1960 (BGBl. I S. 322) festlegen.

Schon seit Jahrzehnten bemüht sich die Statistik, die in der öffentlichen Hand befindlichen Vermögensmassen sinnvoll zu gliedern und die Beziehungen ihrer Teile zueinander und zu den öffentlichen Haushalten aufzuhellen. Wenn sich dieser Vermögensstatistik bisher erhebliche Schwierigkeiten entgegenstellten, so lag dies nicht zuletzt an dem Fehlen exakter buchmäßiger Aufzeichnungen über das öffentliche Vermögen. Die nahe verwandte Schuldenstatistik ist in einer glücklicheren Lage, weil sie sich auf einwandfreie buchmäßige Nachweise stützen und deshalb auch mit befriedigenden Ergebnissen aufwarten kann.

Bevor auf die Problematik der Vermögensrechnung öffentlicher Körperschaften eingegangen wird, sei ein kurzer Rückblick auf die bisherigen Vermögensnachweise gestattet, der, wenn er vollständig sein soll, sich auch auf die Gemeinden und die Länder erstrecken muß.

II. Der Nachweis des öffentlichen Vermögens bis zur Gegenwart

a) Der Vermögensnachweis der Gemeinden (Gemeindeverbände)

Bis in die Zeit nach dem ersten Weltkrieg beschränkte sich der Nachweis des Vermögens der Gemeinden und Gemeindeverbände, zumindest für das Sachvermögen, im wesentlichen auf eine mehr oder weniger sorgfältige Registrierung und Inventarisierung der einzelnen Vermögensgegenstände. Die preußischen Gemeindeordnungen schrieben die Führung sogenannter „Lagerbücher" vor; das waren Bücher, in denen das Vermögen der Gemeinde, insbesondere die Liegenschaften — diese nach Art, Größe, Lage usw. —, verzeichnet wurden. In Süddeutschland lagen die Verhältnisse etwas anders. Von den württembergischen Gemeinden sagt Weinmann[4]), daß sie „ihre Rechnungen ein Jahrhundert lang als Erfolgsrechnung zur Ermittlung der Vermögensveränderung geführt haben"; von den badischen Gemeinden berichtet Zimmermann[5]), daß sowohl die Gemeinderechnungsanweisung vom 11. September 1883 als auch die Gemeinderechnungsordnung vom 30. März 1922 „eine eingehend geregelte Vermögensrechnung" kannten. Diese badische Vermögensrechnung war jedoch nur eine Geldrechnung ohne Einbeziehung der Bestände des Sachvermögens. Die preußische Gemeindefinanzverordnung vom 2. November 1932 (GS S. 341) enthielt selbst keine Vorschriften für das Gemeindevermögen. Die Erste Ausf.Anw. zu dieser Verordnung vom 16. Dezember 1932 (MBliV S. 1287) brachte Muster zu einer Haushalts-, einer Kassen- und einer Rechnungsordnung für die Gemeinden und Gemeindeverbände. Nach § 2 dieser Musterhaushaltsordnung war dem Haus-

[4]) Weinmann, Haushaltsrechnung, Vermögensrechnung, Erfolgs- und Wirtschaftlichkeitskontrolle, in „Gemeindehaushalt" 1949, S. 129.

[5]) Zimmermann, Das Sachbuch für das Vermögen, in „Gemeindehaushalt" 1941, S 241.

haltsplan u. a. „eine Nachweisung über das Vermögen und die Schulden einschließlich der Beteiligungen und Bürgschaften unter Angabe der im letzten Kalenderjahr eingetretenen Veränderungen“ beizufügen. Eine entsprechende Nachweisung war gemäß § 12 der Musterrechnungsordnung als Anlage zu der Jahresrechnung aufzustellen, aus der die Veränderungen im letzten Rechnungsjahre ersichtlich sein mußten. Die Bestimmung, dem Haushaltsplan und der Jahresrechnung eine Nachweisung über das Vermögen und die Schulden beizufügen, ist seither aus dem Gemeindefinanzrecht nicht mehr wegzudenken. Aber schon vorher war der Gedanke einer Aufzeichnung des Vermögens mit Wertangabe in den Gemeinden lebendig: Die Vereinigung der Finanzdezernenten der größeren deutschen Städte hat bereits 1926 hierfür Leitsätze[6]) aufgestellt und den Stadtverwaltungen „dringend empfohlen, die Übersicht ihres Vermögens und ihrer Schulden laufend durch Zu- und Abschreibungen zu berichtigen und zum 31. März jedes Jahres abzuschließen“. Das preußische Gemeindefinanzgesetz vom 15. Dezember 1933 (GS S. 442) widmete der Vermögens- und Schuldenverwaltung einen besonderen Teil. Die Grundgedanken dieses Gesetzes sind später in die Deutsche Gemeindeordnung vom 30. Januar 1935 (RGBl. I S. 49) eingegangen. Diese brachte im sechsten Teil unter der Überschrift „Gemeindewirtschaft“ in je einem besonderen Abschnitt u. a. Vorschriften für das Gemeindevermögen, die wirtschaftliche Betätigung der Gemeinde und für die Schulden. Diese Bestimmungen sind ohne wesentliche Änderungen in die neuen Gemeindeordnungen der Länder übergegangen. Einige beachtliche Erweiterungen enthalten die §§ 77 ff. der Gemeindeordnung für Baden-Württemberg vom 25. Juli 1955 — GVBl. S. 129 —).

Die Deutsche Gemeindeordnung von 1935 enthielt das materielle Recht über die Verwaltung des Gemeindevermögens; die Regelung seines Nachweises war den Durchführungsverordnungen überlassen. So bestimmt die Verordnung über das Kassen- und Rechnungswesen (KuRVO) vom 2. November 1938 (RGBl. I S. 1583) in § 55, daß ein Sachbuch für das Vermögen zu führen und in diesem der Bestand des Vermögens zu Beginn des Rechnungsjahres, die Änderungen im laufenden Rechnungsjahr und der Bestand am Ende des Rechnungsjahres nachzuweisen sind. Nach § 92 KuRVO sind neben der Haushaltsrechnung eine Vermögensrechnung aufzustellen und in ihr der Anfangsbestand, die Änderungen des Vermögens und der Schulden und ihr Endbestand nach Maßgabe einer noch zu erlassenden Verordnung über die Vermögensverwaltung anzugeben.

Die KuRVO sagt nichts über die Bewertung des Vermögens. Die Vorschriften hierfür sollten der nach § 105 DGO 1935 zu erwartenden Vermögensordnung vorbehalten bleiben. Man geht aber wohl nicht fehl mit der Annahme, daß die Vermögensrechnung der KuRVO eine Wertrechnung und nicht nur eine Mengenrechnung ist. Diese Auffassung wird durch die Ausf.Anw. vom 1. März 1939 (MBliV S. 441) bestätigt. Nach Ziff. 1 dieser Ausf.Anw. zu §§ 55, 88 Abs. 3 KuRVO soll die Vermögensrechnung die Erhaltung des Vermögens in seinem „wertmäßigen Bestande“ nachweisen, und nach Ziff. 4 setzt die Fortschreibung des Vermögens eine „Bewertung“ voraus, für die der „Anschaffungswert“

6) Neufassung der Leitsätze vom 28. Juni 1930, abgedruckt bei Marder, Das Gemeindevermögen, Stuttgart/Berlin 1936, S. 50 ff.

zugrunde zu legen ist. Die Ausf.Anw. hat auch für die Einteilung und Gliederung des Vermögens grundlegende Weisungen gegeben.

Einzelne Gemeinden stellten bereits Vermögensrechnungen auf, bevor der Gesetzgeber sie verbindlich vorschrieb. Nach Erlaß der KuRVO und ihrer Ausführungsanweisung haben andere Gemeinden Vermögensrechnungen teils in erprobten, teils in neuen Formen eingeführt. Ein großer Teil der Gemeinden, vielleicht der größte, wartete die angekündigte Verordnung über die Vermögensverwaltung ab. Der Krieg hat die Entwicklung unterbrochen; die Vermögensbuchführung wurde durch Erlaß der Reichsministers des Innern vom 29. August 1944 (MBliV S. 865) für die Dauer des Krieges eingestellt. Eine Vermögensverordnung nach § 92 KuRVO ist von den Ländern bis heute nicht erlassen worden.

Nach dem Kriege hat im kommunalen Fachschrifttum wieder ein reger Meinungsaustausch über das Für und Wider einer Vermögensrechnung eingesetzt. Viele Autoren sprechen sich für eine Vermögensrechnung, und zwar für eine Wertrechnung aus. Die Praxis geht den gleichen Weg. In eine Reihe neuer Gemeindeordnungen ist die Vorschrift aufgenommen worden, daß über die Entwicklung des Gemeindevermögens jährlich eine Vermögensrechnung aufzustellen ist, die den Stand des Vermögens einschließlich der Schulden zu Beginn, seine Veränderungen im Laufe und seinen Stand am Ende des Rechnungsjahres nachweist. Das Land Baden hat am 5. März 1950 sogar eine neue Kassen- und Rechnungsverordnung für die Gemeinden erlassen und darin die Vermögensrechnung eingehend in Form einer Verbundrechnung geregelt (Bad. GVOBl. S. 223)*). Auch die Erlasse der Länder über die Gliederung des Haushaltsplans und die finanzstatistische Kennziffer weisen die Einnahmen und die Ausgaben aus der Vermögensbewegung je einer besonderen Gruppe zu (z. B. Niedersachsen: Erl. vom 14. November 1950 — Amtsbl. f. Niedersachsen S. 407). Schleswig-Holstein hat in den „Richtlinien für die kommunale Vermögens- und Schuldenverwaltung" vom 21. März 1953 (Amtsbl. f. Schleswig-Holstein S. 133) Weisungen für die Vermögensrechnung der Gemeinden gegeben. Der von der Kommunalen Gemeinschaftsstelle für Verwaltungsvereinfachung gebildete Gutachterausschuß zur Beratung der Grundzüge einer kommunalen Vermögensordnung und Vermögensrechnung hat im Jahre 1954 beschlossen, die VBRO als Leitfaden für die sachliche Erörterung zugrundezulegen. Beachtlich ist auch der vom Ausschuß für Vermögensbuchführung des Fachverbandes der Kommunalrentmeister e. V. erarbeitete „Vorschlag für die Buchführungs- und Rechnungslegungsvorschriften zu einer Verordnung über die Vermögensverwaltung der Gemeinden"[7]).

---

*) Die KuRVO des Landes Nordrhein-Westfalen vom 1. März 1955 (GVBl. S. 29) hingegen hat wörtlich die Regelung der KuRVO 1938 übernommen, während in § 92 der Hessischen KuRVO vom 27. Januar 1956 (GVBl. S. 55) die Bezugnahme auf eine künftige VO über die Vermögensverwaltung gänzlich fehlt und statt dessen nur auf § 7 GemHVO verwiesen wird. Nach §§ 68 ff. der Niedersächsischen VO über das Kassen-, Rechnungs- und Prüfungswesen vom 18. Februar 1957 (GVBl. S. 13) ist außer der Vermögensrechnung (§ 81) jährlich ein Verzeichnis über die vermögenswirksamen Einnahmen und Ausgaben nach der Gliederung des Haushalts vorzulegen.

[7]) Kommunalkassenzeitschrift, 4. Jahrgang, 1953, Heft 11, S. 133 ff.; siehe dazu Weißer, Aus der Arbeit des Ausschusses für Vermögensbuchführung, KKZ 1954 S. 118 ff. unter Hinweis auf Taxis und Pfleger. Siehe ferner Schubert, Probleme des Gemeindewirtschaftsrechts, in KKZ 1955 S. 90 ff. (95).

b) Der Vermögensnachweis der Länder

Nach dem ersten Weltkriege hatte der ehemalige Freistaat Sachsen eine Staatsvermögensrechnung entwickelt, die sich auf das sächsische Staatswirtschaftsgesetz vom 31. Mai 1922 (GBl. S. 213) gründete. Diese Vermögensrechnung war im wesentlichen eine Kapitalrechnung; das Sachvermögen wurde in regelmäßig fortgeführten Bestandsverzeichnissen nachgewiesen. Für die Rechnungslegung wurden Übersichten über die Entwicklung des gesamten Staatsvermögens im Laufe des Rechnungsjahres aufgestellt[8]).

Durch Reichsgesetz vom 17. Juni 1936 (RGBl. II S. 209) wurde das Reichshaushaltsrecht auf die Länder übertragen. Damit wurden die Vorschriften der Reichshaushaltsordnung vom 31. Dezember 1922 (RGBl. 1923 II S. 17) und die zu ihrer Ergänzung und Durchführung erlassenen Vorschriften auch für die Länder verbindlich. Die Zweite Durchf.VO zu diesem Gesetz (2. DVHL) vom 30. Juni 1937 (RGBl. II S. 195) führte den Gedanken der Werterhaltung des Landesvermögens in das Haushaltsrecht der Länder ein, indem sie in § 18 bestimmte:

(1) Einnahmen aus der Veräußerung von Grundstücken und grundstücksgleichen Rechten sowie von nicht zum Verwaltungsvermögen gehörigen Gegenständen des beweglichen Vermögens des Landes sind einem Sondervermögen im Sinne des § 9 a Abs. 1 Nr. 1 der Reichshaushaltsordnung (Grundstock) zuzuführen, das von der obersten Finanzbehörde verwaltet wird.

(2) Die Mittel des Sondervermögens dürfen nur zum Erwerb von Vermögensgegenständen der in Abs. 1 genannten Art verwendet werden.

Die Erste Anweisung zum Vollzug des Reichshaushaltsrechts in den Ländern (1. VAHL) vom 5. Mai 1939 (Reichshaushalts- und Bes.Bl. S. 135) gab in Tz. 66 hierzu eine nähere Erläuterung:

„Der Grundstock ist eine reine Geldrechnung, in der die Erlöse aus der Veräußerung finanzwirtschaftlich besonders wichtiger Arten von Vermögensgegenständen so lange gesondert nachgewiesen werden, bis sie wieder in Sachwerte umgesetzt werden."

Diese Vorschriften sind gemäß Art. 123 Abs. 1 in Verb. mit Art. 109 GG in den Ländern noch heute geltendes Recht, soweit nicht abweichende Bestimmungen getroffen worden sind. Der Gedanke der Werterhaltung des Landesvermögens hat auch in die neuen Verfassungen der Länder Eingang gefunden. So bestimmt z. B. Art. 81 der Verfassung des Freistaates Bayern vom 2. Dezember 1946 (GVBl. S. 333):

„Das Grundstocksvermögen des Staates darf in seinem Wertbestand nur auf Grund eines Gesetzes verringert werden. Der Erlös aus der Veräußerung von Bestandteilen des Grundstocksvermögens ist zu Neuerwerbungen für dieses Vermögen zu verwenden."

In der Vorläufigen Niedersächsischen Verfassung vom 13. April 1951 (GuVBl. S. 103) heißt es in Art. 48 Abs. 1:

„(1) Das Landesvermögen ist Eigentum des Volkes. Landesvermögen darf nur mit Zustimmung des Landtages veräußert und belastet wer-

8) Näheres s. Spangenberg, Zur Nachweisung und Bewertung des Vermögens öffentlicher Körperschaften, in „Reich und Länder" 1936, S. 253.

den. Die Zustimmung kann allgemein oder für den Einzelfall erteilt werden."[9])

Hinsichtlich der Rechnungslegung über das Vermögen und die Schulden enthält die Niedersächsische Verfassung eine dem Grundgesetz für die Bundesrepublik entsprechende Vorschrift. Das gleiche gilt für die Verfassung des Landes Baden-Württemberg. Die übrigen Landesverfassungen verlangen nur die Vorlage von Übersichten über das Vermögen und die Schulden (Schleswig-Holstein) oder auch nur über die Schulden (Hessen, Nordrhein-Westfalen), wieder andere berühren die Frage des Vermögensnachweises nicht (Bayern, Bremen, Hamburg, Rheinland-Pfalz). Das Land Berlin hat am 5. August 1952 das Gesetz über die Vermögensverwaltung von Berlin erlassen (GVBl. S. 639). Dieses Gesetz folgt den Grundgedanken der Deutschen Gemeindeordnung über das Gemeindevermögen. Es bestimmt in § 7, daß der Senat mit der Haushaltsrechnung eine Nachweisung über das Vermögen und die Schulden Berlins unter besonderer Hervorhebung der im abgelaufenen Haushaltsjahr erfolgten Veränderungen im Grundbesitz und in den Beteiligungen aufzustellen hat. Diese Nachweisung legt der Rechnungshof mit seinen Bemerkungen dem Abgeordnetenhaus vor.

Die spärlichen Bestimmungen der Reichshaushaltsordnung und der zu ihrer Ergänzung und Durchführung erlassenen Vorschriften über den Nachweis von Vermögensgegenständen (s. unter c) sind, soweit bekannt, nur in Bayern ergänzt worden. Bayern hat im Jahre 1950 für die staatlichen Gutsbetriebe versuchsweise eine erweiterte Rechnungslegung eingeführt und die Entwürfe für eine Sachvermögensordnung und eine Sachrechnungslegungsordnung aufgestellt. Die Weiterbearbeitung der beiden Entwürfe ist im Hinblick auf die Beratungen des Arbeitskreises der obersten Rechnungsprüfungsbehörden (vgl. S. 8 f.) zurückgestellt worden.

c) Der Vermögensnachweis des Bundes

Grundlage für die Vermögenswirtschaft des Bundes ist die Reichshaushaltsordnung vom 31. Dezember 1922 (RGBl 1923 II S. 17), die gemäß Art. 123 Abs. 1 GG und § 1 der Vorläufigen Haushaltsordnung vom 7. Juni 1950 (BGBl S. 199) weitergilt. Die Reichshaushaltsordnung enthält für die Verwaltung des Vermögens einzelne Vorschriften, andere sind in den zu ihrer Durchführung ergangenen Wirtschaftsbestimmungen für die Reichsbehörden vom 11. Februar 1929 (Reichsministerialbl. S. 49) enthalten (§§ 55 bis 64 RWB und Anl. 3 zu den RWB). Im ganzen ist das Vermögensrecht des Bundes nicht systematisch geregelt. Besonders dürftig waren bislang die Vorschriften für den Nachweis des Vermögens. Die Reichshaushaltsordnung kennt keine vollständige Vermögensrechnung. Sie spricht in § 65 Abs. 1 von einer „Sachrechnung" und versteht darunter offenbar eine Mengen-, aber keine Wertrechnung. In dieser sind alle entgeltlich oder unentgeltlich erworbenen Sachen und Rechte in Einnahme nachzuweisen, sofern sie nicht vollständig verwendet sind. Nähere Bestimmungen für diese Sachrechnung sind nicht erlassen worden. Abweichend von dieser Regel läßt die RHO mit Zustimmung des Rechnungshofs in weitem Umfange den Nachweis von Vermögensgegenständen

---

9) Zum Recht des staatlichen Grundstockvermögens in Bayern siehe den Aufsatz von Reger in „Der öffentliche Haushalt" 1962, Heft 1, S. 1, unter Hinweis auf die Verwaltungsanordnung des Bay. Staatsministeriums der Finanzen über das Grundstockvermögen des Staates und den Grundstock vom 23. Mai 1961 (BayFinMinBl. Nr. 25, S. 827).

durch Bestandsverzeichnisse zu, so für Grundstücke und Rechte, Gebrauchsgegenstände, Gerätschaften sowie Gegenstände, die zu Sammlungen gehören. Über die vom Reiche verwalteten reichseigenen Grundstücke war nach § 56 Abs. 1 RWB ein „Reichsgrundbesitzverzeichnis" zu führen, das auf § 12 des sogen. Reichseigentumsgesetzes vom 25. Mai 1873 (RGBl. S. 113) fußte. Die Führung des Verzeichnisses war zuletzt durch Bekanntmachung des Reichsschatzministers vom 4. März 1920 (Amtsbl. d. RFinVerw. 1920, S. 122) geregelt. Neben dem Reichsgrundbesitzverzeichnis war gemäß § 56 Abs. 2 RWB noch ein „Grundstücksverzeichnis" über alle von den Reichsbehörden verwalteten oder benutzten Grundstücke zu führen. Das Nähere regelten die Grundstücksverzeichnis-Bestimmungen — Erlaß des Reichsministers der Finanzen vom 9. August 1934 (Amtsbl. d. RFinVerw. 1934 S. 169) —. Für den Nachweis der Geschäftszimmergeräte in Gerätebüchern oder Geräteverzeichnissen hat der Rechnungshof im Einverständnis mit dem Reichsfinanzministerium am 10. Juli 1924 — mit Ergänzung vom 6. Juli 1925 — Ausführungsbestimmungen zu § 65 Abs. 1 RHO erlassen[10]). Geldforderungen aus der Hingabe von Geld, von sonstigen Sachen und Rechten oder aus Ansprüchen auf Schadensersatz sind nach § 27 RRO in besondere Anlagen zur Rechnungsnachweisung (§ 24 RRO) aufzunehmen. Statt dessen kann nach § 27 Abs. 5 RRO die Verwaltung Nachweisungen zum Zwecke der Überwachung und Einziehung der Forderungen führen. Über Beteiligungen und andere Rechte hat das Reichsfinanzministerium formlose Verzeichnisse geführt. Wie aus der Begründung zu Nr. 17 des Entwurfs eines Gesetzes zur Änderung der Reichshaushaltsordnung (Reichstagsdrucksache Nr. 851 vom 25. Februar 1929)[11]) hervorgeht, hat der Reichstag damals eine Entschließung gefaßt, daß „über alle in das Vermögen des Reichs übergehenden Gegenstände — in der weiteren Bedeutung von Sachen und Rechten — eine Vermögensrechnung aufgestellt werden soll". Zur Ausführung des Beschlusses ist es nicht gekommen.

Das Grundgesetz für die Bundesrepublik Deutschland vom 23. Mai 1949 (BGBl. S. 1) enthält für den Nachweis des Vermögens und der Schulden des Bundes drei wichtige Bestimmungen. Gemäß Art. 110 Abs. 3 sind das Vermögen und die Schulden in einer Anlage des Haushaltsplans nachzuweisen. Nach Art. 114 Abs. 1 hat der Bundesminister der Finanzen dem Bundestage und dem Bundesrate auch über das Vermögen und die Schulden des Bundes Rechnung zu legen, und nach Art. 114 Abs. 2 ist dem Bundestage und dem Bundesrate eine Übersicht über das Vermögen und die Schulden des Bundes vorzulegen.

Die Aufstellung einer Vermögensrechnung ist damit für den Bund zwingend vorgeschrieben. Die Bestimmungen des Grundgesetzes bedürfen aber zu ihrer Ausführung näherer Verwaltungsvorschriften. Im Jahre 1951 hat sich deshalb ein Arbeitskreis der Arbeitsgemeinschaft der obersten Rechnungsprüfungsbehörden mit den Fragen einer Vermögensrechnung des Bundes und der Länder beschäftigt. Dieser Arbeitskreis hat Grundgedanken für eine staatliche Vermögensrechnung erarbeitet und die Notwendigkeit einer solchen unter drei Gesichtspunkten bejaht, die sich in kurzer Zusammenfassung wie folgt wiedergeben lassen:

---

10) Abgedruckt bei Schulze-Wagner, Reichshaushaltsordnung, 3. Aufl. Berlin 1934, Anm. 3 zu § 65.

11) Abgedruckt bei Schulze-Wagner, Reichshaushaltsordnung, Anm. 4 zu § 65.

1. Die staatliche Vermögensverwaltung trägt gewissermaßen die Züge einer Treuhandverwaltung. Der Staat kann sich deshalb der Aufgabe nicht entziehen, sein großes Vermögen irgendwie geordnet darzustellen (Ordnungsprinzip).
2. Die Öffentlichkeit kann erwarten, daß der Staat darüber Auskunft gibt und Rechenschaft ablegt, welche Vermögenswerte er besitzt und wie sich die Bestände im Laufe einer Haushaltsperiode verändert haben (Publizitätsprinzip).
3. Die Kontrolle der Staatsfinanzen durch Parlament und Prüfungsbehörden hat sich auch auf den Bestand, Zugang und Abgang von Vermögenswerten zu erstrecken. Dazu bedarf es einer Rechnungslegung über das Vermögen (Kontrollprinzip).

Die von dem Arbeitskreis aufgestellten Grundsätze haben im wesentlichen in der VBRO ihren Niederschlag gefunden.

Die Bestimmungen für die Durchführung der Vermögensrechnung des Bundes sind von dem Bundesfinanzministerium und dem Bundesrechnungshof gemeinsam erarbeitet worden. Um die schwierige Arbeit der ersten Bestandsaufnahme rechtzeitig beginnen zu können, wurden in einem aus Beamten dieser beiden Behörden gebildeten Arbeitsstab zunächst die — in diesem Buche abgedruckten — Richtlinien zur Vermögensrechnung, Teile I bis V, gemeinsam vorbereitet und vom Bundesminister der Finanzen im Benehmen mit den übrigen Bundesministern und dem Bundesrechnungshof erlassen.

Ebenso wurde der Entwurf zu einer Buchführungs- und Rechnungslegungsordnung für das Vermögen des Bundes — VBRO — in gemeinsamer Arbeit von Bundesfinanzministerium und Bundesrechnungshof erstellt. Hierbei hat man die Vorschriften über die Ausgestaltung der Buchführung und Rechnungslegung über das Vermögen, soweit ingend möglich, den bisherigen Rechts- und Verwaltungsvorschriften (RKO und RRO) angepaßt; nur soweit es überwiegende Gründe der Zweckmäßigkeit erforderten, sind für vermögenswirksame Haushaltseinnahmen und -ausgaben von den bisherigen Vorschriften abweichende Bestimmungen getroffen worden. Der Entwurf sieht vor, daß die Ordnung endgültig auf Grund der §§ 55 und 66 Abs. 3 Satz 3 RHO durch die Bundesregierung und den Bundesrechnungshof erlassen werden soll. Einstweilen ist sie durch Erlaß des Bundesministers der Finanzen vom 16. März 1953 — II B — 0 4300 — 72/53 — MBlFin. S. 165 ff.)[12]) im Einvernehmen mit den übrigen Bundesministern und dem Bundesrechnungshof im Entwurf veröffentlicht. Die mit der Verwaltung von Bundesvermögen betrauten Behörden und Dienststellen sind angewiesen, vom 1. April 1953 an nach dem Entwurf zu verfahren. In Anbetracht der Schwierigkeit der Materie und des Umstandes, daß es keinerlei Erfahrungen für eine vollständige Vermögensrechnung außerhalb des kommunalen Bereichs gibt, will der Bundesminister für Finanzen die VBRO endgültig erst in Kraft setzen, wenn alle inzwischen gewonnenen Erkenntnisse eingehend überprüft und ausgewertet und alle Zweifelsfragen von Belang, so auch die aus der Neugestaltung der Vermögensstatistik anstehenden Probleme, bereinigt sind. Es besteht auch kein Anlaß zur Eile, da der Entwurf — selbst mit einem an der einen oder anderen Stelle änderungsbedürftigen, weil überholten Wortlaut — durchaus praktikabel ist.

[12]) Siehe Anhang zu dieser Einleitung.

Einleitung

Der Vollzug der Vermögensrechnung hat durch den am 19. Februar 1953 vom Bundesminister der Finanzen — II A/1 — A 1300 — 70/53 — bekanntgegebenen „Vorläufigen Eingliederungsplan" (Anlage 2 RWB) eine wesentliche Förderung erfahren. Der Plan geht darauf aus, vermögenswirksame und vermögensunwirksame Haushaltseinnahmen und -ausgaben grundsätzlich zu trennen. Soweit dies im Haushaltsplan selbst zur Zeit noch nicht möglich ist, sieht Ziff. III der Vorbemerkungen die Bildung besonderer Buchungsabschnitte vor (vgl. Anm. 1 und 2 zu § 32 VBRO).

Die inzwischen aus der Aufnahme des Vermögensbestandes und der Führung und Vorlage der Vermögensrechnung gewonnenen Erfahrungen haben nicht nur die auf die Richtlinien und den Entwurf der VBRO verwandte Mühe und die — anfangs zum Teil erhebliche — Arbeitsbelastung der betroffenen Dienststellen gerechtfertigt, sondern auch die Richtigkeit und Brauchbarkeit der hier angewandten Prinzipien (im einzelnen siehe auch Abschnitt IV dieser Einleitung) erwiesen. Das im ganzen einfache und klare, auf die Vermeidung von Verwaltungsmehrarbeit abgestellte Verfahren hat Ordnung in die Dinge gebracht und eine empfindliche Lücke geschlossen: Nach dem beklagenswerten Verlust des früheren Reichsgrundbesitzverzeichnisses konnte nunmehr der Grundbesitz des Bundes und der des Deutschen Reiches, soweit der Bund ihn bis zum Inkrafttreten des Reichsvermögen-Gesetzes verwaltet hatte, wieder vollständig erfaßt werden; erstmalig wurde eine sachgerechte Bestandsaufnahme der Millionenwerte bundes- und reichseigener beweglicher Sachen ermöglicht, und für die über den Rahmen der täglichen Fälligkeiten hinausgehenden geldwerten Rechte sind die Voraussetzungen für eine einwandfreie Feststellung ihres Gesamtbestandes geschaffen, so daß die dem Bund außerhalb der laufenden Haushaltswirtschaft zustehenden Forderungen nunmehr mittels buchmäßiger Unterlagen zu ermitteln sind: Zu- und Abgänge der Werte sind fest in ein Rechnungswerk verspannt, das so eine bisher nur dem Kassenbestand der Geldrechnung eigene Sicherheit des Nachweises bietet.

Der erstmals mit dem Entwurf zum Bundeshaushaltsplan für das Rechnungsjahr 1954 (im Anhang zum Einzelplan 60) vorgelegte Vermögensnachweis per 1. April 1953 wurde von Parlament und Öffentlichkeit einhellig begrüßt und entsprechend gewürdigt. Er war nicht nur der Ausgangspunkt für die vom gleichen Zeitpunkt an zu führende Vermögensrechnung, sondern bildete zugleich die Grundlage für die neue Betrachtungsweise der öffentlichen Ausgaben nach ihrer Auswirkung auf das Vermögen. Seitdem berichtet der Bundesminister der Finanzen regelmäßig in seinen Allgemeinen Vorbemerkungen (jetzt Finanzberichten) zu jedem neu vorgelegten Entwurf zum Bundeshaushaltsplan — im Rahmen seiner Betrachtungen über die Entwicklung des öffentlichen Gesamthaushalts — über die Investitionen der öffentlichen Hand und — in einem besonderen Berichtsteil — sehr ausführlich über das Vermögen und die Schulden des Bundes unter einleitender Darlegung der jeweils noch offenen Fragen zum Vermögensnachweis. Zu diesen zählt seit Einführung der Vermögensrechnung das Problem des Eigentums von Bund und Ländern an den seit dem 1. April 1950 aus Bundesmitteln beschafften, der Kriegsopferversorgung dienenden Vermögenswerten, die nur insoweit im Vermögensnachweis enthalten sind, als die Länder sie in die Vermögensrechnung des Bundes aufgenommen und diesem deren Ergebnis mitgeteilt haben. Für die Liegenschaften im Gemeingebrauch

— Bundesautobahnen, Bundesstraßen, Kanäle und andere Schiffahrtswege — sind die Fragen einer zweckmäßigen Bewertung noch nicht geklärt; der Vermögensnachweis enthält daher keine Bestandsangaben, es werden lediglich die jährlichen Investitionen aus Haushaltsmitteln — unter sofortiger Abschreibung — in die Vermögensrechnung aufgenommen. Zur Struktur und Verwendung des Bundesvermögens siehe auch den Beitrag im Bulletin Nr. 68/1959 S. 653.

Während der Vermögensnachweis nach Art. 110 Abs. 3 GG nur der Unterrichtung des Bundestages und des Bundesrates dient und deshalb weder einem Beschluß noch einer formellen Kenntnisnahme des Parlaments unterliegt, läuft die Vermögensrechnung im Rahmen der Bundeshaushaltsrechnung durch die förmliche Rechnungsprüfung und ist Gegenstand des Entlastungsverfahrens (vgl. auch Vialon, Haushaltsrecht, 2. Aufl. S. 206). Die Aufstellung der Jahresrechnung regelt Jahr für Jahr der gemeinsame Rechnungslegungserlaß des Bundesministers der Finanzen und des Bundesrechnungshofes (Muster im Anhang zu den Erläuterungen). Sie enthält — im Bereich ihres Abschnittes I — Geldrechnung — in der Gesamtrechnung (in den Spalten 5 und 9 der Zusammenstellungen und in den Spalten 5 und 12 der Übersichten) sowie in den Rechnungen der Einzelpläne (in Spalte 7) jeweils den Nachweis, welcher Teil der Einnahmen und Ausgaben vermögenswirksam war. Außerdem wird als Abschnitt II — Vermögensrechnung — der Bundeshaushaltsrechnung die Rechnung über das Vermögen und die Schulden des Bundes — mit Vorbericht und eingehender Erläuterung — vorgelegt; ihr Teil III im besonderen enthält den Nachweis über das Vermögen und die Schulden des Bundes am Schluß des Rechnungsjahres mit den Beilagen Vermögens-Hauptrechnung, Anhang zur Hauptrechnung, Übersicht der Abweichungen zwischen Vermögens- und Geldrechnung und Aufgliederung der fundierten und der schwebenden Schuld des Bundes nach Vermögensgruppen.

Daß sich die Bundesvermögensrechnung bewährt hat, beweist schließlich die Tatsache, daß sie im Jahre 1959 auch für das Sondervermögen Ausgleichsfonds eingeführt worden ist (im einzelnen siehe den Text und den Vermögensgruppenplan der Vermögensrechnungsbestimmungen für den Ausgleichsfonds in diesem Buche; vgl. ferner Anm. 5 zu § 2).

III. Zur Problematik der Vermögensrechnung

a) Inhalt der Vermögensrechnung

Unter den Problemen der Vermögensrechnung erhebt sich als erstes die Frage nach ihrem Inhalt. Was soll in die Vermögensrechnung aufgenommen, in welchem Umfange sollen Vermögen und Schulden nachgewiesen werden? Für die Vermögensrechnung ergeben sich die gleichen Überlegungen wie für die Vermögensstatistik, beide begegnen auch den gleichen Schwierigkeiten.

Der Begriff des Vermögens muß sehr weit gefaßt werden. Er muß sich grundsätzlich auf alle Sachen erstrecken, die im Eigentum einer öffentlichen Körperschaft stehen, sowie auf alle Rechte, deren Träger sie ist. Die Vermögensstatistik hat versucht, den Umfang des zu erfassenden öffentlichen Vermögens nach wirtschaftlichen Gesichtspunkten abzugrenzen. Dabei werden als „Vermögen im wirtschaftlichen Sinne" angesehen „alle Güter und Rechte, die irgendwie der öffentlichen Aufgabenerfüllung dienen, ohne Rücksicht, ob der betreffenden Körperschaft auch das Eigentum an diesen Gütern zusteht oder nicht"[13]). Diese Ausdehnung des Vermögensbegriffs ist für eine Vermögensrechnung ungeeignet; sie wird auch in der Vermögensstatistik nicht einhellig vertreten[14]). Die Vermögensrechnung darf sich indes nicht auf das sogen. Erwerbsvermögen, also auf das Vermögen, das durch Nutzung einen Ertrag abwirft, beschränken; sie muß auch das Verwaltungsvermögen, also das Vermögen, das durch Gebrauch zur Erstellung öffentlicher Leistungen dient, einbeziehen.

Hinsichtlich der Substanz des Vermögens wird die Vermögensrechnung zuweilen — wie früher in Baden und Sachsen — auf eine Rechnung über die Kapital-, Rücklagen- und Schuldenbestände beschränkt. Schmid[15]) nennt sie eine „Geldrechnung" und stellt ihr als „Vollrechnung"[16]) eine Rechnung unter Einbeziehung des Sachvermögens gegenüber. Bejaht man grundsätzlich den Einschluß des Sachvermögens, so ist die Frage, in welchem Umfange dieses aufzunehmen ist.

Daß sich die Vermögensrechnung auch auf das Verwaltungsvermögen, das nicht zur Veräußerung bestimmt ist und keinen Verkehrswert hat, erstrecken muß und sich nicht nur auf das Finanzvermögen, also die grundsätzlich veräußerbaren Gegenstände beschränken darf, wurde schon erwähnt. Wie steht es aber mit den zum Verwaltungsvermögen gehörenden Sachen im Gemeingebrauch, den Straßen, Brücken, Plätzen usw.? Diese Frage ist im Schrifttum mit ihrem Für und Wider ausgiebig erörtert worden. Die Vermögensstatistik bezieht grundsätzlich die Sachen im Gemeingebrauch in ihre Berechnungen ein. Sie sieht darin auch keine Schwierigkeiten, wenn man von den Anschaffungs- oder Herstellungskosten ausgeht[17]). Die Meinungen über die Einbeziehung der Sachen im Gemeingebrauch in die öffentliche Vermögensrechnung gehen jedoch auseinander. Im Vordergrund der kritischen Betrachtung stehen die Straßen und öffentlichen Plätze. Das ist verständlich, weil sich die bisherigen Erörterungen im wesentlichen nur auf das Gemeindevermögen erstreckten, auf dieser Ebene aber die weitere große Gruppe von Sachen im Gemeingebrauch, die Wasserstraßen, nicht vorhanden ist. Das Problem ist hinsichtlich der Wasserstraßen aber das gleiche wie bei den Straßen und Plätzen.

Auffallend ist zunächst, daß die Ausf.Anw. zu §§ 55, 88 Abs. 3 KuRVO wohl die Garten-, Park- und Grünanlagen, dagegen nicht die Straßen, Wege und Plätze als Teile des Vermögens erwähnt. Ungeachtet dessen sprechen sich Loschelder, Marder, Schumann u. a. eindeutig für die Einbeziehung der Straßen usw. in die Vermögensrechnung der Gemeinden

---

[13]) Mülhaupt, Grundsätzliches zum Problem der Vermögensstatistik, Allg.Stat. Arch., 30, 1941/42, S. 41.

[14]) Vgl. z. B. Eicher, Zur Vermögensstatistik der öffentlichen Hand, Allg. Stat. Archiv, 24, 1934/35, S. 3.

[15]) Schmid, Inhalt der Vermögensrechnung — Gemeindewirtschaftlicher Vermögensbegriff. Der Gemeindehaushalt, 1951, S. 38.

[16]) Johns gebraucht den Begriff „Vollrechnung" im Sinne einer Verbundrechnung eigener Art (Johns, Vollrechnung, Z. f. h. F. 1938, S. 145), Groener im Sinne einer modernen Betriebskameralistik (Groener, Das Wesen der kameralistischen Buchführung mit Gewinnausweis, Krefeld 1951).

[17]) Mülhaupt, a. a. O., S. 45

aus[18]). Im neueren Schrifttum erwähnt Schmid[19]), „daß die öffentlichen Straßen, Wege und Plätze unter die unbebauten Grundstücke einzubeziehen" seien, und „der Aufwand dafür könnte ebenfalls aktiviert werden". Für die Vertreter der Verbundrechnung[20]) ist die Aufnahme der Straßen mit den Anschaffungs- oder Herstellungskosten selbstverständlich. Ein Teil der Autoren nimmt zu der Frage nicht Stellung. Die ablehnenden Äußerungen sind im wesentlichen älteren Datums. Sie kreisen alle um die Frage der Bewertung. So lehnt Spielhagen[21]) die Bewertung ab, denn „nur die Verkaufswerte des Vermögens, das zur Veräußerung bereitsteht, darf man zusammenrechnen"; gleichwohl fordert er aber die Festsetzung von Erneuerungswerten (Abschreibungswerten) auch für Straßen- und Platzanlagen[22]). Eine ähnliche ablehnende Haltung hat der frühere Reichssparkommissar eingenommen: In dem Gutachten über die Verwaltung der Stadt Halle vom Februar 1934 (S. 28) heißt es: „Richtigerweise sind Straßen, Plätze und Brücken schon bei der städtischen Aufstellung ohne Wertansatz geblieben". Im ehemaligen Freistaat Sachsen sind Straßen, Brücken und Flußläufe nicht bewertet worden. Spangenberg[23]) schreibt hierzu: „Eine privatwirtschaftliche Bewertung von Straßen, Brücken, . . ., Flußbauten wird wohl überhaupt nicht in Frage kommen, obwohl enorme Mittel in diesen Anlagen investiert sind und ihr volkswirtschaftlicher Wert außerordentlich groß ist". Auch in der Praxis der gemeindlichen Vermögensrechnung sind, wie Leupold[24]) bemerkt, vielfach die Gegenstände „ohne allgemeinen Verkehrswert" nicht bewertet worden.

Inzwischen hat die Badische Verordnung über das Kassen- und Rechnungswesen vom 5. März 1950 (Bad. GuVOBl. S. 223) die Straßen grundsätzlich mit Bewertung in die Vermögensrechnung einbezogen (§ 70). Sie sieht aber die am 20. Juni 1948 (Währungsstichtag) vorhandenen Straßen, Wege, Plätze usw. als völlig abgeschrieben an. Als Werte für Straßen usw. gelangen hierbei nur die in Deutscher Mark aufgewendeten Kosten für Beschaffung oder Errichtung (Neubau, Erweiterungsbau, Umbau oder ähnliches) einschließlich Nebenkosten in die Vermögensrechnung.

Es ist nicht von der Hand zu weisen, daß in Straßen, Kanäle usw. alljährlich erhebliche Beträge investiert werden. Daß die Sachen im Gemeingebrauch einen „Wert" haben, ist offensichtlich. Dieser Wert ist freilich kein Verkehrswert. Nun kann die öffentliche Hand, wenn sie ihr Vermögen wertmäßig darstellen will, dies niemals unter dem Gesichtspunkt tun, ob und zu welchem Preis sie ihr Eigentum veräußern kann. Das gesamte „öffentliche Vermögen" ist in der Regel nicht zur Veräußerung bestimmt. Die Ablehnung gegenüber der Einbeziehung von Straßen usw. in die Vermögensrechnung war in erster Linie von der Vor-

18) a) Loschelder, Gedanken zur Vermögensrechnung, Der Gemeindehaushalt, 1941, S. 17.
b) Marder, Das Gemeindevermögen, Stuttgart-Berlin, 1936, S. 36.
c) Schumann, Die Vermögensrechnung der Gemeinden, Berlin 1944, S. 8.

19) Schmid, a. a. O., S. 38.

20) Johns, Schwab u. a.

21) Spielhagen, Gedanken zur Bewertung des Gemeindevermögens, Reich und Länder, 1936, S. 10.

22) Spielhagen, a. a. O., S. 12.

23) Spangenberg, a. a. O., S. 255.

24) Leupold, Die Verwaltungsbuchführung der deutschen Gemeinden, Leipzig 1942, S. 122.

stellung beherrscht, daß die Zusammenrechnung der Werte für die grundsätzlich nicht veräußerbaren Sachen im Gemeingebrauch mit den Werten der verkehrsfähigen, veräußerbaren Sachen keine sinnvolle Summe ergibt. Außerdem wurde in der damaligen Zeit die Meinung der Kritiker durch die leider begründete Annahme beeinflußt, daß die Darstellung des öffentlichen Vermögens als Unterlage für die Aufnahme von Krediten dienen solle. Mit der Ablehnung der Bewertung sollte das Unzulängliche dieser Auffassung bekundet werden. Diese Vorstellungen sind inzwischen überholt. Es kommt heute in erster Linie darauf an, zu erkennen, welche Summen aus dem öffentlichen Haushalt in das Vermögen fließen. Unter diesem Gesichtspunkt ist es nicht unwichtig zu wissen, welche Werte bisher schon in dem Vermögen investiert sind, welchen Aufwand die Unterhaltung dieses Vermögens erfordert, in welchem Verhältnis der Unterhaltsaufwand zu den Investierungen steht, wie sich die Neuinvestierungen zu den bisherigen verhalten u. dgl. So gesehen gewinnt auch die Bewertung vorhandener Straßen usw. an Bedeutung. Daher wird die Ermittlung, wieviel Kapital in den Bundesautobahnen, Bundesstraßen, Kanälen usw. investiert ist, in Erwägung zu ziehen sein, selbst wenn man dabei weitgehend auf Schätzungen angewiesen ist.

Keine Übereinstimmung besteht auch hinsichtlich der Einbeziehung der beweglichen Sachen des Verwaltungsvermögens, der Büroeinrichtungsgegenstände, Büromaschinen, Geräte u. dgl. Hier sind es zum Teil rechtliche Gesichtspunkte, zum Teil Zweckmäßigkeitsgründe, die zur Ablehnung führen. Diese Sachen werden als „Wirtschaftsmittel" betrachtet, für die nach § 69 Abs. 2 GemFinGes. und § 3 Abs. 1 Ziff. 6 der preuß. Überleitungsverordnung vom 30. März 1935 (MBliV S. 491) die Bestimmungen der Deutschen Gemeindeordnung über das Gemeindevermögen nicht gelten; deshalb sollen diese Gegenstände auch nicht in die Vermögensrechnung aufzunehmen sein. Ferner wird darauf hingewiesen, daß die Deutsche Gemeindeordnung „einen festen Bestand von Vermögensgegenständen" als Gemeindevermögen betrachte, der grundsätzlich zu erhalten sei. Das besondere Merkmal der wertmäßigen Erhaltungspflicht könne nicht für die beweglichen Sachen, wie Inventar und Vorräte, die unmittelbar der Verwaltung dienen, bejaht werden. Da die Wirtschaftsmittel nicht zum Gemeindevermögen zählen, das zu bewerten und fortzuschreiben ist, seien Inventar und Vorräte von der Aktivierung auszunehmen. Die Höhe der Anschaffungskosten für den einzelnen Gegenstand solle keine Rolle spielen, „der Tintenlöscher ist wie die teuerste Buchungsmaschine und der Hocker wie der Akten- und Kassenschrank auszuschließen"[25]). Demgegenüber nennt Ziff. 3 Abs. 2 der Ausf.Anw. zu §§ 55, 88 Abs. 3 KuRVO unter I, 1, c und I, 2, e ausdrücklich „Inventar und Vorräte" als in die Vermögensrechnung aufzunehmende Teile des Verwaltungsvermögens.

Die zum Gebrauch in der laufenden Verwaltung dienenden beweglichen Sachen in der VBRO völlig auszunehmen, erschien bedenklich. Eine größere, mit neuzeitlichen Hilfsmitteln ausgestattete Behörde hat einen Inventarbestand im Werte von mehreren Millionen D-Mark. Für das Inventar der gesamten Bundesverwaltung ergibt sich eine erhebliche Wertsumme, und es hat schon gewichtiger Gründe bedurft, daß nach dreijährigem Ausweis des Wertes der beweglichen Sachen und seiner Verän-

[25]) Schmid, a. a. O., S. 40/41.

derungen in der Vermögensrechnung des Bundes nunmehr nur noch ein mengenmäßiger Bestandsnachweis geführt wird.

Die Aufnahme der zum Gebrauch in der laufenden Verwaltung bestimmten Gegenstände wird im übrigen im allgemeinen nicht abgelehnt, weil ihre Bewertung zu schwierg sei, sondern weil die mit ihrer Führung in der Vermögensrechnung verbundenen Kosten in keinem angemessenen Verhältnis zu ihrem Wert ständen. Dieser Einwand ist beachtlich. Es muß daher ein Verfahren gesucht werden, das einen möglichst geringen Zeit- und Kostenaufwand verursacht. Die VBRO glaubte zunächst diesen Weg darin gefunden zu haben, daß sie die Buchführung und Bewertung bei beweglichen Sachen nicht an den einzelnen Gegenstand anknüpfen, sondern nur die Ausgabebeträge jährlich einmal nach Vermögensgruppen geordnet summarisch in die Vermögensrechnung aufnehmen lassen und dem durch Alter und Abnutzung eintretenden Wertverzehr durch eine einmalige Abschreibung Rechnung tragen wollte. Von der ersten Bestandsaufnahme abgesehen, hätte so die Behandlung der beweglichen Sachen in der Vermögensrechnung nur ein Mindestmaß von Arbeitsaufwand erfordert. Weitere Erleichterungen wären möglich gewesen, ohne daß auf die Einbeziehung der beweglichen Sachen in den wertmäßigen Nachweis ganz verzichtet werden brauchte. Maßgeblich hierfür waren dann schließlich in erster Linie Schwierigkeiten in der Haushaltsstruktur, deren Behebung erst mit der Neuordnung des Haushaltsrechts zu erwarten ist. Im Ergebnis ist der Wegfall der Vermögensrechnung für die beweglichen Sachen zu bedauern.

Um die Vermögensrechnung nicht mit kleinen Werten zu belasten, wird vielfach eine Wertgrenze eingeführt, bis zu der die Aufnahme beweglicher Sachen unterbleibt. So sollen nach dem Erlaß des Württ.-Bad. Innenministeriums vom 27. November 1950 (MABl. S. 209) zum Inventar im Sinne des Ausf.Anw. zu §§ 55, 88 Abs. 3 KuRVO nur alle Gegenstände mit einem Anschaffungswert von 20 DM und mehr und einer Nutzungsdauer von mehr als drei Jahren gehören[26]). Der Arbeitskreis der obersten Rechnungsprüfungsbehörden[27]) hatte angeregt, bewegliche Sachen bis zu etwa 200 oder 300 DM Wert in die Vermögensrechnung nicht einzubeziehen. Die VBRO hatte die (für die Bestandsverzeichnisse inzwischen auf 10 DM erhöhte) Wertgrenze für die zum Gebrauch in der laufenden Verwaltung bestimmten Sachen mit etwa 3 DM festgelegt (§ 4 Abs. 3), und zwar im Interesse einer Vereinfachung des Buchungsverfahrens (Buchung in Summen; vgl. Anm. 1 Buchst. b zu § 4). Die gleiche Wertgrenze ist in den schon erwähnten Leitsätzen der Finanzdezernenten[28]) Ziff. 9 A II) und neuerdings in der Badischen Kassen- und Rechnungsverordnung (§ 74) vorgesehen.

Die Statistik will auch die M i t t e l d e r l a u f e n d e n W i r t s c h a f t s f ü h r u n g (Kassenbestände, Bankguthaben, Einnahmereste) als Vermögen einbeziehen[29]). Es bedarf keiner Frage, daß die Kassenbestände und Kassenreste zum Vermögen einer öffentlichen Körperschaft

26) Erwähnt bei Schmid, a. a. O., S. 40.

27) Siehe S. 8.

28) Siehe Fußnote 6) S. 4.

29) a) Mülhaupt, a. a. O., S. 44.
b) Eicher, a. a. O., S. 2.
c) Massar, Zur Frage einer Statistik des öffentlichen Vermögens, Allg. Stat. Archiv, 25 1935/36, S. 325.

in dem oben erörterten Sinne zählen. Ihre Einbeziehung in die Vermögensrechnung erscheint jedoch nicht notwendig. Diese Bestände werden durch die Kassenrechnung nachgewiesen und in ihr so lange festgehalten, bis sie in Verbrauchsausgaben übergehen oder sich auf dem Wege über eine Kassenausgabe in einen Vermögensgegenstand niederschlagen, der in die Vermögensrechnung aufzunehmen ist.

Einmütigkeit besteht darüber, daß Besteuerungsrechte, Konzessionen, künftige Forderungen sowie Forderungen der Verwaltungszweige untereinander nicht in die Vermögensrechnung einzubeziehen sind[30]).

Die Vermögensrechnung muß zu ihrer Vollständigkeit auch die Schulden aufnehmen. Wie die Aufstellung des Aktiv-Vermögens, so muß auch die Aufstellung der Schulden erschöpfend sein. Alsdann erhebt sich die Frage, ob neben den Kreditmarktschulden auch die sogenannten „internen" Schulden gegenüber eigenen Betrieben, Anstalten oder Sonderfonds in die Vermögensrechnung aufzunehmen sind. Die gleiche Frage besteht in bezug auf die Betriebskredite, die nur zur vorübergehenden Verstärkung des Kassenbestandes dienen. In beiden Fällen wird man die Aufnahme in die Vermögensrechnung bejahen müssen. Duhmer[31]) lehnt die Aufnahme der Betriebskredite mit beachtlichen Einwänden ab (Fehlbetrag der Haushaltsrechnung kann durch Kassenkredite ermöglicht sein; Abschlußungenauigkeiten durch Auslaufperiode). Nun ist zu beachten, daß auch die kurzfristigen Betriebskredite echte Schulden sind. Die geäußerten Bedenken verlieren für die Vermögensrechnung nach der VBRO an Bedeutung, weil diese kein Reinvermögen ausweisen will, wie es der Vorschlag von Duhmer vorsieht. Bei der Auswertung der Abschlußergebnisse der Haushaltsrechnung und der Vermögensrechnung muß daher die Einbeziehung der Betriebskredite berücksichtigt werden (vgl. auch § 54 Abs. 3 VBRO).

Die VBRO ist grundsätzlich bestrebt, das Vermögen und die Schulden des Bundes so vollständig wie möglich in die Vermögensrechnung einzubeziehen. Nur aus triftigen Gründen sind einzelne Teile des Vermögens außer Betracht geblieben. Wegen der Einzelheiten darf auf die Anmerkungen zu § 4 verwiesen werden.

b) Gliederung des Vermögens

Wenn eine Rechnung über das öffentliche Vermögen sinnvolle Ergebnisse liefern soll, ist das erste Erfordernis eine zweckmäßige Gliederung des Vermögens. Der Erkenntniswert hängt „von einer möglichst reichhaltigen und dem Wesen der einzelnen Vermögensteile angepaßten Gliederung ab"[32]). Als Gliederungsgesichtspunkte kommen in Betracht: die Zweckbestimmung, die äußere Gestalt, Eigenschaften (z. B. ob rentierlich oder nicht), die Zugehörigkeit zu Verwaltungszweigen u. dgl.

Die anerkannt wichtigste Einteilung ist die nach der Zweckbestimmung. Danach wird das Vermögen einer öffentlichen Körperschaft eingeteilt in das Verwaltungsvermögen und das Finanzvermögen. Zum Verwaltungsvermögen gehören diejenigen Gegenstände, die nach

30) Vgl. Ziff. 1, a bis c der Leitsätze der Finanzdezernenten.

31) Duhmer, Das öffentliche Vermögen, Göttingen 1952, S. 67/68.

32) Eicher, a. a. O., S. 4.

ihrer Zweckbestimmung zur Erstellung von Verwaltungsleistungen dienen. Es ist Gebrauchsvermögen, das nicht dazu bestimmt ist, einen Ertrag abzuwerfen, in der Regel sogar Zuschüsse erfordert. Demgegenüber umfaßt das Finanzvermögen (auch Erwerbsvermögen genannt) die Gegenstände, die, soweit es möglich ist, wirtschaftlich genutzt werden. Aus der ersten Gruppe pflegt man die Gegenstände auszusondern, die in öffentlichen Anstalten und Einrichtungen benutzt werden, bei denen der Gesichtspunkt der Gemeinnützigkeit vorherrscht. Auch die zum Verwaltungsvermögen gehörenden Sachen im Gemeingebrauch werden für sich zusammengefaßt, weil sie in mehrfacher Hinsicht eine Sonderbehandlung erfordern. In der zweiten Gruppe werden als Betriebsvermögen (Werksvermögen) die Vermögensteile besonders ausgewiesen, die der Produktion von Sachwerten oder bestimmten Leistungen dienen, die im allgemeinen wirtschaftlichen Verkehr abzusetzen sind. Es bleiben dann in dieser Gruppe noch das Sachvermögen, das keinem besonderen Verwaltungszweck dient, und die Kapitalwerte, die nicht zur unmittelbaren Verwendung bestimmt sind. Daneben stehen Vermögensteile, die irgendwie zweckgebunden sind. Zu diesen als „Sondervermögen" bezeichneten Vermögensmassen gehören in der Gemeinde das Gemeindegliedervermögen, das Vermögen der Eigenbetriebe sowie das Gemeindestiftungsvermögen und im Bereich des Bundes und der Länder die Sondervermögen im Sinne des § 9 a RHO. Zusammenfassend ergibt sich folgende Übersicht:

I. Verwaltungsvermögen:
  a) Allgemeines Verwaltungsvermögen,
  b) Vermögen der Anstalten und Einrichtungen,
  c) Sachen im Gemeingebrauch.

II. Finanzvermögen:
  a) Betriebsvermögen,
  b) Allgemeines Kapital- und Sachvermögen.

III. Sondervermögen.

Spielhagen[33]) hatte empfohlen, das Vermögen der Gemeinde nach seiner Wirkung auf den Haushalt zu gliedern. Er unterschied:

1. Einnahmeunfähiges Zuschußvermögen (z. B. Verwaltungsgebäude),
2. beschränkt einnahmefähiges Zuschußvermögen (z. B. Krankenhäuser),
3. in Einnahme und Kosten ausgeglichenes Vermögen (z. B. Vieh- und Schlachthöfe),
4. beschränkt einnahmefähiges Überschußvermögen (z. B. Gaswerke, Elektrizitätswerke),
5. unbeschränkt einnahmefähiges Überschußvermögen (z. B. Kapital- und Fondsvermögen, nach Gewinn strebende Wirtschaftsbetriebe).

Diese zweifellos wichtige Einteilung ist für eine Vermögensrechnung nicht brauchbar, weil sie zu viele Zweifel bei der Unterscheidung der Arten aufkommen läßt. Die Ausf.Anw. zur KuRVO folgt der in Wissenschaft und Praxis, insbesondere in der Finanzstatistik, ausgebildeten Einteilung; sie sondert jedoch die Sachen im Gemeingebrauch nicht aus.

---

33) Spielhagen, Gedanken zur Vermögenswirtschaft der Gemeinden, Reich und Länder, 1935, S. 222.

Die VBRO sieht eine vierstufige Gliederung des Bundesvermögens vor. Auf der ersten Stufe folgt sie der oben beschriebenen Einteilung, wobei sie darauf verzichtet, die drei Gruppen des Verwaltungsvermögens und die beiden Gruppen des Finanzvermögens noch je für sich zusammenzufassen. Auf der zweiten Stufe ist die Erscheinungsform des Gegenstandes für die Einteilung maßgebend, auf der dritten und vierten Stufe paßt sich die Untergliederung dem jeweiligen Oberbegriff an. Bei den Schulden ist herkömmlich die wichtigste Einteilung die in fundierte (langfristige) und schwebende (kurzfristige) Schulden. In der Vermögensrechnung des Bundes werden außerdem diejenigen Verpflichtungen des Bundes für sich dargestellt, die nicht von der Bundesschuldenverwaltung erfaßt sind. Auf der zweiten Stufe wird unterschieden, ob die Schulden in Inlandswährung oder in fremder Währung (Valutaschulden) bestehen. Für die dritte und letzte Stufe bestimmt die Form der Aufnahme die Unterteilung. Wegen der Einzelheiten der Gliederung darf auf den Vermögensgruppenplan[34]) verwiesen werden. Vgl. auch Anm. zu § 6 und § 7.

c) Bewertung des Vermögens

Eines der schwierigsten Probleme der Vermögensrechnung öffentlicher Körperschaften ist die Bewertung. Einer restlos befriedigenden Lösung wird diese Frage kaum zugänglich sein. Die Schwierigkeiten haben Wissenschaftler und Praktiker veranlaßt, eine Bewertung des Vermögens der öffentlichen Hand überhaupt abzulehnen und sich mit einer vollständigen Inventarisierung der Vermögensbestände zu begnügen[35]). Die Erörterungen bewegten sich damals um das Vermögen der Gemeinden. Es ist indes leicht einzusehen, daß eine Vermögensrechnung, die nur Mengenrechnung ist, schon bei einer größeren Gemeinde zu keinem befriedigenden Ergebnis führen kann. Wenn schon eine Vermögensrechnung aufgestellt werden soll, dann müssen die verschiedenartigen Gegenstände auf einen gemeinsamen Nenner gebracht werden, mit dessen Hilfe sie zu einer Einheit zusammengefaßt werden können. Dieser Nenner kann nur die Währungseinheit sein. In der Zusammenfassung der Werte, in der Wertsumme, werden die mengen- und artmäßigen Verschiedenheiten aufgehoben. Auf der staatlichen Ebene wäre die bloße Mengenrechnung kaum durchführbar und ihr Ergebnis sinnlos. Die Vermögensrechnung des Bundes, wie sie in Art. 114 Abs. 1 GG vorgeschrieben ist, kann daher nur eine Wertrechnung sein. Entsprechende Überlegungen sind früher für die Durchführung der Vermögensstatistik angestellt worden. Es standen zur Wahl eine Statistik nach Vermögenseinheiten und eine Statistik nach Vermögenswerten. Für die erste genügt die bloße Inventarisierung, für die zweite muß eine Bewertung hinzukommen. Die nähere Untersuchung hat zu der Erkenntnis geführt, daß eine brauchbare Statistik des öffentlichen Vermögens eine „Statistik der Vermögenswerte" sein muß[36]). Noch in jüngster Zeit weist Bickel darauf hin, „daß die bloße Inventarisierung des Vermögens ohne Bewertung für den Finanzwissenschaftler unbrauchbar ist. Erst die Bewertung macht das Vermögen zu einer wirtschaftlichen Kategorie"[37]).

---

[34]) abgedruckt im Anhang zu den Erläuterungen zur VBRO.

[35]) Raab, Gesamtbewertung des Vermögens öffentlicher Körperschaften, Reich und Länder, 1936, S. 113; vgl. auch: Weinmann, a. a. O., S. 131.

[36]) Massar, a. a. O., S. 320.

[37]) Bickel, Die Vermögens- und Schuldenstatistik, in Gerloff-Neumark, Handbuch der Finanzwissenschaft, 2. Aufl., Tübingen 1952, S. 148.

Bewertung des Vermögens

Die Einwände gegen eine Bewertung des öffentlichen Vermögens rühren nicht so sehr daher, daß manche Gegenstände der öffentlichen Hand, z. B. die verkehrsunfähigen Sachen im Gemeingebrauch, einer Bewertung nur schwer zugänglich sind, als vielmehr daher, daß die Zusammenrechnung der verschiedenen Werte keine sinnvolle Summe ergibt[38]). Dieser Einwand ist nicht unbegründet, vor allem dann nicht, wenn man die Summe des „Gesamtwertes" isoliert für sich betrachtet. Dagegen können die Wertsummen der Vermögensgruppen sowie die Summen, in denen sich die Veränderungen des Vermögens und der Schulden ausdrücken, von erheblicher finanzwirtschaftlicher Bedeutung sein (vgl. Anm. 4 zu § 1). Der geringe Aussagewert der „Gesamtsumme" kann daher kein Grund sein, eine Bewertung überhaupt abzulehnen.

Seitdem die Verordnung über das Kassen- und Rechnungswesen der Gemeinden (KuRVO) vom 2. November 1938 (RGBl. I S. 1583) in Verbindung mit der Ausführungsanweisung hierzu vom 1. März 1939 (MBliV S. 441) die Bewertung des Gemeindevermögens für die Vermögensrechnung vorgeschrieben hat, sind die grundsätzlichen Diskussionen um die Bewertung im wesentlichen verstummt. Die weiteren Erörterungen bewegen sich in der Hauptsache um das Wie der Bewertung und um die Frage, ob alle Teile des Gemeindevermögens zu bewerten oder ob einzelne Teile und gegebenenfalls welche auszunehmen sind. Die Meinungen hierüber gehen auseinander. Loschelder, Marder, Schumann u. a. bejahen uneingeschränkt die Bewertung des gesamten Gemeindevermögens[39]). Spangenberg[40]) — von der Regelung im Freistaat Sachsen ausgehend — empfiehlt, diejenigen Vermögensgruppen, für die „eine sinnvolle Bewertung" kaum durchführbar ist (Straßen, Brücken usw.) bei einer Bewertung außer Betracht zu lassen.

Bei dem „Wie" der Bewertung, der Frage nach dem B e w e r t u n g s m a ß s t a b , kommt es darauf an, einen Maßstab zu bestimmen, der eine möglichst richtige Bewertung unter Berücksichtigung der besonderen Ziele einer öffentlichen Vermögensrechnung auf die einfachste und zweckmäßigste Weise ermöglicht. Im Wirtschaftsleben ist der „Tauschwert" oder „Verkehrswert", d. h. der Wert, der durch den Preis bestimmt wird, den ein Gegenstand im wirtschaftlichen Verkehr erzielt, der gebräuchlichste. In den Leitsätzen der Finanzdezernenten[41]) werden die verschiedensten Bewertungsmaßstäbe empfohlen. So sollen unbebaute Grundstücke, bebaute Grundstücke des Verwaltungsvermögens und Inventar mit dem gemeinen Wert, bebaute Grundstücke des Finanzvermögens mit dem Ertragswerte, Sammlungen und Kunstwerke mit dem Feuerversicherungswert und Kapitalforderungen mit dem Steuerkurswert oder Nennwert bewertet werden. Unter dem Einfluß des einschlägigen Schrifttums hat sich die Erkenntnis durchgesetzt, daß für eine öffentliche Vermögensrechnung der Ansatz der A n s c h a f f u n g s - o d e r H e r s t e l l u n g s k o s t e n als Wertziffer der geeignetste Maßstab ist. Geht man mit Mülhaupt[42]) davon aus, daß alles Vermögen der öffentlichen Hand durch Ausgaben entsteht, die „Bestände" sich also in der Hauptsache als Ausgaben früherer oder des laufenden Rechnungsjahres erklären

---

38) Raab, a. a. O., S. 113.

39) Siehe Fußnote 18) dieser Einleitung.

40) Spangenberg, a. a. O., S. 257.

41) Siehe Fußnote 6) S. 4.

42) Mülhaupt, a. a. O., S. 45.

lassen, „so bedarf es keiner weiteren Begründung, daß jeder Versuch, die einzelnen Vermögensgegenstände auf einen einheitlichen Nenner zu bringen, von den Ausgaben, also den Anschaffungs- oder Herstellungskosten ausgehen muß". Der Anschaffungs- oder Herstellungswert ist heute allgemein als geeigneter Bewertungsmaßstab für eine öffentliche Vermögensrechnung anerkannt. Auch die VBRO legt ihn grundsätzlich für die Bewertung des Bundesvermögens zugrunde. Näheres s. zu § 9.

d) Wertberichtigung, Abschreibungen

Mit dem Problem der Bewertung ist das der Wertberichtigung, insbesondere der Abschreibungen, eng verknüpft. Im Bereich der öffentlichen Hand hat die Abschreibung zuerst in den staatlichen und kommunalen Betrieben Eingang gefunden. Für die Sonderverwaltungen Deutsche Bundesbahn und Deutsche Bundespost, aber auch für die unter § 15 RHO fallenden Betriebe des Bundes sind Abschreibungen selbstverständlich und bieten gegenüber der allgemeinen betriebswirtschaftlichen Praxis keine Besonderheiten. Für die Eigenbetriebe der Gemeinden schreibt § 19 Abs. 2 EigBetrVO die Abschreibungen zwingend vor.

Im sonstigen Bereich der Verwaltung gewinnt die Frage der Abschreibungen erst dann Bedeutung, wenn man beginnt, das Vermögen in seinem wertmäßigen Bestand nachzuweisen. Nach Ziff. 4 der Ausf.Anw. zu §§ 55, 88 Abs. 3 KuRVO sind beim Gemeindevermögen Wertberichtigungen nur in der Weise durchzuführen, „daß bei den einzelnen Vermögensgegenständen Abschreibungen nach den Sätzen vorgenommen werden, wie sie im § 6 der Rücklagen-Verordnung[43]) für die Bildung von Erneuerungsrücklagen zugrunde zu legen sind". Mit dieser Vorschrift ist die Abschreibung in die Vermögensrechnung der Gemeinden eingeführt worden; durch sie ist ferner das Maß und der Umfang der Wertberichtigungen bestimmt. Wie in der kaufmännischen Bilanz, so ist auch in der öffentlichen Vermögensrechnung eine gewisse Stetigkeit der Bewertung notwendig. Es dürfen nur die Wertveränderungen vorgenommen werden, die durch die Tätigkeit der Rechtsträger selbst hervorgerufen sind. Daher müssen alle konjunkturbedingten Preisänderungen, ebenso die Geldwertschwankungen grundsätzlich unberücksichtigt bleiben. Eine Ausnahme machen die durch Alter und Abnutzung eintretenden Wertminderungen. Diesen muß durch eine gleichmäßige Absetzung am Anschaffungswert Rechnung getragen werden. Nach § 6 Rückl.-VO, auf die die Ausf.-Anw. zur KuRVO bezüglich der Abschreibungen verweist, sind für Vermögensgegenstände, die nach Alter, Verbrauch oder aus sonstigen Gründen jeweils ersetzt werden müssen, die Mittel zur Ersatzbeschaffung in Erneuerungsrücklagen anzusammeln. Hierbei handelt es sich um aktive Rücklagen, die mit den passiven Rücklagen der Erwerbswirtschaft nicht verwechselt werden dürfen. Die jährlichen Zuführungen zu den Erneuerungsrücklagen sind für die einzelnen Vermögensgruppen so zu bemessen, daß die voraussichtlichen Ersatzkosten auf die mutmaßliche Gesamtdauer der Verwendung oder Nutzung der vorhandenen Vermögensgegenstände in gleichmäßigen jährlichen Hundertsätzen verteilt werden. Damit ist der Maßstab für die Höhe der Abschreibungen bestimmt. Die Pflicht zur Ansammlung von Erneuerungsrücklagen bezieht sich nicht auf diejenigen unbeweglichen und beweglichen Vermögensgegenstände, die

---

43) RGBl. I 1936, S. 435.

aus Mitteln des ordentlichen Haushalts beschafft und erneuert zu werden pflegen (§ 6 Abs. 1 Buchst. a Rückl.VO). Es ist vielfach die Meinung gewesen — sie wird gelegentlich auch heute noch vertreten —, daß die Bildung von Erneuerungsrücklagen die betriebswirtschaftliche Abschreibung ersetze und daß Abschreibungen bei den Vermögensgegenständen unterbleiben, die aus Mitteln des ordentlichen Haushalts beschafft oder erneuert werden. Diese Auffassung verkennt das Wesen der Abschreibungen und der Erneuerungsrücklagen. Leupold[44]) hat die Frage der Abschreibung in der Vermögensrechnung der Gemeinde eingehend untersucht. Er kommt zu dem Ergebnis, daß die Bildung einer aktiven Erneuerungsrücklage zwar der Vermögenserhaltung dient, daß diese aber nichts mit der Abschreibung zu tun hat und insbesondere die Bildung einer aktiven Erneuerungsrücklage nicht — wie es vielfach angesehen wird — die kameralistische Form der Abschreibung ist. Das kann nur unterstrichen werden[45]). Dem entspricht auch die Badische Verordnung über das Kassen- und Rechnungswesen der Gemeinden vom 5. März 1950 (Bad. GVBl. S. 223): Gemäß § 70 Abs. 3 geschieht die Wertberichtigung „durch Abschreibungen am Anschaffungswert ohne Rücksicht darauf, ob Erneuerungsrücklagen angesammelt werden oder nicht".

Betriebswirtschaftlich wird der Abschreibungsbetrag als Aufwand zu Lasten einer Erfolgsrechnung gebucht; die Abschreibung nach Ziff. 4 der Ausf.Anw. zu §§ 55, 88 Abs. 3 KuRVO ist nur Ausdruck der Wertminderung und wird buchmäßig nur als solche dargestellt. Schmid[46]) nennt sie eine „statistische Abschreibung", die nicht der Mittelbeschaffung dient. Eine Lösung, nach der auch in der Kameralistik die Abschreibung zu Lasten einer Erfolgsrechnung gebucht wird, bringt die sogenannte „Verbundrechnung" in der Form der „Betriebskameralistik" (siehe unter V). Eigene Wege geht die o. a. badische KuRVO 1950, nach der die Abschreibungsbeträge zu Lasten des Reinvermögenskontos gebucht werden.

Die grundsätzliche Entscheidung über die Frage der Abschreibung in der allgemeinen Vermögensrechnung kann nicht davon abhängig sein, ob die Durchführung Arbeits- und Zeitaufwand erfordert. Dieser Gesichtspunkt darf nur Veranlassung sein, einen möglichst einfachen Weg zu suchen. Die Tatsache, daß die meisten Sachen durch Alter und Abnutzung einer Wertminderung unterliegen, ist nun einmal vorhanden. Diesem Wertverzehr muß durch eine Berichtigung des Buchwertes Rechnung getragen werden. Dies geschieht in Form der Abschreibung nach bestimmten Erfahrungssätzen. Die VBRO schreibt deshalb grundsätzlich die Abschreibung vor. Wegen der Einzelheiten darf auf die Anmerkungen zu den §§ 18 bis 20 verwiesen werden.

e) Ausweis eines „Reinvermögens"

Neben den Problemen der Bewertung und Abschreibung steht die Frage nach dem Ausweis eines „Reinvermögens". Unter dem Reinvermögen wird der Unterschied zwischen dem Aktivvermögen und den Schulden verstanden. Nur das Reinvermögen kann gemeint sein, wenn die Ausf.Anw. zu §§ 55, 88 Abs. 3 KuRVO von der Erhaltung des Vermögens in seinem wertmäßigen Bestande spricht, sagen die Befürworter

44) Leupold, a. a. O., S. 140.
45) Vgl. auch Anm. 2 zu § 18.
46) Schmid, a. a. O., S. 38.

dieser Theorie[47]). Erhaltung des Aktivvermögens unter gleichzeitiger Vermehrung der Schulden ist danach keine Erhaltung des Vermögens mehr. Die Gegner meinen, daß es ein in Zahlen ausdrückbares öffentliches Reinvermögen überhaupt nicht gebe[48]). Ihnen ist der Ausweis eines Reinvermögens „ein Phantom, ein Trugbild, das äußerlich den Eindruck einer eingehenden Rechenschaftslegung macht, aus dem man aber finanzwirtschaftliche Erkenntnisse nicht gewinnen kann"[49]). Diese Behauptung ist zweifellos richtig, wenn man die als Reinvermögen ausgewiesene Zahl absolut nimmt; sie besagt dann ebensowenig wie die als Gesamtvermögen ausgewiesene Summe. Unterstellt man aber die oben geforderte Stetigkeit der Bewertung, so zeigt die Veränderung der Reinvermögensziffer am Ende gegenüber der Summe am Anfang des Rechnungsjahres, ob der Wert des Vermögens in seiner Gesamtheit erhalten worden ist; wenn man will, kann man hier sogar — mit Vorbehalt — von dem Ergebnis der Vermögensbestandswirtschaft sprechen. Es sind also auch hier die Veränderungen des Reinvermögens, denen die Hauptbedeutung beizulegen ist. Auch Bickel[50]) tritt der These von der Bedeutungslosigkeit des Reinvermögens entgegen, indem er die von Müllhaupt[51]) hierzu aufgestellten Behauptungen widerlegt.

Eine andere Frage ist die, ob der Erhaltung des Gesamtvermögens in seinem wertmäßigen Bestande, also auch des „Reinvermögens", überhaupt eine so große Bedeutung beizumessen ist. In den letzten Jahren sind erhebliche Darlehen für Wohnungsbau u. dgl. gegeben worden. Die Mittel stammen zu einem großen Teil aus den Abgaben der Staatsbürger. Die Darlehen gehen als Forderungen in das Vermögen ein und erhöhen seinen Bestand. Wollte man die Erhaltung des Vermögens an der Reinvermögensziffer messen, so müßte man die als Tilgungen zurückfließenden Beträge immer wieder neu zu vermögensvermehrenden (hier = vermögenerhaltenden) Ausgaben verwenden. Das mag vorübergehend zweckmäßig sein; der Grundsatz der Werterhaltung des öffentlichen Vermögens verlangt es nicht. Die Darlehensrückflüsse müssen zu irgendeiner Zeit wieder den ordentlichen Mitteln zuwachsen, was einer Vermögensminderung gleichkommt. Soweit Gemeinden aus eigenen Mitteln derartige Darlehen gewähren, gilt das gleiche. Die Pflicht zur Werterhaltung kann sich nur auf bestimmte Teile des Vermögens, etwa das Grundvermögen, die Sammlungen u. dgl. erstrecken. Für den Bund wirken sich die Bestimmungen der Reichshaushaltsordnung (§ 3 Abs. 2 Satz 2 und § 29 Abs. 2), wonach bestimmte Veräußerungserlöse nur im Rahmen des außerordentlichen Haushaltsplans verwendet werden dürfen, im Sinne einer Erhaltung des Vermögens aus[52]). In das Finanzrecht der Länder ist der Gedanke der Werterhaltung des Landesvermögens durch die 2. DVHL vom 30. Juni 1937 (RGBl. II S. 195) (s. o. S. 6) eingeführt worden. Die Pflicht zur Werterhaltung erstreckt sich hier nur auf bestimmte Teile des Sachvermögens, so daß die Beziehung auf ein „Reinvermögen" nicht in Frage kommt. Bezeichnenderweise verlangt auch die Verfassung des Freistaates Bayern nur, daß „das Grundstocksvermögen des Staates" in

47) Leupold, Markus, Schwab u. a.

48) Johns, Mülhaupt, Weinmann u. a.

49) Weinmann, a. a. O., S. 130.

50) Bickel, a. a. O., S. 148.

51) Mülhaupt, a. a. O., S. 38.

52) Vgl. hierzu auch Anm. 2 zu § 37.

seinem Wertbestande nur auf Grund eines Gesetzes verringert werden darf. Was als Grundstocksvermögen anzusehen ist, wird nicht gesagt. Wirtschaftsbetriebe, Beteiligungen an Unternehmen des privaten Rechts u. dgl. lassen sich als Teile des Vermögens kaum unter dem Gesichtspunkt der Werterhaltung des Gesamtvermögens oder des „Reinvermögens" betrachten. Die öffentliche Hand unterhält sie, um damit „einen Beitrag zur Förderung der öffentlichen Wohlfahrt zu leisten"[53]) Einer Veräußerung steht der staatspolitische Zweck entgegen. Erlöse aus einer solchen müssen im Geltungsbereich der Reichshaushaltsordnung ebenfalls als „außergewöhnliche Einnahmen" dem außerordentlichen Haushalt zufließen und hier zur Schaffung neuer Vermögenswerte verwendet werden.

Besondere Hervorhebung verdient an dieser Stelle die „finanzwirtschaftliche Deckungsrechnung" von Johns[54]). In dieser tritt an die Stelle des Reinvermögens das „Deckungskonto", die „Deckung". Durch die Dekkungsziffer auf der Passivseite der „finanzwirtschaftlichen Bilanz" wird ausgewiesen, wie weit die Aktiven durch eigene oder durch fremde Mittel „gedeckt" sind. Insoweit besteht gegenüber der normalen kaufmännischen Bilanz keine Besonderheit. Auch diese zeigt, mit welchen Mitteln die Aktiven finanziert wurden. Das Besondere der Johnsschen Deckungsbilanz liegt darin, daß das „Deckungskonto" nicht in einem Posten, wie z. B. das Eigenkapital, ausgewiesen, sondern nach den einzelnen Gruppen der Aktiven aufgeteilt wird. Den einzelnen Aktivposten steht alsdann auf der Passivseite jeweils die zugehörige Eigen- oder Fremddeckung (Schuld) gegenüber. Was Johns will, hat Mülhaupt[55]) unterstrichen:

„Hier aber kommt es nicht auf das Verhältnis von Eigen- zu Fremdkapital insgesamt an, sondern es muß ein zergliederter Ausweis verlangt werden, der zeigt, wieviel eigene und wieviel fremde Mittel in der öffentlichen Wirtschaft überhaupt investiert worden sind, wie sich diese Mittel auf die einzelnen Investitionen verteilen und in welchem Tempo und Ausmaß sich der Entschuldungsprozeß bei den einzelnen Investitionen vollzieht."

Die VBRO sieht den Ausweis eines „Reinvermögens" nicht vor, sie vermeidet überhaupt, dem „Gesamtwert" des Vermögens eine besondere Bedeutung beizumessen.

f) Vermögensbilanz

Der Ausweis eines Reinvermögens steht in engem Zusammenhang mit der Frage, ob überhaupt das Vermögen und die Schulden in Form einer Bilanz im herkömmlichen Sinne gegenübergestellt werden sollen. Die meisten Verbundrechner glauben ohne sie nicht auskommen zu können. Das liegt im Wesen der Verbundrechnung, die in ihrem Aufbau geradezu nach einer Bilanz strebt. Johns nennt seine Vermögensrechnung eine „Bilanz" und schreibt dazu[56]):

„Wenn wir die von uns entwickelte Rechnung B i l a n z und nicht mehr Vermögensrechnung nannten, so sollte damit ausgedrückt werden, daß

[53]) Keller, Theo, Die Eigenwirtschaft öffentlicher Gemeinwesen, in Gerloff-Neumark, Handbuch der Finanzwissenschaft, 2. Aufl. Bd. II, S. 185.

[54]) Johns, Das Problem der öffentlichen Vermögensrechnung und seine Lösung, Würzburg 1943, sowie andere Schriften und Aufsätze von demselben Verfasser lt. LV.

[55]) Mülhaupt, a. a. O., S. 40.

[56]) Johns, Probleme, S. 71.

mit der gleichen Strenge und Systematik bilanziert, die Rechnung also in eine Anfangs- und Schlußbilanz verspannt werden muß, wie dies in der Erwerbswirtschaft von jeher geschieht."

Bickel[57]) spricht auch von einer „Vermögensbilanz" im Sinne einer Übersicht über das Vermögen und die Schulden einer öffentlichen Körperschaft. Ferner äußert sich Wacke[58]) dahin, daß die Rechnungslegung über das Vermögen und die Schulden nach Art. 114 Abs. 1 GG „zur jährlichen Abschlußbilanz der Staatswirtschaft" wird. Die Zusammenstellung des Vermögens und der Schulden in Form einer Bilanz verlangt zwangsläufig, daß der Unterschied zwischen Aktivvermögen und Schulden unter irgendeiner Bezeichnung (Reinvermögen od. dgl.) in die Bilanz eingestellt wird, denn es gehört zum Wesen der Bilanz, daß die Summe der Aktiven gleich der Summe der Passiven ist, wobei die Passiven die Quellen aufzeigen, aus denen die Aktiven finanziert wurden. Andererseits ist der Ausweis eines Reinvermögens nicht an die herkömmliche Form der Bilanz gebunden. Wenn man ein Reinvermögen ausweisen will, so kann dies in einfacher Form dadurch geschehen, daß man in einer Übersicht von der Summe des Aktivvermögens die Summe der Schulden abzieht und den Unterschied als Reinvermögen bezeichnet. Die Praktiker der Verwaltung legen deshalb der bilanzmäßigen Darstellung des Vermögens und der Schulden meist keine Bedeutung bei. Manche Autoren halten diese Form der Darstellung sogar für gefährlich, weil sie Veranlassung gibt, die öffentliche Bilanz unter den gleichen Gesichtspunkten wie eine erwerbswirtschaftliche Bilanz kritisch zu betrachten, was naturgemäß zu falschen Schlüssen führen muß. Auch die KuRVO verlangt nicht die Aufstellung einer Bilanz. Gemäß Ziff. 5 der Ausf.Anw. zu §§ 55, 88 Abs. 3 KuRVO ist der Abschluß der Vermögensrechnung in der Weise durchzuführen, daß der Anfangsbestand des Vermögens und der Schulden dem Endbestand gegenübergestellt und der sich dabei ergebende Unterschiedsbetrag angegeben wird. Die Fassung hat zu mancherlei Unklarheiten Anlaß gegeben.

Die VBRO berührt die Frage einer Vermögensbilanz nicht. Sie strebt der nach Art. 114 Abs. 2 GG aufzustellenden Übersicht über das Vermögen und die Schulden zu. In welcher Form diese Übersicht aufzustellen ist, ist zur Zeit noch nicht festgelegt.

g) Verbundene und unverbundene Vermögensrechnung

Die mannigfaltigen Formen der Vermögensrechnung lassen sich auf zwei Grundformen zurückführen, die verbundene und die unverbundene Vermögensrechnung. Der Meinungsstreit geht darum, welcher von beiden der Vorzug zu geben sei. Von süddeutscher Seite wird stärker die „Verbundrechnung" befürwortet. Darunter wird eine Rechnung verstanden, bei der die Vermögensrechnung mit der Haushaltsrechnung so verzahnt ist, daß zwangsläufig die Vermögensbestände und deren Veränderungen ausgewiesen werden, aber auch der „Wirtschaftserfolg", soweit man von einem solchen sprechen kann, ähnlich wie bei der kaufmännischen doppelten Buchführung in doppelter Weise erkennbar wird, einmal im Unterschied der erfolgswirksamen Posten, zum anderen im Unterschied der Bestände am Ende gegenüber dem Anfang der Rech-

57) Bickel, a. a. O., S. 147.

58) Wacke, Das Finanzwesen der Bundesrepublik, Tübingen 1950, S. 103.

nungsperiode. Das geschieht durch eine Soll-Ist-Reste-Rechnung in der Weise, daß die Vermögensbestände im Soll der Einnahme und die Schuldenbestände im Soll der Ausgabe vorgetragen werden. Wird ein Gegenstand gekauft, so erscheint der Kaufpreis im Ist der Ausgabe. Zugleich wird der Wert des Gegenstandes (= Anschaffungspreis) in der Einnahme im Soll gebucht. Bei Abschreibung in jährlichen Teilbeträgen erscheint der Abschreibungsbetrag im Ist der Ausgabe, zugleich im Ist der Einnahme (weil keine Zahlung geleistet wird, muß die Ausgabebuchung zum Ausgleich eine Gegenbuchung in der Einnahme haben). Die (fiktive) „Abschreibungs"-Einnahme wird an der Stelle gebucht, an der der Wert des Gegenstandes im Soll steht. Beim Jahresabschluß wird der Unterschied von Soll und Ist in die Spalte „Reste" eingetragen. Dieser Rest stellt den Buchwert des Gegenstandes am Schlusse des Rechnungsjahres dar. Aus der Restspalte wird er in das neue Rechnungsjahr übernommen und als Rest (Soll) in der Einnahme vorgetragen. Wird ein Darlehen aufgenommen, so erscheint der Darlehenserlös im Ist der Einnahme. Zugleich wird der Betrag des Darlehens in das Soll der Ausgabe eingetragen. Ein Tilgungsbetrag kommt in das Ist der Ausgabe an der gleichen Stelle, der „Rest" am Jahresschluß zeigt den Stand der Darlehensschuld. Dieser Restbetrag wird ebenfalls in das neue Rechnungsjahr übernommen und als Rest (Soll) vorgetragen. Beim Jahresabschluß zeigt alsdann die Restspalte der Einnahme die Summen der Aktiven, die Restspalte der Ausgabe die Summen der Passiven. Die Technik der Verbundrechnung kann hier nur angedeutet werden; zur näheren Information wird auf das einschlägige Schrifttum verwiesen. Die Verbundrechnung hat in Form der sogenannten „Betriebskameralistik" ihre große Bedeutung erlangt. Sie ist nach § 16 EigBetrVO für die Eigenbetriebe der Gemeinden neben der kaufmännischen doppelten Buchführung zugelassen. Eine besondere Form der Verbundrechnung hat Johns in der schon besprochenen „Deckungsrechnung" entwickelt. Bei der unverbundenen Vermögensrechnung ändert sich an der herkömmlichen Verwaltungsbuchführung über die Einnahmen und Ausgaben nichts. Auch die Haushaltsrechnung wird wie bisher gelegt. Lediglich das Abschlußergebnis der Vermögensrechnung wird beim Abschluß der Haushaltsrechnung nachrichtlich vermerkt. Vermögensbuchführung und Vermögensrechnung stehen der Buchführung über die Einnahmen und Ausgaben und der Haushaltsrechnung unabhängig gegenüber. Die einzige „Verbindung" besteht darin, daß die Vermögensbuchführung die „vermögenswirksamen" Posten aus der Kassenbuchführung übernimmt.

Die Ausf.Anw. zur KuRVO geht von der unverbundenen Vermögensrechnung aus, läßt aber die Ausbildung der Vermögensrechnung in verbundener Form zu. Die Ansicht, daß die Ausf.Anw. zur KuRVO nur eine an die Haushaltsrechnung angelehnte Form der Vermögensrechnung als „Verbundrechnung" bezeichne, aber keine Rechnung meine, die auch den Wirtschaftserfolg ausdrückt, dürfte hingegen fehl gehen.

Loschelder[59]) nennt eine verbundene Vermögensrechnung als „das erstrebenswerte Ziel". Die Stadt Frankfurt/Main ist seit dem Jahre 1938 einen Weg gegangen, der sich nunmehr schon ein Vierteljahrhundert be-

---

[59]) Loschelder a. a. O., S. 18.

währt hat und wohl als Vorbild für eine neuzeitliche kommunale Vermögensrechnung gelten kann[60]). Sie hat durch ihren — inzwischen verstorbenen — Stadthauptkassendirektor Markus eine Methode entwickelt, die — nach Umstellung der Verwaltungsbuchführung auf das Lochkartenverfahren — von der unverbundenen Vermögensrechnung ausgeht, im Ergebnis aber allen Erwartungen genügen dürfte, die gemeinhin an eine Verbundrechnung gestellt werden: Zu einer monatlichen Übertragung der Daten aus der Haushaltsrechnung unter Trennung nach erfolgswirksamen und -unwirksamen Vorfällen tritt — teils nur jährlich — die Ermittlung der sog. „Nichtkassenfälle", d. h. der Kassen- und Haushaltsreste, der Abschreibungen und Wertberichtigungen, der Kapitalumlegungen und der Kapitalzu- und -abgänge. Durch Zusammenführung dieser Daten gelangt sie zu einer sog. „Wirtschaftlichkeits- und Vermögensrechnung", die in ihrer Struktur einer Zusammenstellung von Anfangsbilanz, kaufmännischer Gewinn- und Verlustrechnung (Wirtschaftlichkeitsrechnung unter Ausweis eines „Wirtschaftserfolges" und Ermittlung des Reinvermögenszu- bzw. -abgangs) sowie Schlußbilanz (unter Darstellung des Vermögens, der Schulden und der Eigenmittel der Stadt) entspricht. Dabei wird das finanzwirtschaftliche Ergebnis des betreffenden Zeitraums durch Verbuchung des Anordnungssolls einerseits und des Ist nebst Kassenresten andererseits in einer doppelten Kontenreihe bestätigt, wobei die Wechselbeziehungen zwischen Geld- und Vermögensrechnung als Handhabe für eine selbsttätig wirkende Überprüfung des Gesamtrechnungswerkes ausgenutzt werden.

Die in der VBRO begründete Vermögensrechnung des Bundes ist eine unverbundene, an die Kassenrechnung und die Haushaltsrechnung nur „angeschlossene" Vermögensrechnung[61]). Sie kann nichts anderes sein, weil sie sich in den Schranken des durch die Reichshaushaltsordnung bestimmten Haushaltsrechts bewegen muß, dieses aber eine Verbundrechnung kaum zuläßt.

h) Gesamtrechnungslegung

Ein sehr schwieriges Problem, das jedoch nur die Vermögensrechnung auf Bundes- und Landesebene berührt, läßt sich mit dem Wort „Gesamtrechnungslegung" umreißen. Dabei handelt es sich um die Frage,

a) wie die bei den einzelnen Stellen nachgewiesenen Vermögenswerte und deren Veränderungen für jede Vermögensgruppe zu einer Summe verdichtet und schließlich für die gesamte Verwaltung in einer Summe nachgewiesen werden können,

b) wie der Nachweis zu führen ist, daß die auf haushaltsmäßigen Zahlungen beruhenden Zugänge und Abgänge mit den durch die Kassenrechnung und die Haushaltsrechnung nachgewiesenen vermögenswirksamen Einnahmen und Ausgaben übereinstimmen.

Die VBRO versucht dieses Problem dadurch zu lösen, daß sie die örtlich gewonnenen Ergebnisse stufenweise zusammenfaßt und dabei auf jeder Stufe der Gesamtrechnungslegung die Verbindung mit der Geldrechnung herstellt.

---

60) im einzelnen siehe das lesenswerte Buch von Karl Markus, Verwaltungsbuchführung und Vermögensrechnung einer Großstadt, 3. Auflage, bearbeitet von Karl Wehnert, Frankfurt/Main 1956.

61) Vgl. Duhmer, a. a. O., S. 98.

IV. Grundzüge der Vermögensrechnung des Bundes nach der VBRO

Die VBRO regelt die Vermögensrechnung des Bundes mit folgenden Grundzügen:

1. Die Vermögensrechnung umfaßt alle Teile des Vermögens und alle Schulden, soweit nicht ausdrücklich eine Ausnahme bestimmt oder zugelassen ist.

   Ausnahmen sind b e s t i m m t für Gegenstände, die im Rahmen des Gesamtvermögens nicht ins Gewicht fallen, sowie für die Bestände der laufenden Haushaltswirtschaft (Kassenbestände und Kassenreste). Ausnahmen können z u g e l a s s e n werden, wenn es die praktische Durchführung der Vermögensrechnung zweckmäßig erscheinen läßt.
2. Das Vermögen und die Schulden werden weitgehend aufgegliedert, weil der Wert einer Vermögensrechnung von einer reichhaltigen Aufgliederung abhängig ist.
3. Das Vermögen und die Schulden werden bewertet, das Vermögen grundsätzlich mit dem Anschaffungs- oder Herstellungswert (Anschaffungs- oder Herstellungskosten), die Schulden grundsätzlich mit dem Nennwert.
4. Vermögensgegenstände, die durch Alter und Abnutzung einer Wertminderung unterliegen, werden mit angemessenen Beträgen abgeschrieben.
5. Die Buchführung und Rechnungslegung über das Vermögen und die Schulden obliegt zum Teil den Verwaltungsdienststellen im engeren Sinne, zum Teil den Kassen.
6. Im Mittelpunkt der Buchführung über das Vermögen und die Schulden steht das Vermögenskonto. Das Vermögenskonto weist den Bestand zu Beginn, die Veränderungen während und den Bestand am Ende des Rechnungsjahres aus. Alle Vermögenskonten zusammen bilden die Vermögenskartei; die Vermögenskartei ist das Sachbuch für das Vermögen. Zeitbücher für das Vermögen werden nicht geführt.
7. Die Buchungen der Vermögensrechnung schließen sich den Buchungen der Geldrechnung an. Grundsätzlich wird beim Sachvermögen in Summen, möglichst in Jahressummen, gebucht.
8. Bei Darlehen ist das Sachbuch der Vermögensrechnung zugleich das Titelbuch (= Sachbuch) der Geldrechnung. Durch Anwendung einer doppelten Kopfspalte wirkt die Eintragung zugleich für die Geldrechnung und für die Vermögensrechnung. Die Buchung der Ausgabe des Darlehens bedeutet gleichzeitig die Buchung des Zugangs, die Buchung der Tilgungseinnahme gleichzeitig die Buchung des Abgangs in der Vermögensrechnung.
9. Die Vermögenskartei ist bei unbeweglichen Sachen und bei geldwerten Rechten zugleich Bestandsnachweis im Sinne des § 65 RHO. Bewegliche Sachen werden der Menge nach durch besondere Bestandsverzeichnisse nachgewiesen.
10. Die Rechnungslegung über das Vermögen vollzieht sich in enger Anlehnung an die Aufstellung der Kassenrechnung. Vermögensrechnung und Geldrechnung sind in den einander entsprechenden Teilen

gegenseitig abzustimmen. Die Rechnung wird durch Vorlage der zum Nachweis des Bestandes und der Veränderungen geführten Bücher gelegt.

V. Gedanken zur Weiterentwicklung der Vermögensrechnung

Die Form der öffentlichen Vermögensrechnung steht in engem Zusammenhang mit der Gestaltung des öffentlichen Haushalts. Es sind wiederholt Stimmen laut geworden, die den Haushaltsplan in seiner herkömmlichen Form mit seiner Gliederung der Ausgaben in fortdauernde, einmalige und außerordentliche nicht mehr als zeitgemäß ansehen, zumal die Zugehörigkeit einer Ausgabe zu der einen oder anderen Art nach oft unwägbaren Momenten von Körperschaft zu Körperschaft verschieden ist und selbst bei der gleichen Körperschaft oft in den einzelnen Haushaltsperioden wechselt. Man verlangt nach einem aufschlußreicheren Plane. Es darf hier verwiesen werden auf den Beitrag von Neumark, Theorie und Praxis der Budgetgestaltung, im Handbuch der Finanzwissenschaft, 2. Aufl., Tübingen 1952, insbesondere auf § 18 (S. 597) „Die Neugestaltung der Haushaltspläne als Folge volks- und staatswirtschaftlicher Strukturwandlungen", sowie auf die Arbeit von Weichmann-Wawrczeck, „Neuordnung der öffentlichen Haushalte", Hamburg 1952 und die Darstellung der Grundlagen hierzu im Finanzarchiv NF Band 14, 1953/54, S. 482, sowie die Denkschriften des Rechnungshofes der Freien und Hansestadt Hamburg 1953 S. 3 und 1954 S. 2. Aus der hieran anknüpfenden Literatur verdienen vor allem Beachtung der Bericht des Instituts zur Förderung öffentlicher Angelegenheiten e. V. über die Methoden neuzeitlicher Etatgestaltung, Mannheim 1954, der Vorschlag von Greuner und Helmert zur Neugestaltung des Bundeshaushaltsplans in „Der öffentliche Haushalt" 1954, S. 49 und 91, die Denkschrift des Bayerischen Staatsministeriums der Finanzen zur Neugestaltung des formalen Haushaltsrechts a. a. O. 1956, S. 146, der Bericht des Arbeitskreises der Landesfinanzminister (-Senatoren) über die Neugestaltung der Haushaltspläne in der Bundesrepublik Deutschland, Hamburg 1955, und aus neuerer Zeit die Ausführungen von Vialon in seinem Kommentar zum Haushaltsrecht, 2. Aufl. 1959, S. 106, und in seinem Referat über die modernen Entwicklungstendenzen im öffentlichen Haushalt auf der Internationalen Arbeitstagung der Hochschule für Verwaltungswissenschaften in Speyer am 27./29. September 1961, ferner die Stellungnahme von Hettlage dazu und das auf der gleichen Tagung gehaltene Referat von Senf über die Probleme der Gliederung des öffentlichen Haushalts nach funktionalen und ökonomischen Gesichtspunkten (Band 12 der Schriftenreihe der Hochschule).

Der Haushaltsplan soll u. a. Aufschluß geben, inwieweit die Ausgaben und die Einnahmen Wirkung auf das Vermögen und die Schulden haben. Die „Investitionen" sollen sichtbar werden. Diese wichtige Frage hat in manchen Ländern, z. B. in Schweden, Dänemark, den Niederlanden, der Schweiz u. a., zu einer Zweiteilung des Budgets in ein „Betriebsbudget" und ein „Kapitalbudget" geführt[62]). In Schweden ist die Vermögensrechnung zwischen dem — von einer Art Eröffnungsbilanz ausgehenden — Haushaltsplan und der Jahresrechnung verspannt, in den Niederlanden wird seit 1947 auf Grund einer detaillierten Vermögensrechnung jährlich eine mit der Bilanz des Vorjahres vergleichbare Staatsbilanz ver-

---

[62]) Näheres siehe Heinig, Das Budget, Tübingen 1951, II. Bd., S. 424 ff u. S. 475 ff

öffentlicht. Seit einiger Zeit sind ähnliche Bestrebungen in den USA spürbar. Die Aufgliederung der Haushaltseinnahmen und -ausgaben nach diesem Gesichtspunkt ist zweifellos wichtig, sie hat aber nicht notwendig die Aufteilung des Budgets in der angegebenen Weise zur Voraussetzung. Auch ein Einheitshaushaltsplan läßt bei entsprechender Gestaltung die Trennung zu. Neumark[63]) hat dazu treffend bemerkt: „Wenn es die ständige Ausdehnung der öffentlichen Wirtschafts- und speziell der Investitionstätigkeit erwünscht erscheinen läßt, zwischen ‚laufenden' und ‚Kapital-Aufwendungen' bzw. ‚-Einkünften' zu scheiden und neben den ‚compte financier' eine die jährlichen V e r - ä n d e r u n g e n des Staatsvermögens nachweisende Rechnung zu setzen, so muß man logischerweise früher oder später zu der Forderung gelangen, als Krönung des Ganzen auch eine regelmäßige öffentliche Vermögens- b e s t a n d s rechnung aufzustellen". Der Vollzug des Kapitalbudgets oder der entsprechenden Teile des Einheitshaushaltsplanes hat dann eine doppelte Bedeutung: Einmal sind die Einnahmen und Ausgaben solche der Haushaltswirtschaft und werden in der Haushaltsrechnung nachgewiesen, zum anderen bewirken sie die Veränderungen in der Vermögensbestandsrechnung. Wenn die Ausführung des Kapitalbudgets diese Doppelbedeutung hat, so liegt es nahe, die beiden Rechnungen so miteinander zu verbinden, daß die Buchung zur Ausführung des Planes für beide wirkt. Einen Weg dazu zeigt die VBRO bei der Behandlung der Darlehen[64]). Da Betriebsplan und Kapitalplan grundsätzlich nur Teile des e i n e n Haushaltsplanes sind, so liegt die Forderung auf der Hand, auch die Ausführung des Planes mit Einschluß der Vermögensbestandsrechnung in e i n e r Rechnung darzustellen. Das führt zu einer Verbundrechnung. Der Begriff ist als Gegensatz zu dem Nebeneinander von Geldrechnung (= Einnahmen- und Ausgabenrechnung) und Vermögensrechnung entstanden. Er verliert seinen gegensätzlichen Sinn, sobald die öffentliche Hand neben ihren Einnahmen und Ausgaben mit der gleichen Selbstverständlichkeit auch ihr Vermögen und ihre Schulden dem Bestande nach in einer und derselben Rechnung nachweist. Die VBRO konnte diesen Weg nicht gehen, weil sie sich im Rahmen der Reichshaushaltsordnung halten mußte. Es wird Aufgabe der künftigen Gestaltung des Haushalts- und Rechnungsrechts sein, den Weg für eine solche „V o l l r e c h n u n g" freizumachen.

Welche Möglichkeiten dazu bei Verwendung von Daten verarbeitenden Maschinen (Großrechenanlagen) bestehen und welche Voraussetzungen hierfür — vor allem hinsichtlich der Programmierung und Codierung — gegeben sein müssen, ist neuerdings von Maaß[65]) aufgezeigt worden. Maaß hält es sogar für wirklichkeitsfremd, wenn der Staat auf dem damit eröffneten Wege einer automatischen Verbindung der einzelnen Buchungen zu einem gesamten, in sich geschlossenen Rechnungssystem mit maschinell erstellten Ergebnissen nicht den Schritt zu einer kombinierten Geld- und Vermögensrechnung im Sinne einer kameralistischen Vollrechnung wage, in der auf der Grundlage einer „Staatsbilanz" die Wirkungen der Einnahmen und Ausgaben auf das Staatsvermögen und die Staatsschulden unmittelbar erkennbar werden und der „Wirt-

[63]) Neumark, Theorie und Praxis der Budgetgestaltung, in Gerloff-Neumark, Handbuch der Finanzwissenschaft, 2. Aufl., Tübingen 1952, S. 601.

[64]) Vgl. § 49 Abs. 1 sowie Einleitung Abschn. IV Ziff. 8.

[65]) Werner Maaß, Buchführung, Haushalts- und Vermögensrechnung in alter und neuer Sicht, in: „Der öffentliche Haushalt" 1962, Heft 4, S. 199.

schaftserfolg" wie der Reinvermögenszu- und -abgang eines Rechnungsjahres automatisch dargestellt werden können.

Ob darüber hinaus früher oder später die Empfehlung des am 30. Oktober 1952 von den Finanzministern und -senatoren in der Bundesrepublik eingesetzten Arbeitskreises unter Vorsitz von Weichmann verwirklicht werden kann, eine Vermögensvollrechnung nach einheitlicher Methode für Bund, Länder und Gemeinden einzuführen[66]), muß der Zukunft überlassen bleiben.

66) Ziffer 2 der zusammenfassenden Empfehlungen, veröffentlicht in „Der öffentliche Haushalt" 1956, Heft 5/6, S. 267. Die Einheitlichkeit der Form der Vermögensrechnung für Bund, Länder und Gemeinden hat auch der Wissenschaftliche Beirat des Bundesministeriums der Finanzen in seinen Empfehlungen zur Haushaltsrechtsreform angeraten (mitgeteilt von Vialon a. a. O., S. 114).

Bundesvermögensnachweis, Vermögensrechnung und Vermögensübersicht hier: Buchführungs- und Rechnungslegungsordnung für das Vermögen des Bundes — VBRO — (MinBlFin 1953 S. 166)

Bezug: 1. Erlaß v. 8. November 1952 — II B — 0 4300 — 1/52 (MinBlFin 1952 S. 607);
2. Erlaß v. 8. Dezember 1952 — II B — 0 4300 — 2/52 (MinBlFin 1952 S. 659);
3. Erlaß v. 23. Januar 1953 — II B — 0 4300 — 3/52 (MinBlFin 1953 S. 57);
4. Erlaß v. 26. Januar 1953 — II B — 0 4300 — 4/52 (MinBlFin 1953 S. 81);
5. Erlaß v. 3. März 1953 — II B — 0 4300 — 5/52 (MinBlFin 1953 S. 150).

Anlage: Entwurf der VBRO.

Die Richtlinien zur Vermögensrechnung, Teil I bis V, — bekanntgegeben mit den im Bezug angegebenen Erlassen — enthalten die Grundsätze über die Erfassung des Vermögens und der Schulden des Bundes für die vom 1. April 1953 an zu führende Vermögensrechnung.

Anschließend hieran gebe ich nachstehend im Einvernehmen mit den übrigen Bundesressorts den unter Mitwirkung des Bundesrechnungshofs aufgestellten „Entwurf der Buchführungs- und Rechnungslegungsordnung für das Vermögen des Bundes — VBRO —“ bekannt und bitte, vom 1. April 1953 an bei der Führung der Vermögensrechnung nach den Bestimmungen dieser Ordnung zu verfahren. Ich bitte die Herren Bundesminister, das zur Durchführung der VBRO Erforderliche für ihren Geschäftsbereich zu veranlassen.

Nach einer angemessenen Zeit praktischer Anwendung des Entwurfs der VBRO werde ich an die Ressorts zwecks Vorlage von Änderungs- und Ergänzungsvorschlägen für die endgültige Fassung der VBRO herantreten. Vordringliche Änderungsvorschläge bitte ich mir laufend mitzuteilen, damit sie im Benehmen mit dem Bundesrechnungshof geprüft und sofort berücksichtigt werden können.

Soweit im Entwurf der VBRO Bestimmungen enthalten sind, die von den bereits bekanntgegebenen Richtlinien zur Vermögensrechnung, Teil I bis V, abweichen — z. B. Einteilung der Vermögensgruppen im Vermögensgruppenplan —, gelten die in den Richtlinien enthaltenen entsprechenden Bestimmungen als überholt. Es handelt sich hierbei nur um unwesentliche Ergänzungen in den Richtlinien.

pp.

Bonn, den 16. März 1953
II B — 0 4300 — 72/53 —

Der Bundesminister der Finanzen
In Vertretung
Hartmann

Buchführungs- und Rechnungslegungsordnung für das Vermögen des Bundes (VBRO)

vom 16. März 1953

Auf Grund der §§ 55 und 66 Abs. 3 Satz 3 der Reichshaushaltsordnung bestimmen die Bundesregierung und der Bundesrechnungshof:

1. Buch: Allgemeine Bestimmungen

1. Teil: Zweck, Geltungsbereich und Begriffsbestimmungen

§ 1

Zweck der Vermögensrechnung

(1) Die Buchführung und die Rechnungslegung über das Vermögen und die Schulden des Bundes haben den Zweck, den Bestand des Vermögens und der Schulden zu Beginn des Rechnungsjahres, die Veränderungen während und den Bestand am Ende des Rechnungsjahres nachzuweisen. Die Vermögensbuchführung soll die Unterlagen für die nach Art. 110 Abs. 3 des Grundgesetzes aufzustellende Nachweisung, für die nach Art. 114 Abs. 1 zu legende Rechnung und für die nach Art. 114 Abs. 2 zu erstellende Übersicht über das Vermögen und die Schulden liefern.

(2) Die Vermögensrechnung soll ferner darlegen, in welcher Höhe die Haushaltseinnahmen und Haushaltsausgaben zur Vermehrung oder Verminderung des Vermögens oder der Schulden im Laufe des Rechnungsjahres geführt haben, und damit erkennen lassen, inwieweit einem Überschuß oder einem Fehlbetrag der Haushaltsrechnung eine Minderung oder Mehrung des Vermögens und der Schulden gegenübersteht.

§ 2

Geltungsbereich

(1) Die Bestimmungen dieser Ordnung gelten für alle Behörden und Dienststellen des Bundes mit Ausnahme

a) der Deutschen Bundesbahn und der Deutschen Bundespost,

b) der unter Aufsicht des Bundes stehenden öffentlichen rechtsfähigen Einrichtungen.

(2) Die Bestimmungen finden ferner Anwendung, soweit Stellen außerhalb der Bundesverwaltung Bundesvermögen verwalten; dies gilt auch,

wenn Gemeinden (Gemeindeverbände) oder andere Gebietskörperschaften im Auftrage eines Landes diese Verwaltung ausüben.

(3) Die Bestimmungen gelten für die nach § 15 Abs. 1 der Reichshaushaltsordnung mit dem voraussichtlichen Endergebnis veranschlagten Betriebe des Bundes nur, soweit es in dieser Ordnung besonders vorgesehen ist.

(4) Für das ERP-Sondervermögen und den Lastenausgleichsfonds gelten die Bestimmungen dieser Ordnung bis auf weiteres nicht (vgl. § 79 Abs. 1 Ziff. 4 der Reichshaushaltsordnung)[1].

§ 3
Begriffsbestimmungen

(1) Im Sinne der Buchführungs- und Rechnungslegungsordnung für das Vermögen des Bundes sind:

1. Vermögen des Bundes:
   a) die Gesamtheit der unbeweglichen und beweglichen Sachen, die im Eigentum des Bundes stehen, sowie der geldwerten Rechte, deren Träger der Bund ist;
   b) die entsprechenden Gegenstände des Deutschen Reichs, soweit die Verwaltung auf Grund des Gesetzes zur vorläufigen Regelung der Rechtsverhältnisse des Reichsvermögens und der preußischen Beteiligungen vom 21. Juli 1951 — Vorschaltgesetz — (BGBl. I S. 467) und der Durchführungsverordnung zu § 6 dieses Gesetzes — DVO — (BGBl. I S. 471) dem Bunde zusteht[2].
   c) die Beteiligungen des ehemaligen Landes Preußen an Unternehmen des privaten Rechts, soweit die Verwaltung auf Grund des Vorschaltgesetzes und der DVO dem Bunde zusteht[2].
2. Schulden des Bundes: Die Gesamtheit der in Geld zu erfüllenden Verpflichtungen des Bundes.
3. Vermögensrechnung: Die nach den Vorschriften dieser Ordnung vorgenommenen Aufzeichnungen über den Bestand und über die Veränderungen des Vermögens (Ziff. 1) und der Schulden (Ziff. 2).
4. Geldrechnung: Die nach den Vorschriften der Reichskassenordnung vorgenommenen Buchungen der Haushaltseinnahmen und Haushaltsausgaben des Bundes.
5. Vermögenswirksame Haushaltseinnahmen und Haushaltsausgaben: Haushaltseinnahmen und Haushaltsausgaben, die den Wert des in der Vermögensrechnung nachzuweisenden Vermögens und der nachzuweisenden Schulden verändern.
6. Vermögensunwirksame Haushaltseinnahmen und Haushaltsausgaben: Haushaltseinnahmen und Haushaltsausgaben, die den Wert des in der Vermögensrechnung nachzuweisenden Vermögens und der nachzuweisenden Schulden nicht verändern.

(2) Im übrigen gelten die Begriffsbestimmungen der Reichskassenordnung und der Wirtschaftsbestimmungen für die Reichsbehörden auch für

---

[1]) Inzwischen hat der Lastenausgleichsfonds die Vermögensrechnung des Bundes übernommen.
[2]) Siehe nunmehr das Reichsvermögen-Gesetz vom 16. Mai 1961.

die Buchführungs- und Rechnungslegungsordnung für das Vermögen des Bundes.

2. Teil: Inhalt der Vermögensrechnung

§ 4

Bundesvermögen

(1) Die Vermögensrechnung des Bundes erstreckt sich auf das gesamte Vermögen des Bundes, soweit sich aus den Absätzen 2 bis 5 nicht etwas anderes ergibt.

(2) In die Vermögensrechnung werden nicht einbezogen:

a) die zum Verbrauch in der laufenden Verwaltung bestimmten Sachen (Verbrauchsgüter),

b) die zum Gebrauch in der laufenden Verwaltung bestimmten Sachen von geringem Wert oder kurzer Lebensdauer (geringwertige Gebrauchsgüter),

c) die mit Bundesdarlehen beschafften beamteneigenen Fahrzeuge, Tiere usw., an denen der Bund sich das Eigentum vorbehalten hat,

d) die von einer Bundesbehörde rechtskräftig eingezogenen Gegenstände, die nicht für den Bedarf einer Bundesverwaltung in Anspruch genommen werden,

e) die Kassenbestände und die Kassenreste (Kassen-Einnahmereste).

(3) Als geringwertig im Sinne des Absatzes 2 Buchstabe b gelten Gebrauchsgüter mit einem Anschaffungspreis bis zu etwa 3 DM (Stückpreis).

(4) Der Bundesminister der Finanzen kann im Einvernehmen mit dem Bundesrechnungshof in besonderen Fällen weitere Sachen und Rechte von der Aufnahme in die Bundesvermögensrechnung ausnehmen oder die Aufnahme von bisher nicht einbezogenen Vermögensgegenständen anordnen.

(5) Der zuständige Bundesminister bestimmt im Einvernehmen mit dem Bundesminister der Finanzen und dem Bundesrechnungshof, wieweit Gegenstände, die außerhalb der Bundesverwaltung stehende Stellen aus den nach § 64 a Abs. 1 der Reichshaushaltsordnung zur Verfügung gestellten Bundesmitteln beschaffen und an denen der Bund nach Maßgabe der Verwendungsbestimmungen Eigentum erlangt, in der Vermögensrechnung des Bundes nachzuweisen sind. Vermögen, das aus Bundesmitteln entsteht, die von einem Lande oder einer anderen öffentlichen Körperschaft verwaltet werden, ist stets in die Vermögensrechnung einzubeziehen (§ 2 Abs. 2).

§ 5

Bundesschulden

(1) Die Vermögensrechnung des Bundes erstreckt sich auf die Schulden des Bundes, die nach den Vorschriften der Reichsschuldenordnung vom 13. Februar 1924 (RGBl. I S. 95) in der jeweils geltenden Fassung bei der Bundesschuldenverwaltung nachgewiesen werden, sowie auf

a) Hypotheken-, Grund- und Rentenschulden,

b) Restkaufgelder,

c) Ablösungsverpflichtungen für Wertzuwachs,

d) sonstige Schulden, deren Aufnahme in die Vermögensrechnung der zuständige Bundesminister im Einvernehmen mit dem Bundesminister der Finanzen und dem Bundesrechnungshof im Bedarfsfalle anordnet.

(2) Die Kassenreste (Kassen-Ausgabereste) werden in die Vermögensrechnung nicht einbezogen.

3. Teil: Gliederung des Vermögens und der Schulden

§ 6

Vermögensklassen

(1) Für die Vermögensrechnung werden das Vermögen und die Schulden des Bundes in folgende Klassen eingeteilt:

0 Allgemeines Verwaltungsvermögen
1 Sachen im Gemeingebrauch,
2 Vermögen der Bundesanstalten und -einrichtungen,
3 Betriebsvermögen,
4 Allgemeines Kapital- und Sachvermögen,
5 Sondervermögen,
6 frei,
7 frei,
8 frei,
9 Bundesschuld.

(2) In die Vermögensklassen nach Absatz 1 sind einzuordnen:

Vermögensklasse 0 — Allgemeines Verwaltungsvermögen —:
die Sachen und Rechte, die überwiegend zur unmittelbaren Erfüllung der Aufgaben einer Bundesverwaltung dienen; hierzu rechnen auch die für Besatzungs- und Verteidigungszwecke benutzten Grundstücke;

Vermögensklasse 1 — Sachen im Gemeingebrauch —:
die in dem Vermögensgruppenplan (Anhang) bezeichneten Liegenschaften im Gemeingebrauch;

Vermögensklasse 2 — Vermögen der Bundesanstalten und -einrichtungen —:
alle von nicht rechtsfähigen Bundesanstalten, Instituten und sonstigen Einrichtungen verwalteten Sachen und Rechte (einschließlich der zugehörigen Wirtschaftsbetriebe);

Vermögensklasse 3 — Betriebsvermögen —:
die Kapitalbeteiligungen an wirtschaftlichen Unternehmen und die Wirtschaftsbetriebe nach § 15 der Reichshaushaltsordnung;

Vermögensklasse 4 — Allgemeines Kapital- und Sachvermögen —:
alle sonstigen Sachen und Rechte, soweit sie nicht zu Sondervermögen (Klasse 5) gehören;

Vermögensklasse 5 — Sondervermögen —:
die nicht rechtsfähigen Sondervermögen des Bundes (vgl. aber § 2 Abs. 4);

Vermögensklasse 6 — frei —;

Vermögensklasse 7 — frei —;

Vermögensklasse 8 — frei —;

Vermögensklasse 9 — Bundesschuld —:
die Schulden des Bundes (§ 5).

(3) Der Bundesminister der Finanzen wird ermächtigt, im Einvernehmen mit dem Bundesrechnungshof Teile des Vermögens in die Klassen 6 bis 8 einzureihen.

§ 7

Vermögensgruppen

(1) Innerhalb der Vermögensklassen (§ 6) werden folgende Vermögenshauptgruppen gebildet:

a) für die Vermögensklasse 0 bis 8:
0 Unbewegliche Sachen,
1 Bewegliche Sachen,
2 Wirtschaftsbetriebe,
3 Geldwerte Rechte;

b) für die Vermögensklasse 9:
6 Fundierte Schuld,
7 Schwebende Schuld,
9 Andere Schulden.

(2) Jede Vermögenshauptgruppe wird nach Bedarf in Vermögensobergruppen, jede Vermögensobergruppe in Vermögensgruppen aufgeteilt. In geeigneten Fällen werden Vermögensuntergruppen gebildet. Für die Gliederung ist der als Anhang beigefügte Vermögensgruppenplan maßgebend. Der Bundesminister der Finanzen kann im Einvernehmen mit dem Bundesrechnungshof den Plan ändern.

§ 8

Kennziffern

(1) Die Vermögensklassen, -hauptgruppen, -obergruppen und -gruppen sind mit den aus dem Vermögensgruppenplan sich ergebenden Kennziffern in der Vermögensrechnung zu führen.

(2) Untergruppen sind durch Schrägstrich getrennt in Verbindung mit der Vermögensgruppe zu benennen.

II. Buch: Die Bewertung des Vermögens und der Schulden

I. Teil: Die Bewertung

1. Abschnitt: Allgemeine Bewertungsvorschriften

§ 9

Bewertungsgrundsatz

Die Gegenstände des Bundesvermögens sind, soweit in dieser Ordnung keine Ausnahmen vorgeschrieben oder zugelassen sind, mit dem Gesamtbetrag der Anschaffungs- oder Herstellungskosten (Anschaffungs- oder Herstellungswert) in die Vermögensrechnung aufzunehmen. Die Anschaffungs- oder Herstellungskosten sind den Titelbüchern der Geldrechnung zu entnehmen.

§ 10

Gemeiner Wert

(1) Bei unentgeltlich erworbenen Gegenständen ist der gemeine Wert im Sinne des § 10 des Reichsbewertungsgesetzes maßgebend; er ist erforderlichenfalls zu schätzen.

(2) Absatz 1 gilt entsprechend, wenn der Anschaffungswert aus besonderen Gründen für die Bewertung nicht geeignet ist.

§ 11

Bewertung der Schulden

(1) Die Schulden sind mit dem Nennwert in Deutscher Mark in der Vermögensrechnung zu führen.

(2) Lautet der Nennwert nicht auf Deutsche Mark, so ist er auf Deutsche Mark umzurechnen. Der Bundesminister der Finanzen bestimmt den Umrechnungskurs, soweit dieser nicht in anderer Weise festgelegt ist.

2. Abschnitt: Besondere Bewertungsvorschriften

§ 12

Bebaute Grundstücke

Bei bebauten Grundstücken sind der Wert des Grund und Bodens sowie der Wert der Bauwerke einschließlich der Nebenanlagen gesondert festzustellen.

§ 13

Archive, wissenschaftliche Sammlungen und dergleichen

Archive, wissenschaftliche Sammlungen und Schausammlungen von Dauerwert sind bei der Bewertung als Einheit zu behandeln; Kunstgegenstände sind als Einzelstücke zu bewerten.

§ 14

Wirtschaftsbetriebe

(1) Die nach § 15 der Reichshaushaltsordnung mit dem voraussichtlichen Endergebnis veranschlagten Betriebe sind in der Vermögensrechnung des Bundes mit dem Eigenkapital und etwaigen Rücklagen (Rechnungswert) zu führen.

(2) Absatz 1 gilt entsprechend für Wirtschaftsbetriebe, die, ohne als Betriebe nach § 15 Abs. 1 der Reichshaushaltsordnung anerkannt zu sein, eine wirtschaftliche Einheit darstellen und ihr Vermögen nach den Regeln der kaufmännischen Buchführung nachweisen.

§ 15

Kapitalbeteiligungen

(1) Kapitalbeteiligungen, die in Wertpapieren verbrieft sind, werden, wenn diese Wertpapiere im Währungsgebiet an einer deutschen Börse amtlich notiert oder im geregelten Freiverkehr gehandelt werden, mit dem Anschaffungswert in die Vermögensrechnung aufgenommen.

(2) Anteile, die keinen Börsenkurs gemäß Absatz 1 haben, sowie Anteile an Gesellschaften mit beschränkter Haftung, Geschäftsguthaben bei Erwerbs- und Wirtschaftsgenossenschaften und Anteile am Kapital von Unternehmen des öffentlichen Rechts sind mit dem Nennwert zu bewerten.

(3) Dem Nennwert nach Absatz 2 ist der Anteil an den Rücklagen nach Maßgabe der letzten Bilanz hinzuzurechnen. Rücklagen für die Lastenausgleichs-Vermögensabgabe (§ 218 des Lastenausgleichsgesetzes) bleiben unberücksichtigt.

(4) Von dem Nennwert nach Absatz 2 sind nach Maßgabe der letzten Bilanz abzurechnen:

a) der Anteil an dem Kapitalentwertungskonto (§ 36 des DM-Bilanzgesetzes),

b) der Anteil an dem außerordentlichen Kapitalentwertungskonto (§ 37 des DM-Bilanzgesetzes),

c) der Anteil an dem Kapitalverlustkonto (§ 38 des DM-Bilanzgesetzes).

(5) Anteile an bergrechtlichen Gewerkschaften (Kuxe), die keinen Börsenkurs gemäß Absatz 1 haben, sind mit dem aus dem letzten Jahresabschluß der Gewerkschaft sich ergebenden anteilmäßigen Kapitalbetrag zu bewerten.

(6) Der Bundesminister der Finanzen kann im Einvernehmen mit dem Bundesrechnungshof eine andere Bewertung der Kapitalbeteiligungen zulassen.

§ 16

Darlehen und sonstige Geldforderungen

Darlehen und sonstige Geldforderungen sind mit dem Nennbetrag in Deutscher Mark in der Vermögensrechnung zu führen.

§ 17

Wertpapiere

Schuldverschreibungen, Pfandbriefe und ähnliche Wertpapiere sind, wenn sie einen Börsenkurswert (§ 15 Abs. 1) haben, mit diesem, im übrigen mit dem Nennwert in Deutscher Mark zu bewerten.

2. Teil: Die Wertberichtigung

§ 18

Abschreibungen, Allgemeines

Bei Vermögensgegenständen, die durch Alter und Abnutzung einer Wertminderung unterliegen, sind nach Maßgabe der §§ 19 und 20 Abschreibungen vorzunehmen.

§ 19

Abschreibungen bei Gebäuden

(1) Bei der Abschreibung für Gebäude sind die Bauart, die Benutzungsart und die voraussichtliche Lebensdauer zu berücksichtigen. Der Abschreibungssatz ist in vom Hundert des Neubauwertes festzusetzen. Es sind nur durch 0,5 ohne Rest teilbare Sätze zu verwenden.

(2) Gebäude, die noch benutzt werden, sind im allgemeinen nicht weiter als auf 30 vom Hundert des reinen Bauwertes abzuschreiben (Restwert). Ausnahmen bedürfen der Zustimmung des Bundesministers der Finanzen. Bei den am 1. April 1953 vorhandenen Gebäuden gilt der Neubauwert 1936 als Bauwert im Sinne dieser Bestimmung.

(3) Der Bundesminister der Finanzen setzt für die typischen Bauarten den Abschreibungssatz einheitlich fest. Die Einordnung der einzelnen Objekte in die zutreffende Bauart bestimmt die nach § 22 zuständige Dienststelle.

§ 20

Abschreibungen bei beweglichen Sachen[3])

(1) Bewegliche Sachen mit Ausnahme der in den Absätzen 2 und 3 genannten Arten sind nach Aufnahme in die Vermögensrechnung sogleich auf 50 vom Hundert des Anschaffungswertes abzuschreiben; laufende Abschreibungen unterbleiben. Soweit bei beweglichen Sachen nach § 40 verfahren wird, ist die einmalige Abschreibung für jede Vermögensgruppe von dem in Zugang zu bringenden Gesamtbetrag zu berechnen. In den Fällen des § 10 kann die Abschreibung unterbleiben.

(2) Schiffe im Werte von mehr als 50 000 DM sind mit Jahresbeträgen abzuschreiben. Den Abschreibungssatz bestimmt der Bundesminister für Verkehr im Einvernehmen mit dem Bundesminister der Finanzen. Schiffe dieser Art sind bis auf 20 vom Hundert des DM-Anschaffungswertes, sonst des Wiederbeschaffungswertes abzuschreiben (Restwert).

(3) Bei Archiven, wissenschaftlichen Sammlungen und Schausammlungen von Dauerwert sowie bei Kunstgegenständen sind Abschreibungen nicht vorzunehmen. Das gleiche gilt für Vorräte an Verbrauchsgütern (Kennziffer 17 des Vermögensgruppenplans).

§ 21

Sonstige Wertberichtigungen

(1) Weicht der Kurswert (§§ 15, 17) am Schluß des Rechnungsjahres von dem Buchwert ab, so ist eine Wertberichtigung auf den Kurswert vom 31. März zu buchen.

(2) Der Bundesminister der Finanzen kann bestimmen, ob und wieweit in anderen Fällen Wertberichtigungen vorzunehmen sind.

III. Buch: Buchführung über das Vermögen und die Schulden des Bundes

1. Teil: Allgemeines

§ 22

Zuständigkeit

(1) Die Buchführung über das Vermögen des Bundes obliegt

a) für unbebaute Grundstücke
der für die Verwaltung des Grundstücks zuständigen Dienststelle;

b) für bebaute Grundstücke
der hausverwaltenden Dienststelle; dies gilt auch für Grundstücke, die von mehreren Bundesbehörden benutzt werden;

c) für Baulichkeiten auf fremdem Grund und Boden
der für die Verwaltung der Baulichkeit zuständigen Dienststelle:

d) für bewegliche Sachen
der Dienststelle, die über die Haushaltsmittel zur Beschaffung der Sachen durch Kassenanweisung verfügt oder der die Sachen zur Verwaltung überwiesen sind;

---

[3]) Seit dem 1. April 1956 gegenstandslos.

e) für Wirtschaftsbetriebe
der Dienststelle, der der Wirtschaftsbetrieb unmittelbar unterstellt ist;

f) für Beteiligungen an Unternehmen usw.
dem nach § 48 der Reichshaushaltsordnung zuständigen Bundesminister, im Zweifel dem Bundesminister der Finanzen; werden die Rechte aus der Beteiligung von einer nachgeordneten Behörde wahrgenommen, so ist diese für die Aufnahme der Kapitalbeteiligung in die Vermögensrechnung zuständig;

g) für Darlehen, Hypotheken, Grundschulden und Rentenschulden der Kasse, die die Zins- und Tilgungsbeträge oder die sonstigen Leistungen einzuziehen oder die Rückzahlungen anzunehmen hat;

h) für Wertpapiere (§ 17)
der Kasse, die die Wertpapiere im unmittelbaren oder mittelbaren Besitz hat;

i) für sonstige Geldforderungen
der Kasse, die die Forderung einzuziehen hat.

(2) Für die Buchführung über die Schulden des Bundes sind zuständig

a) die Bundesschuldenverwaltung nach Maßgabe der Verordnung über die Bundesschuldenverwaltung vom 13. Dezember 1949 (BGBl. 1950 S. 1), der Reichsschuldenordnung vom 13. Februar 1924 (RGBl. I S. 95) und des Reichsschuldbuchgesetzes nach der Bekanntmachung vom 30. Mai 1910 (RGBl. S. 840) in den jeweils geltenden Fassungen;

b) für sonstige Schulden (§ 5 Abs. 1 Buchstaben a bis d) die Dienststelle, der die Verwaltung der Schuld obliegt.

(3) Im Zweifel bestimmt der zuständige Bundesminister, welche Stelle für die Buchführung und Rechnungslegung im Sinne dieser Ordnung zuständig ist. Er kann im Einvernehmen mit dem Bundesrechnungshof die Buchführung und Rechnungslegung einer anderen Stelle, insbesondere den Kassen, übertragen, wenn es zur Vereinfachung des Verfahrens dient.

§ 23

Vermögensbuchhalter

(1) Bei jeder Dienststelle ist ein Beamter oder Angestellter zu bestimmen, der das Sachbuch für das Vermögen (§ 26) führt. Bei größeren Behörden können mehrere Beamte oder Angestellte zur Führung von Teilen des Vermögenssachbuchs herangezogen werden. Die Namen der beauftragten Beamten und Angestellten sind der Kasse mitzuteilen.

(2) Alle Kassenanweisungen über vermögenswirksame Haushaltseinnahmen und Haushaltsausgaben sind vor der Abgabe an die Kasse dem Vermögensbuchhalter zuzuleiten. Dieser prüft, ob in der Kassenanweisung die Buchungsstelle der Vermögensrechnung richtig angegeben ist. Soweit nach den Bestimmungen dieser Ordnung Vermögensänderungen im einzelnen nachzuweisen sind, trägt der Vermögensbuchhalter die Vermögensänderung in das Sachbuch für das Vermögen ein. Er hat die Ein-

tragung auf der Kassenanweisung unter Beifügung seines Namenszeichens ersichtlich zu machen. Die übrigen Kassenanweisungen versieht er lediglich mit seinem Sichtvermerk.

(3) Der Vermögensbuchhalter bucht Vorgänge der Vermögensrechnung ohne haushaltsmäßige Zahlung auf Anweisung der zuständigen Stelle. Er kann solche Buchungsanweisungen vorbereiten, sofern der Behördenleiter nichts anderes bestimmt.

(4) Soweit Zugänge und Abgänge mit den aus den Titelbüchern der Geldrechnung zu entnehmenden Summen zu buchen sind (§ 31 Abs. 2), hat der Vermögensbuchhalter die Buchungen im Benehmen mit der zuständigen Kasse vorzunehmen. Befinden sich Kasse und Verwaltungsstelle an verschiedenen Orten, so hat die Kasse beim Abschluß der Titelbücher der nach § 22 zuständigen Dienststelle die Jahressummen der vermögenswirksamen Haushaltseinnahmen und Haushaltsausgaben nach Vermögensgruppen (-untergruppen) geordnet mitzuteilen.

(5) Soweit eine Kasse das Sachbuch für das Vermögen über geldwerte Rechte führt (§ 22 Abs. 1 Buchstaben g, h und i), entfällt das Verfahren nach den Absätzen 1 bis 4.

2. Teil: Die Bücher

§ 24

Art der Buchung

Der Bestand und die Veränderungen des Vermögens und der Schulden werden in der durch den Vermögensgruppenplan bestimmten sachlichen Ordnung nachgewiesen.

§ 25

Bezeichnung der Bücher

(1) Nach den Bestimmungen der §§ 26 bis 55 werden folgende Bücher geführt:

a) das Sachbuch für das Vermögen,
b) das Verzeichnis der Vermögenskonten,
c) die Bestandsverzeichnisse für bewegliche Sachen.

(2) Soweit die Bundesschuldenverwaltung die Schulden nachzuweisen hat, gelten die Bestimmungen der Reichsschuldenordnung und des Reichsschuldbuchgesetzes.

§ 26

Sachbuch für das Vermögen

(1) Das Sachbuch für das Vermögen ist in Karteiform zu führen (Vermögenskartei).

(2) Die Vermögenskartei enthält die Vermögenskonten. Nach Bedarf werden Einzelkonten oder Sammelkonten geführt. Das Sammelkonto dient zum Nachweis mehrerer gleichartiger Gegenstände.

(3) Für die Anlegung und Führung der Vermögenskonten sind Karteikarten nach den **Mustern 1a, 1b, 2, 3, 4, 5** und **6** zu verwenden. Der Bundesminister der Finanzen kann im Einvernehmen mit dem zuständigen Bundesminister und dem Bundesrechnungshof in besonderen Fällen Abweichungen zulassen.

(4) Für die Vermögenskonten über die geldwerten Rechte (außer Darlehen) sind die Vermögenskarteikarten für bewegliche Sachen — Muster 2 — unter entsprechender Änderung der Überschrift zu benutzen.

(5) Die Vermögenskarteikarten, die Gegenstände des Reichsvermögens ausweisen, sind mit Rotstift am oberen Rande vor „Vermögensgruppe" mit „R", die Karteikarten über Beteiligungen des ehemaligen Landes Preußen mit „Pr" zu kennzeichnen[4]).

§ 27

Verzeichnis der Vermögenskonten

(1) Zum Nachweis der bei einer Dienststelle vorhandenen Vermögenskonten ist ein Verzeichnis nach **Muster 7** zu führen. Das Verzeichnis der Vermögenskonten dient zugleich zum Nachweis der in Gebrauch genommenen Karteikarten.

(2) In das Verzeichnis ist jede Karteikarte vor ihrer Einreihung in die Kartei einzutragen. Die laufende Nummer dieses Verzeichnisses — in jeder Vermögensgruppe oder Vermögensuntergruppe mit 1 beginnend — ist auf der Karteikarte unter der Bezeichnung „Konto-Nr." zu vermerken.

(3) Das Verzeichnis der Vermögenskonten ist in Heftform anzulegen und mit Seitenzahlen zu versehen. Es ist von dem Vermögensbuchhalter zu führen. Die Zeit der Führung des Verzeichnisses und der zugehörigen Kartei ist auf dem Titelblatt zu bescheinigen. Sind nach § 23 Abs. 1 Satz 2 mehrere Beamte oder Angestellte an der Führung des Vermögenssachbuchs beteiligt, so ist einer von ihnen mit der Führung des Verzeichnisses zu beauftragen. In diesem Falle hat jeder Beteiligte die Bescheinigung für den von ihm geführten Teil der Kartei auf der ersten Seite des Verzeichnisses abzugeben.

(4) In den Fällen des § 26 Abs. 5 sind in Spalte Bemerkungen des Verzeichnisses entsprechende Vermerke mit Bleistift aufzunehmen.

(5) Werden Karteikarten aus der laufenden Kartei abgelegt (§ 35 Abs. 2 letzter Satz), so sind die Nummern der Blätter in dem Verzeichnis mit roter Tinte zu streichen.

§ 28

Bestandsverzeichnisse über bewegliche Sachen

Die beweglichen Sachen sind im einzelnen nach besonderen Vorschriften durch Bestandsverzeichnisse (Gerätebücher u. dgl.) nachzuweisen. Diese sind nach Vermögensgruppen (§ 7) zu gliedern. Sie müssen eine Stückpreisspalte enthalten. Das Nähere bestimmt der zuständige Bundesminister im Einvernehmen mit dem Bundesrechnungshof.

3. Teil: Führung der Bücher

1. Abschnitt: Führung der Bücher im allgemeinen

§ 29

Einrichtung und Aufbewahrung der Bücher

(1) Die Bücher (Karteien) zum Nachweis des Vermögens und der Schulden sind für unbestimmte Zeit einzurichten.

(2) Die Bücher sind sicher aufzubewahren. Es ist Vorsorge zu treffen, daß Unregelmäßigkeiten, insbesondere ein unbefugtes Entfernen ein-

[4]) Mit dem Reichsvermögen-Gesetz gegenstandslos geworden.

zelner Karten oder Blätter, ausgeschlossen sind. Wird der Vermögenskartei eine Karte zur vorübergehenden Benutzung innerhalb der Dienststelle entnommen, so ist ein Fehlblatt in die Kartei einzustellen und auf diesem über die Entnahme zu quittieren. Vermögenskarteikarten über geldwerte Rechte dürfen aus dem Bereich der Kasse nicht herausgegeben werden.

(3) Der Dienststellenleiter oder ein von ihm beauftragter an der Karteiführung nicht beteiligter Beamter hat jede in Benutzung genommene Karteikarte mit seiner Unterschrift, dem Datum der Ingebrauchnahme und mit dem Dienstsiegel zu versehen. Vor Abgabe dieser Bescheinigung hat er sich zu vergewissern, daß die Karte in das Verzeichnis der Vermögenskonten (§ 27) eingetragen ist.

(4) Die Dauer der Aufbewahrung der Bücher und Belege der Vermögensrechnung richtet sich nach den entsprechenden Vorschriften für die Bücher und Belege der Geldrechnung.

§ 30

Form der Eintragungen

(1) Die Eintragungen in die Bücher sind sauber und deutlich lesbar mit schwarzer Tinte oder in Maschinenschrift vorzunehmen. Absetzungen sind mit roter Tinte oder rotem Farbband einzutragen.

(2) Änderungen sind so durchzuführen, daß die ursprüngliche Eintragung lesbar bleibt. Sie sind durch Beifügen des Namenszeichens und durch Angabe des Tages der Änderung zu bescheinigen. Radieren, Überkleben, Übermalen und die Verwendung von Ätzmitteln sind unzulässig.

(3) Soweit das Sachbuch für das Vermögen von Kassen geführt wird, können Buchungen der Vermögensrechnung mit Buchungen der Geldrechnung verbunden werden. Dabei kann zur Vereinfachung des Schreibwerks ein bewährtes Durchschreibeverfahren angewandt werden. Wird hierbei in Bücher der Geldrechnung durchgeschrieben, so gilt die Vorschrift dieses Absatzes als abweichende Bestimmung im Sinne des § 98 Abs. 2 der Reichskassenordnung.

2. Abschnitt: Allgemeine Buchungsbestimmungen

§ 31

Buchungsgrundsatz

(1) Grundlage für die Buchungen in der Vermögensrechnung (Spalten: Zugänge und Abgänge mit haushaltsmäßiger Zahlung) sind die Buchungen der vermögenswirksamen Haushaltseinnahmen und -ausgaben in der Geldrechnung; die Ausgaben bewirken Vermögenszugänge oder Schuldenabgänge, die Einnahmen Vermögensabgänge oder Schuldenzugänge.

(2) Im Sachbuch für das Vermögen sind die Wertzugänge — mit Ausnahme von geldwerten Rechten — nach Möglichkeit in Summen zu buchen (vgl. §§ 38, 39, 40).

§ 32
Übereinstimmung von Geldrechnung und Vermögensrechnung

(1) Bei der Aufstellung des Bundeshaushaltsplanes sind vermögenswirksame Haushaltseinahmen und -ausgaben sowie vermögensunwirksame Haushaltseinnahmen und -ausgaben getrennt voneinander in besonderen Titeln oder Unterteilen von Titeln zu veranschlagen. Erscheint dies nicht zweckmäßig, so ist die Aufgliederung in vermögenswirksame und vermögensunwirksame Haushaltseinnahmen und -ausgaben in den Erläuterungen vorzunehmen. Bei der Buchung im Titelbuch ist nach § 11 Abs. 1 Satz 1 der Rechnungslegungsordnung und nach Ziffer III der Vorbemerkungen zum vorläufigen Eingliederungsplan zu verfahren.

(2) Das Sachbuch für das Vermögen ist so zu führen, daß

a) die durch haushaltsmäßige Zahlungen entstandenen Zugänge des Vermögens und Abgänge der Schulden
mit den vermögenswirksamen Haushaltsausgaben,

b) die durch haushaltsmäßige Zahlungen entstandenen Abgänge des Vermögens und Zugänge der Schulden
mit den vermögenswirksamen Haushaltseinnahmen

übereinstimmen. Dabei ist darauf zu achten, daß diese Übereinstimmung auch in der Zeit vom 1. April jedes Jahres bis zum Abschluß der Kassenbücher für das abgelaufene Rechnungsjahr (§ 61 der Reichshaushaltsordnung) gewährleistet ist.

(3) Die Titelbücher der Geldrechnung sind in der Einnahme und Ausgabe um eine Spalte.

„Davon vermögenswirksam"

zu erweitern. In diese Spalte sind die vermögenswirksamen Einnahmen und Ausgaben nachrichtlich einzutragen. Enthalten Titel oder Buchungsabschnitte nur vermögenswirksame Einnahmen oder Ausgaben, so genügt die Eintragung der Summe des Titels oder des Buchungsabschnittes in dieser Spalte. Werden Titelbücher mit Längsspalten für mehrere Titel oder Buchungsabschnitte geführt, so genügt die Zusatzspalte bei den Titeln oder Buchungsabschnitten, die — ausnahmsweise — zugleich vermögenswirksame und vermögensunwirksame Eintragungen enthalten. Beträge, die zur Mehrung oder Minderung der Schulden führen, sind durch Vorsetzen eines „S" zu kennzeichnen und für sich aufzurechnen.

(4) Die Rechnungsnachweisungen, die Oberrechnungen, die Zentralrechnungen und die Hauptrechnung über die Haushaltseinnahmen und -ausgaben (§§ 24, 100 der Rechnungslegungsordnung) sind sinngemäß nach Absatz 3 um die gleiche Spalte zu erweitern. Entsprechend sind die vermögenswirksamen Haushaltseinnahmen und Haushaltsausgaben in einer besonderen Spalte der Haushaltsrechnung auszuweisen. Absatz 3 letzter Satz gilt sinngemäß.

(5) Werden bei einem Titel oder in einem Buchungsabschnitt die Haushaltseinnahmen oder Haushaltsausgaben für Gegenstände nachgewiesen, die zu verschiedenen Vermögensgruppen (-untergruppen) gehören, so ist Vorsorge zu treffen, daß die Endsumme für jede Vermögensgruppe

(-untergruppe) besonders ausgewiesen wird. Dies kann geschehen, indem

a) im Titelbuch besondere Längsspalten eingerichtet werden, oder

b) bei jeder Buchung die Nummer der Vermögensgruppe (-untergruppe) in der Spalte Bemerkungen eingetragen und am Schluß die Titelsumme nach den Vermögensgruppen (-untergruppen) aufgegliedert wird, oder

c) bei Haushaltsausgaben eine entsprechende Aufgliederung in der Haushaltsüberwachungsliste (§ 42 der Wirtschaftsbestimmungen für die Reichsbehörden) vorgenommen wird.

§ 33

Abweichung vom Buchwert

Wird beim Verkauf eines Gegenstandes ein Preis erzielt, der von dem Buchwert abweicht, so ist auf dem Vermögenskonto vor der Buchung des Abgangs der Unterschiedsbetrag zwischen dem Verkaufserlös und dem Buchwert als Wertzugang oder Wertabgang ohne haushaltsmäßige Zahlung zu buchen.

§ 34

Abgabe von Gegenständen innerhalb der Bundesverwaltung

Werden Gegenstände von einer Bundesverwaltung an eine andere ohne Werterstattung abgegeben (§ 65 Abs. 2 der Reichshaushaltsordnung), so hat die abgebende Verwaltung den Gegenstand mit dem Buchwert in Abgang, die übernehmende Verwaltung den Gegenstand mit dem gleichen Wertbetrag in Zugang ohne haushaltsmäßige Zahlung zu buchen. Als Beleg für die Buchung dient ein in doppelter Ausfertigung auszustellender Übergabeschein nach **Muster 8.** Die erste Ausfertigung des Übergabescheines erhält die übernehmende, die zweite Ausfertigung bleibt bei der abgebenden Stelle.

§ 35

Übertragung von Merkmalen und Ablegung von Karteikarten

(1) Bei der Ingebrauchnahme eines weiteren Karteiblattes für ein Vermögenskonto sind die Merkmale des Vermögensgegenstandes (Vorderseite) auf das neue Blatt zu übertragen.

(2) Sind die Merkmale besonders umfangreich, so ist die Übertragung durch einen Hinweis auf die vorhergehenden Blätter zu ersetzen. In diesem Falle dürfen die Blätter mit den Merkmalen nicht aus der laufenden Kartei entfernt werden. Bei Grundstückskonten ist hiernach ausnahmslos zu verfahren. Im übrigen dürfen Karten erst dann aus der laufenden Kartei abgelegt werden, wenn der Bundesrechnungshof die Prüfung für das Rechnungsjahr, in dem die letzte Buchung auf der Karte vorgenommen worden ist, für abgeschlossen erklärt hat.

3. Abschnitt: Besondere Buchungsbestimmungen

§ 36

Wirtschaftseinheit bei Grundstücken

(1) Räumlich zusammenhängende Grundstücke sind, auch wenn sie verschiedenartig benutzt werden, als wirtschaftliche Einheit zu behandeln und entsprechend ihrer hauptsächlichen Nutzung und nach der Zweckbestimmung des Grund und Bodens in eine Vermögensgruppe der unbebauten, bebauten oder teilbebauten Grundstücke einzureihen. Für jede Einheit der bebauten oder teilbebauten Grundstücke ist ein Vermögenskonto anzulegen. Unbebaute Grundstücke können auf einem Einzelkonto oder zu mehreren auf einem Sammelkonto (§ 26 Abs. 2) nachgewiesen werden.

(2) Schließt ein Grundstück im Sinne des Absatzes 1 Teile ein, die aus Zweckmäßigkeitsgründen oder nach der Verkehrsauffassung als selbständige Einheit anzusehen sind, so sind für diese gesonderte Vermögenskonten anzulegen.

§ 37

Ankauf und Verkauf von Grundstücken

(1) Beim Ankauf eines Grundstücks ist spätestens bei der ersten Zahlung oder bei der Eintragung in das Grundbuch ein Vermögenskonto für das Grundstück anzulegen. Der gezahlte Kaufpreis ist auf Grund der Kassenanweisung als Zugang mit haushaltsmäßiger Zahlung einzutragen. Wird der Kaufpreis in Teilbeträgen gezahlt, ohne daß eine dingliche Sicherung erfolgt, so sind die jeweils gezahlten Teilbeträge in gleicher Weise zu buchen. Wird der nicht sofort gezahlte Teilbetrag des Kaufpreises dinglich gesichert, so ist dieser Betrag

a) als Zugang ohne haushaltsmäßige Zahlung in die Vermögensrechnung aufzunehmen und

b) als Schuld des Bundes in der Vermögensrechnung auszuweisen.

(2) Beim Verkauf eines Grundstückes ist bei der Zahlung des Kaufpreises der Wert des Grundstücks in der Vermögensrechnung als Abgang zu buchen. Soweit der Kaufpreis gestundet wird, ist auf dem Vermögenskonto ein Betrag in Höhe des Restkaufgeldes als Abgang ohne haushaltsmäßige Zahlung zu buchen. Zuvor ist nach § 33 zu verfahren. Zugleich ist das Restkaufgeld als Forderung des Bundes in die Vermögensrechnung als Zugang ohne haushaltsmäßige Zahlung aufzunehmen.

(3) Bei anderen Erwerbs- und Veräußerungsfällen sind die vorstehenden Bestimmungen sinngemäß anzuwenden.

§ 38

Neubauten, Um- und Erweiterungsbauten

(1) Bei Neubauten, Um- und Erweiterungbauten sind die Aufwendungen nach Abschluß des Bauvorhabens für jedes Vermögenskonto aus dem Titelbuch der Geldrechnung in die Vermögensrechnung zu übernehmen. Zu diesem Zwecke sind die Ausgaben im Titelbuch für jedes Bauvorhaben gesondert in Buchungsabschnitten nachzuweisen. Erstreckt sich ein Bauvorhaben über mehrere Rechnungsjahre, so sind

die in jedem Rechnungsjahr entstandenen Aufwendungen spätestens beim Jahresabschluß vorweg zu übernehmen.

(2) Werden Bauvorhaben im Sinne des Absatzes 1 von einer Dienststelle durchgeführt, die nicht nach § 22 in Verbindung mit § 36 zugleich für die Vermögensbuchführung über die Wirtschaftseinheit zuständig ist, so hat sie für das Bauvorhaben ein Vermögenskonto anzulegen und nach Absatz 1 zu verfahren. Die für die Vermögensbuchführung nach § 22 zuständige Stelle ist über das Bauvorhaben zu benachrichtigen. Nach Abschluß des Bauvorhabens sind die Aufwendungen auf das für die Wirtschaftseinheit eingerichtete Vermögenskonto zu übertragen. Zu diesem Zweck ist bei der Behörde, die das Bauvorhaben durchführt, der Betrag der Bauaufwendungen auf dem Vermögenskonto als Abgang ohne haushaltsmäßige Zahlung und bei der für den Nachweis der Wirtschaftseinheit zuständigen Behörde auf dem entsprechenden Konto als Zugang ohne haushaltsmäßige Zahlung zu buchen. Auf die Buchungsstellen ist gegenseitig hinzuweisen. Die übernehmende Behörde hat der abgebenden Behörde die Übernahme zu bestätigen. Die Übernahmebestätigung ist Beleg für die Abgabebuchung.

§ 39

Sachen im Gemeingebrauch

Der Bundesminister der Finanzen kann im Einvernehmen mit dem zuständigen Bundesminister und dem Bundesrechnungshof bestimmen, daß bei Sachen im Gemeingebrauch (Straßen, Brücken, Wasserstraßen usw.) die Bewertung unterbleibt und nur die jährlichen Investitionen aus Haushaltsmitteln in der Vermögensrechnung nachgewiesen werden. In diesem Falle sind die vermögenswirksamen Ausgaben aus den Titelbüchern der Geldrechnung zu ermitteln und am Jahresschluß in einer Summe in die Vermögensrechnung zu übernehmen. Zugleich sind die in Zugang gebrachten Beträge wieder abzuschreiben. Der zuständige Bundesminister regelt im Einvernehmen mit dem Bundesrechnungshof das Verfahren.

§ 40

Bewegliche Sachen[5]

(1) Bewegliche Sachen im Sinne dieser Ordnung sind alle körperlichen Gegenstände, soweit diese nicht als wesentliche Bestandteile eines Grundstücks (§ 93 ff. des Bürgerlichen Gesetzbuchs) zum unbeweglichen Vermögen gehören. Im Zweifel ist eine Sache als bewegliche zu behandeln.

(2) Soweit in dieser Ordnung nichts anderes vorgeschrieben ist (§§ 41, 42), sind die beweglichen Sachen in der Vermögensrechnung mit den nach Vermögensgruppen zusammengefaßten Werten nachzuweisen. Die Anschaffungskosten sind nach Gruppen geordnet jährlich einmal aus den Titelbüchern über die Haushaltsausgaben als Zugang in die Vermögensrechnung zu übernehmen. Wenn es zweckmäßig ist, kann dies in kürzeren Zeitabschnitten geschehen.

(3) Beschafft eine Dienststelle bewegliche Sachen für andere Bedarfsstellen, so hat sie in ihr Vermögenssachbuch die Werte nach Absatz 2 aufzunehmen und die Abschreibungen nach § 20 durchzuführen. Bei der

[5]) Seit dem 1. April 1956 gegenstandslos.

Abgabe der Sachen an die Bedarfsstelle hat sie den Buchwert der abgegebenen Sachen als Abgang ohne haushaltsmäßige Zahlung zu buchen. Die übernehmende Stelle bucht den gleichen Betrag als Zugang ohne haushaltsmäßige Zahlung in ihrem Vermögenssachbuch. § 34 Satz 2 und 3 finden Anwendung.

(4) Bei der Veräußerung von beweglichen Sachen ist der vereinnahmte Betrag in der Spalte Abgang mit haushaltsmäßiger Zahlung zu buchen. Weicht der Veräußerungserlös von dem Buchwert ab, so ist nach § 33 zu verfahren.

(5) Unbrauchbar gewordene bewegliche Sachen, die nicht durch Verkauf als Altmaterial verwertet werden können, sowie in Verlust geratene Sachen sind am Schluß des Rechnungsjahres mit ihren Buchwerten in einer Summe als Abgang ohne haushaltsmäßige Zahlung zu buchen.

§ 41

Schiffe[6])

(1) Schiffe im Werte von mehr als 50 000 Deutsche Mark sind einzeln in der Vermögensrechnung zu führen. Für jedes Schiff ist ein besonderes Vermögenskonto anzulegen.

(2) Die Beschreibung des Schiffes soll folgende Merkmale enthalten:

a) Name des Fahrzeuges,
b) Verwendungszweck,
c) Heimathafen,
d) Bauwerft,
e) Baumaterial,
f) Wasserverdrängung,
g) Länge, Breite, Tiefgang,
h) Antriebsart,
i) Antriebsleistung,
k) Wiederbeschaffungswert.

(3) Schiffe im Werte bis zu 50 000 Deutsche Mark sind auf einem Konto zusammenzufassen.

§ 42

Archive, wissenschaftliche Sammlungen u. dgl.[7])

Archive, wissenschaftliche Sammlungen und Schausammlungen von Dauerwert (§ 13) sind auf Einzelkonten in der Vermögensrechnung zu führen.

§ 43

Wirtschaftsbetriebe

Für jeden Wirtschaftsbetrieb (§ 14) ist ein Vermögenskonto anzulegen. Auf der Karteikarte sind außer dem Rechnungswert und seinen Veränderungen der Gewinn oder Verlust sowie die Gewinnverteilung oder die Verlustdeckung auszuweisen. In der Spalte 5 (Rückseite) sind unter b auch die Vorauszahlungen aus der Bundeskasse auf Zuschüsse zur Abdeckung eines Verlustes zu buchen. Werden Gewinne dem Vermögen zugeführt (Kapitalerhöhung, Zuführung zu Rücklagen) oder Verluste aus dem Vermögen gedeckt (Kapitalherabsetzung, Auflösung oder Minderung von Rücklagen), so sind die entsprechenden Buchungen in den Spalten 5 und 6 und außerdem als Zugang oder Abgang ohne haushaltsmäßige Zahlung in den Spalten 9 und 11 vorzunehmen. Zahlungen aus

[6]) Seit dem 1. April 1956 gegenstandslos.
[7]) Seit dem 1. April 1956 gegenstandslos.

dem Bundeshaushalt zur Kapitalerhöhung sind in Spalte 8, Zahlungen an den Bundeshaushalt zur Kapitalherabsetzung in die Spalte 10 einzutragen.

§ 44

Unmittelbare Beteiligungen

(1) Die Beteiligungen des Bundes am Kapital von Unternehmen aller Art sind ohne Rücksicht auf die Rechtsform in der Vermögensrechnung zu führen. Für jede Beteiligung ist ein Vermögenskonto anzulegen.

(2) Der Besitz von Aktien ist für die Vermögensrechnung auch dann als Kapitalbeteiligung anzusehen, wenn die im Besitz des Bundes befindlichen Werte weniger als 25 vom Hundert des Grundkapitals der Gesellschaft betragen.

(3) Bei dem erstmaligen Erwerb einer Beteiligung des Bundes an einem bestehenden Unternehmen oder bei der Beteiligung an der Gründung eines neuen Unternehmens ist ein Vermögenskonto für die Beteiligung anzulegen. Die Vorderseite der Karteikarte ist ihrem Vordruck entsprechend auszufüllen. In Spalte 6 (Rückseite) ist als Zugang mit haushaltsmäßiger Zahlung der in den Titelbüchern der Geldrechnung nachgewiesene Anschaffungsbetrag einzusetzen. Der Unterschied zwischen diesem Betrag und dem Rechnungswert (Spalte 9 — Vorderseite —) ist als Zugang oder Abgang ohne haushaltsmäßige Zahlung in Spalte 7 oder 9 (Rückseite) zu buchen. Satz 3 und 4 gelten sinngemäß bei der Änderung einer Beteiligung an einem Unternehmen.

(4) Nach Feststellung der Bilanz eines jeden Geschäftsjahres des Unternehmens ist der Rechnungswert (§ 15) durch Buchung eines Zugangs in Spalte 7 oder eines Abgangs in Spalte 9 auf den Gegenwartswert zu bringen. Die Buchung ist unverzüglich nach Feststellung der Bilanz vorzunehmen.

(5) Werden Anteile an Unternehmen gegen Entgelt veräußert, so ist der Abgang mit dem Betrag der Haushaltseinnahme in Spalte 8 zu buchen. Absatz 3 Satz 4 gilt sinngemäß.

§ 45

Mittelbare Beteiligungen

Beteiligen sich Unternehmen, an denen der Bund beteiligt ist, an anderen Unternehmen (mittelbare Beteiligungen), so sind diese mittelbaren Beteiligungen auf der Vermögenskarteikarte mit den Angaben in Spalte 1 bis 7, 10 u. 11 (Vorderseite) nachrichtlich zu vermerken, und zwar:

mittelbare Beteiligungen bis zum dritten Grade stets,
weitergehende Beteiligungen nur, wenn der Anteil der Obergesellschaft mehr als 25 vom Hundert des Grund(Stamm-)kapitals beträgt.

§ 46

Darlehen

(1) In der Vermögensrechnung sind alle Darlehen nachzuweisen, die zum Vermögen des Bundes gehören, ohne Rücksicht darauf, ob sie von einer Bundesbehörde oder von einer anderen Stelle verwaltet werden.

(2) Die für die Verwaltung des Darlehens zuständige Verwaltungsdienststelle hat der Kasse (§ 22) bei Erteilung der Kassenanweisung über die Auszahlung des Darlehens die zur Anlegung des Vermögenskontos notwendigen Angaben schriftlich mitzuteilen. Die Mitteilung ist zusammen mit dem der Kassenanweisung beizufügenden Darlehensvertrag (§ 61 Abs. 1 der Rechnungslegungsordnung) als Dauerbeleg aufzubewahren.

(3) Auf Grund der nach Absatz 2 der Kasse zugehenden Mitteilung legt diese das Vermögenskonto für das Darlehn an. Auf der Vorderseite der Karteikarte sind dem Vordruck entsprechend alle wesentlichen Merkmale des Darlehns einzutragen. Auf der Rückseite der Karteikarte sind die Auszahlung des Darlehnsbetrages sowie die Einnahmen an Zinsen und Rückflüssen zu buchen.

(4) Wird ein Darlehnsbetrag unter gleichen Darlehnsbedingungen nachträglich erhöht, so kann das Zusatzdarlehn auf dem Vermögenskonto der ersten Bewilligung mit nachgewiesen werden. In diesem Falle ist der Zusatzvertrag auf der Vorderseite an der vorgesehenen Stelle zu vermerken. Für andere Zusatzdarlehn ist jeweils ein besonderes Vermögenskonto anzulegen.

§ 47

Darlehen, die von einer Stelle außerhalb der Bundesverwaltung verwaltet werden

(1) Werden Darlehen von einer außerhalb der Bundesverwaltung stehenden Stelle treuhänderisch verwaltet, so sind diese Darlehen, auf einem Vermögenskonto zusammengefaßt, in einer Summe nachzuweisen.

(2) Im Falle des Absatzes 1 ist das Vermögenskonto von derjenigen Bundeskasse zu führen, an welche die mit der treuhänderischen Verwaltung beauftragte Stelle die Zinsen und Rückflüsse aus dem Darlehen abzuliefern hat.

(3) Die Bewilligungsbehörde hat die nach Absatz 2 zuständige Kasse in der nach § 46 Abs. 2 vorgesehenen Weise über alle Darlehen zu benachrichtigen, die einer außerhalb der Bundesverwaltung stehenden Stelle zur Verwaltung überwiesen werden. Die Kasse bucht die Darlehen auf dem nach Absatz 1 angelegten Konto als Zugang mit haushaltsmäßiger Zahlung, wenn der Darlehnsbetrag von ihr aus Haushaltsmitteln gezahlt wurde, im Falle des § 48 Abs. 2 als Zugang ohne haushaltsmäßige Zahlung.

(4) Die Bestimmungen der Absätze 1 bis 3 gelten nicht, wenn die Kasse einer außerhalb der Bundesverwaltung stehenden Behörde den rechnungsmäßigen Nachweis nach § 60 Abs. 2 über die Einzeldarlehen führt.

§ 48

Überführung eines Darlehns auf eine andere Kasse

(1) Wird ein Darlehen auf eine andere Kasse überführt, so hat die bisher zuständige Kasse der übernehmenden Kasse eine beglaubigte Abschrift der Vermögenskarteikarte zu übersenden und den derzeitigen Betrag des Darlehns als Abgang ohne haushaltsmäßige Zahlung zu

buchen. Die übernehmende Kasse legt für das Darlehn ein neues Konto an und bucht den gleichen Betrag als Zugang ohne haushaltsmäßige Zahlung. Auf die Buchungsstellen ist gegenseitig hinzuweisen. Die übernehmende Kasse hat der abgebenden Kasse die Übernahme zu bestätigen. Die Übernahmebestätigung ist Beleg für die Ausgabebuchung[8]).

(2) Ein Darlehn soll nach Möglichkeit durch die Kasse ausgezahlt werden, die nach § 22 Abs. 1 Buchstabe g für die Führung des Vermögenskontos zuständig ist. Wird ausnahmsweise ein Darlehn durch eine andere Kasse ausgezahlt, so hat diese ein Vermögenskonto anzulegen und das Darlehn auf die zuständige Kasse zu überführen. Absatz 1 gilt sinngemäß.

§ 49

Verbindung von Buchungen der Vermögensrechnung mit Buchungen der Geldrechnung

(1) Gemäß § 62 Abs. 6 der Reichskassenordnung wird zugelassen, daß die Vermögenskartei für Darlehen zugleich als Titelbuch über die Haushaltseinnahmen und Haushaltsausgaben und die Vorbücher (Absätze 2 und 3) als Teil des Titelbuches gelten. Ferner wird gemäß § 73 Abs. 1 der Reichskassenordnung zugelassen, daß die Kartei für einen längeren Zeitraum als ein Rechnungsjahr geführt wird. Die Vermögenskartei wird in ihrer Eigenschaft als Titelbuch durch die Vorbücher zum Hauptbuch ergänzt.

(2) Soweit nicht § 50 Anwendung findet, bucht die Kasse die Haushaltseinnahmen und -ausgaben für Darlehen der Zeitfolge nach gemäß § 61 der Reichskassenordnung in einem Vorbuch zum Hauptbuch. Hierfür ist das **Muster** 9 oder ein sonst zugelassenes Muster (z. B. Muster 30 der Amtskassenordnung) zu verwenden. Das Vorbuch kann nach § 73 Abs. 2 der Reichskassenordnung als Loseblattbuch eingerichtet werden. In diesem Falle sind die Blätter, auf denen Buchungen vorgenommen sind, in einem verschließbaren Buchrücken einzuheften. Den Buchungsblättern ist ein Verzeichnis vorzuheften, das nachweisen soll, wieviel Buchungsblätter jeweils in dem Buchrücken enthalten sind. Es ist fortlaufend zu ergänzen. Der Schlüssel ist vom Kassenleiter oder, wenn dieser das Buch führt, vom Kassenaufsichtsbeamten zu verwahren.

(3) Werden bei einer Kasse Darlehen ausgezahlt oder Rückflüsse vereinnahmt, die nach § 10 der Rechnungslegungsordnung in verschiedenen Teilen des Titelbuches nachzuweisen sind, so ist für jeden Teil ein besonderes Vorbuch zum Hauptbuch zu führen. Werden Darlehen verausgabt oder Rückflüsse vereinnahmt, die zwar im gleichen Teil des Titelbuches, aber bei verschiedenen Titeln oder nach § 11 der Rechnungslegungsordnung in verschiedenen Abschnitten zu buchen sind, so sind für die einzelnen Titel oder Abschnitte besondere Spalten in dem Vorbuch einzurichten.

(4) Der Bundesminister der Finanzen kann im Einvernehmen mit dem Bundesrechnungshof eine andere Regelung zulassen, wenn es zur Erleichterung der Buchführung zweckdienlich ist.

---

8) muß richtig heißen: Abgangsbuchung.

§ 50

Tagesnachweisungen

(1) Stellt eine Kasse Tagesnachweisungen nach § 60 der Reichskassenordnung auf, so hat sie für Darlehen und die Rückflüsse aus diesen die Tagesnachweisungen so einzurichten, daß die Summen der Einnahmen und Ausgaben für jede Buchungsstelle gesondert ausgewiesen werden. Soweit erforderlich, ist zu diesem Zwecke eine besondere Tagesnachweisung für Darlehen und die Rückflüsse zu führen.

(2) Im Falle des Absatzes 1 ist neben der Vermögenskartei das Titelbuch für Einzelhaushaltseinnahmen und -ausgaben (§ 62 Abs. 3 der Reichskassenordnung) zu führen. In das Titelbuch sind die aus den Tagesnachweisungen für die einzelnen Buchungsstellen sich ergebenden Tagessummen der Einnahmen und Ausgaben für Darlehen einzutragen. Für den Einzelnachweis wird das Titelbuch durch die Vermögenskartei ergänzt.

§ 51

Guthaben bei Banken und anderen Geldanstalten

Guthaben bei Banken und anderen Geldanstalten sind nur dann in die Vermögensrechnung aufzunehmen, wenn sie nicht zum Kassenbestand gehören (vgl. § 4 Abs. 2 Buchstabe e).

§ 52

Sonstige Geldforderungen

Als sonstige Geldforderungen sind alle geldwerten Rechte aufzunehmen, die nicht zu einer anderen Vermögensgruppe gehören. Bedingte Forderungen sind nachrichtlich zu buchen.

4. Teil: Abschluß der Bücher

§ 53

Zweck und Art des Abschlusses

(1) Die Bücher der Vermögensrechnung sind jährlich abzuschließen. Der Abschluß hat den Zweck,

a) den Bestand des Vermögens am Schluß und die Veränderungen während des Rechnungsjahres festzustellen,
b) nachzuweisen, daß die in § 32 Abs. 2 verlangte Übereinstimmung besteht.

(2) Das Verzeichnis der Vermögenskonten ist nicht abzuschließen. Am Jahresschluß ist jedoch festzustellen, ob alle in dem Verzeichnis eingetragenen Vermögenskarteikarten auch tatsächlich vorhanden sind. Die Übereinstimmung ist auf einem besonderen Blatt der Vermögenskartei zu bescheinigen.

§ 54

Abschluß der Bücher

(1) Das Sachbuch für das Vermögen (Vermögenskartei) ist zum Schluß des Rechnungsjahres, und zwar zum gleichen Zeitpunkt, der für den Abschluß der Rechnungslegungsbücher jeweils bestimmt wird, abzuschließen. Zu diesem Zwecke ist jedes Vermögenskonto aufzurechnen.

Die Summen sind in Abschlußblätter nach **Muster 10** zu übernehmen und für jede Vermögensgruppe gesondert zusammenzurechnen. Bei Darlehen ist der am Schluß des vorhergehenden Rechnungsjahres verbliebene, in Spalte 12 ausgewiesene Kapitalbetrag nach Spalte 2 des Abschlußblattes zu übernehmen. Die Abschlußsummen der Gruppe sind in einer Vermögensgruppenkarte nach **Muster 11** einzutragen. Die Abschlußblätter sind doppelt auszufertigen; eine Ausfertigung ist als Beleg zur Vermögenskartei nach den Vorschriften für Dauerbelege aufzubewahren, die andere Ausfertigung ist mit der Vermögensrechnungsnachweisung dem Bundesrechnungshof vorzulegen. Werden Vermögensuntergruppen (§ 7 Abs. 2) gebildet, so ist für diese sinngemäß zu verfahren. Der Bundesrechnungshof kann im Einvernehmen mit dem Bundesminister der Finanzen Erleichterungen zulassen.

(2) Bei beweglichen Sachen brauchen Abschlußblätter und Gruppenkarten nur bei Bedarf, insbesondere für die nach §§ 41, 42 einzeln nachzuweisenden Sachen angelegt zu werden; in den anderen Fällen genügt die Eintragung der Gruppensumme nach § 40 Abs. 2.

(3) Die Abschlußsummen sind mit den entsprechenden Summen der Titelbücher der Geldrechnung abzustimmen (§ 32). In den Fällen

a) der §§ 69 Abs. 2 und 71 der Reichshaushaltsordnung,

b) der schwebenden Schuld, soweit der Erlös bei Verwahrungen gebucht wird,

ist durch einen Vermerk beim Abschluß die Übereinstimmung darzustellen.

§ 55

Abschluß der Bücher für die Geldrechnung

(1) Zum Zwecke des Abschlusses der Vermögenskartei über Darlehen für die Geldrechnung (§ 49 Abs. 1) sind auf der Vorderseite der Karteikarten das Jahres-Ist dem Rechnungs-Soll gegenüberzustellen und die Kassenreste auszuweisen. Hierzu sind die Summen der Spalten 9 und 10 (Rückseite) in die Spalten 8 und 9 (Vorderseite) einzutragen; in Spalte 10 (Vorderseite) ist die Summe zu bilden. Die Kassenreste sind in den Spalten 11 bis 13 darzustellen. Im übrigen gelten für den Abschluß die Vorschriften der Reichskassenordnung (§ 81) mit der Maßgabe, daß die Kartei nur zum Schluß des Rechnungsjahres abzuschließen ist.

(2) Das Vorbuch zum Hauptbuch (§ 49 Abs. 2) ist nach den Vorschriften der Reichskassenordnung (§ 81) abzuschließen.

(3) Im Falle des § 50 ist die Vermögenskartei mit den entsprechenden Teilen des Titelbuches für Einzelhaushaltseinnahmen und -ausgaben abzustimmen.

IV. Buch: Rechnungslegung über das Vermögen und die Schulden des Bundes

1. Teil: Allgemeines

§ 56

Anwendung der Rechnungslegungsordnung

Für die Rechnungslegung über das Vermögen und die Schulden des Bundes sind die Bestimmungen der Rechnungslegungsordnung für das

Reich vom 3. Juli 1929 — (Reichsmin.Bl. S. 439) in der Fassung der Verordnung vom 31. August 1942 (Reichsmin.Bl. S. 211) sinngemäß anzuwenden, soweit nicht in dieser Ordnung etwas anderes vorgeschrieben oder zugelassen ist.

§ 57

Gegenstand der Rechnungslegung

(1) Nach den Bestimmungen dieser Ordnung ist über den Bestand und die Veränderungen des Vermögens und der Schulden des Bundes Rechnung zu legen.

(2) Soweit nach den Vorschriften dieser Ordnung über Geldforderungen Rechnung gelegt wird, entfällt die Aufnahme dieser Forderungen in die Nachweisung nach § 27 der Rechnungslegungsordnung.

§ 58

Zeitabschnitt, für den Rechnung zu legen ist

Für jedes Rechnungsjahr ist gesondert Rechnung zu legen.

§ 59

Form der Rechnungslegung

Die Rechnungslegung über das Vermögen und die Schulden umfaßt die Einzelrechnungslegung und die Gesamtrechnungslegung. Die Einzelrechnungslegung liefert den Nachweis, daß in bezug auf den Bestand und die Veränderungen des Vermögens und der Schulden im einzelnen nach den bestehenden Bestimmungen verfahren worden ist. Die Gesamtrechnungslegung faßt die Ergebnisse der Einzelrechnungslegung für die in § 1 genannten Zwecke zusammen.

2. Teil: Einzelrechnungslegung

1. Abschnitt: Nachweis des Vermögens und der Schulden

§ 60

Rechnunglegende Stelle

(1) Rechnunglegende Stellen für die Vermögensrechnung sind die nach § 22 dieser Ordnung für die Buchführung über das Vermögen und die Schulden zuständigen Stellen.

(2) Ist in den Fällen des § 22 Abs. 1 Buchstaben g und i die zuständige Kasse nicht rechnunglegende Stelle im Sinne des § 2 Ziff. 13 der Reichskassenordnung, sondern führt sie nur den rechnungsmäßigen Nachweis über die Haushaltseinnahmen und -ausgaben, so hat diese Kasse auch nur den rechnungsmäßigen Nachweis für die Vermögensrechnung zu führen. Rechnunglegende Stelle für die Vermögensrechnung ist in diesem Falle diejenige Oberkasse, die rechnunglegende Stelle für die Geldrechnung ist.

(3) Der rechnungsmäßige Nachweis für die Vermögensrechnung im Sinne des Absatzes 2 wird durch Buchung des Bestandes und der Veränderungen des Vermögens nach den Vorschriften dieser Ordnung geführt.

§ 61

Rechnungslegungsbücher

Der Bestand und die Veränderungen des Vermögens und der Schulden sind zum Zwecke der Rechnungslegung durch die nach § 25 dieser Ordnung geführten Bücher (Vermögens-Rechnungslegungsbücher) nachzuweisen.

§ 62

Einrichtung der Rechnungslegungsbücher im allgemeinen

Der Bundesrechnungshof kann im Einzelfall nach Benehmen mit dem zuständigen Bundesminister besondere Anforderungen an die Einrichtung der Vermögens-Rechnungslegungsbücher stellen, wenn er dies zur Durchführung seiner Prüfung für erforderlich erachtet.

§ 63

Vermögens-Rechnungsnachweisung

(1) Am Jahresschluß ist für jede Vermögensgruppe die Summe der Anfangsbestände, der Veränderungen (Zugänge, Abgänge und Abschreibungen) und der Endbestände in eine Vermögens-Rechnungsnachweisung nach dem **Muster 12** einzutragen. Die Vermögensgruppen sind in der Reihenfolge der Vermögensklassen, -hauptgruppen und -obergruppen geordnet darzustellen. Dabei sind nur diejenigen Vermögensgruppen aufzunehmen, für die bei der rechnunglegenden Stelle Bestände oder Veränderungen nachzuweisen sind. Die Vermögens-Rechnungsnachweisung ist für jeden Einzelplan getrennt aufzustellen.

(2) Unter Nummer 7 und 8 der Vermögens-Rechnungsnachweisung sind die Beträge der Geldrechnung einzutragen, die die Änderungen im Vermögensbestande (Zugang oder Abgang) herbeigeführt haben. Durch Zusammenrechnung der Beträge ist der Nachweis der Übereinstimmung zwischen Vermögensrechnung und Geldrechnung zu führen (§ 32). Die Übereinstimmung ist von dem Dienststellenleiter zu bescheinigen.

(3) Jede Behörde und jede Kasse hat für ihren Bereich eine Vermögens-Rechnungsnachweisung aufzustellen. Sind — außer der Kasse — mehrere Stellen einer Behörde für die Rechnungslegung zuständig, so hat der Behördenleiter eine von ihnen als federführend zu bestimmen, an die die anderen ihre Beiträge abzuliefern haben. Die federführende Stelle hat unter Zusammenfassung der Beiträge die Vermögens-Rechnungsnachweisung für die Behörde aufzustellen. Absatz 1 letzter Satz bleibt unberührt.

(4) Die Vermögens-Rechnungsnachweisung ist dreifach[9]) auszufertigen. Die erste Ausfertigung ist dem Bundesrechnungshof, die zweite Ausfertigung der unmittelbar vorgesetzten Behörde vorzulegen; die dritte Ausfertigung bleibt mit den Beiträgen (Absatz 3) bei der rechnunglegenden Stelle.

---

[9]) seit 1956 fünf- bzw. sechsfach.

2. Abschnitt: Einrichtung, Feststellung und Ordnung der Rechnungsbelege

§ 64
Rechnungsbelege der Geldrechnung zugleich Rechnungsbelege der Vermögensrechnung

(1) Die Rechnungsbelege über vermögenswirksame Zahlungen der Geldrechnung sind zugleich Rechnungsbelege der Vermögensrechnung.

(2) Jede Kassenanweisung über vermögenswirksame Haushaltseinnahmen oder Haushaltsausgaben muß außer den Angaben nach § 49 Abs. 2 der Rechnungslegungsordnung die Buchungsstelle für die Vermögensrechnung bezeichnen. Außerdem ist jede Kassenanweisung dieser Art bei der Ausfertigung mit einem roten Stempelaufdruck „In die Vermögensrechnung aufnehmen" zu versehen.

(3) Die mit der Zahlung beauftragte Kasse hat Kassenanweisungen mit dem roten Stempelaufdruck (Absatz 2), bei denen die Eintragungsbescheinigung oder der Sichtvermerk des Vermögensbuchhalters (§ 23 Abs. 2) fehlt, nicht auszuführen, sondern an die ausfertigende Stelle zurückzugeben.

§ 65
Besondere Rechnungsbelege für die Vermögensrechnung

(1) Für Veränderungen in der Vermögensrechnung, denen nicht zugleich ein Kassenvorgang der Geldrechnung entspricht, sind besondere Buchungsanweisungen als Rechnungsbelege für die Vermögensrechnung zu erteilen.

(2) Für die Einrichtung der Rechnungsbelege nach Absatz 1 gelten die §§ 43 bis 76 der Rechnungslegungsordnung für das Reich sowie § 64 Abs. 2 dieser Ordnung sinngemäß.

§ 66
Feststellung der Rechnungsbelege

(1) Die Vorschriften der §§ 77 bis 88 der Rechnungslegungsordnung über die Feststellung der Rechnungsbelege in der Geldrechnung gelten sinngemäß für die Rechnungsbelege der Vermögensrechnung.

(2) Mit der Bescheinigung der sachlichen Feststellung bescheinigt der Feststeller unbeschadet der Bestimmungen in Absatz 1 insbesondere, daß der Gegenstand so geliefert oder übergeben wurde, wie er in dem Rechnungsbeleg beschrieben ist. Die sachliche Feststellung umfaßt ferner die Bestätigung, daß der Gegenstand in der richtigen Vermögensgruppe nachgewiesen wird.

§ 67
Ordnung und Aufbewahrung der Rechnungsbelege

(1) Die Unterlagen (Belege) für die Eintragungen auf den Vermögenskarteikarten für Grundstücke sind in einer für jedes Vermögenskonto einzurichtenden Grundstücksakte der Zeitfolge nach zu sammeln und sorgfältig aufzubewahren.

(2) Absatz 1 gilt sinngemäß für die Vermögenskonten über bewegliche Sachen, Wirtschaftsbetriebe, Kapitalbeteiligungen, Darlehen und sonstige Geldforderungen mit der Maßgabe, daß die Belege für diese Vermögenskonten zweckentsprechend in einem Band gesammelt aufbewahrt werden können.

(3) Kassenbelege über Einnahmen und Ausgaben, die zugleich Buchungen in der Vermögensrechnung begründen, bleiben bei den Belegen der Geldrechnung.

3. Teil: Gesamtrechnungslegung

§ 68

Bezeichnung der Rechnungen für die Gesamtrechnungslegung

Zum Zwecke der Gesamtrechnungslegung sind das Vermögen und die Schulden nach Vermögensgruppen geordnet in

a) Vermögens-Oberrechnungen,
b) Vermögens-Zentralrechnungen,
c) der Vermögens-Hauptrechnung

darzustellen.

§ 69

Vermögens-Oberrechnung

(1) Die Mittelbehörde hat die Summen der ihr nach § 63 Abs. 4 vorgelegten Vermögens-Rechnungsnachweisungen mit den Summen ihrer eigenen Vermögens-Rechnungsnachweisung in einer Vermögens-Oberrechnung nach **Muster 13** zusammenzufassen. Die Vermögens-Oberrechnung ist für jeden Einzelplan getrennt aufzustellen. Für die Ordnung der Vermögensgruppen gilt das in § 63 Abs. 1 für die Vermögens-Rechnungsnachweisung Gesagte sinngemäß. Der Bundesrechnungshof kann im Einvernehmen mit dem Bundesminister der Finanzen zulassen, daß die beweglichen Sachen nur mit den Summen der Vermögens-Obergruppen in die Vermögens-Oberrechnung aufzunehmen sind.

(2) Für die Zusammenfassung nach Absatz 1 Satz 1 sind die in den Vermögens-Rechnungsnachweisungen nachgewiesenen Summen auf besonderen Blättern formlos zusammenzustellen. Die Zusammenstellung kann mit Hilfe einer Additionsmaschine gefertigt werden. Schreibt die Additionsmaschine die Zahlen auf Papierstreifen, so sind diese in entsprechender Ordnung aufzukleben. Jeder Zusammenstellung ist — möglichst durch Stempelaufdruck — folgende Kennzeichnung vorzusetzen:

„Verm.Gr. ....
Verm.Ob.Rech.
lfd. Nr. ....“

(3) Die Ergebnisse der Vermögens-Oberrechnung sind mit den entsprechenden Teilen der Kassen-Oberrechnung abzustimmen. § 63 Abs. 2 gilt sinngemäß.

(4) Die Vermögens-Oberrechnung ist dreifach[10]) auszufertigen. Die erste Ausfertigung ist dem Bundesrechnungshof, die zweite Ausfertigung dem zuständigen Bundesminister vorzulegen. Der ersten Ausfertigung sind die Zusammenstellungen nach Absatz 2, der zweiten Ausfertigung die Vermögens-Rechnungsnachweisungen nach Absatz 1 beizufügen. Die dritte Ausfertigung bleibt bei der rechnunglegenden Stelle.

(5) Stellt im Falle des § 2 Abs. 2 eine Mittelbehörde eines Landes die Vermögens-Oberrechnung auf, so ist die zweite Ausfertigung der zu-

[10]) seit 1956 fünffach.

ständigen Landes-Zentralbehörde vorzulegen, die ihrerseits die Ergebnisse der Vermögens-Oberrechnungen der Mittelbehörden in einer Vermögens-Oberrechnung zweiter Stufe zusammenfaßt und sinngemäß nach den Absätzen 2 bis 4 verfährt.

§ 70

Vermögens-Zentralrechnung

(1) Der zuständige Bundesminister stellt über das gesamte Vermögen seines Verwaltungszweiges eine Vermögens-Zentralrechnung nach **Muster 14** auf. Diese umfaßt die Ergebnisse

a) der Vermögens-Oberrechnungen nach § 69,

b) der Vermögens-Rechnungsnachweisungen der dem Minister unmittelbar unterstellten Bundesoberbehörden, -anstalten und -einrichtungen,

c) der Vermögens-Rechnungsnachweisung seines Ministeriums.

Für jeden Einzelplan ist eine Vermögens-Zentralrechnung aufzustellen. Für die Ordnung der Vermögensgruppen gilt das in § 69 Abs. 1 Satz 3 und 4, für die Zusammenstellung der nach Satz 1 und 2 zusammenzufassenden Summen das in § 69 Abs. 2 für die Vermögens-Oberrechnung Gesagte sinngemäß.

(2) Für Einzelpläne, die von mehreren Verwaltungszweigen bewirtschaftet werden, stellt der Bundesminister der Finanzen die Vermögens-Zentralrechnung auf. Die beteiligten obersten Bundesbehörden liefern für ihren Teil Beiträge zu dieser Rechnung.

(3) Die Ergebnisse der Vermögens-Zentralrechnung sind mit den entsprechenden Teilen der Kassen-Zentralrechnung abzustimmen. § 63 Abs. 2 gilt sinngemäß.

(4) Die Vermögens-Zentralrechnung ist dreifach auszufertigen. Die erste Ausfertigung ist dem Bundesrechnungshof, die zweite Ausfertigung dem Bundesminister der Finanzen vorzulegen. Der ersten Ausfertigung sind die Zusammenstellungen nach Absatz 1 Satz 4, zweiter Halbsatz, der zweiten Ausfertigung die Vermögens-Oberrechnungen und die Vermögens-Rechnungsnachweisungen nach Absatz 1 beizufügen. Die dritte Ausfertigung bleibt bei der rechnunglegenden Stelle.

§ 71

Vermögens-Hauptrechnung

(1) Der Bundesminister der Finanzen stellt auf Grund der ihm nach § 70 Abs. 4 vorgelegten Vermögens-Zentralrechnungen, der Vermögens-Oberrechnungen und der Vermögens-Rechnungsnachweisungen die Vermögens-Hauptrechnung des Bundes nach **Muster 15** auf. Die Vermögens-Hauptrechnung faßt die Ergebnisse der Vermögens-Zentralrechnungen usw. nach Vermögensklassen, -hauptgruppen, -obergruppen und -gruppen ohne Rücksicht auf die Einzelpläne zusammen. Für die Ordnung der Vermögensgruppen ist der Vermögensgruppenplan (Anhang) maßgebend.

(2) Die Ergebnisse der Vermögens-Hauptrechnung sind mit der Kassen-Hauptrechnung abzustimmen. Zu diesem Zweck sind die den Zugängen und Abgängen entsprechenden Beträge aus der Kassenrechnung in einem Anhang zur Vermögens-Hauptrechnung nach **Muster 15 a** zusammenzustellen. Der Bundesrechnungshof kann Erleichterungen zulassen.

(3) Die Vermögens-Hauptrechnung nebst Anhang ist doppelt auszufertigen. Die erste Ausfertigung ist dem Bundesrechnungshof vorzulegen. Die zweite Ausfertigung bleibt bei der rechnunglegenden Stelle.

(4) In der Vermögens-Hauptrechnung ist die Summe der am Ende des Rechnungsjahres bestehenden Verpflichtungen des Bundes aus Bürgschafts-, Gewähr- oder anderen, ähnlichen wirtschaftlichen Zwecken dienenden Verträgen (§ 45 c der Reichshaushaltsordnung, § 61 der Wirtschaftsbestimmungen für die Reichsbehörden) nachrichtlich anzugeben.

V. Buch: Schluß- und Übergangsbestimmungen

§ 72
Erste Bestandsaufnahme

(1) Für die erste Bestandsaufnahme gelten

a) für unbewegliche Sachen
die Richtlinien zur Vermögensrechnung, Teil I — Erlaß des Bundesministers der Finanzen vom 8. November 1952 — II B — O 4300 — 1/52 — (MinBlFin S. 608),

b) für bewegliche Sachen
die Richtlinien zur Vermögensrechnung, Teil II — Erlaß des Bundesministers der Finanzen vom 8. Dezember 1952 — II B — O 4300 — 2/52 — (MinBlFin S. 659),

c) für Wirtschaftsbetriebe
die Richtlinien zur Vermögensrechnung, Teil III — Erlaß des Bundesministers der Finanzen vom 23. Januar 1953 — II B — O 4300 — 3/52 — (MinBlFin 1953 S. 58),

d) für geldwerte Rechte
die Richtlinien zur Vermögensrechnung, Teil IV — Erlaß des Bundesministers der Finanzen vom 26. Januar 1953 — II B — O 4300 — 4/52 — (MinBlFin 1953 S. 82),

e) für die Schulden des Bundes
die Richtlinien zur Vermögensrechnnug, Teil V — Erlaß des Bundesministers der Finanzen vom 3. März 1953 — II B — O 4300 — 5/52 — (MinBlFin 1953 S. 150).

(2) Der Bundesminister der Finanzen wird ermächtigt, die der ersten Bestandsaufnahme zugrunde gelegten Werte den Gegenwartswerten anzupassen.

§ 73
Vollzugsbestimmungen

Die zur Ausführung dieser Ordnung etwa erforderlichen Vollzugsbestimmungen werden von dem zuständigen Bundesminister im Einvernehmen mit dem Bundesminister der Finanzen und dem Bundesrechnungshof erlassen.

§ 74
Inkrafttreten

Die Bestimmungen dieser Ordnung treten am 1. April 1953 in Kraft.

Bestimmungen
zur Buchführung und Rechnungslegung über das Vermögen und die Schulden des Ausgleichsfonds (Vermögensrechnungsbestimmungen)

vom 11. Februar 1959

(Amtliches Mitteilungsblatt des Bundesausgleichsamtes S. 78)
unter Berücksichtigung des Rundschreibens zur Änderung der Vermögensrechnungsbestimmungen vom 26. Oktober 1961 (Mtbl. BAA S. 511)

Übersicht

13. Verfahren bei der Bestandsaufnahme der sonstigen Vermögenswerte und der Schulden
14. Geltung

Auf Grund des § 319 Abs. 2 in Verbindung mit § 324 Abs. 2 LAG bestimme ich folgendes:

Teil I

Allgemeine Bestimmungen

1. Zweck der Vermögensrechnung und Geltungsbereich

(1) Die Buchführung und die Rechnungslegung über das Vermögen und die Schulden des Ausgleichsfonds haben den Zweck, den Bestand des Vermögens und der Schulden zu Beginn des Rechnungsjahres, die Veränderungen während des Rechnungsjahres und den Bestand am Ende des Rechnungsjahres nachzuweisen. Die Vermögensbuchführung soll die Unterlagen hierfür liefern.

(2) Die nachfolgenden Bestimmungen gelten für alle Ausgleichsbehörden und die sonstigen mit der Verwaltung von Vermögen und Schulden des Ausgleichsfonds betrauten Stellen.

2. Inhalt der Vermögensrechnung

(1) In der Vermögensrechnung sind nachzuweisen

a) als Vermögen
alle unbeweglichen Sachen, die im Eigentum der Bundesrepublik Deutschland — Sondervermögen Ausgleichsfonds — stehen und alle geldwerten Rechte, deren Träger die Bundesrepublik Deutschland — Sondervermögen Ausgleichfonds — ist,
soweit sie nicht nach Absatz 2 Buchst. a hiervon ausgenommen sind;

b) als Schulden
alle in Geld zu erfüllenden Verpflichtungen der Bundesrepublik Deutschland — Sondervermögen Ausgleichsfonds —,
soweit sie nicht nach Absatz 2 Buchst. b hiervon ausgenommen sind.

(2) In die Vermögensrechnung des Ausgleichsfonds werden nicht einbezogen.

a) als Vermögen
1. Ansprüche auf Zuführung der Ausgleichsabgaben und andere Rechte gemäß § 5 Abs. 1 LAG,
2. Ansprüche auf Zuschüsse gemäß § 6 LAG,
3. bewegliche Sachen,
4. Kassenbestände und Kassenreste (Kasseneinnahmereste),
5. nicht abgewickelte Vorschüsse,

6. Erstattungsansprüche aus Überzahlungen, Forderungen aus Schadenersatzansprüchen, Erstattungsansprüche gegen Träger der Sozialversicherung, ihnen gleichgestellte Verbände, Einrichtungen, Dienststellen und Kassen sowie Fürsorgeträger, solange diese Erstattungsansprüche und Forderungen nicht als Darlehen geschuldet werden (§ 607 Abs. 2 BGB),
7. zur Sicherung von Ansprüchen des Ausgleichsfonds gegebene Werte,

b) als Schulden
die Verpflichtungen aus

1. Kassenkrediten,
2. Ansprüchen auf Hauptentschädigung,
3. Ansprüchen auf Hausratentschädigung,
4. Ansprüchen auf Kriegsschadenrente (Unterhaltshilfe und Entschädigungsrente),
5. der Bewilligung von Ausgleichsleistungen ohne Rechtsanspruch, die noch nicht ausgezahlt sind,
6. Deckungsforderungen der Institute nach dem Gesetz über einen Währungsausgleich für Sparguthaben Vertriebener (WAG),

ferner

7. die nicht abgewickelten Verwahrungen,
8. die Kassenreste (Kassenausgabereste).

(3) In die Vermögensrechnung werden nachrichtlich aufgenommen

a) zuerkannte Ansprüche auf Hauptentschädigung,

b) eingegangene Verpflichtungen aus Bürgschaften.

3. Gliederung des Vermögens und der Schulden

Für die Vermögensrechnung werden das Vermögen und die Schulden des Ausgleichsfonds nach dem Vermögensgruppenplan (Anlage 1)[1]) aufgegliedert; aus ihm ergibt sich auch die Verbindung zwischen der Vermögensrechnung und der Geldrechnung.

4. Bewertung

Für die Vermögensrechnung werden das Vermögen und die Schulden fonds gelten sinngemäß die Bestimmungen des II. Buchs des Entwurfs der Buchführungs- und Rechnungslegungsordnung für das Vermögen des Bundes (VBRO) vom 16. März 1953 (Min.Bl.Fin. S. 166 ff). Der Entwurf der VBRO und die für die Vermögensrechnung des Ausgleichsfonds in Betracht kommenden Muster sind in der Anlage 2 abgedruckt[2]).

---

1) im Anschluß an den Vermögensgruppenplan des Bundes abgedruckt.

2) siehe den vorstehenden Text und die nachfolgenden Erläuterungen sowie die Muster zur VBRO.

Teil II

Buchführung und Rechnungslegung

5. **Zuständigkeit**

(1) Die Buchführung und Einzelrechnungslegung über das Vermögen des Ausgleichsfonds obliegt für

a) unbebaute und bebaute Grundstücke und Gebäude auf fremdem Grund und Boden:
den für deren Verwaltung zuständigen Stellen (Ausgleichsbehörden, Banken oder sonstigen Stellen);

b) Darlehen, die
1. von Ausgleichsbehörden verwaltet werden:
der Amtskasse oder der vom Behördenleiter bestimmten Stelle;
2. von der Lastenausgleichsbank zentral oder einzeln verwaltet werden:
der Lastenausgleichsbank;
3. von der Deutschen Landesrentenbank oder der Deutschen Siedlungsbank zentral verwaltet werden:
diesen Banken;
4. von einer sonstigen Stelle verwaltet werden:
dieser Stelle;

c) Kapitalbeteiligungen:
dem Bundesausgleichsamt;

d) Liquiditätskredite (§ 303 LAG):
dem Bundesausgleichsamt;

e) Wertpapiere:
dem Bundesausgleichsamt oder der vom Bundesausgleichsamt bestimmten Stelle;

f) sonstige Rechte und Geldforderungen:
der Ausgleichsbehörde oder Stelle, die die Rechte zu verwalten und die Forderungen einzuziehen hat.

(2) Die Buchführung und Einzelrechnungslegung über die Schulden des Ausgleichsfonds obliegt für

a) Liquiditätshilfen des Bundes:
dem Bundesausgleichsamt;

b) die Bundesmittel auf Grund des Gesetzes über die Förderung des Wohnungsbaues für Umsiedler in den Aufnahmeländern vom 30. Juli 1953 (BGBl. I S. 712) mit den Änderungen vom 27. Juli 1957 (BGBl. I S. 1075):
dem Bundesausgleichsamt;

c) Kredite gemäß § 7 LAG, und zwar:
1. Darlehen nach dem Gesetz vom 15. Mai 1953 (BGBl. I S. 189) und nach § 7 f EStG in der Fassung vom 15. September 1953 (BGBl. I S. 1355):
der Lastenausgleichsbank;
2. Anleihen des Ausgleichsfonds:
der Lastenausgleichsbank oder der damit betrauten Stelle;

3. sonstige vom Ausgleichsfonds aufgenommene Darlehen:
dem Bundesausgleichsamt oder der damit betrauten Stelle;

d) Deckungsforderungen nach dem Gesetz zur Milderung von Härten der Währungsreform (Altsparergesetz):
der Lastenausgleichsbank;

e) sonstige Schulden:
der Ausgleichsbehörde oder Stelle, die für die Erfüllung der Verpflichtungen zu sorgen hat.

(3) Die nachrichtliche Aufnahme der zuerkannten Ansprüche auf Hauptentschädigung und der eingegangenen Verpflichtungen aus Bürgschaften obliegt dem Bundesausgleichsamt.

(4) In Zweifelsfällen bestimmt der Präsident des Bundesausgleichsamtes die für die Buchführung und Rechnungslegung zuständige Stelle.

6. **Anzuwendende Vorschriften**

(1) Die Ausgleichsbehörden der Länder, der Gemeinden und der Gemeindeverbände können bei der Buchführung und Rechnungslegung über das Vermögen und die Schulden des Ausgleichsfonds diejenigen Vorschriften anwenden, die für die Behörden gelten, bei denen sie errichtet sind, sofern nachstehende Voraussetzungen erfüllt sind:

a) Die Buchführung und die Rechnungslegung über das Vermögen und die Schulden des Ausgleichsfonds müssen in der sachlichen Ordnung des Vermögensgruppenplans getrennt von der Buchführung und Rechnungslegung über andere Vermögen und Schulden erfolgen.

b) Die Buchführung und die Rechnungslegung sind so zu gestalten, daß gewährleistet ist:

1. die vollständige Erfassung des Vermögens und der Schulden des Ausgleichsfonds;

2. die Verbindung und Übereinstimmung der Buchungen von Zu- und Abgängen mit haushaltsmäßiger Zahlung in der Vermögensrechnung des Ausgleichsfonds mit den Buchungen der entsprechenden vermögenswirksamen Ist-Einnahmen und Ist-Ausgaben in der Geldrechnung des Ausgleichsfonds;

3. die Nachweisung aller Veränderungen am Vermögen und an den Schulden des Ausgleichsfonds getrennt nach Veränderungen, die durch haushaltsmäßige Zahlungen, und solchen, die ohne haushaltsmäßige Zahlungen zustande gekommen sind;

4. die Einzelrechnungslegung über das Vermögen und die Schulden des Ausgleichsfonds.

Soweit Bestimmungen, die diesen Grundsätzen entsprechen, fehlen, gelten sinngemäß die Bestimmungen der VBRO.

(2) „Zugänge und Abgänge mit haushaltsmäßiger Zahlung" sind solche, die in der Geldrechnung als Einnahmen oder Ausgaben nachgewiesen werden und dadurch zu einer Veränderung des Vermögens oder der Schulden führen (z. B. Auszahlung oder Tilgung eines Darlehens, auch durch Umwandlung). „Zugänge und Abgänge ohne

haushaltsmäßige Zahlung" sind solche, die in der Geldrechnung nicht als Einnahmen oder Ausgaben nachgewiesen und dennoch zu einer Veränderung des Vermögens oder der Schulden führen (z. B. Niederschlagung, dauernde Einstellung des Einziehungsverfahrens, Überführung eines Darlehens auf eine andere Kasse oder Stelle).

(3) Die Absätze 1 und 2 gelten sinngemäß für die Lastenausgleichsbank, die Deutsche Landesrentenbank, die Deutsche Siedlungsbank und andere Stellen, die zur Buchführung und Einzelrechnungslegung über Einnahmen und Ausgaben des Ausgleichsfonds verpflichtet sind.

7. **Überführung eines Darlehens oder sonstiger Vermögenswerte auf eine andere Kasse oder Stelle**

(1) Wird ein Darlehen auf eine andere Kasse oder Stelle (Nr. 5 Abs. 1 Buchst. b) übergeführt, so übersendet die bisher zuständige Kasse oder Stelle der übernehmenden Kasse oder Stelle eine beglaubigte Abschrift der Vermögenskarteikarte oder der statt dessen geführten Aufzeichnung sowie den Vordruck BAA 19/1 „Überführung von Darlehensforderungen"[3]) in doppelter Ausfertigung mit dem ausgefüllten Teil „Übergabeerklärung für die Vermögensrechnung" (vgl. Nr. 12 Abs. 3 und Nr. 13 Abs. 3 der DB-Darlehensforderungen). Der Betrag ist zunächst nicht auszubuchen. Die übernehmende Kasse oder Stelle legt für das Darlehen ein neues Konto an und bucht den übernommenen Betrag des Darlehens als Zugang ohne haushaltsmäßige Zahlung. Die übernehmende Kasse oder Stelle füllt den Teil „Übernahmebestätigung für die Vermögensrechnung" auf beiden Stücken des ihr zugegangenen Vordrucks BAA 19/1 aus. Die Übernahmebestätigung muß das Datum der Buchung des Zugangs angeben. Die übernehmende Kasse oder Stelle verwendet eine Ausfertigung als Beleg für die Buchung des Zugangs und sendet die zweite Ausfertigung der abgebenden Kasse oder Stelle unverzüglich zu. Die abgebende Kasse oder Stelle bucht das Darlehen nach Eingang der Übernahmebestätigung als Abgang ohne haushaltsmäßige Zahlung aus, die Übernahmebestätigung dient dabei als Beleg.

(2) Die übernehmende und die abgebende Kasse oder Stelle müssen auf die Verbuchungsstellen gegenseitig hinweisen. Übernahme und Abgabe sind in der Vermögensrechnung desselben Rechnungsjahres als Zugang bzw. Abgang nachzuweisen.

Beispiel:

Die Übernahmebestätigung trägt ein Datum des Rechnungsjahres 1961; die Nachweisung erfolgt in der Vermögensrechnung für das Rechnungsjahr 1961.

Deshalb ist im einzelnen wie folgt zu verfahren:

a) Übergeführte Forderungen sind in der Vermögensrechnung des Rechnungsjahres nachzuweisen, dessen Datum die Übernahmebestätigung trägt.

---

3) im Anschluß an die Muster 8 und 8 a zur VBRO abgedruckt.

b) Die übernehmende Kasse oder Stelle muß die Übernahmebestätigung unverzüglich und unmittelbar der abgebenden Kasse oder Stelle übersenden. Damit alle Darlehensüberführungen eines Rechnungsjahres sowohl bei der übernehmenden wie auch bei der abgebenden Kasse oder Stelle in demselben Rechnungsjahr als Zugang bzw. Abgang nachgewiesen werden, dürfen vom 20. November bis 31. Dezember jeden Jahres Darlehen nicht mehr übergeben werden.

Die Übernahmebestätigungen für die bis einschließlich 19. November eines Jahres übergebenen Darlehen müssen bis spätestens 15. Dezember desselben Jahres an die abgebende Kasse oder Stelle zurückgesandt werden.

c) Das Datum der Einbuchung und das Datum der Übernahmebestätigung müssen übereinstimmen.

d) Die abgebende Kasse oder Stelle hat den Abgang sodann unverzüglich, spätestens jedoch bis zum Abschluß der Bücher zu buchen.

(3) Verzieht ein Darlehensschuldner während der Überführung seines Darlehens in den Bereich einer anderen Kasse oder Stelle, so sendet die nun nicht mehr zuständige Kasse oder Stelle die gesamten Unterlagen — ohne die Darlehensforderung vermögensmäßig zu übernehmen — an die abgebende Kasse oder Stelle mit Angabe der neuen Anschrift zurück. Die abgebende Kasse oder Stelle überführt sodann die Darlehensforderung auf die jetzt zuständige Kasse oder Stelle.

(4) Die in den Absätzen 1 bis 3 getroffene Regelung gilt entsprechend für alle sonstigen Vermögenswerte und Schulden des Ausgleichsfonds.

8. Vermögensrechnungsnachweisung

(1) Am Jahresschluß ist für jede Vermögensuntergruppe — wenn Untergruppen nicht bestehen, für jede Kennziffer — die Summe der Anfangsbestände, der Veränderungen (Zugänge, Abgänge und Abschreibungen) und der Endbestände in eine Vermögensrechnungsnachweisung nach dem Muster 12 VBRO einzutragen. Die Vermögensuntergruppen sind in der Reihenfolge der Vermögensgruppen, -obergruppen und -hauptgruppen geordnet darzustellen. Dabei sind nur diejenigen Vermögensuntergruppen bzw. Kennziffern aufzunehmen, für die bei der rechnunglegenden Stelle Bestände oder Veränderungen nachzuweisen sind.

(2) Unter Nr. 7 und 8 der Vermögensrechnungsnachweisung sind die Beträge der Geldrechnung einzutragen, die die Änderungen im Vermögensbestand (Zugang oder Abgang) herbeigeführt haben. Durch Zusammenrechnung der Beträge ist der Nachweis der Übereinstimmung zwischen der Vermögensrechnung und Geldrechnung zu führen (vgl. § 32 VBRO). Die Übereinstimmung ist bei Behörden von dem Dienststellenleiter, bei sonstigen Stellen von den zur Abgabe rechtsverbindlicher Erklärungen Befugten zu bescheinigen.

(3) Jede Ausgleichsbehörde oder sonstige Stelle hat für ihren Bereich eine Vermögensrechnungsnachweisung aufzustellen.

(4) Die Vermögensrechnungsnachweisung ist von Ausgleichsbehörden dreifach auszufertigen. Die erste Ausfertigung ist dem Bundesrech-

nungshof, die zweite der unmittelbar übergeordneten Ausgleichsbehörde vorzulegen, die dritte bleibt bei der rechnunglegenden Stelle.

(5) Die Vermögensrechnungsnachweisung ist von der Lastenausgleichsbank, der Deutschen Landesrentenbank, der Deutschen Siedlungsbank und sonstigen Stellen dreifach auszufertigen. Die erste Ausfertigung ist dem Bundesrechnungshof, die zweite dem Bundesausgleichsamt vorzulegen, die dritte bleibt bei diesen Banken oder Stellen.

9. **Vermögensoberrechnung**

(1) Das Landesausgleichsamt hat die Summen der ihm nach Nr. 8 Abs. 4 vorgelegten Vermögensrechnungsnachweisungen mit den Summen seiner eigenen Vermögensrechnungsnachweisung in einer Vermögensoberrechnung nach Muster 13 VBRO zusammenzufassen. Für die Ordnung der Vermögensgruppen gilt Nr. 8 Abs. 1 sinngemäß.

(2) Die Ergebnisse der Vermögensoberrechnung sind mit den entsprechenden Teilen der Kassenoberrechnung abzustimmen. Nr. 8 Abs. 2 gilt sinngemäß.

(3) Die Vermögensoberrechnung ist dreifach auszufertigen. Die erste Ausfertigung ist dem Bundesrechnungshof, die zweite dem Bundesausgleichsamt vorzulegen, die dritte bleibt bei der rechnunglegenden Stelle.

10. **Vermögenshauptrechnung**

(1) Das Bundesausgleichsamt stellt auf Grund der ihm nach Nr. 8 Abs. 5 vorgelegten Vermögensrechnungsnachweisungen, der ihm nach Nr. 9 Abs. 3 vorgelegten Vermögensoberrechnungen und der von ihm selbst aufgestellten Vermögensrechnungsnachweisung die Vermögenshauptrechnung des Ausgleichsfonds nach Muster 15 VBRO auf. Die Vermögenshauptrechnung faßt die Ergebnisse der Vermögensrechnungsnachweisungen und -oberrechnungen zusammen. Für die Ordnung der Vermögensgruppen ist der Vermögensgruppenplan (Anlage 1)[4]) maßgebend.

(2) Die Ergebnisse der Vermögenshauptrechnung werden mit der Kassenhauptrechnung abgestimmt. Zu diesem Zweck werden die den Zugängen und Abgängen entsprechenden Beträge aus der Kassenrechnung in einem Anhang zur Vermögenshauptrechnung nach Muster 15 a VBRO zusammengestellt. Der Bundesrechnungshof kann Erleichterungen zulassen.

(3) Von der Vermögenshauptrechnung nebst Anhang wird eine Ausfertigung dem Bundesrechnungshof, eine zweite dem Bundesfinanzministerium vorgelegt, eine dritte bleibt bei der rechnunglegenden Stelle.

(4) In der Vermögenshauptrechnung werden die Summe der am Ende des Rechnungsjahres bestehenden Verpflichtungen des Ausgleichsfonds aus Bürgschafts-, Gewähr- oder anderen ähnlichen wirtschaftlichen Zwecken dienenden Verträgen (§ 45 c der Reichshaushaltsord-

---

[4]) im Anschluß an den Vermögensgruppenplan des Bundes abgedruckt.

nung, § 61 der Wirtschaftsbestimmungen für die Reichsbehörden) sowie die Ansprüche aus Hauptentschädigung nachrichtlich angegeben.

Teil III

Überleitungs- und Schlußbestimmungen

11. Bestandsaufnahme

Grundlage der Vermögensrechnung des Ausgleichsfonds ist der durch eine Bestandsaufnahme zum 31. März 1959 festgestellte Bestand an Vermögen und Schulden des Ausgleichsfonds. Die Bestandsaufnahme ist von den nach Nr. 5 für die Vermögensbuchführung und Rechnungslegung zuständigen Stellen durchzuführen.

12. Verfahren bei der Bestandsaufnahme der Darlehen

Ausgangspunkt

(1) Ausgangspunkt für die Bestandsaufnahme der Darlehen ist der von den Ausgleichsbehörden, der Lastenausgleichsbank, der Deutschen Landesrentenbank, der Deutschen Siedlungsbank und sonstigen Stellen zum 31. März 1959 in dem „Nachweis der Forderungen aus Darlehen" *) nachgewiesene Bestand an Darlehen.

Übergang in eine andere Verwaltung

(2) Von Kreditinstituten (Hausbanken) abgetretene Darlehensforderungen, deren Übernahme die Ausgleichsämter der Lastenausgleichsbank gegenüber mit einer Bestätigung erklärt haben, die ein Datum bis 31. März 1959 trägt, sind bei der Lastenausgleichsbank als Abgang und bei dem die Darlehensforderung übernehmenden Ausgleichsamt als Zugang im Rechnungsjahr 1958 nachzuweisen.

(3) Von einer Ausgleichsbehörde abgegebene Darlehensforderungen, die mit Datum bis zum 31. März 1959 von einer anderen Ausgleichsbehörde übernommen wurden, sind bei der abgebenden und der übernehmenden Ausgleichsbehörde als Abgang bzw. Zugang im Rechnungsjahr 1958 nachzuweisen.

(4) Von der Deutschen Landesrentenbank oder der Deutschen Siedlungsbank abgetretene Darlehensforderungen, die mit Datum bis zum 31. März 1959 von einer Ausgleichsbehörde übernommen wurden, sind bei der Deutschen Landesrentenbank oder Deutschen Siedlungsbank als Abgang und bei der die Darlehensforderung übernehmenden Ausgleichsbehörde als Zugang im Rechnungsjahr 1958 nachzuweisen.

(5) In den Absätzen 2 bis 4 wird davon ausgegangen, daß alle im Rechnungsjahr 1957 und vorher abgegebenen Forderungen als Abgang bzw. Zugang in dem zum 31. März 1958 erstellten „Nachweis der Forderungen aus Darlehen" ordnungsgemäß nachgewiesen sind.

(6) Damit alle ab 1. April 1958 übergeführten Darlehen im Rechnungsjahr 1958 als Abgang bzw. Zugang nachgewiesen werden, sind vom

*) Vgl. Vordruck Muster 2 (neu) Anlage zum Rundschreiben über den Abschluß der Rechnung des Rj. 1957 vom 24. Februar 1958 — IV/1 — LA 3555, II — 21/58 — (im Mtbl. BAA nicht veröffentlicht).

1. März bis 31. März 1959 Darlehensforderungen nicht mehr abzugeben. Die Zeit vom 1. März bis 31. März 1959 soll dazu dienen, alle bis 28. Februar 1959 abgegebenen Darlehen einwandfrei als Abgang bzw. Zugang im Rechnungsjahr 1958 zu erfassen.

Art der haushaltsmäßigen Zahlungen; Überleitung auf die Vermögensrechnung

(7) In allen vorstehend aufgeführten Fällen handelt es sich um Abgänge und Zugänge ohne haushaltsmäßige Zahlung.

(8) Der auf die vorstehend angeordnete Weise zum 31. März 1959 im „Nachweis der Forderungen aus Darlehen" nachgewiesene Bestand an Darlehen ist Grundlage für die ab 1. April 1959 zu führende Vermögensrechnung.

13. **Verfahren bei der Bestandsaufnahme der sonstigen Vermögenswerte und der Schulden**

Die Bestandsaufnahme der sonstigen Vermögenswerte und der Schulden wird durch besondere Anweisungen geregelt.

14. **Geltung**

Diese Bestimmungen gelten mit Wirkung ab 1. April 1959. Die Bestimmungen der Nr. 12 Abs. 6 gelten bereits ab 1. März 1959.

Bad Homburg v. d. H., den 11. Februar 1959
III B/2 — LA 3555 III — 4/59

Der Präsident
des Bundesausgleichsamtes
Dr. Käss

Buchführungs- und Rechnungslegungsordnung für das Vermögen des Bundes (VBRO)

vom 16. März 1953

Auf Grund der §§ 55 und 66 Abs. 3 Satz 3 der Reichshaushaltsordnung bestimmen die Bundesregierung und der Bundesrechnungshof:

I. Buch: Allgemeine Bestimmungen

1. Teil: Zweck, Geltungsbereich und Begriffsbestimmungen

§ 1

Zweck der Vermögensrechnung

(1) Die Buchführung und die Rechnungslegung über das Vermögen und die Schulden des Bundes haben den Zweck, den Bestand des Vermögens und der Schulden zu Beginn des Rechnungsjahres, die Veränderungen während und den Bestand am Ende des Rechnungsjahres nachzuweisen. Die Vermögensbuchführung soll die Unterlagen für die nach Art. 110 Abs. 3 des Grundgesetzes aufzustellende Nachweisung, für die nach Art. 114 Abs. 1 zu legende Rechnung und für die nach Art. 114 Abs. 2 zu erstellende Übersicht über das Vermögen und die Schulden liefern.

(2) Die Vermögensrechnung soll ferner darlegen, in welcher Höhe die Haushaltseinnahmen und Haushaltsausgaben zur Vermehrung oder Verminderung des Vermögens oder der Schulden im Laufe des Rechnungsjahres geführt haben, und damit erkennen lassen, inwieweit einem Überschuß oder einem Fehlbetrag der Haushaltsrechnung eine Minderung oder Mehrung des Vermögens und der Schulden gegenübersteht.

Zu § 1:

1. Die Vermögensrechnung des Bundes soll den Bestand des Vermögens und der Schulden nach dem Stande

   a) zu Beginn des Rechnungsjahres,

   b) am Ende des Rechnungsjahres

nachweisen. Der Bestandsnachweis kann sich auf die Menge (Anzahl, Maß, Gewicht) und den Wert erstrecken. Die Bundesvermögensrechnung ist in erster Linie eine Wertrechnung, die aber den Nachweis der Einzelstücke nicht außer acht läßt (vgl. §§ 9, 28). Eine mengenmäßige Zusammenfassung der Gegenstände für die gesamte Bundesverwaltung ist nicht vorgesehen.

Grundsätzlich knüpft die Bewertung für die Vermögensrechnung an den einzelnen Gegenstand an. Das Einzelobjekt wird damit zugleich der Menge und dem Werte nach erfaßt. Diese Regel hat folgende Ausnahmen:

a) Nach § 39 kann der Bundesminister der Finanzen im Einvernehmen mit dem zuständigen Bundesminister und dem Bundesrechnungshof bestimmen, daß bei Sachen im Gemeingebrauch die Bewertung unterbleibt. Geschieht das, so werden diese Objekte nur der Menge nach ausgewiesen (z. B. 245,2 km Bundesstraßen, oder: die einzelne Straße nach Länge, Breite, Bauart u. dgl.).

b) Bewegliche Sachen waren bis zum 31. März 1956 — und alsdann überhaupt nicht mehr — in der Vermögenskartei (§ 26) in der Regel mit nach Gruppen geordneten Gesamtwerten nachzuweisen (§ 40 Abs. 2). Dem mengenmäßigen Nachweis dienen heute die nach § 28 (§ 65 RHO) zu führenden Bestandsverzeichnisse.

Es hätte nahegelegen, auch bei beweglichen Sachen für den wertmäßigen Nachweis unmittelbar von dem Einzelstück auszugehen. Da die beweglichen Sachen wertmäßig nur einen verhältnismäßig geringen Teil des Bundesvermögens darstellen, war zur Vereinfachung der Rechnungsführung hierauf verzichtet worden. Dies konnte unbedenklich geschehen, weil durch die Bestandsverzeichnisse der mengenmäßige Nachweis hinreichend gesichert ist. Näheres s. zu § 28. Nur für die erste Bestandsaufnahme wurde durch Erfassung und Bewertung der einzelnen Gegenstände der Ausgangswert ermittelt (vgl. Tz. 8 ff. Richtl. VR II).

2. Die Vermögensrechnung soll ferner die im Laufe des Rechnungsjahres eintretenden Veränderungen des Vermögens und der Schulden ausweisen. Die Veränderungen umfassen die Zugänge und die Abgänge. Zugänge bedeuten eine Mehrung, Abgänge eine Minderung des Vermögens oder der Schulden. Würde man in Form einer Bilanz dem Vermögen (Aktiven) die Schulden (Passiven) gegenüberstellen und so zum Ausweis eines Reinvermögens kommen, so bedeuteten die Zugänge an Schulden eine Minderung, die Abgänge bei den Schulden eine Mehrung des Reinvermögens. Für die Vermögensrechnung des Bundes ist der Ausweis eines Reinvermögens nicht vorgesehen.

Zugänge beim Vermögen sind in erster Linie die durch Kauf oder Herstellung in eigener Regie gewonnenen Vermögenswerte. Auch die Gewährung von Darlehen bewirkt eine Mehrung des Vermögens. Da die Kassenbestände nicht in die Vermögensrechnung einbezogen sind, steht den Zugängen beim Sachvermögen und bei den Forderungen kein Abgang beim Kassen-Vermögen gegenüber. Gelegentlich kommen auch Zugänge ohne Gegenleistung (Schenkungen u. dgl.) in Betracht. Buchmäßig wirkt sich als Zugang ferner die unentgeltliche Übernahme eines Gegenstandes von einer anderen Behörde aus. Im Rahmen der Gesamtrechnung handelt es sich bei diesen Übertragungen nur um Vorgänge innerhalb der Bundesverwaltung. Aus Vereinfachungsgründen ist davon abgesehen worden, in der Vermögensrechnung diese Bestandsveränderungen von den nach außen wirkenden abzusondern und für sich auszuweisen.

Abgänge entstehen durch Verkauf von Gegenständen, durch Aussonderung unbrauchbarer Gegenstände ohne Verwertungsmöglichkeit, durch Abgabe an andere Behörden u. dgl. Auch die Abschreibungen wegen Wertminderung stellen Wertabgänge dar. Näheres s. zu § 18. Forderungen und Schulden werden durch laufende Tilgungen oder einmalige Rückzahlungen verändert.

Den Wertänderungen auf den Konten für Wirtschaftsbetriebe liegen Änderungen bei dem Eigenkapital oder den Rücklagen dieser Betriebe zugrunde. Ähnliches gilt für die Kapitalbeteiligungen. Auch die Kurswertberichtigungen usw. nach § 21 haben Wertänderungen (Zugänge oder Abgänge) zur Folge.

3. Nach Art. 110 Abs. 3 GG sind das Vermögen und die Schulden des Bundes in einer Anlage des Haushaltsplanes nachzuweisen. Dieser Vermögensnachweis, der ein Nachweis zu einem Stichtage ist, muß nicht notwendig auf einer Buchführung über das Vermögen und die Schulden beruhen; es genügt für diesen Zweck auch eine statistische Erfassung auf Grund einer Inventur. Da diese Inventur sich jährlich wiederholen müßte, würde sie eine erhebliche Belastung der Verwaltung bedeuten. Es liegt deshalb nahe, die Ergebnisse der Vermögensbuchführung auch für die Nachweisung über das Vermögen und die Schulden nach Art. 110 Abs. 3 GG auszuwerten.

Nach Art. 114 Abs. 1 GG hat der Bundesminister der Finanzen dem Bundestage und dem Bundesrate nicht nur über alle Einnahmen und Ausgaben, sondern auch über das Vermögen und die Schulden jährlich Rechnung zu legen. Die Rechnungslegung über das aktive und passive Vermögen ist neu. Die Bestimmung ist auf Anregung des Rechnungshofs für die Britische Zone in das Grundgesetz aufgenommen worden[1]). Sie schließt die Pflicht zur Einrichtung der Buch- und Rechnungsführung über das Vermögen und die Schulden des Bundes ein. Die Vermögensbuchführung liefert die Unterlagen für die dem Bundesminister der Finanzen obliegende Rechnungslegung.

Nach Art. 114 Abs. 2 GG ist dem Bundestage und dem Bundesrate eine Übersicht über das Vermögen und die Schulden vorzulegen. Diese Übersicht muß eine geordnete Darstellung des Bundesvermögens (Aktiven und Passiven) sein. Sie ist eine Zusammenfassung der Ergebnisse der Rechnungslegung nach Art. 114 Abs. 1.

4. § 1 Abs. 1 VBRO hat die Sicherung des Vermögensbestandes und den Rechenschaftsbericht über die Erhaltung oder Veränderung des Vermögens und der Schulden zum Inhalt. Es sind die unmittelbaren Zwecke der Vermögensrechnung. Absatz 2 nennt einen mittelbaren Zweck, der aus dem Anschluß der Vermögensrechnung an die Geldrechnung folgt. Ihm liegt der Gedanke zugrunde, daß vermögenswirksame

1) Näheres s. Wacke, Das Finanzwesen der Bundesrepublik, Tübingen 1950, S. 103.

Haushaltseinnahmen eine Minderung des Vermögens oder eine Mehrung der Schulden, vermögenswirksame Haushaltsausgaben eine Mehrung des Vermögens oder eine Minderung der Schulden zur Folge haben.

Die Vermögensrechnung soll ergeben, in welcher Höhe die Haushaltseinnahmen und die Haushaltsausgaben Einfluß auf das Vermögen und die Schulden des Bundes gehabt haben. In Verbindung mit der Haushaltsrechnung ist dadurch erkennbar, welcher Teil der Haushaltsausgaben sich in Vermögenswerte umgewandelt und welcher Teil der Haushaltseinnahmen eine Mehrung der Schulden und eine Minderung des Vermögens herbeigeführt hat. Diese Feststellung ist im Hinblick auf das Abschlußergebnis der Haushaltsrechnung besonders wichtig. Ein Überschuß der Haushaltsrechnung kann auf Kosten des Vermögens erzielt worden sein, während umgekehrt einem Fehlbetrag der Haushaltsrechnung sehr wohl eine Mehrung des Vermögens oder eine Minderung der Schulden gegenüberstehen kann. In Verbindung mit dem Abschluß der Haushaltsrechnung liefert die Vermögensrechnung hierdurch wertvolle finanzpolitische Erkenntnisse.

§ 2

Geltungsbereich

(1) Die Bestimmungen dieser Ordnung gelten für alle Behörden und Dienststellen des Bundes mit Ausnahme

a) der Deutschen Bundesbahn und der Deutschen Bundespost,

b) der unter Aufsicht des Bundes stehenden öffentlichen rechtsfähigen Einrichtungen.

(2) Die Bestimmungen finden ferner Anwendung, soweit Stellen außerhalb der Bundesverwaltung Bundesvermögen verwalten; dies gilt auch, wenn Gemeinden (Gemeindeverbände) oder andere Gebietskörperschaften im Auftrage eines Landes diese Verwaltung ausüben.

(3) Die Bestimmungen gelten für die nach § 15 Abs. 1 der Reichshaushaltsordnung mit dem voraussichtlichen Endergebnis veranschlagten Betriebe des Bundes nur, soweit es in dieser Ordnung besonders vorgesehen ist.

(4) Für das ERP-Sondervermögen und den Lastenausgleichsfonds gelten die Bestimmungen dieser Ordnung bis auf weiteres nicht (vgl. § 79 Abs. 1 Ziff. 4 der Reichshaushaltsordnung).

Zu § 2:

1. Die Vermögensrechnung muß, wenn sie ihren Zweck erfüllen soll, das gesamte Bundesvermögen umfassen. Ausnahmen dürfen nur in ganz besonderen Fällen zugelassen werden.

Die Sonderverwaltungen Deutsche Bundesbahn und Deutsche Bundespost verwalten große Vermögensmassen, die als Sondervermögen des Bundes bisher schon in ordnungsmäßiger Buchführung nachgewiesen werden. Die VBRO findet deshalb auf sie keine Anwendung. Die Deutsche Bundesbahn hat nach § 32 des Bundesbahngesetzes vom 13. Dezember 1951 (BGBl. I S. 955) ihr Vermögen in einer Bilanz darzustellen. Sie bucht ihre Vermögensbewegungen nach einem eigenen Verfahren, das als eine Verbindung von kameralistischer mit kaufmännischer Buchführung angesehen werden kann[1]). Ähnlich liegen die Verhältnisse bei der Deutschen Bundespost. Diese führt nach § 6 und § 7 der Verordnung über die allgemeinen Rechts- und Verwaltungsvorschriften für die Haushaltsgebarung und Vermögensverwaltung der Deutschen Reichspost vom 6. April 1934 (RGBl. I S. 305) eine Anlagenrechnung und stellt nach § 2 Abs. 5 des Gesetzes zur Vereinfachung und Verbilligung der Verwaltung vom 27. Februar 1934 (RGBl. I S. 130) in Verbindung mit § 10 Abs. 2 der erwähnten Verordnung vom 6. April 1934 (RGBl. I S. 305) eine Bilanz auf, die den Vermögensstand für den Schluß des Rechnungsjahres ausweist; sie bucht nach einem verbesserten Kameralsystem. Das am 1. August 1953 in Kraft getretene Postverwaltungsgesetz vom 24. Juli 1953 (BGBl. I S. 676) hat die gleiche Regelung übernommen.

2. Die VBRO gilt ferner nicht für die unter der Aufsicht des Bundes stehenden öffentlichen rechtsfähigen Einrichtungen. Diese Ausnahme bezieht sich nur auf das eigene Vermögen der Einrichtungen; soweit diese Bundesvermögen im Sinne des § 4 verwalten, gilt § 2 Abs. 2.

3. Absatz 2 ist hinsichtlich der Verwaltung des Vermögens das Gegenstück zu § 2 der Rechnungslegungsordnung für das Reich. Diese erstreckt sich auf die Einnahmen und Ausgaben des Bundes, die VBRO auf den Nachweis des Vermögens und seiner Veränderungen. Die wichtigsten Anwendungsfälle dieser Art sind

a) die Verwaltung der Bundesfernstraßen im Auftrage des Bundes durch die Behörden der Länder und Landschaftsverbände,

b) die Verwaltung von Bundesvermögen durch die Versorgungsbehörden der Länder,

c) die Verwaltung von Vermögen, das aus Mitteln des Besatzungskostenhaushalts entstanden ist, durch Behörden der Länder[2]),

d) die Verwaltung von Bundesvermögen durch öffentliche rechtsfähige Anstalten, z. B. durch die Bundesanstalt für Arbeitsvermittlung und Arbeitslosenversicherung,

e) die Verwaltung von Bundesvermögen durch die Länder, Gemeinden und Gemeindeverbände auf dem Gebiete der Kriegsfolgenhilfe.

Die Bestimmungen gelten auch dann, wenn die Gemeinden und Gemeindeverbände das Bundesvermögen im Auftrage eines Landes verwalten.

4. Nach § 15 RHO ist bei kaufmännisch eingerichteten Bundesbetrieben statt einer getrennten Veranschlagung der Einnahmen und Ausgaben das voraussichtliche Endergebnis in den Haushaltsplan einzustellen. Diese Betriebe sollen nach § 85 RHO die Buchungen nach den Regeln der kaufmännischen doppelten Buchführung vornehmen, falls die Bücher nicht nach den Grundsätzen der §§ 55 ff. RHO geführt werden. Sie weisen dementsprechend das Vermögen und seine Veränderungen durch ihre Bücher nach und stellen es in einer Bilanz dar. Ein weiterer Nachweis nach den Regeln für die allgemeine Vermögensbuchführung ist entbehrlich. In der Bilanz der Betriebe werden dem Aktivvermögen die Verbindlichkeiten gegenübergestellt, und auf der Passivseite wird das Rein-

[1]) Näheres s. Duhmer, Das öffentliche Vermögen in Deutschland und seine Bewirtschaftung, Göttingen 1952, S. 97/98.

[2]) Zur Vermögensrechnung in der Verteidigungslastenverwaltung siehe Anm. 6 zu § 22.

vermögen ausgewiesen. Das Reinvermögen ist gleich dem Eigenkapital zuzüglich der offenen Rücklagen. Das bei diesen Betrieben ausgewiesene Vermögen ist Bundesvermögen, über das der Bund frei verfügen kann; es hat auch nicht wie das Vermögen der Deutschen Bundesbahn und der Deutschen Bundespost eine gesetzliche Sonderstellung. Dieses Vermögen muß deshalb in die allgemeine Vermögensrechnung des Bundes einbezogen werden. Nach der VBRO ist das Reinvermögen der Betriebe auf besonderen Vermögenskonten zu führen. Demgemäß bestimmt Absatz 3, daß die Bestimmungen der VBRO für diese Betriebe nur soweit gelten, als es in der Ordnung selbst besonders vorgesehen ist (§ 14 und § 43).

5. Die VBRO schließt ihre Anwendung auf Sondervermögen nicht grundsätzlich aus. Außer dem Vermögen der Deutschen Bundesbahn und der Deutschen Bundespost bestehen zur Zeit als Sondervermögen u. a. das ERP-Sondervermögen[3]) und der Lastenausgleichsfonds[4]). Nach § 2 Abs. 4 finden die Bestimmungen der VBRO auf diese Sondervermögen bis auf weiteres keine Anwendung. Damit blieb für sie zunächst der Weg für eine zweckentsprechende Sonderregelung frei.

Für den Lastenausgleichsfonds ist inzwischen — mit einem auf die besonderen Verhältnisse des Fonds abgestellten Vermögensgruppenplan — die Vermögensrechnung des Bundes eingeführt worden; sinngemäß gelten damit nicht nur die Rechnungslegungs-, sondern auch die Bewertungsvorschriften des Bundes. Im einzelnen siehe die Bestimmungen zur Buchführung und Rechnungslegung über das Vermögen und die Schulden des Ausgleichsfonds (Vermögensrechnungsbestimmungen) vom 11. Februar 1959, Amtliches Mitteilungsblatt des Bundesausgleichsamtes S. 78 (nebst Vermögensgruppenplan und Muster der Überführungserklärungen sowie Rechnungsnachweisung hier abgedruckt); siehe ferner — im Teil IV des Abschnitts II der jährlichen Bundeshaushaltsrechnung — die Jahresrechnung des Ausgleichsfonds nebst Vermögens-Hauptrechnung, Nachweis des Vermögens und der Schulden — aufgegliedert bis zu den Vermögensuntergruppen — und Anhang zur Hauptrechnung.

Nach § 79 Abs. 1 Ziff. 4 RHO ist der Bundeshaushaltsrechnung eine Nachweisung über die Einnahmen und Ausgaben sowie über den Bestand von Sondervermögen beizufügen. Diese Bestimmung setzt voraus, daß die mit der Verwaltung betrauten Behörden über den Bestand des Vermögens und seine Veränderungen Buch führen.

§ 3

Begriffsbestimmungen

(1) Im Sinne der Buchführungs- und Rechnungslegungsordnung für das Vermögen des Bundes sind:

1. Vermögen des Bundes:

a) die Gesamtheit der unbeweglichen und beweglichen Sachen, die im Eigentum des Bundes stehen, sowie der geldwerten Rechte, deren Träger der Bund ist;

b) die entsprechenden Gegenstände des Deutschen Reichs, soweit

[3]) Gesetz vom 31. Januar 1950 (BGBl. S. 9) und Gesetz über die Verwaltung des ERP-Sondervermögens vom 31. August 1953 (BGBl. I S. 1312).
[4]) Lastenausgleichsgesetz vom 14. August 1952 (BGBl. I S. 446).

die Verwaltung auf Grund des Gesetzes zur vorläufigen Regelung der Rechtsverhältnisse des Reichsvermögens und der preußischen Beteiligungen vom 21. Juli 1951 — Vorschaltgesetz — (BGBl. I S. 467) und der Durchführungsverordnung zu § 6 dieses Gesetzes — DVO — (BGBl. I S. 471) dem Bunde zusteht;

c) die Beteiligungen des ehemaligen Landes Preußen an Unternehmen des privaten Rechts, soweit die Verwaltung auf Grund des Vorschaltgesetzes und der DVO dem Bunde zusteht.

2. Schulden des Bundes: Die Gesamtheit der in Geld zu erfüllenden Verpflichtungen des Bundes.
3. Vermögensrechnung: Die nach den Vorschriften dieser Ordnung vorgenommenen Aufzeichnungen über den Bestand und über die Veränderungen des Vermögens (Ziff. 1) und der Schulden (Ziff. 2).
4. Geldrechnung: Die nach den Vorschriften der Reichskassenordnung vorgenommenen Buchungen der Haushaltseinnahmen und Haushaltsausgaben des Bundes.
5. Vermögenswirksame Haushaltseinnahmen und Haushaltsausgaben: Haushaltseinnahmen und Haushaltsausgaben, die den Wert des in der Vermögensrechnung nachzuweisenden Vermögens und der nachzuweisenden Schulden verändern.
6. Vermögensunwirksame Haushaltseinnahmen und Haushaltsausgaben: Haushaltseinnahmen und Haushaltsausgaben, die den Wert des in der Vermögensrechnung nachzuweisenden Vermögens und der nachzuweisenden Schulden nicht verändern.

(2) Im übrigen gelten die Begriffsbestimmungen der Reichskassenordnung und der Wirtschaftsbestimmungen für die Reichsbehörden auch für die Buchführungs- und Rechnungslegungsordnung für das Vermögen des Bundes.

Zu § 3:

1. Die VBRO beschränkt sich auf die Festlegung weniger, für die Vermögensrechnung typischer Begriffe; im übrigen erklärt sie die Begriffsbestimmungen der Reichskassenordnung (§ 2 RKO) und der Wirtschaftsbestimmungen für die Reichsbehörden (§ 2 RWB) für anwendbar.

2. Der Begriff „Vermögen des Bundes“ geht grundsätzlich von dem rechtlichen Tatbestande aus. Voraussetzung für die Zugehörigkeit zu dem in der Vermögensrechnung zu erfassenden Vermögen ist hiernach, daß der Bund Eigentümer der Sache oder Träger des Rechtes ist. Es kommt also nicht darauf an, daß eine Sache wirtschaftlich der Erfüllung einer Bundesaufgabe dient (vgl. Einleitung Abschnitt III a).

Unbeschadet dieses Grundsatzes umschließt der Begriff „Vermögen des Bundes“ im Sinne der VBRO nach § 3 Abs. 1 Ziff. 1 Buchst. b und c auch

Vermögensmassen, bei denen das Eigentum des Bundes bis zum Inkrafttreten des Gesetzes zur Regelung der Rechtsverhältnisse des Reichsvermögens und der preußischen Beteiligungen (Reichsvermögen-Gesetz) vom 16. Mai 1961 (BGBl. I S. 597) — im Anhang auszugsweise abgedruckt — umstritten war; siehe dazu auch die Begründung zur Regierungsvorlage, Bundestagsdrucksache 2357, 3. Wahlperiode, S. 8 ff. Es handelte sich um Teile des Vermögens des Deutschen Reiches, das nach Art. 134 GG „grundsätzlich" Vermögen des Bundes geworden ist, dessen Rechtsverhältnisse im übrigen durch ein Bundesgesetz näher zu regeln waren; ferner um die Beteiligungen des ehemaligen Landes Preußen an Unternehmen des privaten Rechts, die nach Art. 135 GG auf den Bund übergegangen sind, wobei ebenfalls ein Bundesgesetz das Nähere regeln sollte. Nach herrschender Ansicht ist der Art. 134 GG von vornherein unmittelbar geltendes Recht gewesen. Das Vermögen des Reiches hat also, von bestimmten Ausnahmen abgesehen, schon immer dem Bunde zugestanden. Das gleiche gilt gemäß Art. 135 GG bezüglich der Beteiligungen des ehemaligen Landes Preußen an Unternehmen des privaten Rechts. Die VBRO hatte auch diese Vermögensmassen als Teile des Bundesvermögens in die Vermögensrechnung einbezogen, aber in § 26 Abs. 5 und § 27 Abs. 4 eine besondere Kennzeichnung der Nachweise über diese Vermögenswerte angeordnet. Voraussetzung für die Einbeziehung war lediglich, daß auf Grund des Vorschaltgesetzes und der Durchführungsverordnung zu § 6 dieses Gesetzes dem Bund die Verwaltung zustand; daß der Bund die Verwaltung tatsächlich ausübte, war nicht erforderlich (vgl. Tz. 6 Richtl. VR I).

Nicht alles ehemalige Reichsvermögen hatte sich in dieser umstrittenen Rechtslage befunden. So sind z. B. die früheren Reichswasserstraßen durch Art. 89 GG unmittelbar Eigentum des Bundes geworden. Das Gesetz über die vermögensrechtlichen Verhältnisse der Bundeswasserstraßen vom 21. Mai 1951 (BGBl. I S. 352) stellt diese Tatsache fest und gibt zur Behebung von Zweifeln nähere Einzelbestimmungen. Entsprechendes gilt gemäß Art. 90 GG für die ehemaligen Reichsautobahnen und Reichsstraßen in Verbindung mit dem Gesetz über die vermögensrechtlichen Verhältnisse der Bundesautobahnen und sonstigen Bundesstraßen des Fernverkehrs vom 2. März 1951 (BGBl. I S. 157) und dem Überleitungsgesetz für die Bundesfernstraßen im Saarland vom 23. Dezember 1959 (BGBl. I S. 797). Das Sondervermögen des Reichs, das dem Betrieb der Reichseisenbahnen gewidmet war, steht gemäß Art. 134 GG dem Bunde zu. Das Gesetz über die vermögensrechtlichen Verhältnisse der Deutschen Bundesbahn vom 2. März 1951 (BGBl. I S. 155) bringt zum Ausdruck, daß dieses Vermögen „mit Wirkung vom 24. Mai 1949 als Sondervermögen ‚Deutsche Bundesbahn' Vermögen des Bundes" ist. Damit ist wieder eine einheitliche Rechtslage im gesamten Bundesgebiet geschaffen. Näheres siehe Begründung zum Entwurf des Gesetzes, Drucksache Deutscher Bundestag, 1. Wahlperiode, Nr. 1023; für den Bereich des Saarlandes siehe § 11 des Gesetzes über die Eingliederung des Saarlandes vom 23. Dezember 1956 (BGBl. I S. 1011). Das gleiche gilt für das Vermögen der Deutschen Bundespost. Das Gesetz über die vermögensrechtlichen Verhältnisse der Deutschen Bundespost vom 21. Mai 1953 (BGBl. I S. 225) spricht aus, daß das bisherige Sondervermögen „Deutsche Reichspost" „mit Wirkung vom 24. Mai 1949 als Sondervermögen ‚Deutsche Bundespost' Vermögen des Bundes" ist. Näheres siehe Begründung zum Entwurf des Gesetzes, Drucksache Deutscher Bundestag, 1. Wahlperiode, Nr. 976; siehe ferner § 12 Abs. 1 und 3 des Gesetzes über die Eingliederung des Saarlandes vom 23. Dezember 1956 (BGBl. I S. 1011). Für das Vermögen des Deutschen Wetterdienstes stellt das Gesetz über den Deutschen Wetterdienst vom 11. November 1952 (BGBl. I S. 738) in der Fassung des Gesetzes vom 23. Dezember 1959 (BGBl. I S. 796) den Übergang auf den Bund fest. Vgl. ferner das Gesetz über die Errichtung einer Bundesanstalt für Arbeitsvermittlung und Arbeitslosenversicherung vom 10. März 1952 (BGBl. I S. 123) und das Gesetz zur Abwicklung und Entflechtung des ehemaligen reichseigenen Filmvermögens vom 5. Juni 1953 (BGBl. I S. 276).

Nicht zum Vermögen des Bundes zählen die Gebäude, die unter das Weimarer Abkommen fallen; im einzelnen siehe hierzu Anm. 5 zu § 38.

Vergleiche auch den Vermögenskatalog in Ziffer 2 Abs. 1 a der — vor diesen Erläuterungen abgedruckten — Vermögensrechnungsbestimmungen des Ausgleichsfonds, der, wie in Nr. 2 Abs. 2 a 3. bestätigt wird, die beweglichen Sachen von vornherein aus der Vermögensrechnung ausschließt.

3. Der Begriff „Schulden des Bundes" schließt „alle" in Geld zu erfüllenden Verpflichtungen des Bundes ein. Dazu gehören nicht nur die sogenannten Kreditmarktschulden, sondern auch die inneren („internen") Schulden, wie sie gelegentlich gegenüber Bundesbetrieben, Anstalten und Sonderfonds auftreten können. Auch der Zweck, für den die Schuldverpflichtung eingegangen wird, ist unerheblich. So sind z. B. auch die sogenannten „Betriebskredite" (§ 8 a Abs. 2 RHO), die nur zur Aufrechterhaltung des Betriebs der Bundeshauptkasse, also nur zur vorübergehenden Verstärkung des Kassenbestandes dienen, als Schuld des Bundes in die Vermögensrechnung aufzunehmen.

Nach Art. 134 GG wird auch das Passivvermögen des Reiches grundsätzlich Bundesvermögen[1]). Gleichwohl wird in Ziff. 2 im Gegensatz zu Ziff. 1 nicht hervorgehoben, daß auch die vom Deutschen Reiche eingegangenen und auf den Bund übergehenden Schulden eingeschlossen sind. Die Unterscheidung ist entbehrlich, weil nur vom Bund anerkannte Verpflichtungen in die Vermögensrechnung einbezogen werden, diese dann aber in jedem Falle Verpflichtungen „des Bundes" sind. Beim Aktivvermögen ist die Unterscheidung nach Ziff. 1 a) bis c) erforderlich, weil das Eigentumsrecht im Einzelfalle teilweise noch ungeklärt ist.

So gehören auch die Verbindlichkeiten des Bundes aus dem Bundesrückerstattungsgesetz — BRüG — vom 19. Juli 1957 (BGBl. I S. 734) nicht zu den Schulden, die ohne weiteres in die Vermögensrechnung des Bundes aufzunehmen sind; sie stellen ihrem Wesen nach Geldverbindlichkeiten dar, die auf Ansprüchen an den Bundeshaushalt beruhen; ihre Befriedigung ist durch Gesetz auf mehrere Jahre verteilt (siehe Erlaß des Bundesministers der Finanzen vom 19. Dezember 1957 — VI B/5 — O 4300 — 86/57 —; wegen der Aufnahme der an Rückerstattungsberechtigte gezahlten Darlehen in die Vermögensrechnung siehe Anm. 1 Abs. 2 zu § 46). Im gleichen Sinne ist die Aufnahme der aus § 10 des Allgemeinen Kriegsfolgengesetzes — AKG — vom 5. November 1957 (BGBl. I S. 1747) sich ergebenden Verbindlichkeiten des Bundes in die Vermögensrechnung auf solche zu beschränken, die an Hand eines bestehenden oder noch aufzustellenden Verzinsungs- und Tilgungsplanes erfüllt, d. h. nicht

---

1) Giese, Grundgesetz für die Bundesrepublik Deutschland, Frankfurt/M. 1949, Anm. 1 zu Art. 134; anderer Meinung v. Mangoldt, Das Bonner Grundgesetz, Berlin und Frankfurt a. M. 1953, S. 650, mit Bezug auf die Dissertation von Mangels, München 1951.

nach Anerkennung des Anspruchs in voller Höhe durch eine einmalige Zahlung abgelöst werden (vgl. Erlaß des Bundesministers der Finanzen vom 25. Juni 1958 — II A/6 VI B/7 — O 4300 — 25/58 —).

4. In Ziff. 3 und 4 werden die Begriffe „Vermögensrechnung" und „Geldrechnung" gegenübergestellt. Der Begriff „Vermögensrechnung" umfaßt unmittelbar das durch die Buchführung über das Vermögen und die Schulden erstellte Rechnungswerk, beschränkt sich also nicht auf eine Zusammenstellung des Ergebnisses dieser Buchführung. Entsprechend schließt der Begriff „Geldrechnung" unmittelbar die Buchführung über die Haushaltseinnahmen und -ausgaben ein und beschränkt sich nicht, wie z. B. die Haushaltsrechnung, auf die geordnete Darstellung des Ergebnisses dieser Buchführung. Der Begriff „Geldrechnung" wird in der Literatur gelegentlich für eine Vermögensrechnung gebraucht, die sich nur auf das Geldvermögen (geldwerte Rechte und ähnliche Vermögenswerte) ohne Einbeziehung der Sachwerte erstreckt[2]).

5. Das Merkmal für die Unterscheidung von „vermögenswirksamen" und „vermögensunwirksamen" Haushaltseinnahmen und Haushaltsausgaben ist nach Ziffer 5 und 6, ob sie den Wert des in der Vermögensrechnung nachzuweisenden Vermögens oder der nachzuweisenden Schulden verändern. Dabei kommt es für die Zuordnung der Haushaltseinnahmen oder Haushaltsausgaben zu den vermögenswirksamen nicht darauf an, ob sie das Vermögen in seiner Gesamtheit verändern, es genügt, wenn einzelne Teile des Vermögens verändert werden, also nur Formveränderungen innerhalb des Vermögens eintreten.

Die Begriffsbestimmung ergibt sich aus der Besonderheit der Bundesvermögensrechnung als einer nur angeschlossenen (vgl. Anm. 2 zu § 4). Betrachtet man die Begriffe „vermögenswirksam" und „vermögensunwirksam" unter dem Gesichtspunkt, ob eine Haushaltseinnahme oder -ausgabe zur Vermehrung oder Verminderung des Vermögens führt oder ob sie ohne Einfluß auf das Vermögen bleibt, so ergibt sich für die kameralistische angeschlossene Vermögensrechnung eine andere Schau als für die kaufmännische Bilanz. Es zeigt sich dann, daß die Gleichsetzung der Begriffe „erfolgswirksam" = „vermögensunwirksam" und „erfolgsunwirksam" = „vermögenswirksam" nur bedingt richtig ist. Der betriebswirtschaftliche Erfolg drückt sich in der Mehrung oder Minderung des Vermögens — genauer: des Reinvermögens — am Ende des Geschäftsjahres gegenüber dem Stande zu Beginn desselben aus. Hier sind es also gerade die erfolgswirksamen Einnahmen und Ausgaben (oder sonstigen Geschäftsvorfälle), die sich als „vermögenswirksam" erweisen. Alle anderen Vorgänge rufen nur Formveränderungen in der Zusammensetzung des Vermögens hervor.

Beispiel I (vereinfacht): Die Selbstkosten einer Ware (einschließlich Unkosten) betragen	100 DM
Der Kaufmann verkauft die Ware gegen bar für	120 DM
Der Verkauf in Verbindung mit der Zahlung des Kunden führt zu einer Mehrung des Geschäftserfolges um	20 DM
Um den gleichen Betrag hat sich das Vermögen des Kaufmanns vermehrt.	

2) Vgl. Einleitung Abschnitt III a).

Beispiel II: Beim Verkauf der Ware auf Kredit belastet der Kaufmann das Konto seines Kunden mit .... 120 DM

Dieser Vorgang führt buchmäßig bereits die Mehrung des Erfolges und die Mehrung des Vermögens herbei.

Die Zahlung des Kaufpreises durch den Kunden mit .. 120 DM

bewirkt nur eine Veränderung in der Zusammensetzung des Vermögens: der Kassenbestand nimmt zu, die Forderungen nehmen ab (Aktivtausch). Der Vorgang ist erfolgsunwirksam.

Die Deutsche Bundespost unterscheidet zwischen Einnahmen und Ausgaben, die eine Vermehrung oder Verminderung des Eigenvermögens bedeuten, und solchen, bei denen dem Kassenzugang oder -abgang eine Verminderung oder Vermehrung eines anderen Vermögensbestandteiles gegenübersteht (§ 17 Abs. 2 Postverw.Ges. vom 24. Juli 1953 — BGBl. I S. 676 —). Nur die letzte Gruppe entspricht den vermögenswirksamen Einnahmen und Ausgaben im Sinne der VBRO.

Wegen der Unterscheidung von vermögenswirksamen und -unwirksamen Kosten für Baumaßnahmen siehe auch Ziffer 2 des Abschnitts K 18 der RBBau — Anhang zu § 38 VBRO —.

Die Vermögensrechnung nach der VBRO bezieht die Kassenbestände nicht ein. Infolgedessen wirkt sich eine Ausgabe, die zur Anschaffung eines Gegenstandes geleistet wird, unmittelbar als eine Vermehrung des Vermögens im Sinne der VBRO aus, wie umgekehrt eine Einnahme aus dem Verkauf eines Gegenstandes Ausfluß einer Verminderung des Vermögens ist. Für den Begriff „vermögenswirksam" kommt es also nur darauf an, ob irgendein T e i l des Vermögens in seinem Werte verändert wird. So gesehen, haben die in Frage kommenden Haushaltseinnahmen und -ausgaben eine Wirkung auf das Vermögen, sind also „vermögenswirksam". In diesem Sinne spricht auch § 55 KuRVO von Haushaltseinnahmen und -ausgaben, „die die Vermögensbestände der Gemeinde verändern". In der gleichen Bedeutung wird der Begriff „vermögenswirksam" in dem Erlaß des RMdI vom 6. Dezember 1943 — IV a 5082/43 — 1013 — (MBliV S. 1877) wie überhaupt in dem einschlägigen Schrifttum gebraucht.

2. Teil: Inhalt der Vermögensrechnung

§ 4

Bundesvermögen

(1) Die Vermögensrechnung des Bundes erstreckt sich auf das gesamte Vermögen des Bundes, soweit sich aus den Absätzen 2 bis 5 nicht etwas anderes ergibt.

(2) In die Vermögensrechnung werden nicht einbezogen:

a) die zum Verbrauch in der laufenden Verwaltung bestimmten Sachen (Verbrauchsgüter),

b) die zum Gebrauch in der laufenden Verwaltung bestimmten Sachen von geringem Wert oder kurzer Lebensdauer (geringwertige Gebrauchsgüter),

c) die mit Bundesdarlehen beschafften beamteneigenen Fahrzeuge, Tiere usw., an denen der Bund sich das Eigentum vorbehalten hat,

d) die von einer Bundesbehörde rechtskräftig eingezogenen Gegenstände, die nicht für den Bedarf einer Bundesverwaltung in Anspruch genommen werden,

e) die Kassenbestände und die Kassenreste (Kasseneinnahmereste).

(3) Als geringwertig im Sinne des Absatzes 2 Buchstabe b) gelten Gebrauchsgüter mit einem Anschaffungspreis bis zu etwa 3 DM (Stückpreis).

(4) Der Bundesminister der Finanzen kann im Einvernehmen mit dem Bundesrechnungshof in besonderen Fällen weitere Sachen und Rechte von der Aufnahme in die Bundesvermögensrechnung ausnehmen oder die Aufnahme von bisher nicht einbezogenen Vermögensgegenständen anordnen.

(5) Der zuständige Bundesminister bestimmt im Einvernehmen mit dem Bundesminister der Finanzen und dem Bundesrechnungshof, wieweit Gegenstände, die außerhalb der Bundesverwaltung stehende Stellen aus den nach § 64 a Abs. 1 der Reichshaushaltsordnung zur Verfügung gestellten Bundesmitteln beschaffen und an denen der Bund nach Maßgabe der Verwendungsbestimmungen Eigentum erlangt, in der Vermögensrechnung des Bundes nachzuweisen sind. Vermögen, das aus Bundesmitteln entsteht, die von einem Lande oder einer anderen öffentlichen Körperschaft verwaltet werden, ist stets in die Vermögensrechnung einzubeziehen (§ 2 Abs. 2).

Zu § 4:

1. Die VBRO zählt nicht positiv auf, welche Teile des Bundesvermögens in die Vermögensrechnung einzubeziehen sind. Sie geht den umgekehrten Weg, indem sie in § 4 Abs. 1 bestimmt, daß sich die Vermögensrechnung auf das gesamte Vermögen des Bundes (§ 3 Abs. 1 Nr. 1) erstreckt, und indem sie in § 4 Abs. 2 aus Gründen der Zweckmäßigkeit eine Reihe von Gegenständen von der Aufnahme in die Vermögensrechnung ausnimmt. Dabei handelt es sich um Gegenstände, die ihrem Wesen nach zwar zum Vermögen des Bundes gehören, auf deren Aufnahme in die Vermögensrechnung aber unbedenklich verzichtet werden kann. Im einzelnen kommen in Betracht:

a) die Verbrauchsgüter. Als solche bezeichnet die Ordnung die zum Verbrauch in der laufenden Verwaltung bestimmten Sachen. Der Begriff der „laufenden Verwaltung" ist nicht eng auszulegen. Er beschränkt sich institutionell keineswegs auf die sogenannte Hoheitsverwaltung, sondern umfaßt auch alle Verwaltungszweige des nichthoheitlichen Bereichs, wenn er nicht überhaupt funktionell zu verstehen ist.

b) die geringwertigen Gebrauchsgüter. Als solche gelten die zum Gebrauch in der laufenden Verwaltung bestimmten Sachen, soweit sie von geringem Wert oder kurzer Lebensdauer sind. Diese Ausnahme ist mit dem Verzicht auf den wertmäßigen Ausweis des Bestandes an beweglichen Sachen und seiner Veränderungen in der Vermögensrechnung (im einzelnen siehe Anm. 1 zu § 40 VBRO) nur noch für den mengenmäßigen Nachweis gemäß § 28 VBRO von Belang (vgl. dort insbesondere Abschnitt I Ziff. 2 der Richtlinien). Absatz 3 begrenzte den Begriff „geringwertig" auf die Gebrauchsgüter mit einem Anschaffungspreis bis zu etwa 3,— DM (Stückpreis). Mit der Einschränkung „etwa" ist klargestellt, daß der Betrag keine absolute Grenze sein soll. Gegenstände, die diese Wertgrenze um ein Geringes überschreiten, können also sehr wohl als geringwertig angesehen werden. Umgekehrt kann es zweckmäßig sein, Gebrauchsgegenstände von wesentlich geringerem Wert in die Vermögensrechnung einzubeziehen, wenn sie Teile einer Sachgesamtheit sind oder wenn die Anschaffungskosten aus anderen Gründen bei einer Verbuchungsstelle für Ersatzbeschaffung oder erstmalige Beschaffung gebucht werden. Zu Abschnitt I Ziff. 2 der Richtlinien für die Führung von Bestandsverzeichnissen über bewegliche Sachen gemäß § 28 VBRO hat der Bundesminister der Finanzen im Einvernehmen mit dem Bundesrechnungshof durch Erlaß vom 20. Januar 1958 — VI B/5 — O 4322 — 5/57 — in Abgrenzung des Begriffs „Gebrauchsgüter von geringem Wert" die Wertgrenze von etwa 3 DM auf etwa 10 DM erhöht. Ohne Rücksicht auf die Preisgrenze sind kurzlebige Wirtschaftsgüter ausgenommen, z. B. Besen, Fensterleder, Gummistempel u. ä. In dem vorgenannten Erlaß ist der Begriff der „kurzen Lebensdauer" dahin abgegrenzt, daß hier die regelmäßige Gebrauchsfähigkeit nicht mehr als 3 Jahre beträgt. Praktisch wirkte sich diese Abgrenzung dahin aus, daß die bei Titel 200 — Geschäftsbedürfnisse — (Vorläufiger Eingliederungsplan) zu buchenden Ausgaben für Bürobedarfsgegenstände in die Vermögensrechnung nicht aufzunehmen waren. Da die Kosten für die Beschaffung aller übrigen Geräte und Ausstattungsgegenstände — soweit es sich um Ersatzbeschaffungen handelt — beim Titel 201 Unterteil b und — alle erstmaligen Beschaffungen — beim Titel 870 oder entsprechenden Titeln zu buchen sind, enthielten diese Titel nur vermögenswirksame Ausgaben, so daß die Summen dieser Titel nach § 40 Abs. 2 in der Regel nur jährlich einmal in die Vermögensrechnung übernommen zu werden brauchten. Die in § 4 Abs. 3 VBRO genannte Wertgrenze von 3,— DM (damals RM) war bereits in die Leitsätze der Finanzdezernenten[1]) aufgenommen (Ziff. 9 A II) und von der Stadt Berlin praktisch erprobt worden. Neuerdings ist diese Wertgrenze auch in der badischen KuRVO (§ 74) wiedergekehrt; sie läßt sich im Hinblick auf die Veränderung der Preise aber nicht mehr rechtfertigen; schon die Wertgrenze im Bestandsnachweis gemäß § 28 VBRO dürfte immer fraglicher werden.

c) die beamteneigenen Fahrzeuge, Tiere usw., die mit Bundesdarlehen beschafft worden sind, an denen sich der Bund aber das Eigentum vorbehalten hat. Der Eigentumsvorbehalt ist hier nur ein Sicherungsmittel für die vollständige fristgerechte Rückzahlung des Darlehns. Das Eigentum des Bundes ist nur ein formales; mit der Rückzahlung des Darlehns geht das Eigentum auf den Beamten über. Die Bestimmung hat nur beschränkte praktische

[1]) Siehe Einleitung Abschnitt II a) Fußnote [6]).

Bedeutung. In der Regel werden die Gegenstände unmittelbar nach der Beschaffung dem Beamten in Eigentum übertragen; der Beamte ist nach Maßgabe besonderer Bestimmungen in der Verfügung darüber beschränkt.

d) die eingezogenen Gegenstände. Wird die Einziehung (vgl. §§ 401, 414, 415 RAO in Verb. mit §§ 445, 447 RAO) von einer Bundesbehörde, z. B. von der Zollverwaltung, bewirkt, so erwirbt der Bund zunächst Eigentum an den eingezogenen Sachen. Es ist aber üblich, diese Sachen alsbald wieder zu verkaufen und den Erlös zu vereinnahmen. Auch in diesem Falle hat die VBRO davon abgesehen, diese nur vorübergehend dem Bund gehörenden Sachen aufzunehmen. Anders, wenn die eingezogenen Gegenstände für den Bedarf der Bundesverwaltung selbst in Anspruch genommen werden. Der Einziehung ist die Überführung in das Eigentum des Bundes im Steueraufsichtsverfahren gemäß § 200 a RAO gleichzusetzen.

2. Nach Absatz 2 Buchst. e) werden ferner die Kassenbestände und die Kasseneinnahmereste in die Vermögensrechnung nicht einbezogen. Daß diese Posten außer Betracht bleiben, hängt mit dem Wesen der Vermögensrechnung zusammen. Die Vermögensrechnung des Bundes ist eine unverbundene, nur „angeschlossene" Vermögensrechnung. Sie läßt grundsätzlich die Haushaltsrechnung in der herkömmlichen Form bestehen und zieht die Ergebnisse dieser Rechnung nicht in ihren Kreis ein.

3. Absatz 4 gibt dem Bundesminister der Finanzen die Ermächtigung, in besonderen Fällen weitere Sachen und Rechte von der Aufnahme in die Bundesvermögensrechnung auszunehmen. Er kann andererseits die Aufnahme bisher nicht einbezogener Vermögensgegenstände anordnen. Die Fassung „in besonderen Fällen" läßt erkennen, daß es sich immer um begründete Ausnahmen handeln soll. Der Bundesminister der Finanzen bedarf dazu des „Einvernehmens", d. h. also der Zustimmung des Bundesrechnungshofs.

Als erstes hat der Bundesminister der Finanzen mit Rundschreiben vom 9. Juni 1953 — II B — O 4300 — 143/53 — die zum laufenden Gebrauch in der Verwaltung bestimmten Handausgaben von Verwaltungsvorschriften und dergleichen ohne Rücksicht auf die Höhe des Stückpreises von der Aufnahme in die Bundesvermögensrechnung ausgenommen.

Eine solche Ausnahme hat der Bundesminister der Finanzen ferner mit Rundschreiben vom 9. März 1955 — II B/3 — O 4300 — 30/55 — für Forderungen aus Überzahlungen und Schadensersatzansprüchen gemacht. In der Regel sind die hieraus resultierenden Forderungen sofort fällig und bleiben für die Vermögensrechnung außer Betracht; soweit sie beim Jahresschluß noch nicht erfüllt sind, ist nach § 34 Abs. 1 und 2 RWB zu verfahren. Nicht selten werden aber auch Ratenzahlungen vereinbart oder zugelassen, die mehrere Rechnungsjahre berühren. Da in diesen Fällen die Forderungen in die Vermögensrechnung aufzunehmen wären, andererseits aber das Interesse an einer gleichmäßigen Behandlung aller Forderungen dieser Art ohne Rücksicht auf ihre Fälligkeit überwiegt, hat der Bundesminister der Finanzen gemäß § 4 Abs. 4 VBRO von der Aufnahme in die Bundesvermögensrechnung ausgenommen

1. Forderungen aus Überzahlungen aller Art und
2. Forderungen aus Schadensersatzansprüchen, soweit die schädigende

Handlung oder Unterlassung nicht zu einer Verminderung des in der Vermögensrechnung nachzuweisenden Vermögens geführt hat

(vgl. auch die entsprechende Regelung in Nr. 2 Abs. 2 a 6. der Vermögensrechnungsbestimmungen für den Ausgleichfonds (vor den Erläuterungen abgedruckt).

Die in die Vermögensrechnung nicht aufzunehmenden Forderungen sind gemäß § 27 RRO in der Nachweisung der Forderungen (Muster 3 RRO) auszuweisen.

Im Falle der Umwandlung einer der genannten Forderungen in ein Darlehen hingegen ist sie in die Vermögensrechnung aufzunehmen. Eine hiernach oder nach der o. a. Ausnahme zu Ziff. 2 (Entstehen einer Ersatzforderung an Stelle des abgebuchten Wertes) in der Vermögensrechnung zu erfassende Forderung ist jedoch dann nicht in die Vermögensrechnung aufzunehmen, wenn von vornherein feststeht, daß sie im laufenden Rechnungsjahr vollständig beglichen wird.

4. Der Bund erlangt in erheblichem Umfange Eigentum an Gegenständen, die von Stellen außerhalb der Bundesverwaltung aus Mitteln beschafft werden, die der Bund zur Erfüllung bestimmter Zwecke zur Verfügung gestellt hat. Es sind die zahlreichen Anwendungsfälle des § 64 a RHO. Nach Tz. 13 Abs. 2 der Bundesrichtlinien 1953 zu § 64 a RHO vom 1. April 1953 (MinBlFin 1953 S. 370) sind nach Lage des einzelnen Falles zu regeln:

„b) die Sicherung des Eigentumsrechtes des Bundes an Grundstücken, Gebäuden oder beweglichen Gegenständen, die aus nicht rückzahlbaren Zuwendungen erworben werden. Bei Gegenständen, die zum Verbrauch bestimmt sind oder einer raschen Abnutzung unterliegen oder im Einzelfalle keinen höheren Wert als 200,— DM haben, bedarf es einer solchen Sicherung im allgemeinen nicht."

Die in der Praxis vorkommenden Fälle sind vielgestaltig und vertragen kaum, nach einem „Schema" behandelt zu werden. Die VBRO überläßt es daher dem zuständigen Bundesminister, im Einvernehmen mit dem Bundesminister der Finanzen und dem Bundesrechnungshof zu bestimmen, wieweit Gegenstände dieser Art in die Vermögensrechnung einzubeziehen sind.

In einem Schreiben an den Bundesminister des Innern vom 11. August 1953 — II B — O 4300 — 165/53 —, dessen Abschrift allen Ressorts mit der Bitte zugeleitet worden ist, entsprechend zu verfahren, hält der Bundesminister der Finanzen im Einvernehmen mit dem Bundesrechnungshof grundsätzlich daran fest, daß in die Vermögensrechnung nur solche Gegenstände aufzunehmen sind, die für den Bund unmittelbar einen Wert darstellen. Es erscheint wenig sinnvoll, in die Vermögensrechnung aus Zuwendungsmitteln beschaffte Gegenstände einzubeziehen, auf die der Bund aller Voraussicht nach nie zurückgreifen wird. Dies wird insbesondere dann der Fall sein, wenn Zuwendungsmittel für Aufgaben von unbegrenzter Dauer zur Verfügung gestellt werden oder wenn — bei Aufgaben von längerer Dauer — angenommen werden muß, daß die aus Zuwendungsmitteln beschafften Gegenstände zwischenzeitlich unbrauchbar werden. Bei diesen Gegenständen trägt das Eigentum des Bundes ohnehin nur formalen Charakter. Seine Übertragung auf den Bund soll in der Regel nur sicherstellen, daß die Gegenstände dauernd dem Zweck der Zuwendung entsprechend verwendet werden.

Es dürfte daher ausreichen, wenn die aus Zuwendungsmitteln beschafften Gegenstände mit ihren Zu- und Abgängen in einer dem Verwendungsnachweis beizufügenden Bestandsliste sorgfältig erfaßt und nachgewiesen werden (vgl. Anlage 2 Nr. 5 der o. a. Bundesrichtlinien 1953 zu § 64 a RHO).

Das gilt auch bei Zuwendungen zur Erfüllung von Aufgaben von kürzerer Dauer, solange die aus den Zuwendungsmitteln beschafften Gegenstände für den vorgesehenen Zweck bei einer außerhalb der Bundesverwaltung stehenden Bedarfsstelle belassen werden.

In die Vermögensrechnung des Bundes sind die Gegenstände erst dann aufzunehmen, wenn sie an den Bund zurückfallen, dieser sie also in Besitz nimmt. Alsdann werden die Gegenstände in der Regel nach § 10 Abs. 1 VBRO zu bewerten sein. Verkauft indessen die Bedarfsstelle die Gegenstände, dann erhält der Bund nur den Verkaufserlös, der Vorgang ist also vermögensunwirksam.

Werden hingegen aus den Zuwendungsmitteln Grundstücke erworben, so sind diese in die Vermögensrechnung des Bundes aufzunehmen, wenn der Bund als Grundstückseigentümer im Grundbuch eingetragen wird. Ob dies der Fall ist, richtet sich in der Regel nach den besonderen Bewilligungsbedingungen.

Dingliche Sicherheiten an Grundstücken für den Bund, die anläßlich der Gewährung von Zuwendungen bestellt werden, sind in die Vermögensrechnung wiederum nicht einzubeziehen.

5. Von dem Sachverhalt in Anm. 4 sind die Fälle verschieden, in denen eine außerhalb der Bundesverwaltung stehende Behörde Bundesmittel verwaltet. Hier handelt diese Behörde an Stelle einer nicht vorhandenen Bundesbehörde, deren Fehlen sich aus der Besonderheit des staatsrechtlichen Aufbaues der Bundesrepublik nach dem Grundgesetz ergibt. In diesen Fällen führt die Behörde in der Regel den Bundeshaushaltsplan aus. Vermögen, das sie in Ausübung dieser Verwaltung erwirbt, wird Bundesvermögen und muß deshalb in die Vermögensrechnung des Bundes aufgenommen werden (§ 2 Abs. 2).

6. Die VBRO sagt nichts über die Behandlung von Vorschüssen und Verwahrgeldern in der Vermögensrechnung. Bei diesen handelt es sich um Beträge, die in besonderen Sachbüchern (Verwahrungsbuch § 63 RKO, Vorschußbuch § 64 RKO) vorläufig gebucht, auf Grund dieser Buchungen überwacht und sobald wie möglich als Ausgaben oder Einnahmen in das Sachbuch (Titelbuch) für den Haushalt überführt werden, soweit sie nicht bereits vorher durch Einzahlung oder Auszahlung abgewickelt sind. Nach § 62 und § 63 RHO sind die bis zum Bücherabschluß des Rechnungsjahres nicht abgedeckten Vorschüsse und Verwahrgelder in besonderen Anhängen zur Kassenrechnung nachzuweisen. Vorschüsse und Verwahrgelder vermindern oder vermehren zwar den Gesamtkassenbestand, wie dieser gehören sie aber dem Bereich der laufenden Haushaltswirtschaft an und müssen daher für die Vermögensrechnung zunächst außer Betracht bleiben[2]).

§ 5

Bundesschulden

(1) Die Vermögensrechnung des Bundes erstreckt sich auf die Schulden des Bundes, die nach den Vorschriften der Reichsschuldenordnung vom

[2]) Vgl. Schumann, die Vermögensrechnung der Gemeinden, Berlin 1944, S. 64.

13. Februar 1924 (RGBl. I S. 95) in der jeweils geltenden Fassung bei der Bundesschuldenverwaltung nachgewiesen werden, sowie auf

a) Hypotheken-, Grund- und Rentenschulden,

b) Restkaufgelder,

c) Ablösungsverpflichtungen für Wertzuwachs,

d) sonstige Schulden, deren Aufnahme in die Vermögensrechnung der zuständige Bundesminister im Einvernehmen mit dem Bundesminister der Finanzen und dem Bundesrechnungshof im Bedarfsfalle anordnet.

(2) Die Kassenreste (Kassenausgabereste) werden in die Vermögensrechnung nicht einbezogen.

Zu § 5:

1. Die Vermögensrechnung erstreckt sich nicht nur auf das Aktivvermögen, sondern auch auf das Passivvermögen, die Schulden (vgl. Anm. 3 zu § 3). Zur Verwaltung der Bundesschuld ist die Bundesschuldenverwaltung berufen (VO über die Bundesschuldenverwaltung vom 13. Dezember 1949 — BGBl. 1950 S. 1 —). Die Verwaltung richtet sich nach der Reichsschuldenordnung vom 13. Februar 1925 (RGBl. I S. 95) in der Fassung des Gesetzes vom 5. Juli 1934 (RGBl. I S. 574) und der Verordnung vom 29. Dezember 1936 (RGBl. I S. 1156) sowie der Vorschriften des Reichsschuldbuchgesetzes in der Fassung der Bekanntmachung vom 30. Mai 1910 (RGBl. S. 840) und der Verordnung vom 17. November 1939 (RGBl. I S. 2298). Für die sogenannten Buchschulden gilt das Reichsschuldbuchgesetz in der vorbezeichneten Fassung. Die Bundesschuldenverwaltung ist an die Stelle der Schuldenverwaltung des Vereinigten Wirtschaftsgebietes (Ges. v. 13. Juli 1948 — WiGBl. S. 73) und der früheren Reichsschuldenverwaltung (Reichsschuldenordnung vom 13. Februar 1925 — RGBl. I S. 95 —) getreten.

2. Die Bundesschuldenverwaltung erfaßt den weitaus größten Teil der Schulden des Bundes. Die Buchführung und Rechnungslegung hierüber ist geregelt. Die Bundesschuldenverwaltung führt über den Stand der Bundesschuld und seine Veränderungen eine Anleihekontrolle und weist das Ist in ihrem Hauptbuch nach. Die VBRO kann sich deshalb auf die grundsätzliche Einbeziehung dieser Schulden in die allgemeine Vermögensrechnung des Bundes beschränken. Neben der eigentlichen „Bundesschuld" stehen gewisse Zahlungsverpflichtungen des Bundes, die von der Reichsschuldenordnung nicht als Schulden erfaßt werden, sich wirtschaftlich aber als solche darstellen. Dazu gehören die in § 5 Abs. 1 unter den Buchstaben a) bis c) bezeichneten Zahlungsverbindlichkeiten. Die unter a) und b) genannten Schulden können beim Kauf eines Grundstücks entstehen (vgl. § 6 und § 8 der „Grundsätze über die Abgabe, Veräußerung und dingliche Belastung reichseigener Grundstücke" — Anl. 3 zu den RWB —). Die unter c) aufgeführten Ablösungsverpflichtungen für Wertzuwachs sind im wesentlichen Nachkriegserscheinungen. Vielfach haben die Mieter Gebäude, die zum Reichsvermögen gehören, auf eigene Kosten wiederherstellen, die Kriegszerstörungen also beseitigen lassen oder andere Wertverbesserungen an den Gebäuden vorgenommen. Da der Eigen-

tümer der Grundstücke um die Investitionen bereichert ist, haben die Mieter unter gewissen Umständen einen gesetzlichen Anspruch auf Herausgabe (§ 812 BGB). Da eine Herausgabe in natura in der Regel nicht möglich ist, entstehen Ablösungsverpflichtungen, die als Schulden in die Vermögensrechnung aufzunehmen sind, sobald sie nach Grund und Höhe festgestellt sind; vgl. dazu den Erlaß des Bundesministers der Finanzen vom 14. Juli 1953 — MinBlFin. S. 509 — über Miet- und Pachtverträge. Nach Buchst. d) kann der zuständige Bundesminister im Einvernehmen mit dem Bundesminister der Finanzen und dem Bundesrechnungshof die Aufnahme weiterer Schulden in die Vermögensrechnung anordnen.

Zu den Schulden des Bundes, die in die Vermögensrechnung aufzunehmen sind, zählen auch die sogenannten „Betriebskredite“ (§ 8 a Abs. 2 RHO); ebenso etwaige „interne“ Schulden gegenüber Bundesbetrieben, Anstalten und Sonderfonds, soweit nicht Absatz 2 Anwendung findet. (Vgl. hierzu auch Einleitung Abschnitt III a) zweitletzten Absatz und Anm. 3 zu § 3.)
Wegen der Verbindlichkeiten des Bundes aus dem Bundesrückerstattungsgesetz und aus § 10 des Allgemeinen Kriegsfolgengesetzes siehe Anm. 3 Abs. 3 zu § 3.

3. Entsprechend § 4 Abs. 2 Buchst. e) ist in § 5 Abs. 2 festgelegt, daß auch die Kassenausgabereste nicht in die Vermögensrechnung einzubeziehen sind. Das in Anm. 2 zu § 4 für die Kasseneinnahmereste Gesagte gilt sinngemäß auch für die Kassenausgabereste.

4. Vergleiche auch den Ausschlußkatalog für die nicht in die Vermögensrechnung für den Ausgleichsfonds zu übernehmenden Schulden in Nr. 2 Abs. 2 b) der Vermögensrechnungsbestimmungen für den Ausgleichsfonds.

3. Teil: Gliederung des Vermögens und der Schulden

§ 6

Vermögensklassen

(1) Für die Vermögensrechnung werden das Vermögen und die Schulden des Bundes in folgende Klassen eingeteilt:

0 Allgemeines Verwaltungsvermögen,
1 Sachen im Gemeingebrauch,
2 Vermögen der Bundesanstalten und -einrichtungen,
3 Betriebsvermögen,
4 Allgemeines Kapital- und Sachvermögen,
5 Sondervermögen,
6 frei,
7 frei,
8 frei,
9 Bundesschuld.

(2) In die Vermögensklassen nach Absatz 1 sind einzuordnen:
Vermögensklasse 0 — Allgemeines Verwaltungsvermögen —:

die Sachen und Rechte, die überwiegend zur unmittelbaren Erfüllung der Aufgaben einer Bundesverwaltung dienen; hierzu rechnen auch die für Besatzungs- und Verteidigungszwecke benutzten Grundstücke;

Vermögensklasse 1 — Sachen im Gemeingebrauch —:
die in dem Vermögensgruppenplan (Anhang) bezeichneten Liegenschaften im Gemeingebrauch;

Vermögensklasse 2 — Vermögen der Bundesanstalten und -einrichtungen —:
alle von nicht rechtsfähigen Bundesanstalten, Instituten und sonstigen Einrichtungen verwalteten Sachen und Rechte (einschließlich der zugehörigen Wirtschaftsbetriebe);

Vermögensklasse 3 — Betriebsvermögen —:
die Kapitalbeteiligungen an wirtschaftlichen Unternehmen und die Wirtschaftsbetriebe nach § 15 der Reichshaushaltsordnung;

Vermögensklasse 4 — Allgemeines Kapital- und Sachvermögen —:
alle sonstigen Sachen und Rechte, soweit sie nicht zu Sondervermögen (Klasse 5) gehören;

Vermögensklasse 5 — Sondervermögen —:
die nicht rechtsfähigen Sondervermögen des Bundes (vgl. aber § 2 Abs. 4);

Vermögensklasse 6 — frei —;

Vermögensklasse 7 — frei —;

Vermögensklasse 8 — frei —;

Vermögensklasse 9 — Bundesschuld —:
die Schulden des Bundes (§ 5).

(3) Der Bundesminister der Finanzen wird ermächtigt, im Einvernehmen mit dem Bundesrechnungshof Teile des Vermögens in die Klassen 6 bis 8 einzureihen.

Zu § 6:

1. Die Vermögensrechnung soll die Unterlagen für die auf Grund des Art. 114 Abs. 2 GG dem Bundestage und dem Bundesrate vorzulegende Übersicht über das Vermögen und die Schulden des Bundes liefern. Diese Übersicht erfüllt nur dann ihren Zweck, wenn in ihr das Vermögen „übersichtlich" geordnet dargestellt wird. Für die Vermögensrechnung wird das Bundesvermögen zunächst in die in Absatz 1 näher bezeichneten „Vermögensklassen" eingeteilt. Die VBRO folgt darin einer Gliederung, die in ihren Grundgedanken auch für die Einteilung des Gemeindevermögens nach der Ausf.Anw. zu §§ 55, 88 Abs. 3 KuRVO maßgebend gewesen ist.

Beim Verwaltungsvermögen wird unterschieden:

a) Allgemeines Verwaltungsvermögen,
b) Sachen im Gemeingebrauch,
c) Vermögen der Bundesanstalten und -einrichtungen.

Nach Absatz 2 gehören zum allgemeinen Verwaltungsvermögen die Sachen und Rechte, die überwiegend zur unmittelbaren Erfüllung der Aufgaben einer Bundesverwaltung dienen; das sind in erster Linie die Verwaltungsgebäude, andere öffentlichen Zwecken dienende Gebäude (Kasernen usw.) sowie die Ausstattung der Dienstgebäude und Diensträume, die Dienstgeräte u. dgl. Zum Verwaltungsvermögen zählen auch die Anteile an solchen Gesellschaften und Einrichtungen, die zur Erfüllung bestimmter Verwaltungsaufgaben gegründet sind und nicht zu den „wirtschaftlichen Unternehmen" (Anm. 2) gehören. Vgl. auch die eingehende Erläuterung des Verwaltungsvermögens der Gemeinden bei Stenger[1]).

Die Sachen im Gemeingebrauch (Straßen, Wasserstraßen usw.) sind in eine besondere Vermögensklasse eingeordnet, weil sie einer praktischen Bewertung nur schwer zugänglich sind und deswegen nach § 39 eine Sonderbehandlung erfahren.

Auch das Vermögen der Bundesanstalten und -einrichtungen wird in einer besonderen Vermögensklasse nachgewiesen. Dieses Vermögen ist grundsätzlich Verwaltungsvermögen. Auch die gelegentlich einer Bundesanstalt angeschlossenen Wirtschaftsbetriebe dienen überwiegend unmittelbar den Verwaltungszwecken der Anstalt. Sie können deshalb nicht zum Betriebsvermögen gerechnet werden, sondern müssen ihren Platz bei dem übrigen Verwaltungsvermögen der Bundesanstalt finden. In die Vermögensklasse 2 ist nur das Vermögen der öffentlichen n i c h t rechtsfähigen Bundesanstalten und -einrichtungen einzureihen. Das Vermögen der öffentlichen rechtsfähigen Anstalten wird nach § 2 Abs. 1 Buchst. b) in die Vermögensrechnung nicht einbezogen.

2. Zum Betriebsvermögen gehören die Kapitalbeteiligungen an wirtschaftlichen Unternehmen aller Art sowie die nach § 15 RHO mit dem voraussichtlichen Endergebnis veranschlagten Betriebe. Bei der großen Masse der hier aufzunehmenden Vermögenswerte handelt es sich vorwiegend um Vermögen des Deutschen Reiches und um die Beteiligungen des ehemaligen Landes Preußen an Unternehmen des privaten Rechts. Die VBRO macht die Zugehörigkeit zum Betriebsvermögen nicht davon abhängig, daß bei dem Unternehmen oder dem Betrieb die Absicht der Gewinnerzielung besteht; es genügt, wenn das Bestreben vorhanden ist, die Selbstkosten durch wirtschaftliche Tätigkeit oder wirtschaftliche Nutzung des Vermögens zu decken. Als „wirtschaftliche Unternehmen" sind solche Einrichtungen und Anlagen anzusehen, die auch von einem Privatunternehmer mit der Absicht auf Gewinnerzielung betrieben werden können, z. B. Bergwerke, Industriebetriebe u. dgl.

Die Bezeichnung der Vermögensobergruppe Teil-Kennziffer 25 als „Gewerbliche Betriebe" dient nur zur Unterscheidung von den land- und forstwirtschaftlichen und sonstigen Betrieben, sie hat mit dem Begriff des Gewerbes im Sinne des Gewerberechts nichts zu tun, insbesondere ist die Absicht der Gewinnerzielung nicht Voraussetzung für die Zuweisung von Betrieben zu dieser Obergruppe.

3. Die Vermögensklasse 4 ist als „Allgemeines Kapital- und Sachvermögen" bezeichnet worden. Die bisher übliche, auch von der Ausf.Anw. zur KuRVO verwendete Bezeichnung „Allgemeines Kapital- und Grundvermögen" erschien hier zu eng, weil in diese Vermögensklasse auch

1) Stenger, Das neue Vermögens- und Haushaltsrecht der deutschen Gemeinden, 2. Aufl., Berlin-München, 1939, S. 7 u. 8.

bewegliche Sachen aufgenommen werden müssen. Die Vermögensklasse gilt als Auffangstelle für alle Vermögenswerte, die nicht in eine andere Vermögensklasse einzureihen sind.

4. Die Vermögensklasse 5 ist für „Sondervermögen" bestimmt. Sondervermögen sind Vermögensmassen, deren Einnahmen bestimmten Zwecken zu dienen bestimmt und deren Ausgaben in erster Linie aus Mitteln dieses Vermögens zu leisten sind, die aber keine eigene Rechtspersönlichkeit haben[2]). Die großen Sondervermögen des Bundes, das Vermögen der Deutschen Bundesbahn und der Deutschen Bundespost, unterliegen gemäß § 2 Abs. 1 Buchst. a) nicht den Bestimmungen der VBRO. Nach § 2 Abs. 4 sind bis auf weiteres auch das ERP-Sondervermögen und der Lastenausgleichsfonds von der Aufnahme in die Vermögensrechnung ausgenommen (s. Anm. 5 zu § 2).

5. Für die Schulden des Bundes ist die Vermögensklasse 9 mit der Bezeichnung „Bundesschuld" vorgesehen. Die Vermögensklassen 6 bis 8 sind einstweilen nicht besetzt. Absatz 3 ermächtigt den Bundesminister der Finanzen, im Einvernehmen mit dem Bundesrechnungshof Teile des Bundesvermögens in diese Vermögensklassen einzureihen.

§ 7

Vermögensgruppen

(1) Innerhalb der Vermögensklassen (§ 6) werden folgende Vermögenshauptgruppen gebildet:

a) für die Vermögensklasse 0 bis 8:

0 Unbewegliche Sachen,
1 Bewegliche Sachen,
2 Wirtschaftbetriebe,
3 Geldwerte Rechte;

b) für die Vermögensklasse 9:

6 Fundierte Schuld,
7 Schwebende Schuld,
9 Andere Schulden.

(2) Jede Vermögenshauptgruppe wird nach Bedarf in Vermögensobergruppen, jede Vermögensobergruppe in Vermögensgruppen aufgeteilt. In geeigneten Fällen werden Vermögensuntergruppen gebildet. Für die Gliederung ist der als Anhang beigefügte Vermögensgruppenplan maßgebend. Der Bundesminister der Finanzen kann im Einvernehmen mit dem Bundesrechnungshof den Plan ändern.

Zu § 7:

1. Während die Einteilung in Vermögensklassen (§ 6) sich danach richtet, welchem Z w e c k der Vermögensgegenstand zu dienen bestimmt ist,

[2]) Vgl. Schulze-Wagner, Reichshaushaltsordnung, 3. Aufl., Berlin 1934. Anm. 2 zu § 9 a.

knüpft die weitere Gliederung in Vermögenshauptgruppen an die Form und das Wesen des Gegenstandes an. Bei dem Aktivvermögen werden hierbei die in Absatz 1 bezeichneten vier Arten, bei den Schulden die dort bezeichneten drei Arten unterschieden. Diese Gliederung in Vermögenshauptgruppen gilt gleicherweise für alle Vermögensklassen. Für die weitere Untergliederung in Vermögensobergruppen und Vermögensgruppen ist die Art des Gegenstandes maßgebend; sie muß naturgemäß für die einzelnen Vermögenshauptgruppen verschieden sein. Die Einzelheiten ergeben sich aus dem als Anhang beigefügten Vermögensgruppenplan. Einen besonderen Vermögensgruppenplan hat der Präsident des Bundesausgleichsamtes als Anlage zu den Vermögensrechnungsbestimmungen des Ausgleichsfonds erlassen; er ist im Anschluß an den Vermögensgruppenplan zur VBRO abgedruckt.

2. Nach Absatz 2 Satz 2 können in geeigneten Fällen Vermögensuntergruppen gebildet werden. Für Darlehen sind eine Anzahl Vermögensuntergruppen durch den Vermögensgruppenplan bestimmt. Diese Untergruppen sollen einer weiteren zweckmäßigen Aufteilung bestimmter Vermögensarten dienen; bei der Gesamtrechnungslegung werden sie nicht gesondert ausgewiesen, es sei denn, daß dies besonders angeordnet wird. Bei Darlehen dürfte der gesonderte Ausweis zweckmäßig sein.

3. Der Vermögensgruppenplan ist keine starre Größe. Er kann aus Zweckmäßigkeitsgründen nach Bedarf geändert werden. Absatz 2 Satz 4 gibt dem Bundesminister der Finanzen hierzu die Ermächtigung; die Änderung ist nur im Einvernehmen mit dem Bundesrechnungshof zulässig. Es ist nicht klar ersichtlich, ob der Bundesminister der Finanzen auch berechtigt sein soll, die Einteilung des Vermögens in die Vermögensklassen zu ändern. Man wird diese Frage verneinen müssen, soweit nicht § 6 Abs. 3 Anwendung findet.

§ 8

Kennziffern

(1) Die Vermögensklassen, -hauptgruppen, -obergruppen und -gruppen sind mit den aus dem Vermögensgruppenplan sich ergebenden Kennziffern in der Vermögensrechnung zu führen.

(2) Untergruppen sind durch Schrägstrich getrennt in Verbindung mit der Vermögensgruppe zu benennen.

Zu § 8:

1. Zur sinnvollen Ordnung der Vermögensklassen, -hauptgruppen, -obergruppen und -gruppen dienen Kennziffern, die nach dem Zehnersystem gebildet werden. Zur Kennzeichnung einer Vermögensklasse dient eine einstellige, einer Vermögenshauptgruppe eine zweistellige, einer Vermögensobergruppe eine dreistellige und einer Vermögensgruppe eine vierstellige Zahl. Den im Vermögensgruppenplan enthaltenen Teil-Kennziffern ist in jedem Falle die entsprechende Kennziffer der Vermögensklasse voranzustellen (vgl. Anm. auf der Titelseite des Vermögensgruppenplans). So bezeichnet z. B. „01" die Vermögenshauptgruppe „Bewegliche Sachen" in der Vermögensklasse 0 „Allgemeines Verwaltungsvermögen", oder „4014" die Vermögensgruppe „Wohngebäude" in der Vermögensober-

gruppe 401 „Bebaute Grundstücke“ der Vermögenshauptgruppe 40 „Unbewegliche Sachen“ der Vermögensklasse 4 „Allgemeines Kapital- und Sachvermögen“.

2. Die Vermögensuntergruppen sind in das Kennziffernsystem nicht einbezogen. Sie bilden die Ausnahme in dieser Ordnungsreihe und sind durch zwei Ziffern zu kennzeichnen, die — durch Schrägstrich abgetrennt — der Kennziffer der Vermögensgruppe angefügt werden, z. B. 4310/01.

II. Buch: Die Bewertung des Vermögens und der Schulden

I. Teil: Die Bewertung

1. Abschnitt: Allgemeine Bewertungsvorschriften

§ 9

Bewertungsgrundsatz

Die Gegenstände des Bundesvermögens sind, soweit in dieser Ordnung keine Ausnahmen vorgeschrieben oder zugelassen sind, mit dem Gesamtbetrag der Anschaffungs- oder Herstellungskosten (Anschaffungs- oder Herstellungswert) in die Vermögensrechnung aufzunehmen. Die Anschaffungs- oder Herstellungskosten sind den Titelbüchern der Geldrechnung zu entnehmen.

Zu § 9:

1. Zu dem Problem der Bewertung ist in der Einleitung Stellung genommen worden[1]). Auf diese Ausführungen darf hier verwiesen werden. Die Hauptfrage bleibt, wie zu bewerten ist, nach welchem Maßstab der „Wert“ bestimmt werden soll. Nun ist der Wert keine absolute Eigenschaft eines Gegenstandes, sondern immer auf einen Zweck bezogen. Im Wirtschaftsleben ist der gebräuchlichste Wert der „Tauschwert“, d. h. der Wert, der durch den Preis bestimmt wird, den ein Gegenstand im wirtschaftlichen Verkehr erzielt; es ist der „Verkehrswert“. Bei näherer Betrachtung zeigt sich bald, daß dieser für die Bewertung des öffentlichen Vermögens in einer Vermögensrechnung als grundsätzlicher Maßstab nicht in Frage kommen kann, weil er vielfach nicht bekannt ist. Für die Vermögensrechnung ist nur ein leicht greifbarer Wert geeignet. Als solcher kommt der Anschaffungs- oder Herstellungswert in Frage. Die Anschaffungs- oder Herstellungskosten bilden die Grundlage sowohl für die Bewertung des Anlagevermögens in der Bilanz privatwirtschaftlicher Betriebe (§ 133 Akt.Ges.) als auch für die Bewertung des Gemeindevermögens für eine Vermögensrechnung (Ziff. 4 Ausf.Anw. zu §§ 55, 88 Abs. 3 KuRVO). Auch die VBRO bestimmt den Gesamtbetrag der Anschaffungs- oder Herstellungskosten grundsätzlich als Maßstab der Bewertung des Bundesvermögens für die Vermögensrechnung. Die Anschaffungskosten umfassen alle für den Erwerb des Gegenstandes aufgewendeten Kosten, also den Anschaffungspreis einschließlich aller Nebenkosten, wie Fracht, Provisionen, Versicherungen, Zölle, Montagen usw., abzüglich der gewährten Preisnachlässe. Die Herstellungs-

[1]) Siehe dort Abschnitt III c).

k o s t e n umfassen alle Kosten für die Herstellung des Gegenstandes in eigener Regie, insbesondere die Kosten für Material und Hilfsmaterial, die Löhne, Hilfslöhne, wie überhaupt alle Fertigungsgemein- und -sonderkosten je einschließlich anteiliger Verwaltungskosten[2]). Diese Kosten einwandfrei darzustellen, wird eine Aufgabe der künftigen Gestaltung des Haushaltsplanes und des kameralistischen Rechnungswesens sein.

2. Mit der Wahl der Anschaffungs- oder Herstellungskosten als Bewertungsmaßstab sind die Schwierigkeiten der Bewertung im wesentlichen behoben, soweit es sich um die Neubeschaffung von Vermögensgegenständen nach Beginn der Vermögensrechnung handelt. Die Hauptschwierigkeit bleibt damit für die Erstbewertung, also für die Bewertung der bei Beginn der Vermögensrechnung vorhandenen Gegenstände. Die Ausf.Anw. zu §§ 55, 88 Abs. 3 KuRVO bestimmt auch für die Erstbewertung den Anschaffungswert als Grundlage. Soweit dieser nicht mehr zu ermitteln ist, soll er „ausgehend von dem Gegenwartswert durch Rückrechnung“ festgestellt werden. Ein Beispiel für den Beginn einer „Vermögensrechnung“ in der Privatwirtschaft ist die Neubewertung der Aktiven und Passiven nach dem DM-Bilanzgesetz.

Beiden so bedeutsamen Vorbildern folgt die VBRO nicht. Die Regelung des DM-Bilanzgesetzes zeigt aber, daß es sehr wohl möglich ist, für die Erstbewertung andere Bewertungsmaßstäbe zugrunde zu legen, als sie für die laufende Rechnung angewandt werden. Die VBRO mußte für die Erstbewertung einen möglichst einfachen Weg wählen. Die Ermittlung der Anschaffungswerte durch Rückrechnung vom Gegenwartswert aus wäre bei der Masse der Vermögensgegenstände nicht durchführbar gewesen. Die VBRO schreibt deshalb vor, daß der Anschaffungs- oder Herstellungswert anzuwenden ist, „soweit keine Ausnahmen vorgeschrieben oder zugelassen sind“. Die wichtigste Ausnahme ergibt sich aus § 72 für die Erstbewertung. Nach den für diese maßgebenden Richtlinien zur Vermögensrechnung waren unbebaute Grundstücke mit dem gemeinen Wert — falls der Anschaffungswert nicht in DM bekannt ist —, Gebäude mit dem Neubauwert 1936 und bewegliche Sachen nach einem Mittelwert zu bewerten, dem ein durchschnittlicher Wiederbeschaffungswert zugrunde lag (vgl. Tzn. 23, 24 Richtl.VR I, Tz. 20 ff. Richtl.VR II). Für geldwerte Rechte war in erster Linie der Nennwert maßgebend (Tzn. 14, 27, 33 Richtl.VR IV).

Eine weitere Ausnahme ist die Anwendung des gemeinen Wertes nach § 10 Abs. 2, wenn der Anschaffungswert „aus besonderen Gründen“ für die Bewertung nicht geeignet ist. Ferner ergeben sich Abweichungen vom Anschaffungswert aus § 15 Abs. 2 bis 5.

3. Wegen des Ansatzes der Anschaffungskosten für Grundstücke bei der Gewährung von (Naturalwert-) Renten als Gegenleistung für die Hergabe eines Grundstücks siehe den Erlaß des Bundesministers der Finanzen vom 18. März 1958 — VI B/4 — O 4300 — 6/58 an die Finanzminister und -senatoren der Länder und die Oberfinanzdirektionen insbesondere für den Bereich der Verteidigungslastenverwaltung. Hiernach sind als Anschaffungskosten i. S. des § 9 VBRO in das Sachbuch für das Vermögen aufzunehmen

---

[2]) Vgl. Schmölder-Gessler-Merkle, DM-Bilanzgesetz, Stuttgart 1950, S. 199.

a) der zu zahlende Barpreis, wenn nur ein Teilbetrag der Gegenleistung für die Hergabe des Grundstücks auf Rentenbasis gewährt wird,
b) die Grunderwerbsnebenkosten,
c) der Kapitalwert der als Gegenleistung vereinbarten Rente, der unter Anwendung des § 16 des Bewertungsgesetzes i. d. F. vom 16. Januar 1952 (BGBl. S. 22) zu ermitteln ist.

Die Kosten zu a) und b) sind als Zugang mit haushaltsmäßiger Zahlung, der Kapitalwert zu c) als solcher ohne h. Z. zu buchen. Die laufenden Rentenleistungen werden nicht als vermögenswirksam behandelt, ihre Zeitdauer und ihr Gesamtbetrag bleiben auf die Vermögensrechnung ohne Einfluß.

4. Der Hinweis, daß die Anschaffungs- oder Herstellungskosten den Titelbüchern der Geldrechnung zu entnehmen sind, betont die Notwendigkeit der Übereinstimmung zwischen Geldrechnung und Vermögensrechnung. In den Fällen des § 32 Abs. 5 sind die Beträge für die einzelnen Vermögensgruppen der Haushaltsüberwachungsliste zu entnehmen (im einzelnen siehe Anm. 6 Abs. 2 zu § 32). Dabei ist eine Abstimmung mit dem entsprechenden Teil des Titelbuches notwendig, um die in § 63 Abs. 2 verlangte Übereinstimmung zu gewährleisten.

5. Die Bestimmungen des II. Buchs der VBRO gelten sinngemäß auch für die Bewertung des Vermögens und der Schulden des Ausgleichsfonds (Nr. 4 der Vermögensrechnungsbestimmungen für den Ausgleichsfonds vom 11. Februar 1959 — vor den Erläuterungen abgedruckt —).

§ 10

Gemeiner Wert

(1) Bei unentgeltlich erworbenen Gegenständen ist der gemeine Wert im Sinne des § 10 des Reichsbewertungsgesetzes maßgebend; er ist erforderlichenfalls zu schätzen.

(2) Absatz 1 gilt entsprechend, wenn der Anschaffungswert aus besonderen Gründen für die Bewertung nicht geeignet ist.

Zu § 10:

1. Der unentgeltliche Erwerb von Vermögensgegenständen bildet die Ausnahme. Gleichwohl müssen auch diese Gegenstände der Vollständigkeit halber in die Vermögensrechnung einbezogen werden. Da die Aufnahme eine Bewertung voraussetzt, ein Anschaffungs- oder Herstellungswert aber nicht gegeben ist, muß ein anderer Wertmaßstab an seine Stelle treten. Als geeigneter Wert kommt für diesen Fall der gemeine Wert nach § 10 RBewG in Frage.

„Der gemeine Wert wird durch den Preis bestimmt, der im gewöhnlichen Geschäftsverkehr nach der Beschaffenheit des Wirtschaftsguts bei einer Veräußerung zu erzielen wäre. Dabei sind alle Umstände, die den Preis beeinflussen, zu berücksichtigen. Ungewöhnliche oder persönliche Verhältnisse sind nicht zu berücksichtigen" (§ 10 Abs. 2 RBewG).

In der Regel wird der Preis einzusetzen sein, zu dem die Verwaltung den Gegenstand in gleicher Art und Güte gegen Entgelt hätte erwerben können.

2. Nach Absatz 2 soll der gemeine Wert auch dann gelten, wenn der Anschaffungswert aus besonderen Gründen für die Bewertung nicht geeignet ist. Dies kann z. B. der Fall sein, wenn bei grundsätzlich unentgeltlicher Überlassung eines Gegenstandes Abfindungssummen gezahlt werden müssen oder andere Aufwendungen notwendig sind, die zwar als „Anschaffungskosten" anzusehen, gegenüber dem wirklichen Wert des empfangenen Gutes aber unverhältnismäßig gering sind. Die richtige Bewertung ist dadurch herbeizuführen, daß der tatsächlich gezahlte Beschaffungsaufwand in die Spalte Zugang mit haushaltsmäßiger Zahlung und außerdem der Unterschiedsbetrag als Zugang ohne haushaltsmäßige Zahlung gebucht wird.

3. Wegen Bewertung des Forstvermögens s. Anm. 25 zu den Richtl. VR I.

§ 11

Bewertung der Schulden

(1) Die Schulden sind mit dem Nennwert in Deutscher Mark in der Vermögensrechnung zu führen.

(2) Lautet der Nennwert nicht auf Deutsche Mark, so ist er auf Deutsche Mark umzurechnen. Der Bundesminister der Finanzen bestimmt den Umrechnungskurs, soweit dieser nicht in anderer Weise festgelegt ist.

Zu § 11:

1. Die VBRO läßt alle Schulden mit dem Nennwert, und zwar dem Nennwert in Deutscher Mark, in der Vermögensrechnung führen. Sie verzichtet damit grundsätzlich auf jede Sonderbewertung von Schulden. Die sogenannten Valutaschulden sind in Deutsche Mark umzurechnen. Bei dieser Umrechnung ist von dem Nennwert auszugehen. Dabei ergibt sich insoweit eine von dem Nennwert abweichende Bewertung, als sich Wertverschiebungen zwischen den beiden Währungen in dem Kurswert auswirken.

2. Aus der Bestimmung des Absatzes 1 ergibt sich weiter, daß nur solche Schulden in die Vermögensrechnung einzubeziehen sind, die sich in Deutscher Mark ausdrücken lassen. Alle anderen Schulden können, wenn überhaupt, nur nachrichtlich berücksichtigt werden.

2. Abschnitt: Besondere Bewertungsvorschriften

§ 12

Bebaute Grundstücke

Bei bebauten Grundstücken sind der Wert des Grund und Bodens sowie der Wert der Bauwerke einschließlich der Nebenanlagen gesondert festzustellen.

Zu § 12:

1. Die Bestimmung hat für die Abschreibung bei Gebäuden praktische Bedeutung. Der Grund und Boden unterliegt im allgemeinen keiner Wertminderung; die Abschreibung nach § 19 ist deshalb nur von dem eigentlichen Gebäudewert zu berechnen. Außer bei der ersten Bewertung, die sich nach den Richtl.VR I vollzogen hat, ist die Bestimmung beim Erwerb bebauter Grundstücke und bei Neubauten anzuwenden. Beim Kauf

ist zu ermitteln, welcher Teil des Kaufpreises auf den Grund und Boden und welcher Teil auf die Gebäude mit den Nebenanlagen entfällt. Bei Neubauten ist eine Trennung der Kosten nach dem Normblatt DIN 276 vorzunehmen (vgl. Anm. 2).

2. Bei bebauten Grundstücken sind gesondert festzustellen
a) der Wert des Grund und Bodens,
b) der Wert der Bauwerke einschließlich der Nebenanlagen.

Für die Trennung kann das Normblatt DIN 276[1]) als Anhalt dienen. Danach gehören zu den „Kosten des Baugrundstücks"
a) die Kosten für den Erwerb des Grundstücks
(Kaufpreis, Grundstücksnebenkosten wie Gerichts-, Notar- und Maklergebühren, Steuern, Vermessungskosten, Kosten der Bodenuntersuchung zur Beurteilung des Grundstückswertes usw.),
b) die Kosten für die Erschließung (Baureifmachung) des Baugrundstücks
(z. B. Abfindungen und Entschädigungen an Mieter, Pächter, Kosten der Freimachung des Baugrundstücks durch Abholzungen, Abräumungen und Gesamtabbrüche, ferner: Anliegerleistungen, Beiträge zu öffentlichen Versorgungsleitungen, Vergütungen für vernichteten Aufwuchs und zerstörte Aufbauten usw.).

Anliegerleistungen gehören auch dann zu den Erschließungskosten, wenn sie bereits im Zeitpunkt der Herstellung der Erschließungsanlagen oder erst nach Abschluß einer Baumaßnahme gezahlt werden müssen; vgl. hierzu die Runderlasse des Bundesministers für wirtschaftlichen Besitz des Bundes an die Oberfinanzdirektionen vom 3. Juli und 2. November 1961 — II A/1 — O 4300 — 16 und 29/61 — sowie des Bundesministers der Finanzen vom 3. Februar/21. März 1962 — VI B/7 — BL 1440 — 43/61 und 7/62 —.

Die Kosten für das Gebäude und die Nebenanlagen umfassen die im Normblatt unter B I bis III aufgeführten Kosten, insbesondere
a) die Kosten der Gebäude,
b) die Kosten der Außenanlagen,
c) die Baunebenkosten.

Der Sachwert der Versorgungsleitungen ist bei bebauten Grundstücken nicht dem Wert des Grund und Bodens, sondern als Wert der Außenanlagen dem Wert der Gebäude und Nebenanlagen zuzurechnen. Das gleiche gilt für Straßen, Hof- und Wegebefestigungen innerhalb bebauter Grundstücke und deren Einfriedigungen. Wegen der Behandlung von Investitionen an nichtöffentlichen Straßen siehe auch Anm. 6 zu § 19 und Anm. 4 zu § 38.

Zu den Kosten der Gebäude und Nebenanlagen rechnen in der Regel auch die Kosten der besonderen Betriebseinrichtungen (Abschnitt C, DIN 276) wie: Bade-, Wasch- und Kochanlagen, Kassen- und Tresoranlagen, Tankanlagen usw. Voraussetzung ist, daß die Gegenstände, Apparate und Maschinen fest angebracht oder ortsfest aufgestellt oder durch feste Leitungen mit den Gebäuden bzw. dem Grundstück verbunden sind.

Der im einzelnen ermittelte Gebäudewert wiederum ist für die Abschreibungen (s. § 19) nicht mehr aufzugliedern.

3. Einige Schwierigkeiten bereitete bisher die Behandlung der (im

---

1) Zu beziehen durch Beuth-Vertrieb GmbH, Berlin W 15 und Köln; abgedruckt bei Reiberg-Wobser, Handbuch der Einnahmen und Ausgaben der Behörden der Bundesrepublik, unter „Bauten", II. Abschnitt.

Normblatt DIN 276 unter den Nummern 2.1 und 2.24 aufgeführten) Kosten des Zubehörs der Gebäude und der Außenanlagen, der Kosten der zu den (unter 2.4 aufgeführten) besonderen Betriebseinrichtungen gehörenden beweglichen Sachen und der (unter 2.5 aufgeführten) Kosten des Geräts und sonstiger Wirtschaftsausstattungen. Nach § 40 Abs. 1 wäre Grundstückszubehör grundsätzlich als bewegliche Sache zu behandeln. Nach B I b 4 (DIN 276) zählen zu den Kosten der Gebäude auch „alle Gegenstände, Apparate und Maschinen innerhalb der Bauten, die als deren Zubehör anzusehen sind". Diese werden näher bestimmt als „alle vom Bauherrn erstmalig beschafften losen Gegenstände an und in den Gebäuden, die zur Benutzung und zum Betrieb baulicher Anlagen erforderlich sind oder zum Schutz der Gebäude dienen". Entsprechendes gilt nach B II b 4 für das Zubehör der Außenanlagen. Es dürften keine Bedenken bestehen, die typischen Zubehörteile, wie Schlüssel, Dachleitern, Hydrantenschlüssel, Feuerhaken u. dgl., die ohne Rücksicht auf die tatsächliche Benutzung für die Bewirtschaftung des Grundstücks notwendig sind, auch für die Vermögensrechnung zu den Kosten des Gebäudes und der Nebenanlagen zu rechnen. Dagegen waren diejenigen Sachen, die nicht überall als Zubehör anzusehen sind, wie Öfen u. dgl. sowie die im Normblatt DIN 276 unter D aufgeführten losen und lösbar angebrachten Gegenstände, die nicht Zubehör der Gebäude und Außenanlagen sind, bislang als bewegliche Sachen zu behandeln, in die entsprechende Vermögensgruppe einzuordnen und nicht in den Wert der Gebäude und Nebenanlagen einzubeziehen. Nachdem aber seit dem 1. April 1956 die beweglichen Sachen in der Vermögensrechnung des Bundes nicht mehr wertmäßig ausgewiesen werden (vgl. Rundschreiben des Bundesministers der Finanzen vom 19. März 1956 — II B/3 — O 4300 — 51/56 —) und die Haushaltsausgaben für die Beschaffung beweglicher Sachen nicht mehr als vermögenswirksam im Sinne des § 3 Abs. 1 Ziff. 5 VBRO zu behandeln sind, hat der Bundesminister der Finanzen im Einvernehmen mit dem Bundesrechnungshof mit Rundschreiben vom 6. Februar 1957 — II B/3 — O 4300 — 4/57 — (unter Aufhebung seines Rundschreibens vom 6. März 1954 — II B — O 4300 — 96/54 —) auf die bisherige Aufgliederung der Baukosten in Kosten für unbewegliche und bewegliche Sachen verzichtet. Hiernach sind bei den Buchungen in der Vermögensrechnung künftig die Anschaffungskosten für die nach DIN 276 Nummer 2.1, 2.24, 2.4 und 2.5 zu den Baukosten gehörenden beweglichen Sachen als vermögenswirksam mit in den Gebäudewert einzubeziehen. Diese Ungenauigkeit kann im Hinblick auf die damit erzielte Vereinfachung und Vereinheitlichung des Verfahrens hingenommen werden, zumal sie im Verhältnis zu den Baukosten und den späteren Abweichungen des Buchwertes eines Gebäudes vom Sachwert geringfügig, wenn nicht bedeutungslos erscheint. Unberührt hiervon bleibt die Aufstellung des Verzeichnisses der aus den Baukosten beschafften beweglichen Sachen, das als Anlage zur Übergabeverhandlung zwischen bau- und hausverwaltender Dienststelle dient und als Beleg in der Grundstücksakte aufzubewahren ist.

4. Bei Gebäuden auf fremdem Grund und Boden ist nur der Wert der Bauwerke festzustellen und in die Vermögensrechnung aufzunehmen. Dies gilt insbesondere auch dann, wenn das Bauwerk in Ausübung eines zugunsten des Bundes an dem Grundstück bestellten Erbbaurechts errichtet ist. Die VBRO behandelt das Erbbaurecht als „grundstücksgleiches Recht" wie ein Grundstück.

Hat der Bund jemand ein Erbbaurecht an einem zum Bundesvermögen gehörenden Grundstück eingeräumt, so ist das Grundstück in der Vermögensgruppe zu führen, zu der es ohne die Belastung mit dem Erbbaurecht gehört. Das eingeräumte Erbbaurecht ist auf der Vermögenskarteikarte in der entsprechenden Spalte als „Belastung“ zu vermerken.

Als Gebäude auf fremdem Grund und Boden sind in die Vermögensrechnung und den Vermögensnachweis des Bundes auch die Vermögenswerte aufzunehmen, die aus Bundesmitteln auf einem landeseigenen, unter das Weimarer Abkommen fallenden oder der Kriegsopferversorgung dienenden Grundstück durch Anbau oder Neubau geschaffen worden sind. Im übrigen vgl. Anm. 4 zu § 38.

§ 13

Archive, wissenschaftliche Sammlungen und dergleichen

Archive, wissenschaftliche Sammlungen und Schausammlungen von Dauerwert sind bei der Bewertung als Einheit zu behandeln; Kunstgegenstände sind als Einzelstücke zu bewerten.

Zu § 13:

1. Archive und Sammlungen haben meist einen hohen wissenschaftlichen Wert, der sich jedoch nicht in Zahlen ausdrücken läßt. Die VBRO hat deshalb auf eine Einzelbewertung der Archiv- und Sammlungsstücke verzichtet und eine „En-bloc-Bewertung“ zugelassen. Eine solche ist nur im Wege der Schätzung möglich. Von der Bewertung kleinerer Archive bei Behörden, die im wesentlichen nur Aktensammlungen sind, konnte abgesehen werden. Schränke, Regale usw., die zur Aufbewahrung des Archivmaterials dienen, gehörten in diesem Falle zu den Ausstattungsgegenständen der Behörde. Im übrigen haben keine Bedenken bestanden, die Aufbewahrungseinrichtungen der Archive und Sammlungen in die Schätzung einzubeziehen; dies erst recht, wenn die Mittel für sie im Haushaltsplan nicht getrennt veranschlagt wurden.

2. Eine Schätzung des Gesamtwertes kommt im allgemeinen nur bei der ersten oder einer späteren allgemeinen Bestandsaufnahme sowie bei der unentgeltlichen Übernahme eines ganzen Archivs oder einer Sammlung in Frage. Wegen Buchung der Zugänge und Abgänge vgl. Anm. zu § 42. Die Abschreibung nach § 20 Abs. 1 mußte sich auf die Aufwendungen für die Anschaffung von Einrichtungsgegenständen beschränken; Archiv- und Sammlungsstücke wurden nicht abgeschrieben (§ 20 Abs. 3).

3. Kunstgegenstände verkörpern häufig als Einzelstücke einen hohen Wert. Die VBRO hatte deshalb für sie grundsätzlich die Einzelbewertung angeordnet. Als Wert kam der Anschaffungswert (§ 9) oder, falls die Gegenstände unentgeltlich erworben wurden, der gemeine Wert (§ 10) in Frage. Für die Erstbewertung galt Tz. 21 Richtl.VR II. Abschreibungen wurden nicht vorgenommen (vgl. § 20 Abs. 3).

§ 14

Wirtschaftsbetriebe

(1) Die nach § 15 der Reichshaushaltsordnung mit dem voraussichtlichen Endergebnis veranschlagten Betriebe sind in der Vermögensrechnung des Bundes mit dem Eigenkapital und etwaigen Rücklagen (Rechnungswert) zu führen.

(2) Absatz 1 gilt entsprechend für Wirtschaftsbetriebe, die ohne als Betriebe nach § 15 Abs. 1 der Reichshaushaltsordnung anerkannt zu sein, eine wirtschaftliche Einheit darstellen und ihr Vermögen nach den Regeln der kaufmännischen Buchführung nachweisen.

Zu § 14:

1. Nach § 15 RHO ist bei kaufmännisch eingerichteten Reichs- (Bundes-) betrieben statt der getrennten Veranschlagung der Einnahmen und Ausgaben das voraussichtliche Endergebnis in den Haushaltsplan einzustellen, wenn die Art des Betriebes ein Wirtschaften nach Einnahme- und Ausgabeansätzen des Haushaltsplanes nicht zuläßt. In diesen Betrieben sollen nach § 85 RHO die Buchungen nach den Regeln der kaufmännischen doppelten Buchführung erfolgen, falls die Bücher nicht nach den Grundsätzen der §§ 55 ff. RHO geführt werden. In der Praxis wenden diese Betriebe wohl ausnahmslos die kaufmännische doppelte Buchführung an. Bei dieser werden die Vermögenswerte auf Anlagekonten zwangsläufig nachgewiesen. Es liegt nahe, diese Bestandsrechnung für die allgemeine Vermögensrechnung des Bundes nutzbar zu machen. Aus diesem Grunde werden weder die „Aktiven" noch die „Passiven" dieser Betriebe in die Vermögensrechnung aufgenommen. Nur der Unterschied zwischen dem Aktivvermögen und den Schulden, das „Reinvermögen", geht als „Wert" dieser Betriebe in die Vermögensrechnung ein. Das Reinvermögen umfaßt das Eigenkapital und die etwa vorhandenen offenen Rücklagen. Die Summe dieser beiden Passivposten der Betriebsbilanz bildet den „Rechnungswert".

2. Bei der Bewertung der Wirtschaftsbetriebe nach Absatz 1 werden die sogenannten „stillen Reserven" in dem Wertansatz nicht berücksichtigt. Eine weitere Abweichung von der allgemeinen Regel ergibt sich dadurch, daß bei den Betrieben die sogenannten kurzlebigen Wirtschaftsgüter bis zu 200 DM[1]) Wert nicht aktiviert, also nicht in den Vermögensbestand aufgenommen zu werden brauchen, dagegen die übrigen beweglichen Sachen mit ihrem vollen Anschaffungswert in die Rechnung einbezogen und jährlich laufend abgeschrieben werden.

3. Mit der Aufnahme der nach § 15 RHO mit dem voraussichtlichen Endergebnis zu veranschlagenden Betriebe in die allgemeine Vermögensrechnung des Bundes geht die VBRO einen anderen Weg als die Vermögensrechnung der Gemeinden hinsichtlich des Vermögens der Eigenbetriebe. In die Vermögensrechnung der Gemeinden sind nur die Eigenbetriebe aufzunehmen, „soweit sie nicht nach Wirtschaftsplänen bewirtschaftet werden" (vgl. Ziff. 3 Abs. 2 Ausf.Anw. zu §§ 55, 88 Abs. 3 KuRVO unter II, 1). Damit scheiden die nach der Eigenbetriebsverordnung verwalteten Betriebe aus, da diese nach §§ 12 ff. EigBetrVO Wirtschaftspläne aufzustellen haben[2]). Auf die Folgen dieser Regelung hat Schumann[3])

[1]) Die Wertgrenze ist durch Ges. v. 24. 6. 1953 (BGBl. I S. 413) auf 600 DM erhöht worden (§ 6 Abs. 2 Eink. St. Ges.).

[2]) Vgl. § 7 u. § 10 Abs. 2 GemHVO.; außerdem Loschelder, Gedanken zur Vermögensrechnung, Der Gemeindehaushalt 1941, S. 17.

[3]) Schumann, a. a. O., S. 89 ff. Dieser auch mit Beziehung auf Markus, Verwaltungsbuchführung und Vermögensrechnung der Stadt Frankfurt a. M., 2. Auflage, S. 223.

hingewiesen und gefordert, daß auch das Eigenkapital der Gemeinde und die Rücklagen dieser Betriebe in der allgemeinen Vermögensrechnung nachgewiesen werden. Neuerdings hat Schleswig-Holstein durch die erwähnten Richtlinien[4]) bestimmt, daß das Stammkapital und die Rücklagen der Eigenbetriebe in die Vermögensrechnung einzubeziehen sind. In diesem Zusammenhang muß darauf hingewiesen werden, daß die rechtliche Stellung der gemeindlichen Eigenbetriebe eine andere ist als die der sogenannten „15er Betriebe" des Bundes. Die Eigenbetriebe sind nach § 7 EigBetrVO als „Sondervermögen der Gemeinde" gesondert zu verwalten und nachzuweisen; die nach § 15 zu veranschlagenden Bundesbetriebe haben diese Sonderstellung nicht, sie sind ihrem Wesen nach Dienststellen der Bundesverwaltung. Die VBRO konnte deshalb an der Erfassung dieser Betriebe nicht vorbeigehen.

4. Absatz 2 dehnt die in Absatz 1 enthaltenen Grundsätze auf solche Wirtschaftsbetriebe aus, die zwar nicht als Betriebe nach § 15 RHO anerkannt sind, aber eine wirtschaftliche Einheit darstellen und ihr Vermögen nach den Regeln der kaufmännischen Buchführung nachweisen. Als eine Buchführung, die dieser Forderung genügt, gilt auch die landwirtschaftliche Buchführung. Mit der Bestimmung des Absatzes 2 wird den Verhältnissen der Praxis Rechnung getragen. Bei Forschungsanstalten und ähnlichen Einrichtungen finden sich verschiedentlich Betriebe, z. B. Versuchsgüter, die zwar dem Hauptzweck der Anstalt zu dienen bestimmt sind, gleichwohl aber in sich eine wirtschaftliche Einheit darstellen. Diese Betriebe unterscheiden sich, von ihrer Zweckbestimmung abgesehen, nicht wesentlich von den 15er Betrieben. In bezug auf die Vermögensrechnung werden sie deshalb den in Absatz 1 behandelten Betrieben gleichgestellt.

§ 15

Kapitalbeteiligungen

(1) Kapitalbeteiligungen, die in Wertpapieren verbrieft sind, werden, wenn diese Wertpapiere im Währungsgebiet an einer deutschen Börse amtlich notiert oder im geregelten Freiverkehr gehandelt werden, mit dem Anschaffungswert in die Vermögensrechnung aufgenommen.

(2) Anteile, die keinen Börsenkurs gemäß Absatz 1 haben, sowie Anteile an Gesellschaften mit beschränkter Haftung, Geschäftsguthaben bei Erwerbs- und Wirtschaftsgenossenschaften und Anteile am Kapital von Unternehmen des öffentlichen Rechts sind mit dem Nennwert zu bewerten.

(3) Dem Nennwert nach Absatz 2 ist der Anteil an den Rücklagen nach Maßgabe der letzten Bilanz hinzuzurechnen. Rücklagen für die Lastenausgleichs-Vermögensabgabe (§ 218 des Lastenausgleichsgesetzes) bleiben unberücksichtigt.

---

4) Siehe Einleitung Abschnitt II a).

(4) Von dem Nennwert nach Absatz 2 sind nach Maßgabe der letzten Bilanz abzurechnen:

a) der Anteil an dem Kapitalentwertungskonto (§ 36 des DM-Bilanzgesetzes),

b) der Anteil an dem außerordentlichen Kapitalentwertungskonto (§ 37 des DM-Bilanzgesetzes),

c) der Anteil an dem Kapitalverlustkonto (§ 38 des DM-Bilanzgesetzes).

(5) Anteile an bergrechtlichen Gewerkschaften (Kuxe), die keinen Börsenkurs gemäß Absatz 1 haben, sind mit dem aus dem letzten Jahresabschluß der Gewerkschaft sich ergebenden anteilmäßigen Kapitalbetrag zu bewerten.

(6) Der Bundesminister der Finanzen kann im Einvernehmen mit dem Bundesrechnungshof eine andere Bewertung der Kapitalbeteiligungen zulassen.

Zu § 15:

1. Für die Bewertung sind zu unterscheiden

a) Kapitalbeteiligungen, die in Wertpapieren verbrieft sind, die einen Börsenkurswert haben,

b) sonstige Kapitalbeteiligungen.

Die Beteiligungen zu a) sind grundsätzlich mit dem Anschaffungswert aufzunehmen; dieser ist am Schluß des Rechnungsjahres nach § 21 Abs. 1 auf den Kurswert vom 31. März zu berichtigen.

2. Die Beteiligungen zu b) sind nach § 15 Abs. 2 mit dem Nennwert zu bewerten. Vom Nennwert ausgehend ist gemäß Abs. 3 und 4 durch Hinzurechnung der Rücklagen — mit Ausnahme der Rücklage für die Lastenausgleichs-Vermögensabgabe — und durch Absetzung der Anteile an den im Zusammenhang mit der Währungsumstellung gebildeten Kapitalentwertungskonten und dem Kapitalverlustkonto der Rechnungswert zu ermitteln.

Hiernach werden Bilanzgewinne und -verluste nur dann berücksichtigt, wenn der Gewinn den Rücklagen zugeführt oder der Verlust durch Kapitalherabsetzung oder Auflösung von Rücklagen gedeckt wird. Diese Bewertungsmethode hat sich aber nicht in allen Fällen als zur Ermittlung eines vertretbaren Rechnungswertes für die Beteiligungen ausreichend erwiesen; vielmehr sollte der Gewinn, soweit er nicht durch Hauptversammlungs- bzw. Gesellschafterbeschluß aus dem Vermögen der Gesellschaft ausscheidet, auch als Gesellschaftsvermögen bei der Ermittlung des Rechnungswertes erfaßt werden; entsprechend wären Verluste, die nicht durch Kapitalherabsetzung, Auflösung von Rücklagen oder auf sonstige Weise gedeckt werden, vom Gesellschaftsvermögen abzusetzen.

Um das zu erreichen, hat der Bundesminister der Finanzen mit Rundschreiben vom 7. April 1956 — II B/3 — O 4300 — 66/56 — im Einvernehmen mit dem Bundesrechnungshof gebeten, bei der Bewertung der Beteiligungen in Ergänzung zu § 15 Abs. 3 VBRO jeweils auch den Bilanzgewinn, d. h. den Jahresreingewinn zuzüglich des vorjährigen Gewinnvortrags oder abzüglich des vorjährigen Verlustvortrags (vgl. § 131 Abs. 3 AktG), nach Abzug der Gewinnausschüttung für das der Ermittlung des Rechnungswertes der Beteiligung zugrunde liegende Geschäftsjahr dem Nennwert nach § 15 Abs. 2 hinzuzurechnen; desgleichen sind in Ergänzung zu § 15 Abs. 4 VBRO die vorgetragenen Bilanzverluste von dem Nennwert nach Abs. 2 abzuziehen. Wegen der Außerachtlassung der Rücklagen bei gemeinnützigen Wohnungsunternehmen und Organen der staatlichen Wohnungspolitik siehe Anm. 6.

Nach § 36 DMBG kann an Stelle einer endgültigen Kapital-Neufestsetzung zunächst so verfahren werden, daß das in der Reichsmark-Schlußbilanz ausgewiesene Nennkapital mit dem gleichen Betrage in Deutscher Mark in die Eröffnungsbilanz übernommen und der Unterschied, um den der Betrag des Nennkapitals das bei der Aufstellung der Eröffnungsbilanz nach Abzug der Schulden sich ergebende Vermögen übersteigt, als Kapitalentwertungskonto auf der Aktivseite der Eröffungsbilanz eingestellt wird.

Ein außerordentliches Kapitalentwertungskonto kann nach § 37 DMBG dann gebildet werden, wenn sich erhebliche Teile des Vermögens im Auslande befinden oder in der Eröffnungsbilanz mit Erinnerungswerten angesetzt worden sind.

Ergibt sich bei der Aufstellung der Eröffnungsbilanz eine Überschuldung, die auf Kriegs- und Kriegsfolgeschäden beruht, so kann nach § 38 DMBG ein Kapitalverlustkonto bis zur Höhe dieser Schäden in die Eröffnungsbilanz eingestellt werden, wenn das von der Gesellschaft betriebene Handelsgewerbe ohne Berücksichtigung der Schulden lebensfähig ist.

Alle drei Konten werden in die Aktiven der Bilanz mit der Wirkung eingestellt, daß auf der Passivseite das Kapital höher ausgewiesen wird, als es der Wirklichkeit entspricht. Um in der Vermögensrechnung des Bundes nicht ungewisse Werte zu führen, sind die Werte dieser Konten vom Nennwert abzusetzen.

3. Für die Feststellung des Rechnungswertes der Beteiligungen hat der Bundesminister der Finanzen ein einheitliches Verfahren entwickelt und dieserhalb mit Rundschreiben vom 20. Oktober 1953 — II B — O 4300 — 262/53 — das nachstehende Muster eines Vordrucks empfohlen, der gleichzeitig als Beleg für die Vermögensrechnung dienen soll. Nach Umstellung des Rechnungsjahres auf das Kalenderjahr wäre der darin vorgesehene Termin 31. 3. 19.. auf den 31. 12. 19.. zu ändern. Ferner wirkt sich nunmehr auch das Reichsvermögen-Gesetz aus. Wegen des Jahresberichts über die Bundesbeteiligungen siehe auch das Rundschreiben des Bundesministers der Finanzen vom 31. Januar 1963 — V B/3 — F 7040 — 1/63 —

....
(Dienststelle)

Vermögensgruppe	Konto-Nr.
Haushaltsstelle	

Beleg
(für die Vermögensrechnung des Bundes)
über die Feststellung des Rechnungswertes **unmittelbarer** Beteiligungen des Bundes, des Reichs und des ehemaligen Landes Preußen am Kapital wirtschaftlicher Unternehmen
zum 31. 3. 19........

I. Bezeichnung des Unternehmens (Firma und Sitz laut Handelsregister):
Gegenstand des Unternehmens:
Rechtsform: **Gründungstag oder -jahr** ....

II. Feststellung des Rechnungswertes der Kapitalbeteiligung
(abgerundet auf volle DM)

A. mit Kurswert lt. § 15 Abs. 1 VBRO (Amtl. Börsenkurs oder Freiverkehrskurs)
laut festgestellter Handelsbilanz zum ....[1])

a) Grund- bzw. Stammkapital: DM .... Kurs am 31. 12. 19........

b) von a) gehören: Nennwert: Kurs am ....[2])

	Nennwert		Kurs	
Preußen	.... % = DM			= DM ....
Reich	.... % = DM		.... %	= DM ....
Bund	.... % = DM			= DM ....
zus.	.... % = DM			DM ....

Rechnungswert = Kurswert[3])

B. ohne Kurswert lt. § 15 Abs. 2—5 VBRO
laut festgestellter Handelsbilanz zum ....[1])

a) Grund-, Stamm-, Gewerkenkapital .... DM .... (insgesamt
b) Rücklagen .... DM .... Kuxe)[4])
c) Auf neue Rechnung vorgetragener **Bilanzgewinn** ....[5]) DM ....
zus. DM ....

abzüglich

d) ausstehende Einlagen auf das Kapital ...... DM ....
e) Kap. Entw. Kto. ...... DM ....
f) a. o. Kap. Entw. Kto. DM ....
g) Kap. Verlust Kto. .... DM ....
h) Auf neue Rechnung vorgetragener **Bilanzverlust** .... DM ....
i) Summe d—h .... = DM ....
k) Summe a—c abzüglich Summe i ...... = DM ....
l) Von k entfallen auf

Preußen	.... % = DM	(........................ Kuxe)[4])
Reich	.... % = DM	(........................ Kuxe)
Bund	.... % = DM	(........................ Kuxe)
zus.	.... % = DM	(........................ Kuxe)

= Rechnungswert

Anmerkungen siehe Rückseite.

C. an Gesellschaften in Liquidation ohne Börsenkurs[6])
laut Abwicklungsbilanz zum ....[1])
a) Abwicklungsvermögen: DM ....
von a) entfallen auf
Preußen .... % = DM ....
Reich .... % = DM ....
Bund .... % = DM ....
zus. .... % = DM .... = Rechnungswert

D. Bemerkungen zur Feststellung des Rechnungswertes:

III. Änderung des Rechnungswertes

Grund der Änderung (Stichwort)	Bestand zu Beginn des Rechnungsjahres DM	Zugang mit haushaltsmäßige(r) Zahlung DM	Zugang ohne haushaltsmäßige(r) Zahlung DM	Abgang mit haushaltsmäßige(r) Zahlung DM	Abgang ohne haushaltsmäßige(r) Zahlung DM	Bestand am Ende des Rechnungsjahres DM

IV. Geschäftsergebnis

A. Geschäftsergebnis lt. festgestelltem Jahresabschluß 19........
— Gewinn/Verlust .... DM ....
± Vorjahres-Vortrag — Gewinn/Verlust-Vortrag .... DM ....
= Zusammen .... DM ....

B. Verwendung der Summe zu A lt. Beschluß der zust. Gesellschaftsorgane
a) Zur Verteilung einer Dividende von .... % für das Geschäftsjahr 19........ .... DM ....
b) ....
.... DM ....
c) ....
.... DM ....
d) ....
.... DM ....
e) bleibt zum Vortrag auf neue Rechnung [siehe zu II. B c) und h)] .... DM ....

Sachlich richtig Festgestellt ...., den .... 19........

....
(Amtsbezeichnung) (Amtsbezeichnung) (Unterschrift)

1) Die der Berechnung zugrunde liegende Handelsbilanz ist beizufügen.
2) Oder letzte Notierung vor dem Stichtag.
3) Weichen bei dem erstmaligen Erwerb einer Beteiligung Anschaffungswert und Kurswert voneinander ab, so ist buchungsmäßig nach § 44 Abs. 3 VBRO zu verfahren.
4) Nur auszufüllen bei bergrechtlichen Gewerkschaften.
5) Vgl. hierzu Runderlaß BdF vom 7. 4. 1956 — II B/3 — 0 4300 — 66/56.
6) Der Rechnungswert für Gesellschaften i. L. mit Börsenkurs ist unter II A nachzuweisen.

Ein solcher Beleg ist jeweils zum Schluß eines jeden Rechnungsjahres in zweifacher Ausfertigung für jede in der Vermögensrechnung nachgewiesene unmittelbare Kapitalbeteiligung unter Zugrundelegung der letzten ordnungsgemäß verabschiedeten Bilanz aufzustellen; eine Ausfertigung verbleibt bei der aufstellenden Behörde als Beleg, die zweite benötigt der Bundesminister der Finanzen als ergänzende Unterlage über den Wert der Beteiligungen; sie ist ihm mit einer Ausfertigung der Bilanz zusammen mit der Vermögens-Oberrechnung (§ 69 VBRO) bzw. mit der Vermögens-Zentralrechnung (§ 70 VBRO) vorzulegen. Zur Aufstellung des Belegs siehe auch die Richtlinien zur Vermögensrechnung Teil IV Abschnitt III Textziffern 11—18; unter III des Belegs (Änderung des Rechnungswertes) ist die vollständige Entwicklung des Vermögenskontos während des abgelaufenen Rechnungsjahres darzustellen, also auch die auf Grund des (unter II des Belegs) neu festgestellten Rechnungswertes auf dem Vermögenskonto vorzunehmende Wertberichtigungsbuchung (siehe § 44 Abs. 4 VBRO).

Für die Feststellung des Rechnungswertes von GmbH-Geschäftsanteilen kommt nur das handelsgerichtlich eingetragene Kapital in Betracht (vgl. § 42 Ziffer 4 GmbH-Gesetz). Vorauszahlungen aus dem Bundeshaushalt auf spätere Stammanteile stellen in der Vermögensrechnung des Bundes eine „Sonstige Geldforderung" an die Gesellschaft dar. Der Fortschreibung des Rechnungswertes einer Kapitalbeteiligung ist stets der vom zuständigen Organ zuletzt festgestellte Jahrsabschluß des Unternehmens zugrunde zu legen; Änderungen zwischen dem Bilanzstichtag des Jahresabschlusses und dem Abschlußtag der Vermögensrechnung des Bundes bleiben grundsätzlich unberücksichtigt, sie werden erst nach Feststellung der Bilanz des nächstfolgenden Geschäftsjahres in der Vermögensrechnung gebucht (§ 44 Abs. 4); sofort zu buchen sind hingegen auf haushaltsmäßigen Zahlungen beruhende Veränderungen (Erhöhung oder Verringerung des Anteils des Bundes durch Zahlungen aus dem oder an den Bundeshaushalt). Vgl. dazu das Rundschreiben des Bundesministers der Finanzen vom 29. Juni 1955 — II B/3 — O 4300 — 251/55.

4. Bei Anteilen an bergrechtlichen Gewerkschaften (Kuxen) muß der anteilige Kapitalbetrag nach der Zahl der im Besitz des Bundes befindlichen Kuxen aus dem letzten Jahresabschluß der Gewerkschaft ermittelt werden.

5. Werden Anteile im Sinne des Absatzes 2 im Wege eines Kaufs erworben und weicht der Anschaffungspreis von dem durch die Absätze 2 bis 5 festgelegten Rechnungswert ab, so ist der Anschaffungspreis in der Spalte „Zugang mit haushaltsmäßiger Zahlung" zu buchen und durch Buchung des Unterschiedsbetrages in der Spalte „Zugang ohne haushaltsmäßige Zahlung" oder in der Spalte „Abgang ohne haushaltsmäßige Zahlung" ein Ausgleich herbeizuführen (vgl. auch § 44 Abs. 3).

6. Im Hinblick auf die Schwierigkeiten, die sich der Bewertung der Beteiligungen des Deutschen Reiches und des ehemaligen Landes Preußen infolge der Nachkriegsverhältnisse entgegenstellten, sieht Absatz 6 die Möglichkeit vor, daß der Bundesminister der Finanzen im Einvernehmen mit dem Bundesrechnungshof eine andere Bewertung zulassen kann. Das gilt auch für gemeinnützige Wohnungsunternehmen und Organe der staatlichen Wohnungspolitik mit Rücksicht auf § 9 Buchst. b) des Wohnungsgemeinnützigkeitsgesetzes vom 29. Februar 1940 (RGBl. I S. 438),

wonach Mitglieder oder Gesellschafter eines gemeinnützigen Wohnungsunternehmens bei dessen Auflösung oder beim Ausscheiden nur die eingezahlten Einlagen zurückerhalten; deshalb hat sich der Bundesminister der Finanzen mit Rundschreiben vom 29. Juni 1955 — II B/3 — O 4300 — 251/55 — gemäß § 15 Abs. 6 VBRO im Einvernehmen mit dem Bundesrechnungshof damit einverstanden erklärt, daß der Rechnungswert der Kapitalanteile des Bundes (und seinerzeit auch des Deutschen Reiches und des ehemaligen Landes Preußen) an solchen Unternehmen auf die Stammeinlage unter Außerachtlassung der Rücklagen begrenzt wird.

§ 16

Darlehen und sonstige Geldforderungen

Darlehen und sonstige Geldforderungen sind mit dem Nennbetrag in Deutscher Mark in der Vermögensrechnung zu führen.

Zu § 16:

Bei Darlehen und anderen Geldforderungen, soweit diese nicht in Wertpapieren verbrieft sind, verzichtet die VBRO auf Berücksichtigung der Wertminderungen, wie sie sich z. B. aus der verminderten Zahlungsfähigkeit eines Schuldners beim Mangel geeigneter Sicherheiten oder durch ähnliche Umstände ergeben. Bundesdarlehen werden oft dann erforderlich, wenn der Kreditbedarf nicht in anderer Weise gedeckt werden kann. Dabei können die in der Privatwirtschaft üblichen Kreditsicherungen nicht immer eingehalten werden. Das Fehlen ausreichender Sicherheiten wirkt nachteilig auf die Realisierbarkeit und damit auf den Wert der Darlehensforderung zurück. Wenn die VBRO trotzdem eine Bewertung nach dem Nennbetrag vorschreibt, so sind hierfür in erster Linie Vereinfachungsgründe maßgebend. Sie kann dies tun, weil es nicht Zweck der Vermögensrechnung ist, einen Verkehrswert des Vermögens auszuweisen. Im Falle einer bilanzähnlichen Darstellung des Bundesvermögens wird man indes für zweifelhafte Forderungen dieser Art einen Wertberichtigungsposten einsetzen müssen. In jedem Falle bleibt bei der Beurteilung des Rechnungsergebnisses zu berücksichtigen, daß in dem Gesamtbetrag der Darlehen Posten enthalten sind, die nicht ohne weiteres realisierbar sind.

§ 17

Wertpapiere

Schuldverschreibungen, Pfandbriefe und ähnliche Wertpapiere sind, wenn sie einen Börsenkurswert (§ 15 Abs. 1) haben, mit diesem, im übrigen mit dem Nennwert in Deutscher Mark zu bewerten.

Zu § 17:

Wertpapiere sind grundsätzlich mit dem Nennwert in die Vermögensrechnung aufzunehmen. Ausgenommen sind Wertpapiere, die im Währungsgebiet an einer deutschen Börse amtlich notiert oder im geregelten Freiverkehr gehandelt werden. Diese Wertpapiere sind mit dem Börsenkurswert in der Vermögensrechnung zu führen.

2. Teil: Die Wertberichtigung

§ 18

Abschreibungen, Allgemeines

Bei Vermögensgegenständen, die durch Alter und Abnutzung einer Wertminderung unterliegen, sind nach Maßgabe der §§ 19 und 20 Abschreibungen vorzunehmen.

Zu § 18:

1. Der Begriff der „Abschreibung" entstammt dem Handelsrecht. Der Kaufmann hat nach § 40 HGB in seine Bilanz die Vermögensgegenstände und die Schulden „nach dem Werte einzusetzen, der ihnen in dem Zeitpunkt beizulegen ist, für den die Aufstellung stattfindet". In dem Wertansatz sind also die durch Alter, Abnutzung usw. eintretenden Wertminderungen zu berücksichtigen. Gemäß § 133 Abs. 1 Ziff. 1 Akt.Ges. dürfen die Sachwerte des Anlagevermögens auch bei geringerem Werte mit den Anschaffungs- oder Herstellungskosten angesetzt werden, „wenn der Anteil an dem Wertverlust, der sich bei der Verteilung auf die voraussichtliche Gesamtdauer der Verwendung oder Nutzung für das einzelne Geschäftsjahr ergibt, in Abzug oder in Form von Wertberichtigungen in Ansatz gebracht wird". Hiernach haben Abschreibungen zunächst den Zweck, Buchwert und Zeitwert einander anzupassen. Sie sind Ausdruck des Wertverzehrs, den ein Gegenstand durch Alter und Abnutzung erleidet.

Betriebswirtschaftlich hat die Abschreibung aber noch eine andere Bedeutung. Der Abschreibungsbetrag ist ein Teil der Kosten, die der Kaufmann in seine Preise einkalkulieren muß, damit ihm, wenn der Gegenstand abgeschrieben und verbraucht ist, aus den Erträgen seines Unternehmens die Mittel für die Ersatzbeschaffung zur Verfügung stehen. Insoweit dienen die Abschreibungen zur Gewinnung von Eigenmitteln. Die Abschreibungsbeträge werden zu Lasten der Erfolgsrechnung gebucht.

2. Die VBRO bestimmt, daß grundsätzlich alle Vermögensgegenstände, die durch Alter und Abnutzung einer Wertminderung unterliegen, abzuschreiben sind. Sie knüpft die Abschreibung nicht an die Bildung von Erneuerungsrücklagen, als nur angeschlossene Vermögensrechnung verlangt sie auch nicht die Buchung der Abschreibungsbeträge zu Lasten einer Erfolgsrechnung; die Abschreibung dient nicht der Mittelbeschaffung. Die VBRO versucht die Abschreibung so zu regeln, daß sich diese in einfacher Weise bewirken läßt und möglichst geringen Zeit- und Arbeitsaufwand erfordert. Zum Problem der Abschreibung vgl. Abschn. III d) der Einleitung.

§ 19

Abschreibungen bei Gebäuden

(1) Bei der Abschreibung für Gebäude sind die Bauart, die Benutzungsart und die voraussichtliche Lebensdauer zu berücksichtigen. Der Ab-

schreibungssatz ist in vom Hundert des Neubauwertes festzusetzen. Es sind nur durch 0,5 ohne Rest teilbare Sätze zu verwenden.

(2) Gebäude, die noch benutzt werden, sind im allgemeinen nicht weiter als auf 30 vom Hundert des reinen Bauwertes abzuschreiben (Restwert). Ausnahmen bedürfen der Zustimmung des Bundesministers der Finanzen. Bei den am 1. April 1953 vorhandenen Gebäuden gilt der Neubauwert 1936 als Bauwert im Sinne dieser Bestimmung.

(3) Der Bundesminister der Finanzen setzt für die typischen Bauarten den Abschreibungssatz einheitlich fest. Die Einordnung der einzelnen Objekte in die zutreffende Bauart bestimmt die nach § 22 zuständige Dienststelle.

Zu § 19:

1. Absatz 1 stellt Grundsätze für die Festsetzung des Abschreibungssatzes auf. Danach ist zunächst die „Bauart" zu berücksichtigen. Je nachdem, ob es sich um ein massives Bauwerk, ein Fachwerk- oder ein Holzgebäude handelt, wird die Lebensdauer und damit auch der Abschreibungssatz verschieden zu bemessen sein. Absatz 3 ermächtigt den Bundesminister der Finanzen, für die typischen Bauarten einheitliche Abschreibungssätze festzulegen. Die buchführende Stelle hat nur das einzelne Objekt in die zutreffende Bauart einzuordnen.

2. Ferner ist die „Benutzungsart" auf die Bemessung des Abschreibungssatzes von Einfluß. Für Wohngebäude kann die Lebensdauer höher und damit der Abschreibungssatz geringer bemessen werden als für Betriebsgebäude. Innerhalb der gewerblich genutzten Gebäude kann der Abschreibungssatz nach der Art des Betriebes verschieden sein.

3. Von unmittelbarem Einfluß auf den Abschreibungssatz ist die „voraussichtliche Lebensdauer" des Gebäudes. Diese wird im wesentlichen durch Bauart und Benutzungsart bestimmt; siehe dazu die Übersicht im Anhang zu Anm. 5.

4. Absatz 2 geht davon aus, daß ein noch benutzbares Gebäude stets einen gewissen Wert darstellt. Gebäude sind deshalb nur auf 30 v. H. des reinen Bauwertes abzuschreiben. Dieser als „Restwert" bezeichnete Betrag ist also die untere Grenze für die Bewertung. Sie darf nur mit Zustimmung des Bundesministers der Finanzen unterschritten werden.

5. Der Abschreibungssatz ist ein Hundertsatz, der auf den Neubauwert anzuwenden ist. Bei allen Gebäuden, die nach den Richtlinien zur Vermögensrechnung Teil I am 1. April 1953 in die Vermögensrechnung aufzunehmen waren (Altbestand), ist hierbei der Neubauwert 1936 anzusetzen; im Falle von Wertzugängen zu Gebäuden des Altbestandes nach dem 1. April 1953 durch Um- oder Erweiterungsbauten ist der Abschreibungssatz insoweit auf die tatsächlich aufgewandten, gemäß § 38 VBRO aus dem Titelbuch der Geldrechnung übernommenen Anschaffungs-

kosten anzuwenden. Das Ergebnis dieser Anwendung ist der Abschreibungsbetrag, der — nach Eintragung in die Spalte „Abschreibungsbetrag“ auf der Vorderseite der Vermögenskarteikarte — jährlich als Wertminderung in der Vermögensrechnung zu buchen ist. Wertzugänge und Wertabgänge bewirken eine Veränderung sowohl des bisherigen Jahresabschreibungsbetrages als auch des Restwertes; vgl. das mit Erlaß des Bundesministers der Finanzen vom 3. Februar 1956 — II B/3 — O 4300 — 19/56 — (MinBlFin. S. 123) mitgeteilte Beispiel:

	Bauwert	Restwert	jährl. Abschreibungsbetrag	anzuwenden ab Rechnungsjahr
1. Neubauwert 1936 eines Bauwerkes in normaler städtischer Bauart am 31. 3. 1953 (Bestandsaufnahme)	130 000			
Restwert des Gebäudes 30 v. H.:		39 000		
Jahresabschreibungsbetrag (Abschreibungssatz 1 v. H.):			1300	1953
2. Wertzugänge				
im Rechnungsjahr 1953	+ 42 482	+ 12 744	+ 425	
	172 482	51 744	1725	1954
im Rechnungsjahr 1954	+ 16 769	+ 5 030	+ 168	
	189 251	56 774	1893	1955
im Rechnungsjahr 1955	+ 7 390	....	....	
	196 641	....	....	1956

Die Abschreibungssätze für Gebäude und wasserbauliche Anlagen sowie für Schiffe im Werte von mehr als 50 000 DM sind durch gem. Erlaß des Bundesministers der Finanzen und des Bundesministers für Verkehr vom 12. Februar 1954[1]) festgesetzt worden. Nach diesen Sätzen sind die Abschreibungsbeträge zu berechnen. Gehören zur wirtschaftlichen Einheit eines Grundstücks mehrere Gebäude unterschiedlicher Bauart, Benutzungsart und Lebensdauer, so ist der für jedes Gebäude zutreffende Abschreibungsbetrag getrennt festzustellen. Die Summe der für diese Gebäude errechneten Abschreibungsbeträge ergibt den Gesamtabschreibungsbetrag für die wirtschaftliche Einheit. Die Abschreibung beginnt mit dem Jahre nach der Fertigstellung des Bauwerks; Wertzu- und -abgänge sind erst im Jahre nach ihrem Eintritt zu berücksichtigen. Pfennigbeträge auf den Vermögenskonten sind — ohne besondere Buchungsanweisung gemäß § 65 Abs. 1 VBRO — zusätzlich abzuschreiben, so daß als Bestand am Schluß des Rechnungsjahres nur volle DM-Beträge verbleiben (BdF-Erlaß vom 19. März 1960 II A/6 — O 4300 — 1/60 —)[2]). Die Abschreibung ist einzustellen, sobald der Buchwert den Restwert = 30 v. H. des Neubauwertes erreicht hat, es sei denn, daß nach § 19 Abs. 2 eine weitergehende Abschreibung zugelassen wird oder Wertzugänge hinzutreten.

1) MinBlFin. S. 120; die Liste der Abschreibungssätze ist nachstehend abgedruckt.
2) MinBlFin. S. 235.

Abschreibungssätze
für
Gebäude, wasserbauliche Anlagen und Schiffe
in der Vermögensrechnung des Bundes
(§§ 19 und 20 VBRO)

Vermögensgegenstand	Lebensdauer in Jahren	Restwert %	Jährl. Abschreibungssatz %
A. Gebäude			
I. Fachwerkbauten für Betriebs-, Gewerbe- und Wohnzwecke			
Holzfachwerk, ausgemauert, sichtbar	50—60	30	1,5
Holzfachwerk, ausgemauert, verschalt, verschiefert, verschindelt	60—100	30	1,5
II. Massivbauten für Verwaltungs- u. Wohnzwecke			
einfache (ländliche) Bauart	80—100	30	1
normale (städtische) Bauart	100	30	1
bessere städtische Bauart (Sonderfall)	100—150	30	0,5
monumentale städtische Gebäude mit außergewöhnlich starkem Mauerwerk (Ausnahmefall)	150—200	30	0,5
III. Spezialbauten für betriebliche und gewerbliche Zwecke			
Hallen aus Holzfachwerk	70	30	1
Hallen aus Eisen- und Stahlkonstruktionen	80	30	1
Hallen, massive Bauart	80	30	1
Werkstattgebäude bis 20 000 m³ umbautem Raum	70	30	1
Stallungen, massive Bauart	80	30	1
Lagerhäuser und -schuppen			
einfache Ausführung	60	30	1,5
eingeschossig, massiv	80	30	1
mehrgeschossig aus Eisenbeton, Eisenfachwerk, Ziegelmauerwerk	80—100	30	1
Schornsteine	60	30	1,5
Getreidesilos, Kühlhäuser	100	30	1
Heizwerke, Wasser- u. Pumpwerke	40	30	2,5
Tankanlagen mit unterirdischen Lagerbehältern	20	30	3,5
Pumpstationen, Signalanlagen	30	30	2,5

Vermögensgegenstand	Lebensdauer in Jahren	Restwert %	Jährl. Abschreibungssatz %
Versorgungsleitungen	30	30	2,5
Schmutzwasserkläranlagen	30	30	2,5
Anschlußgleisanlagen	35	30	2
IV. Baracken			
vollständig massive Wohnbaracken	80	30	1
teilmassive Baracken für Wohn- u. sonstige Zwecke	50	30	1,5
Holzbaracken auf massivem Fundament	20—30	30	3,5
Holzbaracken, Gründung auf Pfahlrost	15—20	30	5
V. L.-S.-Bauten (Bunker)			
nicht entfestigte Hoch- und Tiefbunker	200	30	0,5
entfestigte Hoch- und Tiefbunker	100—150	30	1
B. Wasserbauliche Anlagen			
Schleusen, baulicher Teil			
aus Holz	30	30	2,5
aus Beton	120	30	0,5
aus Stahl	80	30	1
maschineller Teil			
Tore	70	20	1
Antriebe	30	20	2,5
Wehre, baulicher Teil			
aus Holz	30	30	2,5
aus Beton	120	30	0,5
aus Stahl	80	30	1
Wehrverschlüsse	70	20	1
Absperrbauwerke, Entlastungsbauwerke, Einlaufbauwerke			
baulicher Teil	120	30	0,5
maschineller Teil	70	20	1
Düker			
Betonrohre	120	30	0,5
Stahlrohre	80	30	1
Kanalbrücken	120	30	0,5
Landungsbrücken, Landstege	20	20	4
Krananlagen	25	20	3,5
Betankungsanlagen	50	20	2
Dalben	10	10	9

Vermögensgegenstand	Lebensdauer in Jahren	Restwert %	Jährl. Abschreibungssatz %
Baken	5	—	20
Pumpwerke			
baulicher Teil	120	30	0,5
maschineller Teil	40	20	2
Ufermauern			
aus Beton	120	30	0,5
aus Stahl	80	30	1
Molen aus Stahl	15	30	4,5
Deiche	unbegrenzt	100	—
See- und Schiffahrtszeichen			
baulicher Teil	120	30	0,5
maschineller Teil	15	20	5,5
Leuchttürme	120	30	0,5
Funksender u. dgl.	15	20	5,5
C. Schiffe			
Feuerschiffe	40	20	2
Dampfschiffe	30—35	20	2,5
Motorschiffe	30—35	20	2,5
Motorboote	25—30	20	3
Eimerbagger	30—35	20	2,5
Spüler	30—35	20	2,5
Schwimmgreifer	25—30	20	3
Prähme (Transport-, Bagger-, Bau-)	25—30	20	3
Arbeitsschiffe, Geräteschiffe, Pumpenschiffe, Werkstattschiffe, Wohnschiffe, Taucherschiffe, Rammen	30—35	20	2,5

6. Die zu bebauten Grundstücken gehörenden Außenanlagen sind mit dem auf die Gebäude (evtl. das Hauptgebäude) anzuwendenden Satz abzuschreiben. Außenanlagen auf unbebauten Grundstücken sind — getrennt von Bodenwert — abzuschreiben; werterhöhende Einfriedigungen sind wie Versorgungsleitungen abzuschreiben (Erlaß des Bundesministers der Finanzen vom 7. Mai 1954 — II B — O 4300 Köln — 3/54 — an die Oberfinanzdirektionen).

§ 20

Abschreibungen bei beweglichen Sachen

(1) Bewegliche Sachen mit Ausnahme der in den Absätzen 2 und 3 genannten Arten sind nach Aufnahme in die Vermögensrechnung sogleich auf 50 vom Hundert des Anschaffungswertes abzuschreiben; laufende

Abschreibungen unterbleiben. Soweit bei beweglichen Sachen nach § 40 verfahren wird, ist die einmalige Abschreibung für jede Vermögensgruppe von dem in Zugang zu bringenden Gesamtbetrag zu berechnen. In den Fällen des § 10 kann die Abschreibung unterbleiben.

(2) Schiffe im Werte von mehr als 50 000 DM sind mit Jahresbeträgen abzuschreiben. Den Abschreibungssatz bestimmt der Bundesminister für Verkehr im Einvernehmen mit dem Bundesminister der Finanzen. Schiffe dieser Art sind bis auf 20 vom Hundert des DM-Anschaffungswertes, sonst des Wiederbeschaffungswertes abzuschreiben (Restwert).

(3) Bei Archiven, wisssenschaftlichen Sammlungen und Schausammlungen von Dauerwert sowie bei Kunstgegenständen sind Abschreibungen nicht vorzunehmen. Das gleiche gilt für Vorräte an Verbrauchsgütern (Kennziffer 17 des Vermögensgruppenplans).

Zu § 20:

1. Bewegliche Sachen sind in der Regel von kürzerer Lebensdauer als Gebäude. Sie erfordern deshalb einen höheren Abschreibungssatz. Die VBRO ist, bevor die beweglichen Sachen durch Erlaß des Bundesministers der Finanzen vom 19. März 1956 — II B/3 — O 4300 — 51/56 — wieder aus dem wertmäßigen Nachweis herausgenommen wurden, davon ausgegangen, daß sich zu jeder Zeit unter den Sachwerten gleicher Art neue und alte befinden, daß also mit einem durchschnittlichen Buchwert in Höhe von 50 v. H. des Neuwertes die beweglichen Sachen des Bundes in ihrer Gesamtheit zu jeder Zeit hinreichend genau bewertet sind. Zu diesem Zwecke hatte die VBRO bis zum 31. März 1956 den Buchwert aller beweglichen Gegenstände, die durch Alter und Abnutzung einer Wertminderung unterliegen, durch eine einmalige Abschreibung bei der Anschaffung auf 50 v. H. des Anschaffungswertes zurückgeführt. Laufende Abschreibungen unterblieben. Zur weiteren Vereinfachung wurde die Abschreibung nicht auf den einzelnen Gegenstand bezogen, sondern global von dem in Zugang gebrachten Jahresbetrag der Anschaffungen einer bestimmten Vermögensgruppe vorgenommen. Wegen der Abschreibung bei Bibliotheken siehe im übrigen die Beiträge von Mackert und Oldorf, Die Bibliotheken in der Vermögensrechnung des Bundes, in „Der öffentliche Haushalt" 1954/55, Heft 6, S. 248 und 256.

2. Von der Globalabschreibung waren die größeren Schiffe ausgenommen. Als solche sind Schiffe mit einem Anschaffungswert (oder Wiederbeschaffungswert) von mehr als 50 000 DM anzusehen. Schiffe dieser Art waren bis zum Wegfall des wertmäßigen Ausweises beweglicher Sachen in der Vermögensrechnung des Bundes (vgl. Erlaß des Bundesministers der Finanzen vom 12. März 1957 — II B/3 — O 4300 — 2/57 —) mit Jahresbeträgen abzuschreiben. Den Abschreibungssatz bestimmte der Bundsminister für Verkehr im Einvernehmen mit dem Bundesminister der Finanzen. Der Satz war für bestimmte Gruppen von Schiffen verschieden festzusetzen. Die Höhe der Abschreibung war von der voraussichtlichen Lebensdauer des Schiffes abhängig. Der Abschreibungsbetrag war zunächst in der Spalte „Bemerkungen" auf der Vorderseite der Vermögenskarteikarte einzutragen. Für Schiffe, die noch in Dienst stehen, war ein Restwert in Höhe von 20 v. H. des DM-Anschaffungswertes vorgesehen, unter den nicht abgeschrieben werden sollte. War ein Anschaf-

fungswert in Deutscher Mark nicht bekannt, so trat an seine Stelle der Wiederbeschaffungswert. Abschreibungssätze siehe im Anhang zu Anm. 5 zu § 19.

3. Absatz 3 hat Gegenstände von einer Abschreibung ausgenommen, die mit zunehmendem Alter eher an Wert gewinnen als verlieren. Dieser Gesichtspunkt kann bei Schausammlungen von Dauerwert zweifelhaft sein. Die Vorschrift hat zur Vereinfachung auf eine Sonderregelung verzichtet. Vorräte an Verbrauchsgütern sind wohl nur selten in die Vermögensrechnung aufgenommen worden, weil sie nur erfaßt worden sind, sofern sie über einen Jahresbedarf hinausgingen. Auch bei den Vorräten entfiel die Abschreibung.

§ 21

Sonstige Wertberichtigungen

(1) Weicht der Kurswert (§§ 15, 17) am Schluß des Rechnungsjahres von dem Buchwert ab, so ist eine Wertberichtigung auf den Kurswert vom 31. März zu buchen.

(2) Der Bundesminister der Finanzen kann bestimmen, ob und wieweit in anderen Fällen Wertberichtigungen vorzunehmen sind.

Zu § 21:

1. Als sonstige Wertberichtigung, die regelmäßig vorzunehmen ist, ohne daß es einer besonderen allgemeinen Anordnung bedarf, nennt die VBRO die Wertberichtigung bei Kurswertschwankungen. Die Bestimmung verlangt, daß bei Kapitalbeteiligungen und Wertpapieren, die mit dem Kurswert in der Vermögensrechnung geführt werden (§ 15 Abs. 1, § 17), dieser Wert am letzten Tage des Rechnungsjahres auf den derzeitigen Stand gebracht wird. Zur Durchführung der Wertberichtigung sind Kursgewinne als Zugang ohne haushaltsmäßige Zahlung, Kursverluste als Abgang ohne haushaltsmäßige Zahlung zu buchen.

2. Absatz 2 ermöglicht Wertberichtigungen, die bei Erlaß der VBRO nicht vorauszusehen waren. Der Bundesminister der Finanzen kann bestimmen, ob und wieweit solche Berichtigungen vorzunehmen sind. Als eine Wertberichtigung dieser Art ist z. B. die Anpassung der bei der ersten Bestandsaufnahme zugrunde gelegten Neubauwerte 1936 an die Gegenwartswerte denkbar (vgl. § 72 Abs. 2).

III. Buch: Buchführung über das Vermögen und die Schulden des Bundes

1. Teil: Allgemeines

§ 22

Zuständigkeit

(1) Die Buchführung über das Vermögen des Bundes obliegt

a) für unbebaute Grundstücke
der für die Verwaltung des Grundstücks zuständigen Dienststelle;

b) für bebaute Grundstücke
der hausverwaltenden Dienststelle; dies gilt auch für Grundstücke, die von mehreren Bundesbehörden benutzt werden;

c) **für Baulichkeiten auf fremdem Grund und Boden**
der für die Verwaltung der Baulichkeit zuständigen Dienststelle;

d) **für bewegliche Sachen**
der Dienststelle, die über die Haushaltsmittel zur Beschaffung der Sachen durch Kassenanweisung verfügt oder der die Sachen zur Verwaltung überwiesen sind;

e) **für Wirtschaftsbetriebe**
der Dienststelle, der der Wirtschaftsbetrieb unmittelbar unterstellt ist;

f) **für Beteiligungen an Unternehmen usw.**
dem nach § 48 der Reichshaushaltsordnung zuständigen Bundesminister, im Zweifel dem Bundesminister der Finanzen; werden die Rechte aus der Beteiligung von einer nachgeordneten Behörde wahrgenommen, so ist diese für die Aufnahme der Kapitalbeteiligung in die Vermögensrechnung zuständig;

g) **für Darlehen, Hypotheken, Grundschulden und Rentenschulden**
der Kasse, die die Zins- und Tilgungsbeträge oder die sonstigen Leistungen einzuziehen oder die Rückzahlungen anzunehmen hat;

h) **für Wertpapiere (§ 17)**
der Kasse, die die Wertpapiere im unmittelbaren oder mittelbaren Besitz hat;

i) **für sonstige Geldforderungen**
der Kasse, die die Forderung einzuziehen hat.

(2) Für die Buchführung über die Schulden des Bundes sind zuständig

a) die Bundesschuldenverwaltung nach Maßgabe der Verordnung über die Bundesschuldenverwaltung vom 13. Dezember 1949 (BGBl. 1950 S. 1), der Reichsschuldenordnung vom 13. Februar 1924 (RGBl. I S. 95) und des Reichsschuldbuchgesetzes nach der Bekanntmachung vom 30. Mai 1910 (RGBl. S. 840) in den jeweils geltenden Fassungen;

b) für sonstige Schulden (§ 5 Abs. 1 Buchstaben a bis d) die Dienststelle, der die Verwaltung der Schuld obliegt.

(3) Im Zweifel bestimmt der zuständige Bundesminister, welche Stelle für die Buchführung und Rechnungslegung im Sinne dieser Ordnung zuständig ist. Er kann im Einvernehmen mit dem Bundesrechnungshof die Buchführung und Rechnungslegung einer anderen Stelle, insbesondere den Kassen, übertragen, wenn es zur Vereinfachung des Verfahrens dient.

Zu § 22:

1. Unter Buchführung versteht man die zeitlich und systematisch geordnete Aufzeichnung von Einnahmen und Ausgaben, von Güterbewegungen und anderen Geschäftsvorfällen. Die kameralistische Buch-

führung beschränkte sich bisher im wesentlichen auf den Nachweis der Einnahmen und Ausgaben, wobei sie die Ist-Einnahmen den Soll-Einnahmen und die Ist-Ausgaben den Soll-Ausgaben gegenüberstellte. Im Bereich der Bundesverwaltung obliegt die Buchführung dieser Art in der Regel den Kassen. Nur in besonderen Fällen sind andere Stellen zuständig (vgl. § 5 Abs. 2 RKO). Es hätte nahegelegen, den Kassen auch die Buchführung über das Vermögen zu übertragen. Die VBRO hat hiervon nur bei Darlehen, Hypotheken, Grund- und Rentenschulden, bei Wertpapieren und sonstigen Geldforderungen Gebrauch gemacht. In allen anderen Fällen hat die Ordnung Dienststellen der Verwaltung für zuständig erklärt. Dabei hat sie die Buchführung über die einzelnen Vermögensgegenstände derjenigen Dienststelle übertragen, die ohnehin mit der Sache befaßt ist, d. i. in der Regel die Stelle, der die Verwaltung des Gegenstandes obliegt.

2. Für bebaute Grundstücke ist die hausverwaltende Dienststelle zuständig. Hausverwaltende Dienststelle ist diejenige Bundesbehörde, der die äußere Instandhaltung des Gebäudes und dessen Unterhaltung in Dach und Fach obliegt und der die Mittel hierfür zugewiesen sind. Näheres siehe Erlaß des Reichsschatzministers vom 27. März 1922 —II 1/4931 — (Reichsfinanzblatt 1922, S. 181)[1] —; vgl. auch Tz. 19 Richtl.VR I. In den Fällen des § 2 Abs. 2 tritt an die Stelle der Bundesbehörde die entsprechende Landes- oder sonstige Behörde. Wegen der Führung von Vermögenskonten bei Baumaßnahmen durch eine nicht das Vermögenskonto über die Wirtschaftseinheit führende Behörde siehe § 38 Abs. 2 und (a. a. O.) Abschnitt K 18 der RBBau (insbesondere Ziff. 3 Abs. 2).

3. Die Werte der beweglichen Sachen waren grundsätzlich von derjenigen Dienststelle in die Vermögensrechnung aufzunehmen, welche die Kassenanweisung über den Geldbetrag zur Bezahlung der Sachen erteilte. Wurden die beschafften Gegenstände einer anderen Behörde zur Verwaltung überwiesen, so war diese für die Weiterführung der Vermögensrechnung zuständig. In diesem Falle war nach § 34 zu verfahren.

Theoretisch konnten hiernach zwei verschiedene Stellen für die Vermögensbuchführung über bewegliche Sachen zuständig sein, einmal die Stelle, die über die Haushaltsmittel zur Beschaffung der Sachen verfügte, zum anderen die, der die Verwaltung der Sache oblag. Das hatte praktische Bedeutung, wenn zentrale Beschaffungsstellen bewegliche Sachen einkauften und sie an Bedarfsstellen abgaben. In diesen Fällen war zunächst die Beschaffungsstelle für den Wertnachweis zuständig. Erst wenn sie die Werte durch Übergabeschein gemäß § 40 Abs. 3 in Verbindung mit § 34 buchmäßig an die Bedarfsstelle abgegeben hatte, war diese für den weiteren Nachweis zuständig. Es konnte in solchen Fällen aus Gründen der Vereinfachung zweckmäßig sein, die Weiterführung der Werte bei der Beschaffungsstelle zu belassen. Der zuständige Bundesminister konnte in diesen Fällen gemäß § 22 Abs. 3 — gegebenenfalls im Einvernehmen mit dem Bundesrechnungshof — die Zuständigkeit bestimmen. Die abweichende Regelung war möglich, weil bei beweglichen Sachen der wertmäßige Nachweis nicht mit dem mengenmäßigen verknüpft war.

4. Für Schulden, die nicht von der Bundesschuldenverwaltung verwaltet werden, hat die VBRO die Dienststelle für zuständig erklärt, der

[1]) Abgedruckt bei Reiberg-Wobser, Handbuch der Einnahmen und Ausgaben der Behörden der Bundesrepublik, unter „Bauten", X. Abschnitt.

die Verwaltung der Schuld obliegt. In diesen Fällen hätte auch die Kasse beauftragt werden können, die den Zinsen- und Tilgungsdienst für die Schuld zu bewirken hat. Die VBRO hat hiervon abgesehen, weil die in Betracht kommenden Schulden sich in der Regel auf Vermögensobjekte beziehen, die von der Verwaltungsdienststelle in der Vermögensrechnung nachzuweisen sind.

5. Trotz eingehender Regelung der Zuständigkeit in den Absätzen 1 und 2 kann es gelegentlich zweifelhaft sein, wer über einen Vermögensgegenstand Buch führen oder Rechnung legen soll. Für solche Fälle ermächtigt Absatz 3 den zuständigen Bundesminister, die Stelle zu bestimmen, der die Buchführung und Rechnungslegung obliegt. Der zuständige Bundesminister kann auch in den Fällen der Absätze 1 und 2 mit Zustimmung des Bundesrechnungshofs die Buchführung und Rechnungslegung einer anderen Stelle übertragen, wenn es zur Vereinfachung des Verfahrens dient. Neben den in den Absätzen 1 und 2 genannten Stellen kommen für die Vermögensbuchführung in erster Linie die Kassen in Frage[2]). Die Übertragung der Buchführung auf diese ist deshalb besonders erwähnt.

6. Wegen der Vermögensrechnung im Bereich der Verteidigungslastenverwaltung vgl. den gemeinsamen Erlaß des Bundesministers der Finanzen und des Bundesrechnungshofs vom 11. Februar 1954 — II C — BL 1305 — 28/54 — / II B — O 4300 — 69/54 — und Bes G — F 200 a — 49/53 — sowie den Erlaß des Bundesministers der Finanzen vom 28. Juni 1954 — II B — O 4300 — 223/54 — / II C — BL 1305 — 102/54. Siehe ferner Muster 8 a und Anm. 3 zu § 9, Anm. 6 zu § 19, Anm. 3 zu § 34 und jeweils Anm. 4 zu §§ 38 und 39 VBRO.

Zur Vermögensbuchführung beim Bundesgrenzschutz siehe den Erlaß des Bundesministers der Finanzen vom 4. Februar 1955 — II B/3 — O 4300 — 31/55. In anderen speziellen Bereichen der Bundesverwaltung ist die Entwicklung noch in Fluß.

Wegen der Überlassung reichs- oder bundeseigener Liegenschaften an die Bundesanstalt Technisches Hilfswerk siehe den Erlaß des Bundesministers der Finanzen vom 13. Dezember 1955 — II B/3 — O 4200 — 194/55 (Bv-Erlaß 8/55).

7. Wegen der Zuständigkeit für die Buchführung über das Vermögen des Ausgleichsfonds siehe den umfangreichen Zuständigkeitskatalog in Nr. 5 der — vor den Erläuterungen abgedruckten — Vermögensrechnungsbestimmungen für den Ausgleichsfonds; vgl. auch Nr. 6 a. a. O. wegen der Anwendbarkeit landes- und gemeinderechtlicher Vorschriften.

§ 23

Vermögensbuchhalter

(1) Bei jeder Dienststelle ist ein Beamter oder Angestellter zu bestimmen, der das Sachbuch für das Vermögen (§ 26) führt. Bei größeren Behörden können mehrere Beamte oder Angestellte zur Führung von Teilen des Vermögenssachbuchs herangezogen werden. Die Namen der beauftragten Beamten und Angestellten sind der Kasse mitzuteilen.

2) In den Gemeinden obliegt die Führung des Vermögenssachbuchs in der Regel den Kassen.

(2) Alle Kassenanweisungen über vermögenswirksame Haushaltseinnahmen und Haushaltsausgaben sind vor der Abgabe an die Kasse dem Vermögensbuchhalter zuzuleiten. Dieser prüft, ob in der Kassenanweisung die Buchungsstelle der Vermögensrechnung richtig angegeben ist. Soweit nach den Bestimmungen dieser Ordnung Vermögensänderungen im einzelnen nachzuweisen sind, trägt der Vermögensbuchhalter die Vermögensänderung in das Sachbuch für das Vermögen ein. Er hat die Eintragung auf der Kassenanweisung unter Beifügung seines Namenszeichens ersichtlich zu machen. Die übrigen Kassenanweisungen versieht er lediglich mit seinem Sichtvermerk.

(3) Der Vermögensbuchhalter bucht Vorgänge der Vermögensrechnung ohne haushaltsmäßige Zahlung auf Anweisung der zuständigen Stelle. Er kann solche Buchungsanweisungen vorbereiten, sofern der Behördenleiter nichts anderes bestimmt.

(4) Soweit Zugänge und Abgänge mit den aus den Titelbüchern der Geldrechnung zu entnehmenden Summen zu buchen sind (§ 31 Abs. 2), hat der Vermögensbuchhalter die Buchungen im Benehmen mit der zuständigen Kasse vorzunehmen. Befinden sich Kasse und Verwaltungsstelle an verschiedenen Orten, so hat die Kasse beim Abschluß der Titelbücher der nach § 22 zuständigen Dienststelle die Jahressummen der vermögenswirksamen Haushaltseinnahmen und Haushaltsausgaben nach Vermögensgruppen (-untergruppen) geordnet mitzuteilen.

(5) Soweit eine Kasse das Sachbuch für das Vermögen über geldwerte Rechte führt (§ 22 Abs. 1 Buchstaben g, h und i), entfällt das Verfahren nach den Absätzen 1 bis 4.

Zu § 23:

1. Die Bestellung eines besonderen Vermögensbuchhalters soll die Buchführung und Rechnungslegung über das Vermögen sichern. Die eigentliche Buchführungstätigkeit des Vermögensbuchhalters ist mit Rücksicht darauf, daß der größte Teil der Vermögensbewegungen in Summen gebucht wird, verhältnismäßig gering. Seine Hauptaufgabe besteht darin, die Kassenanweisungen zu überprüfen, ob die Buchungsstelle für die Vermögensrechnung richtig angegeben ist, sowie in der Aufstellung der Vermögens-Rechnungsnachweisung nach Ablauf des Rechnungsjahres. Dabei genügt es nicht, daß er die angegebene Buchungsstelle nach dem wesentlichen Inhalt des Belegs als richtig ansieht, er muß vielmehr die Anweisung daraufhin prüfen, ob der volle Betrag der Anweisung vermögenswirksam ist und ob dieser in voller Höhe bei der angegebenen Vermögensgruppe zu buchen ist. Sind nach der Kassenanweisung bei mehreren Vermögensgruppen Teilbeträge zu buchen, so hat er zu prüfen, ob für jede Vermögensgruppe der richtige Betrag angegeben ist. Bei Bauausgaben ist dem Vermögensbuchhalter statt der Kassenanweisung die Mitteilung der Ortsbaudienststelle über die Vermö-

genswirksamkeit (oder -unwirksamkeit) der Baukosten vorzulegen; im einzelnen siehe Abschnitt K 18 — insbesondere Ziff. 5 — der RBBau, abgedruckt im Anhang zu § 38.

Für die Zuweisung eines Gegenstandes zu der richtigen Vermögensgruppe bleibt neben dem Vermögensbuchhalter nach § 66 der Feststeller der sachlichen Richtigkeit verantwortlich.

2. Nach Absatz 1 können bei größeren Behörden mehrere Beamte oder Angestellte zur Führung von Teilen des Vermögenssachbuchs herangezogen werden. Was die VBRO unter größeren Behörden versteht, ist nicht gesagt. Die Fassung läßt aber erkennen, daß nach Möglichkeit nur ein Beamter oder Angestellter das Sachbuch für das Vermögen führen soll. Im allgemeinen wird bei den örtlichen und den mittleren Behörden ein Vermögensbuchhalter ausreichen. Bei den Zentralbehörden wird sich die Zahl der Vermögensbuchhalter nach der Organisation richten müssen. In der Regel wird für eine Abteilung ein Beamter oder Angestellter mit dieser Aufgabe zu betrauen sein. Es kann sich aber als zweckmäßig erweisen, für bestimmte Referate (z. B. Beteiligungen) einen Beamten oder Angestellten mit der Führung des entsprechenden Teils der Vermögenskartei zu beauftragen. Werden nach Absatz 1 Satz 2 mehrere Beamte oder Angestellte mit der Führung des Vermögenssachbuchs betraut, so ist auch der Lauf der Kassenanweisungen nach Absatz 2 entsprechend zu regeln.

3. Absatz 3 enthält insofern eine Besonderheit, als der Vermögensbuchhalter Buchungsanweisungen selbst vorbereiten kann, sofern der Behördenleiter nichts anderes bestimmt. Im Geschäftskreis der Geldrechnung ist es nicht zulässig, daß ein Kassenbuchhalter an der Vorbereitung einer Kassenanweisung beteiligt wird. Die Fassung, daß der Vermögensbuchhalter „solche" Buchungsanweisungen vorbereiten kann, könnte den Schluß zulassen, daß sich die Ausnahme auf Anweisungen zu Buchungen ohne haushaltsmäßige Zahlung beschränken soll. Dem ist nicht so. Der Vermögensbuchhalter kann Kassenanweisungen aller Art vorbereiten, da der Grundsatz der Trennung zwischen Verwaltungs- und Kassengeschäften hierdurch nicht verletzt wird.

4. Am Schluß des Rechnungsjahres hat der Vermögensbuchhalter für die ordnungsmäßige Übernahme der in den Kassenbüchern nachgewiesenen vermögenswirksamen Einnahmen und Ausgaben in die Vermögensrechnung zu sorgen. Auch die Abstimmung des Vermögenssachbuches mit den Titelbüchern nach § 54 Abs. 3 gehört zu seinen Obliegenheiten. Der Rechnungslegungserlaß (Muster siehe im Anhang zu den Erläuterungen) weist ausdrücklich darauf hin, daß die Abschlußsummen der Vermögensgruppen und -untergruppen in den Spalten Zugänge und Abgänge m i t haushaltsmäßiger Zahlung mit den entsprechenden Summen der Titelbücher der Geldrechnung abzustimmen sind. Die praktische Durchführung erfordert ein enges Zusammenarbeiten zwischen Vermögensbuchhalter und Kasse. Nachdem inzwischen zur Aufgliederung der vermögenswirksamen Haushaltseinnahmen und -ausgaben nach Vermögensgruppen gemäß § 32 Abs. 5 VBRO die Haushaltsüberwachungslisten und die Anschreibungslisten herangezogen worden sind (im einzelnen siehe Anm. 6 Abs. 2 zu § 32), muß der Vermögensbuchhalter sein Augenmerk auch auf die richtige Aufgliederung der in den Titelbüchern ausgewiesenen vermögenswirksamen Summen nach Vermögensgruppen richten. Für

den Fall, daß sich die zuständige Kasse und die für die Vermögensbuchführung zuständige Verwaltungsstelle an verschiedenen Orten befinden, schreibt Absatz 4 vor, daß die Kasse die Jahressummen der vermögenswirksamen Haushaltseinnahmen und -ausgaben nach Vermögensgruppen — wo erforderlich auch nach -untergruppen — geordnet der zuständigen Dienststelle mitzuteilen hat.

5. Kassenanweisungen über geldwerte Rechte, für deren Nachweis in der Vermögensrechnung die Kassen zuständig sind, laufen nicht über den Vermögensbuchhalter der Verwaltung (Absatz 5).

6. Wegen der Mitwirkung des Vermögensbuchhalters bei der Feststellung und dem Nachweis vermögenswirksamer Baukosten siehe Abschnitt K 18 der RBBau — im Anhang zu § 38 VBRO abgedruckt —, insbesondere Ziff. 5 und 7.

2. Teil: Die Bücher

§ 24

Art der Buchung

Der Bestand und die Veränderungen des Vermögens und der Schulden werden in der durch den Vermögensgruppenplan bestimmten sachlichen Ordnung nachgewiesen.

Zu § 24:

1. Nach § 57 RKO sind die Zahlungen sowohl der Zeitfolge nach als auch nach der dem Bundeshaushaltsplan entsprechenden oder sonst vorgesehenen Ordnung zu buchen. Für die Buchungen nach der Zeitfolge dienen die Zeitbücher, für die zweite Art der Buchungen die Sachbücher. Die VBRO schreibt nur eine Buchung nach der sachlichen Ordnung vor. Die sachliche Ordnung wird durch den Vermögensgruppenplan bestimmt. Auf die Führung besonderer Zeitbücher für das Vermögen kann verzichtet werden, weil den meisten Veränderungsbuchungen in der Vermögensrechnung unmittelbar die Buchungen in der Geldrechnung zugrunde liegen (§ 31). Diese Buchungen haben insoweit unmittelbar Wirkung für die Vermögensrechnung.

2. Zu buchen sind der „Bestand" und die „Veränderungen" des Vermögens und der Schulden. Als Bestand ist der bei der erstmaligen Erfassung des Vermögens und der Schulden nach den Richtlinien zur Vermögensrechnung, Teile I bis V[1]), ermittelte Rechnungswert einzutragen. Dieser Bestand wird durch Buchung der „Veränderungen" des Vermögens fortgeschrieben. Am Schluß des Rechnungsjahres wird unter Berücksichtigung dieser Veränderungen der „Bestand am Ende des Rechnungsjahres" ermittelt, der als „Bestand zu Beginn des Rechnungsjahres" für das neue Rechnungsjahr vorzutragen ist. Die zu buchenden Veränderungen sind die „wertmäßigen" Veränderungen, die sich durch Zugang oder Abgang von Vermögensteilen, durch Wertverbesserung oder Wertminderung (Abschreibungen) ergeben.

---

[1]) Im Anhang abgedruckt.

3. Auch die Beschreibung des Vermögensgegenstandes ist auf dem laufenden zu halten. Auf der Vermögenskarteikarte für bebaute Grundstücke ist für die Eintragung dieser Änderungen eine besondere Spalte vorgesehen. Auf den übrigen Karten müssen die Änderungen an geeigneter Stelle oder in der Spalte „Bemerkungen“ eingetragen werden. Nachträgliche Streichungen sind als solche erkennbar zu machen.

§ 25

Bezeichnung der Bücher

(1) Nach den Bestimmungen der §§ 26 bis 55 werden folgende Bücher geführt:

a) das Sachbuch für das Vermögen,

b) das Verzeichnis der Vermögenskonten,

c) die Bestandsverzeichnisse für bewegliche Sachen.

(2) Soweit die Bundesschuldenverwaltung die Schulden nachzuweisen hat, gelten die Bestimmungen der Reichsschuldenordnung und des Reichsschuldbuchgesetzes.

Zu § 25:

1. Die VBRO nennt in Absatz 1 drei Arten von Büchern. Das Sachbuch für das Vermögen nimmt die Vermögenswerte auf, es dient dem wertmäßigen Nachweis der Vermögensteile. Das Verzeichnis der Vermögenskonten sichert die Führung der Vermögenskartei. Die Einrichtung dieser beiden Bücher wird durch die VBRO im einzelnen geregelt. Demgegenüber läßt sie offen, was als Bestandsverzeichnisse für bewegliche Sachen anzusehen ist. In § 28 ist angedeutet, daß hierunter Gerätebücher u. dgl. zu verstehen sind. Wie die Bestandsverzeichnisse im einzelnen einzurichten sind, bestimmt der zuständige Bundesminister im Einvernehmen mit dem Bundesrechnungshof. Die Bestandsverzeichnisse dienen dem mengenmäßigen Nachweis der beweglichen Sachen; für die unbeweglichen Sachen ist die Vermögenskartei zugleich Bestandsverzeichnis im Sinne des § 65 Abs. 1 RHO (vgl. Tz. 18 Richtl. VR I).

2. Gemäß § 61 sind die in § 25 genannten Bücher Rechnungslegungsbücher für die Vermögensrechnung. Sie sind deshalb so einzurichten, daß sie den Erfordernissen der Rechnungslegung über das Vermögen und die Schulden sowie der Rechnungsprüfung entsprechen. Der Bundesrechnungshof kann nach § 62 im Benehmen mit dem zuständigen Bundesminister gegebenenfalls im Einzelfalle besondere Anforderungen an die Einrichtung der Vermögens-Rechnungslegungsbücher stellen.

§ 26

Sachbuch für das Vermögen

(1) Das Sachbuch für das Vermögen ist in Karteiform zu führen (Vermögenskartei).

(2) Die Vermögenskartei enthält die Vermögenskonten. Nach Bedarf werden Einzelkonten oder Sammelkonten geführt. Das Sammelkonto dient zum Nachweis mehrerer gleichartiger Gegenstände.

(3) Für die Anlegung und Führung der Vermögenskonten sind Karteikarten nach den Mustern 1 a, 1 b, 2, 3, 4, 5 und 6 zu verwenden. Der Bundesminister der Finanzen kann im Einvernehmen mit dem zuständigen Bundesminister und dem Bundesrechnungshof in besonderen Fällen Abweichungen zulassen.

(4) Für die Vermögenskonten über die geldwerten Rechte (außer Darlehen) sind die Vermögenskarteikarten für bewegliche Sachen — Muster 2 — unter entsprechender Änderung der Überschrift zu benutzen.

(5) Die Vermögenskarteikarten, die Gegenstände des Reichsvermögens ausweisen, sind mit Rotstift am oberen Rande vor „Vermögensgruppe" mit „R", die Karteikarten über Beteiligungen des ehemaligen Landes Preußen mit „Pr" zu kennzeichnen.

Zu § 26:

1. Das wichtigste Element der Vermögensbuchführung ist das Vermögenskonto. Das Vermögenskonto nimmt den Wert entweder eines einzelnen Gegenstandes oder einer Gruppe von Gegenständen auf. Die VBRO nähert sich hierin der kaufmännischen Buchführung. Die Gesamtheit der Vermögenskonten bildet die Vermögenskartei. Diese stellt das Sachbuch für das Vermögen dar. Der Begriff „Sachbuch für das Vermögen" entstammt dem Gemeindefinanzrecht. In § 55 KuRVO ist er im gleichen Sinne für das Buch zum Nachweis des Gemeindevermögens verwendet. Die VBRO verzichtet grundsätzlich auf die Buchform, gibt also der modernen Form der Kartei den Vorzug. Die Bestimmungen sehen Einzelkonten und Sammelkonten vor. Einzelkonten sind zu führen für bebaute Grundstücke, für Baulichkeiten auf fremdem Grund und Boden, für Wirtschaftsbetriebe, Beteiligungen und in den meisten Fällen für Darlehen, Wertpapiere und sonstige Geldforderungen. Auch die (Gruppen-) Konten für bewegliche Sachen waren als Einzelkonten anzusehen. Sammelkonten sind in der Regel für unbebaute Grundstücke und waren für Kunstgegenstände einzurichten. Aber auch für Darlehen schreibt die VBRO die Führung von Einzelkonten nicht zwingend vor, so daß hier in geigneten Fällen (so zum Nachweis von Hausratsdarlehen) auch Sammelkonten verwandt werden können (siehe auch Anm. 2 zu § 31). Voraussetzung für den Nachweis in einem Sammelkonto ist, daß die Gegenstände gleichartig sind. Gleichartigkeit setzt mindestens voraus, daß die Gegenstände zu derselben Vermögensgruppe gehören.

2. In Absatz 3 sind die Muster der Karteikarten für die Vermögenskonten verbindlich vorgeschrieben. Gleichzeitig ist in Satz 2 aber bestimmt, daß der Bundesminister der Finanzen im Einvernehmen mit dem zuständigen Bundesminister und dem Bundesrechnungshof in besonderen Fällen Abweichungen zulassen kann. Solche Abweichungen können in Frage kommen, wenn ein Verwaltungszweig ein begründetes Interesse daran hat, Karteikarten in anderer Form zu führen, z. B. um weitere Merkmale einzutragen. Abweichungen von dem allgemeinen Muster müssen sich auf den Beschriebteil, in der Regel also auf die Vorderseite der Karteikarte beschränken. Der Buchführungsteil muß grundsätzlich einheitlich gestaltet bleiben. Eine Ausnahme ist für Kassen mit Maschinenbuchhaltung vorgesehen (s. Tz. 27 Buchst. n Richtl. VR IV). Für die Ausfüllung der Karteikarten geben die Richtlinien zur Vermögensrechnung nähere Anweisung (vgl. hierzu: Tz. 20 Richtl. VR I; Tz. 15 Richtl. VR II; Tz. 12 Richtl. VR III; Tz. 20 und Tz. 27 Richtl. VR IV, Tz. 8 Richtl. VR V).

3. Außer Darlehen sind geldwerte Rechte nur in geringer Zahl vorhanden. Für ihren Nachweis ist kein besonderes Muster vorgeschrieben. In dem hierfür zu verwendenden Muster für bewegliche Sachen ist die Überschrift zu ändern, z. B. in „Vermögens-Karteikarte für Wertpapiere" oder „Vermögens-Karteikarte für sonstige Geldforderungen". Wenn — etwa bei Forderungen aus Restkaufgeldern wegen der einzutragenden Zahlungs-, Tilgungs- und Zinsbedingungen — das Muster 2 VBRO nicht ausreicht, können für den Nachweis geldwerter Rechte nach entsprechender Änderung auch die Vermögenskarteikarten für Darlehen — Muster 5 — verwendet werden (Erlaß des Bundesministers der Finanzen vom 7. Oktober 1953 — II B — 0 4300 — 255/53).

4. Die dem Bund seinerzeit durch das Vorschaltgesetz zur Verwaltung übertragenen Gegenstände des Reichsvermögens sowie die Beteiligungen des ehemaligen Landes Preußen an Unternehmen des privaten Rechts waren für die Vermögensrechnung begrifflich ein Teil des Bundesvermögens (§ 3 Abs. 1 Ziff. 1). Sie nahmen gegenüber dem übrigen Vermögen des Bundes aber insofern eine Sonderstellung ein, als das Eigentum des Bundes bei einem Teil derselben umstritten war (vgl. Anm. 2 zu § 3). Dieser Sonderstellung sollte die in Absatz 4 vorgesehene Kennzeichnung Rechnung tragen. Wertverbesserungen aus Bundesmitteln wurden nicht gesondert ausgewiesen. Ebenso konnten bewegliche Sachen gleicher Art, die teils zum Reichsvermögen, teils zum übrigen Vermögen des Bundes gehörten, auf einem Konto gebucht werden; der zum Reichsvermögen gehörende Wert war hierbei jedoch besonders auszuweisen und zu bezeichnen. Auch die Karteikarte war wie vorgesehen zu kennzeichnen. Mit Inkrafttreten des Reichsvermögen-Gesetzes vom 16. Mai 1961 (RGBl. I S. 597) —im Anhang auszugsweise abgedruckt — ist § 26 Abs. 5 gegenstandslos geworden.

§ 27

Verzeichnis der Vermögenskonten

(1) Zum Nachweis der bei einer Dienststelle vorhandenen Vermögenskonten ist ein Verzeichnis nach Muster 7 zu führen. Das Verzeichnis der Vermögenskonten dient zugleich zum Nachweis der in Gebrauch genommenen Karteikarten.

(2) In das Verzeichnis ist jede Karteikarte vor ihrer Einreihung in die Kartei einzutragen. Die laufende Nummer dieses Verzeichnisses — in jeder Vermögensgruppe oder Vermögensuntergruppe mit 1 beginnend — ist auf der Karteikarte unter der Bezeichnung „Konto-Nr." zu vermerken.

(3) Das Verzeichnis der Vermögenskonten ist in Heftform anzulegen und mit Seitenzahlen zu versehen. Es ist von dem Vermögensbuchhalter zu führen. Die Zeit der Führung des Verzeichnisses und der zugehörigen Kartei ist auf dem Titelblatt zu bescheinigen. Sind nach § 23 Abs. 1 Satz 2 mehrere Beamte oder Angestellte an der Führung des Vermögenssachbuchs beteiligt, so ist einer von ihnen mit der Führung des Verzeichnisses zu beauftragen. In diesem Falle hat jeder Beteiligte die Bescheinigung für den von ihm geführten Teil der Kartei auf der ersten Seite des Verzeichnisses abzugeben.

(4) In den Fällen des § 26 Abs. 5 sind in Spalte Bemerkungen des Verzeichnisses entsprechende Vermerke mit Bleistift aufzunehmen.

(5) Werden Karteikarten aus der laufenden Kartei abgelegt (§ 35 Abs. 2 letzter Satz), so sind die Nummern der Blätter in dem Verzeichnis mit roter Tinte zu streichen.

Zu § 27:

1. Das Verzeichnis der Vermögenskonten dient zur Sicherung der Karteiführung. Es hat eine doppelte Bedeutung. Einmal soll es einen Überblick über die tatsächlich vorhandenen Vermögenskonten geben, zum anderen als Nachweis der in Gebrauch genommenen Karteikarten dienen. Die laufende Nummer des Verzeichnisses ist die Nummer des Vermögenskontos, die auf der Karteikarte rechts oben einzutragen ist.

2. Aus der Fassung des Absatzes 3 ergibt sich, daß für jede Behörde grundsätzlich nur ein Verzeichnis der Vermögenskonten zu führen ist. Sind mehrere Beamte oder Angestellte an der Führung der Vermögenskartei beteiligt, so hat jeder Beteiligte die Führung der Kartei für seinen Teil besonders zu bescheinigen. Diese Bescheinigung soll auf der ersten Seite des Verzeichnisses abgegeben werden. Reicht der Raum auf dieser Seite nicht aus, so kann die Bescheinigung auch unbedenklich auf einer anderen, z. B. der letzten Seite des Verzeichnisses angebracht werden. In diesem Falle ist auf der ersten Seite auf die Fundstelle zu verweisen. Die Bescheinigung kann lauten:

„Die Kartei für die Vermögensgruppen .... bis ....
ist geführt worden

vom .... bis .... durch ....

vom .... bis .... durch ...."

Kassen führen in jedem Falle für die Vermögenskarteikarten über geldwerte Rechte ein besonderes Verzeichnis.

3. Die Nummern der aus der Kartei entfernten Karteiblätter dürfen erst dann nach Absatz 5 gestrichen werden, wenn die Voraussetzungen des § 35 Abs. 2 letzter Satz gegeben sind.

4. § 27 Abs. 5 ist mit Inkrafttreten des Reichsvermögen-Gesetzes gegenstandslos geworden (vgl. auch Anm. 4 zu § 26).

5. Auf die Führung der Gerätekartei (vgl. Richtlinien zu § 28) ist § 27 entsprechend anzuwenden. Sind mehrere Beamte oder Angestellte an der Karteiführung beteiligt, so ist auch hier einer von ihnen mit der Führung des Verzeichnisses der Gerätekarteikarten zu beauftragen.

§ 28

Bestandsverzeichnisse über bewegliche Sachen

Die beweglichen Sachen sind im einzelnen nach besonderen Vorschriften durch Bestandsverzeichnisse (Gerätebücher u. dgl.) nachzuweisen. Diese sind nach Vermögensgruppen (§ 7) zu gliedern. Sie müssen eine Stückpreisspalte enthalten. Das Nähere bestimmt der zuständige Bundesminister im Einvernehmen mit dem Bundesrechnungshof.

Zu § 28:

1. Die VBRO hatte bei beweglichen Sachen der Buchung im Sachbuch für das Vermögen in der Regel nur die Beschaffungskosten zugrunde gelegt (§ 40 Abs. 2). Der einzelne Gegenstand trat hierbei nicht mehr in Erscheinung. Anders bei unbeweglichen Sachen und Rechten (s. Anm. 1 zu § 1). Die Verwaltung des öffentlichen Vermögens ist eine treuhänderische Verwaltung. Sie kann sich deshalb nicht damit begnügen, nur die Gesamtwerte aufzuzeichnen, sie muß auch den Verbleib des einzelnen Stückes nachweisen (§ 65 RHO). Die Reichshaushaltsordnung hat zugelassen, daß Gebrauchsgegenstände, Gerätschaften u. dgl. statt in einer Sachrechnung in Bestandsverzeichnissen nachgewiesen werden können. Die VBRO folgt dieser Bestimmung. Sie sieht aber davon ab, den „mengenmäßigen“ oder „Einzel“nachweis erschöpfend zu regeln, verweist vielmehr auf die — inzwischen ergangenen und unter Anm. 3 abgedruckten — besonderen Vorschriften.

2. Bestandsverzeichnisse im Sinne von § 28 sind Materialbücher, Gerätekarteien, Bücherverzeichnisse u. dgl. Die VBRO bestimmt für die Einrichtung der Bestandsverzeichnisse, daß sie nach Vermögensgruppen zu gliedern sind und daß sie eine Stückpreisspalte enthalten müssen. Die Gliederung der vorhandenen Bestandsverzeichnisse nach Vermögensgruppen bereitet keine Schwierigkeiten, wenn sie in Karteiform geführt sind. Dann können für die Abgrenzung der Vermögensgruppen Leitkarten eingesetzt und die entsprechenden Gerätekarteikarten zugeordnet werden. Sind die Bestandsverzeichnisse bisher in Buchform geführt worden, müssen sie nunmehr neu in Karteiform angelegt werden.

3. In Ausführung von § 28 VBRO hat der Bundesminister der Finanzen im Einvernehmen mit dem Bundesrechnungshof mit Erlaß vom 1. März 1955 — II B/3 — 0 4300 — 1/55 —[1]) die nachstehenden Richtlinien für die Führung von Bestandsverzeichnissen über bewegliche Sachen aufgestellt, die zwar nur für den Geschäftsbereich des Bundesfinanzministers ver-

1) MinBlFin. S. 178.

bindlich sind, aber auch von den anderen Ressorts weitgehend angewandt werden.

Mit Erlaß vom 20. Januar 1958 — VI B/5 — 0 4322 — 5/57 — hat der Bundesminister der Finanzen den in Nummer 2 der Richtlinien ursprünglich nicht näher erläuterten Begriff der „Gebrauchsgüter von geringem Wert oder kurzer Lebensdauer" im Einvernehmen mit dem Bundesrechnungshof wie folgt abgegrenzt:

„Als geringwertig gelten Gebrauchsgüter mit einem Anschaffungswert bis zu etwa 10 DM (Stückpreis), als Gebrauchsgüter von kurzer Lebensdauer solche, deren regelmäßige Gebrauchsfähigkeit nicht mehr als 3 Jahre beträgt."

Damit entfällt die Aufnahme zahlreicher Kleingeräte und Gebrauchsartikel in die Gerätekartei. Unberührt hiervon bleibt für die auf Lager genommenen Gebrauchsgüter (Vorratsbestände) der Nachweis in der Materialrechnung gemäß Abschnitt II der Richtlinien. Wenn jedoch die beschafften Gegenstände alsbald vollständig verwendet werden, ist nach § 114 Abs. 1 zweiter Satz RRO zu verfahren.

Richtlinien

für die Führung von Bestandsverzeichnissen über bewegliche Sachen gemäß § 28 VBRO im Geschäftsbereich des Bundesministers der Finanzen

(MinBlFin. 1955 S. 179)

i. d. F. vom 20. Januar 1958

I. Nachweis der Geräte und der sonstigen Gebrauchsgegenstände

1. Die Geräte und sonstigen Gebrauchsgegenstände (Einrichtungs- und Ausrüstungsgegenstände, Maschinen, Apparate, Instrumente, Werkzeuge, Grundstückszubehör wie transportable Öfen, Herde und Badewannen u. ä., soweit sie nicht unter Ziffer 2 fallen, sind in einem in Karteiform geführten Bestandsverzeichnis (Gerätekartei) nach den Mindestmerkmalen des anliegenden Musters 1 und in einem in Buchform geführten Geräteverteilungsverzeichnis nach anliegendem Muster 2 nachzuweisen. Dabei sind für die Gerätekartei die Bestimmungen der §§ 27 und 29 der Buchführungs- und Rechnungslegungsordnung für das Vermögen des Bundes — VBRO — hinsichtlich der Führung eines Verzeichnisses der Karteikarten und der Einrichtung und Aufbewahrung der Gerätekartei sinngemäß anzuwenden.

2. Verbrauchsgüter (§ 4 Abs. 2 Buchst. a) VBRO) und Gebrauchsgüter von geringem Wert oder kurzer Lebensdauer (§ 4 Abs. 2 Buchst. b) VBRO) sowie Bücher und Druckschriften sind in die Gerätekartei nicht aufzunehmen. Für den Nachweis dieser Gegenstände gelten die Abschnitte II und III. Als geringwertig gelten Gebrauchsgüter mit einem Anschaf-

fungswert bis zu etwa 10 DM (Stückpreis), als Gebrauchsgüter von kurzer Lebensdauer solche, deren regelmäßige Gebrauchsfähigkeit nicht mehr als 3 Jahre beträgt.

Für den Nachweis der Kraftfahrzeuge, der Schiffe, der Waffen und Munition, gelten die hierfür erlassenen besonderen Bestimmungen, und zwar die Dienstanweisung für den Betrieb bundeseigener Kraftfahrzeuge in der Bundesfinanzverwaltung Ziffer II Abs. 3 (6), bekanntgegeben im Bundeszollblatt 1954 S. 157 ff. und MinBlFin. 1954 S. 288 ff.[2]), der Erlaß vom 26. Juli 1951 — III — H 4210 — 118/51 über die Führung der Karteikarten für Schiffe, sowie der Erlaß vom 21. Februar 1952 — III — H 4300 — 112/52 betr. Schußwaffenbestandsbücher und Munitionsbestandsbücher[3]).

3. Im Bereich der Bundeszollverwaltung haben die Hilfsstellen der Hauptzollämter (FVG § 1 Abs. 1 Ziff. 2 — BGBl 1950 S. 448) und die Zollfahndungszweigstellen grundsätzlich keine Bestands- und Verteilungsverzeichnisse gemäß Ziffer 1, sondern nur Gerätetafeln nach Ziffer 10 zu führen.

4. Die Gerätekartei ist entsprechend dem Vermögensgruppenplan (Anhang zur VBRO) nach Vermögensgruppen zu gliedern. Gegenstände gleicher Art und Ausführung und mit annähernd gleichem Wert (z. B. alle Sorten Arbeitstische oder gleichartige Akten- und Kleiderschränke oder sämtliche Schreibmaschinentische usw.) sind anzahlmäßig auf einer Karteikarte zusammenzufassen. Für jeden hochwertigen Gegenstand dagegen, insbesondere für Buchungs-, Schreib-, Rechen- Druck- und sonstige wertvolle Maschinen, besonders wertvolle Apparate, Teppiche, Kunstgegenstände usw. ist eine besondere Karteikarte anzulegen. Darauf ist der nachzuweisende Gegenstand durch Angabe der besonderen Kennzeichen (Fabrikat, Fabrik-Nr., Hersteller, bei Teppichen das Nämlichkeitszeichen, bei Kunstgegenständen Name des Künstlers und Bezeichnung des Kunstgegenstandes u. dergl.) genau zu beschreiben.

5. Auf jeder Karteikarte ist unter fortlaufender Nr. zu buchen. Die Veränderungen sind auf Grund der Belege (vgl. Ziffer 8) in der Spalte „Veränderungen" nachzuweisen.

6. Als Stückpreis ist

a) bei den vor dem 1. April 1953 beschafften Gegenständen der gem. Ziffer 20 und 21 der Richtlinien zur Vermögensrechnung Teil II zugrunde gelegte Mittelwert,

2) siehe neuerdings auch § 4 der Dienstkraftfahrzeuganweisung — Anhang III zu § 69 GGO I — nebst Anlagen D 1, 2 und 3.
3) siehe nunmehr auch die Richtlinien des Bundesministers des Innern über die Ausstattung von Bundesbediensteten mit Dienstwaffen und entsprechenden Ausweisen vom 4. August 1955 — 61 484 A — 181/55 —.

b) bei den n a c h dem 1. April 1953 beschafften Gegenständen der aus dem Rechnungsbeleg ersichtliche Anschaffungs- oder Herstellungspreis einzusetzen.

Bei Abgängen ist in die Stückpreisliste der Betrag einzutragen, mit dem der Gegenstand in der Gerätekartei verzeichnet ist. Wenn dieser Betrag nicht ohne weiteres ersichtlich ist, so ist — ohne Rücksicht auf den Zeitpunkt der Anschaffung — der Mittelwert nach Satz 1 Buchst. a) einzutragen.

7. Zubehör-, Ergänzungs- und Sonderausstattungsstücke, die zu einem Gegenstand gehören, für den gemäß Ziffer 4 dritter Satz eine besondere Karteikarte geführt wird (z. B. Zubehör- und Ergänzungsstücke zu einer Werkzeugmaschine oder zu einem Photoapparat), sind auf der Karteikarte des Hauptgegenstandes nachzuweisen. Es ist wie folgt zu verfahren:

Bei Anlegung der Karteikarte für den Hauptgegenstand, der im Kopf der Karteikarte mit seinen wesentlichen Merkmalen zu beschreiben ist, sind in der ersten Buchungszeile unter laufender Nr. 1 zunächst die den Hauptgegenstand betreffenden Angaben einzutragen. In den nächstfolgenden Buchungszeilen sind dann die zum Hauptgegenstand gehörigen Zubehör-, Ergänzungs- und Sonderausstattungsstücke ihrer Art nach mit folgenden Angaben aufzuführen:

In Spalte 1: lfd. Nr. (für jeden Gegenstand ist eine eigene lfd. Nr. zu verwenden; mehrere Gegestände gleicher Art und Ausführung können anzahlmäßig unter e i n e r lfd. Nr. zusammengefaßt werden).

In Spalte 2: Tag der Buchung.

In Spalte 3: Art des Gegenstandes.

In Spalte 5: Stückzahl.

In Spalte 6: Stückpreis, nur soweit es sich um einen Gegenstand handelt, dessen Wert im Stückpreis des Hauptgegenstandes einschließlich serienmäßiger Ausstattung nicht bereits enthalten ist.

Die Spalte 4 der Gerätekarteikarte erhält bei der Nachweisung des Zubehörs usw. keine Eintragungen.

Spätere Neuzugänge an Zubehör-, Ergänzungs- und Sonderausstattungsstücken sind am Tage des Zugangs, wie oben angegeben, in die Karteikarte des Hauptgegenstandes aufzunehmen. Bei Abgängen sind die auf der Karteikarte enthaltenen Angaben über den abzusetzenden Gegenstand in Rot zu streichen oder zu berichtigen. In der Spalte „Bemerkungen" ist auf den Absetzungsbeleg (Ziff. 8) hinzuweisen. Beispiele für die Führung einer Gerätekarteikarte, auf der Zubehör- usw. Stücke nachgewiesen werden, enthält die Anlage 1.

8. Sämtliche im Bestandsverzeichnis (Gerätekartei) nachgewiesenen Zu- und Abgänge müssen durch entsprechende Unterlagen belegt sein. Als Beleg dient:

a) bei Zugängen durch Neuerwerb in der Regel der Lieferschein oder die Rechnung des Lieferanten, die bei den Rechnungsbelegen verbleibt,

b) bei Abgängen durch Veräußerung eine Durchschrift des von der abgebenden Stelle auszustellenden Lieferscheins; die Durchschrift soll in der Regel die Empfangsbescheinigung des Empfängers enthalten,

c) bei unentgeltlicher Abgabe von Gegenständen innerhalb der Bundesverwaltung der gemäß § 34 VBRO als Beleg für die Vermögensrechnung vorgesehene Übergabeschein,

d) bei sonstigen Zugängen (z. B. Schenkung) ein von der empfangenden Dienststelle anzufertigender oder sonst geeigneter Beleg,

e) bei sonstigen Abgängen (Absetzung unbrauchbarer Stücke usw.) die von dem für die Genehmigung der Absetzung zuständigen Beamten vollzogene Absetzungsbescheinigung.

9. Aus dem Geräteverteilungsverzeichnis soll schnell und übersichtlich zu ersehen sein, in welchen Räumen oder bei welchen Hilfsstellen der Hauptzollämter, bei welchen Zollfahndungszweigstellen oder wo sonst sich die einzelnen Geräte bzw. Ausrüstungsstücke jeweils befinden. Die Mengenzahlen sind im Geräteverteilungsverzeichnis mit Bleistift einzutragen und auf dem laufenden zu halten.

10. In den einzelnen Räumen sind Gerätetafeln auszuhängen, auf denen die im Raum jeweils vorhandenen Geräte nachgewiesen werden. Den Hilfsstellen der Hauptzollämter, den Zollfahndungszweigstellen und Einzelpersonen sind Gerätetafeln auszuhändigen. Die Eintragungen müssen mit den entsprechenden Angaben des Geräteverteilungsverzeichnisses (Ziffer 9) übereinstimmen und sind bei Bestandsveränderungen mit diesen in Einklang zu bringen. Sind bei einer Hilfsstelle eines Hauptzollamtes mehrere Räume vorhanden, so kann in einer besonderen Spalte der Gerätetafel auf die einzelnen Räume hingewiesen werden.

Bei großen Hilfsstellen der Hauptzollämter dürfen an Stelle einer gemeinsamen Gerätetafel für die gesamte Hilfsstelle Gerätetafeln in jedem einzelnen Raum ausgehängt werden.

11. Der Gerätebestand ist mindestens alle zwei Jahre durch einen an der Verwaltung der Geräte nicht beteiligten Beamten der Behörde zu prüfen. Diese Bestandsprüfung hat sich auf die Feststellung zu erstrecken, ob die karteimäßig nachgewiesenen Geräte tatsächlich vorhanden sind. Der Beamte hat das Ergebnis der Prüfung in dem zu führenden Verzeichnis der Karteikarten (vgl. Ziffer 1 letzter Satz) mit Namen, Amtsbezeichnung und Datum zu vermerken.

II. Nachweis der Verbrauchsgüter und Gebrauchsgüter von geringem Wert oder kurzer Lebensdauer

(Materialrechnung)

12. Verbrauchsgüter — das sind Schreib-, Zeichen-, Laboratoriumsbedarf u. ä. und die für die Bewirtschaftung der Geräte und Grundstücke bestimmten Betriebsstoffe, Heizstoffe, Beleuchtungs- und Reinigungsmittel — sowie Gebrauchsgüter von geringem Wert oder kurzer Lebensdauer (§ 4 Abs. 2 Buchstaben a) und b) VBRO) — jedoch nicht Munition — sind in einem für das Rechnungsjahr zu führenden Materialbuch nach Muster 3 nachzuweisen. Sind die beschafften Gegenstände alsbald vollständig verwendet worden, ist nach § 114 Abs. 1 zweiter Satz RRO zu verfahren. Wenn es zweckdienlich ist, insbesondere bei größeren Dienststellen, kann das Materialbuch zum Nachweis bestimmter Gruppen von Verbrauchsgütern auch in Teilbänden geführt werden (z. B. Teilband Beleuchtungs- und Reinigungsmittel). Die Hilfsstellen der Hauptzollämter — außer Zollämter I — und die Zollfahndungszweigstellen führen kein Materialbuch.

13. Im Materialbuch sind je nach Bedarf Spalten für das nachzuweisende Material einzurichten. In die Spaltenüberschriften sind die verkehrsüblichen Maß- und Gewichtsbezeichnungen einzusetzen; Papier ist nach Papierklasse und Format zu bezeichnen. Die Bestände sind nur mengenmäßig, nicht auch wertmäßig zu erfassen. Die im Muster 3 vorgesehene Spalte für die Angabe des Einkaufspreises bei Zugängen soll lediglich die Abgleichung mit den Kassenbüchern erleichtern. Die hierfür vorgesehene Spalte wird deshalb beim Abschluß des Materialbuches nicht aufgerechnet.

14. Für die Zugänge und Abgänge ist je ein eigener Abschnitt einzurichten. Im Abschnitt „Zugänge" sind am Beginn des Rechnungsjahres die aus dem Vorjahr übernommenen Bestände vorzutragen. Darunter sind die im Laufe des Rechnungsjahres eintretenden Zugänge und im Abschnitt „Abgänge" die zum Verbrauch ausgegebenen Materialien nachzuweisen. Am Schluß des Rechnungsjahres sind die einzelnen Spalten in den Abschnitten „Zugänge" und „Abgänge" aufzurechnen. Von den sich hierbei im Abschnitt „Zugänge" ergebenden Summen sind hierauf die entsprechenden Schlußsummen des Abschnitts „Abgänge" abzusetzen. Der sich so ergebende Endbestand ist dann in das Materialbuch des nächsten Rechnungsjahres zu übertragen. Die Richtigkeit der Übertragung ist von einem an der Materialverwaltung nicht beteiligten Beamten der Dienststelle, der die Befähigung zur sachlichen Feststellung gemäß § 80 Abs. 2 RRO besitzt, zu bescheinigen.

15. Die Zugänge an Material sind im Materialbuch durch Lieferscheine der Lieferanten zu belegen. Als Beleg für die Abgänge dient die Quittung der Empfänger im Materialbuch.

16. Es wird zugelassen, bei größeren Dienststellen mit großem Materialbestand das Materialbuch (s. Ziffer 12) in Karteiform zu führen. In diesem Fall ist für jede Materialart ein besonderes Karteiblatt anzulegen, das eine Spalteneinrichtung wie die Geräte-Karteikarte (Muster 1) erhält. An die Stelle des Stückpreises tritt der Einkaufspreis. Das Karteiblatt für Material kann für mehrere Rechnungsjahre geführt werden. Für den Nachweis der in Gebrauch genommenen Karteiblätter, ihre Einrichtung und Aufbewahrung sind die Bestimmungen der §§ 27 und 29 VBRO sinngemäß anzuwenden.

17. Für die Prüfung des Materialbestandes gilt Ziffer 11. Der Vermerk des prüfenden Beamten ist in das Materialbuch oder in das Verzeichnis der Karteiblätter einzutragen.

III. Nachweis der Bücher und Druckschriften

18. In großen Büchereien sind Bücher und sonstige in die Bücherei aufzunehmende Druckschriften nach dem System für wissenschaftliche Bibliotheken nachzuweisen. Unterlagen für den Nachweis sind

a) das Bücher- oder Eingangs-Tagebuch (Bücher-Zugangsbuch).

b) der Sach- und Verfasser-Katalog oder der Kreuzkatalog.

19. In kleineren Büchereien genügt für den Nachweis der Bücher und Druckschriften ein Bücherverzeichnis nach anliegendem Muster 4. Als kleine Bücherei gilt z. B. der Bücherbestand einer Zolltechnischen Prüfungs- und Lehranstalt, einer Zollehranstalt, einer Zollschule, eines Hauptzollamtes (einschl. seiner Hilfsstellen), einer Zollfahndungsstelle (einschl. ihrer Zweigstellen) oder einer Bundesvermögensstelle.

In das Bücherverzeichnis sind Drucksachen mit nur vorübergehender Bedeutung, wie Zeitungen, Adreß- und Kursbücher, Fernsprechverzeichnisse, Kalender u. ä. nicht aufzunehmen. Ebenso bedarf es nicht einer Aufnahme der amtlichen Handausgaben in das Bücherverzeichnis. Für sie genügt die Zuweisungsverfügung zum Nachweis des Bestandes. Werden Handausgaben an Einzelpersonen ausgegeben, ist nach Ziff. 26 zu verfahren.

20. Das Bücherverzeichnis ist zweckmäßigerweise je nach Art der nachzuweisenden Drucksachen in Abschnitte und Unterabschnitte aufzuteilen,

z. B. Abschnitt I Bücher, Abschnitt II Gesetz-, Ministerial- und Amtsblätter, Abschnitt III Druckvorschriften (z. B. die für die Bücherei bestimmten Stücke der RHO, AKO, Textangaben von Gesetzen), Abschnitt IV Sonstige Druckwerke. Werden Abschnitte und Unterabschnitte gebildet, so sind diese in einem Inhaltsverzeichnis auf der ersten Seite des Bücherverzeichnisses unter Angabe der Seitenzahlen des Verzeichnisses ersichtlich zu machen. Jeder Abschnitt ist mit der lfd. Nr. 1 zu beginnen. In den Bücherverzeichnissen der in Ziffer 19 erwähnten Dienststellen ist in der Bemerkungsspalte durch Angabe der Stellenbezeichnung des Geschäftsverteilungsplans oder der Hilfs- bzw. Zweigstelle anzugeben, wo sich das einzelne Buch usw. befindet.

21. Mehrbändige Werke sind bei der Aufnahme in das Bücherverzeichnis wie ein Ganzes zu behandeln. Für die Angabe der Stückzahl in Spalte 5 des Bücherverzeichnisses ist nicht die Zahl der Bände, aus denen das Werk besteht, sondern die Stückzahl, in der das ganze Werk gehalten wird, maßgebend. Anzahl oder Nummer der Bände sind in Spalte 4 anzugeben. Das Fehlen einzelner Bände ist besonders zu vermerken.

22. Gesetz-, Ministerial- und Amtsblätter sowie periodisch erscheinende Zeitschriften, die zur Ergänzung der bereits vorhandenen und im Bücherverzeichnis nachgewiesenen Sammlung in die Bücherei aufgenommen werden, sind jahrgangsweise zusammenzufassen. Der zur Sammlung neu hinzukommende Jahrgang braucht im Bücherverzeichnis unter den Jahreszugängen nicht mehr besonders ausgewiesen zu werden. Die zum Handgebrauch innerhalb der Behörde zur Verteilung kommenden Gesetz- usw. Blätter sind nicht in das Bücherverzeichnis aufzunehmen. Es genügt der Verwendungsvermerk (§ 114 Abs. 1 RRO) auf der Kassenanweisung unter Hinweis auf das von der Behörde geführte Verteilungsverzeichnis. Vorstehendes gilt sinngemäß für Ergänzungsblätter zu Loseblattsammlungen.

23. Der Stückpreis (Spalte 6 des Bücherverzeichnisses) ist nur bei künftigen Zugängen anzugeben.

24. Zugänge oder Abgänge, die nach Anlegung des Bücherverzeichnisses eintreten, sind unter der nächsten freien lfd. Nummer zu buchen. Wird dadurch eine frühere Eintragung betroffen, so ist bei dieser die eingetretene Änderung durch Streichung der unzutreffend gewordenen Angaben mit roter Tinte und ihre Ersetzung durch die nunmehr geltenden Angaben mit schwarzer Tinte durchzuführen. Bei der früheren nunmehr geänderten Eintragung ist in Spalte 2 (Veränderungsnummer) auf die lfd. Nummer der neuen Eintragung zu verweisen. Bei der neuen Eintragung ist in Spalte 4 die lfd. Nummer der früheren Eintragung anzugeben.

25. Falls auch in kleineren Büchereien ein Bücher-Zugangsbuch nach der Zeitfolge geführt wird, kann daneben das Bücherverzeichnis nach der sachlichen Ordnung unter sinngemäßer Anwendung der vorstehenden Richtlinien in Karteiform geführt werden (Bücherkartei). In diesem Fall dürfen, um Papier zu sparen, die Karteikarten höchstens im Format DIN A 6 gehalten werden. Die Vorderseite der Karteikarte kann für die Angaben in den Spalten 1 bis 6 des Musters 4 und die Rückseite für sonstige Bemerkungen vorgesehen werden.

26. Aus der Bücherei entliehene Bücher und Druckwerke sind, soweit nicht nach Ziffer 20, letzter Satz, verfahren wird, durch Leihscheine, die die Bezeichnung des entliehenen Werkes, das Datum der Ausgabe und die Quittung des Empfängers enthalten müssen, zu belegen. Handausgaben unter 3 DM Wert werden den Angehörigen der Dienststelle ohne Ausfüllung eines Leihscheines überlassen. Für Abgänge (Absetzungen, Veräußerungen, unentgeltliche Abgabe) gilt hinsichtlich der Belege Ziffer 8 sinngemäß.

27. Für die Prüfung des Büchereibestandes gilt Ziffer 11. Der Vermerk des prüfenden Beamten ist in das Bücherverzeichnis einzutragen.

28. Formblätter der Muster 1 bis 4 können vom Beschaffungsamt der Bundeszollverwaltung bezogen werden.

4. Der Bundesminister für Wirtschaft hat am 15. 2. 1961 — Z 1 — Tgb. Nr. 112/61 — für seinen Geschäftsbereich im Einvernehmen mit dem Bundesrechnungshof besondere „Richtlinien für die Beschaffung und Verwaltung von Dienstgerät und Verbrauchsgegenständen und für die Führung von Bestandsverzeichnissen über bewegliche Sachen" gemäß § 65 Abs. 1 RHO i. V. m. § 28 VBRO erlassen.

Diese Richtlinien setzen sich zusammen aus Elementen der „Grundsätze für die Beschaffung und Verwaltung von Dienstgerät und Verbrauchsgegenständen" — Anhang IV zu § 96 Abs. 2 der Gemeinsamen Geschäftsordnung der Bundesministerien, Allgemeiner Teil (GGO I) — und der vorstehenden Richtlinien des Bundesministers der Finanzen für die Führung von Bestandsverzeichnissen für bewegliche Sachen gemäß § 28 VBRO. Sie enthalten auch Vorschriften über die Ausstattung der Geschäftszimmer und anderer Diensträume (wobei auf die einschlägigen Richtlinien des Bundesministers der Finanzen verwiesen wird), die Bewirtschaftung der Geräte und Verbrauchsgegenstände (für den Fall der Veräußerung an Verwaltungsangehörige unter Hinweis auf § 49 RHO und die vom Bundesminister der Finanzen bekanntgegebenen Grundsätze für den Verkauf gebrauchter Dienstkraftfahrzeuge vom 10. 1. 1955 — MinBlFin. S. 82 —), deren Kennzeichnung als Bundeseigentum, den entsprechenden Vermerk auf den Rechnungsbelegen sowie über Verlust und Schadensersatz (unter Hinweis auf die vom Bundesminister der Finanzen für seinen Geschäftsbereich bekanntgegebenen Richtlinien über die kassen- und haushaltsmäßige Behandlung von Fehlbeständen am öffentlichen Vermögen und von sonstigen Vermögensschäden vom 16. 9. 1957 — MinBlFin. S. 1166).

Für den Nachweis bestimmen die Richtlinien ergänzend, daß

a) der Ministerialbürodirektor oder ein von ihm beauftragter, an der Karteiführung nicht beteiligter Beamter jede in Benutzung genommene Karteikarte mit seiner Unterschrift, dem Datum der Ingebrauchnahme und mit dem Dienstsiegel zu versehen hat; zuvor hat er sich zu vergewissern, daß die Karteikarte in das Verzeichnis eingetragen ist,

b) auf den Karteikarten für hochwertige Gegenstände jeweils auch der Standort und, wenn zweckmäßig, der Benutzer des Gegenstandes einzutragen sind (wobei sich ein weiterer Nachweis in dem Geräteverteilungsverzeichnis erübrigt), und

c) bei Führung des Materialbuches in Karteiform nach dem Muster der Gerätekarteikarte deren Kopfspalte „Vermögensgruppe" entfällt und die Spalte die Kopfbezeichnung „Bemerkungen und Quittung des Empfängers" enthält.

Über die Vermerke auf den Rechnungsbelegen besagen die Richtlinien unter Ziff. 45—48:

„Auf den Rechnungsbelegen, die die Beschaffung von Geräten und sonstigen Gebrauchsgegenständen, von Verbrauchsgütern und Gebrauchsgütern von geringem Wert oder kurzer Lebensdauer und von Büchern und Druckschriften betreffen, ist die Eintragung in die Bestandsverzeichnisse (Gerätekartei, Materialbuch, Bücherverzeichnis) unter Angabe der Nummer der Karteikarte und der laufenden Nummer der Eintragung von dem mit der Führung der Bestandsverzeichnisse betrauten Beamten oder Angestellten zu bescheinigen.

Beispiel: Gerätekartei Nr. 12; lfd. Nr. 48,
Materialbuch Seite 17 Nr. 56,
Bücherverzeichnis Seite 34 Nr. 130.

Wenn ausnahmsweise Verbrauchsgüter und Gebrauchsgüter von geringem Wert oder kurzer Lebensdauer alsbald nach der Beschaffung vollständig verwendet und daher in das Materialbuch als Vorratsbestände nicht aufgenommen werden, ist auf den Rechnungsbelegen der Verbrauchszweck und die vollständige Verwendung zu bescheinigen (§ 114 Abs. I Satz 2 RRO).

Soweit Druckschriften mit nur vorübergehender Bedeutung und Ergänzungslieferungen von Gesetz-, Ministerial- und Amtsblättern sowie periodisch erscheinende Zeitschriften nicht in das Bücherverzeichnis aufzunehmen sind, wird von der Beibringung eines Nachweises über den Verbleib oder die Verwertung dieser Gegenstände auf den Rechnungsbelegen abgesehen.

Die auf den Rechnungsbelegen hiernach abzugebenden Bescheinigungen sind von dem zuständigen Beamten oder Angestellten unterschriftlich zu vollziehen."

(Vorderseite)

....
(Dienststelle)

Karte in Gebrauch
genommen ....

....
(Unterschrift)

Kontroll-Stempel

Geräte-Karteikarte

Gegenstand: *Aktenschränke einfache Ausführung*

Vermögensgruppe
0100
Karte Nr *1*

Lfd. Nr.	Tag der Buchung	Erläuterung des Zugangs oder Abgangs Hinweis auf die Belege oder Vorbücher	Veränderungen Zugang	Veränderungen Abgang	Bestand	Stückpreis DM	Stückpreis Pf	Bemerkungen
1	2	3	4		5	6		7
1	*31. 3. 53*	*Lt. Bestandsaufnahme*	—	—	*157*	*210*	—	
2	*10. 4. 53*	*Kauf (Müller & Co.) 0801—870 Hül. 16*	*10*	—	*167*	*224*	—	
3	*22. 4. 53*	*Kauf (Schulze) 0801—870 Hül. 26*	*5*	—	*172*	*236*	—	
4	*16. 4. 53*	*Als unbrauchbar ausgesondert Erklärung vom 12. 6. 1953*	—	*2*	*170*	*210*	—	
5	*24. 7. 53*	*Kauf (Bayer KG.) 0801/201 b/47*	*5*	—	*175*	*298*	—	
6	*2. 8. 53*	*An OFD Köln — VR 0100/3 —*	—	*4*	*171*	*210*	—	

(Größe DIN A 5, Rückseite wie Vorderseite, jedoch ohne Kopfleiste)

.... Muster 2

(Dienststelle)

(1. Seite)

Geräteverteilungsverzeichnis

(2. Seite)

Lfd. Nr.	Von den Geräten befinden sich in/beim	Aktenschränke (einfache Ausführung)	Akten-Kleiderschränke	Aktenanbauschränke	usw.	
	Bestand: *Zimmer 1* *Zimmer 2* *Zimmer 3* *Zollamt X* *Zollgrenzkommissar Y* *usw.* *Vorrat*					

(3. Seite)

Bücherschränke	usw.		Schreibtische (bessere Ausführung)	Schreibtische (normale Ausführung)	usw.	

Muster 3

....
(Dienststelle)

Materialbuch

Teilband Geschäftsbedürfnisse

Rechnungsjahr 19......

Dieses Buch enthält .... Blätter, die mit einer — amtlich angesiegelten — plombierten — mit Trockenstempel befestigten — Schnur durchzogen sind*).

...., den .... 19.......

Unterschrift ....

Amtsbezeichnung ....

Dieses Buch wurde geführt:

vom .... bis .... von ....

vom .... bis .... von ....

*) Nichtzutreffendes streichen.

Abschnitt - Zugänge

Blatt 1

Lfd. Nr.	Tag der Buchung	Erläuterung des Zugangs oder Abgangs	Bleistifte Stck.	Farbbänder Stck.	Tinte schwarz Lt.	Locher Stck.	usw.	Einkaufspreis DM	Pf	Beleg	Bemerkungen
1	2	3	4	5	6	7	8	9		10	11
	19 . . .										
1	*1. 4.*	*Bestand aus d. Vorjahr*	*20*	*3*	*2*						
2	*10. 5.*	*von Firma Seeger*	*48*	*4*	*5*			*21*	*24*	*1*	
3	*30. 7.*	*von Firma Müller*	*24*	*10*		*6*		*34*	*80*	*2*	
		usw.									
		Summe Zugänge	*92*	*17*	*7*	*6*					
		Abgänge	*41*	*10*	*3,5*	*2*					
		Bestand am Schluß des Rechnungsjahres; zu übertragen in das Materialbuch für das Rechnungsjahr 19 . . .	*51*	*7*	*3,5*	*4*					

Abschnitt - Abgänge

Blatt 15

											Quittung des Empfängers
	19 . . .										
1	*1. 5.*	*Zum Verbrauch ausgegeben*	*15*		*1,5*	*1*					*Weber*
2	*2. 6.*	*Zum Verbrauch ausgegeben*	*10*	*4*	*1*	*1*					*Martens*
		usw.	*usw.*	*usw.*	*usw.*	*usw.*					
	19 . . .										
5	*21. 3.*	*Zum Verbrauch Kanzlei I*	*16*	*6*	*1*						*Seibold*
		Summe der Abgänge	*41*	*10*	*3,5*	*2*					

Muster 4

....
(Dienststelle)

Seite ....

Bücherverzeichnis

Abschnitt I: .... Seite ....

„ II: .... „ ....

„ III: .... „ ....

Dieses Verzeichnis enthält .... Blätter, die mit einer — amtlich angesiegelten — plombierten — mit Trockenstempel befestigten — Schnur durchzogen sind*).

...................................., den .... 19.......

Unterschrift ....

Amtsbezeichnung ....

Dieses Verzeichnis wurde geführt:

vom .... bis .... von ....

vom .... bis .... von ....

*) Nichtzutreffendes streichen.

Seite ....

Lfd. Nr.	Ver-ände-rungs-Nr.	Tag der Buchung	Bezeichnung des Werkes und Beleghinweis	Stück-zahl	Stück-preis DM	Bemerkungen
1	2	3	4	5	6	7
		1954				
1	7	*1. 4.*	*Reichsgesetzblatt von 1920 an Jahrgang 1937 fehlt* *) (in Rot gestrichen)	*1*	—	
2		*1. 4.*	*Bundesgesetzbl. von Jahrgang 1949 an*	*1*	—	
3		*1. 4.*	*Deutsches Bundesrecht Frankfurter Fachverlag für Recht und Wirtschaft Band 1—8*	*1*	—	
4	9	*1. 4.*	*Ministerialblatt des Bundesministers der Finanzen von 1950 an*	*) *2* (in Rot gestrichen) *1*	—	
5		*1. 4.*	*Bundessteuerblatt von 1950 an*	*1*	—	
6		*1. 4.*	*Bundeszollblatt von 1950 an*	*1*	—	
			Zugang 1955			
7		*10. 5.*	*RGBl Jahrgang 1937 betr. lfd. Nr. 1; Übergabeschein Beleg Nr. 1*			***Vom Hauptzollamt A unentgeltlich überwiesen***
8		*20. 12.*	*Gemeinsames Ministerialblatt von Jahrgang 1950 an; Übergabeschein Beleg 2*	*1*		***Von ODF .... unentgeltlich überwiesen***
			Abgänge 1955			
9		*8. 9.*	*MinBlFin von Jahrgang 1950 an; betr. lfd. Nr. 4; Übergabeschein Beleg 3*			***An Bundesvermögensstelle X unentgeltlich abgegeben***

*) Anmerkung: Streichungen sind in Rot durchzuführen.

Anlage 1

(Vorderseite)

(Dienststelle)

Karte in Gebrauch

genommen ....

....
(Unterschrift)

Kontroll-Stempel

Geräte-Karteikarte

Gegenstand: Drehbank
Fabrikat Mauser,
Fabr.-Nr. 134 607
Baujahr 1950

Vermögensgruppe
01 21

Karte Nr. ....

Lfd. Nr.	Tag der Buchung	Erläuterung des Zugangs oder Abgangs Hinweis auf die Belege oder Vorbücher	Veränderungen Zugang	Veränderungen Abgang	Bestand	Stückpreis DM	Stückpreis Pf	Bemerkungen
1	3	3	4		5	6		7
1	*15. 6. 53*	*Kauf (Fa. Walter KG) 0806/875 Hül. 3*			*1*	*7065*	—	
		Zubehör:						
2	*15. 6. 53*	*Werkzeugkasten mit Inhalt lt. Verzeichnis*			*1*	—		
3	*15. 6. 53*	*Drehbankfutter*			*1*	*220*	—	
		Drehbankherz			*1*	*44*	*80*	
		Drehbankspitzen			*3 2* (3 in Rot gestrichen)	*118*	—	**Beleg 7**
6	*15. 6. 53*	*Drehstahlhalter*			*1*	*15*	—	
7	*15. 6. 53*	*Abstechhalter*			*1*	*19*	*70*	
8	*1. 12. 53*	*Drehstahlgarnitur Satz lt. Inhaltsverzeichnis 0806/875 Hül. 10*			*1*	*509*	*60*	

*) Streichungen sind in Rot durchzuführen.

(Größe DIN A 5, Rückseite wie Vorderseite, jedoch ohne Kopfleiste)

3. Teil: Führung der Bücher

1. Abschnitt: Führung der Bücher im allgemeinen

§ 29

Einrichtung und Aufbewahrung der Bücher

(1) Die Bücher (Karteien) zum Nachweis des Vermögens und der Schulden sind für unbestimmte Zeit einzurichten.

(2) Die Bücher sind sicher aufzubewahren. Es ist Vorsorge zu treffen, daß Unregelmäßigkeiten, insbesondere ein unbefugtes Entfernen einzelner Karten oder Blätter, ausgeschlossen sind. Wird der Vermögenskartei eine Karte zur vorübergehenden Benutzung innerhalb der Dienststelle entnommen, so ist ein Fehlblatt in die Kartei einzustellen und auf diesem über die Entnahme zu quittieren. Vermögenskarteikarten über geldwerte Rechte dürfen aus dem Bereich der Kasse nicht herausgegeben werden.

(3) Der Dienststellenleiter oder ein von ihm beauftragter an der Karteiführung nicht beteiligter Beamter hat jede in Benutzung genommene Karteikarte mit seiner Unterschrift, dem Datum der Ingebrauchnahme und mit dem Dienstsiegel zu versehen. Vor Abgabe dieser Bescheinigung hat er sich zu vergewissern, daß die Karte in das Verzeichnis der Vermögenskonten (§ 27) eingetragen ist.

(4) Die Dauer der Aufbewahrung der Bücher und Belege der Vermögensrechnung richtet sich nach den entsprechenden Vorschriften für die Bücher und Belege der Geldrechnung.

Zu § 29:

1. Nach § 73 RKO sind die Bücher der Geldrechnung grundsätzlich für ein Rechnungsjahr zu führen. Die VBRO folgt dieser Regel für die Bücher der Vermögensrechnung nicht. Der Grund liegt darin, daß die Bewegungen auf den meisten Vermögenskonten verhältnismäßig gering sind. Viele Konten werden außer der ersten Buchung des Bestandes im Laufe eines Rechnungsjahres kaum eine Veränderungsbuchung aufnehmen. Die Anlegung der Konten, besonders der Konten für unbewegliche Sachen, erfordert aber einen erheblichen Zeitaufwand. Die VBRO sieht deshalb vor, daß die Vermögenskartei „für unbestimmte Zeit“, also grundsätzlich für dauernd anzulegen ist.

2. Die Vorschriften über die Sicherung der Bücher lehnen sich an die Vorschriften für die Geldrechnung an (§ 77 RKO, § 21 RRO). Die Bestimmung in Absatz 2 Satz 3 soll dem Karteiführer die Möglichkeit geben, den Verbleib der Karteikarten nachzuweisen. Bücher und Karteikarten, die zum Nachweis von Geld oder ähnlichen Werten dienen, werden grundsätzlich aus der Buchhaltung nicht herausgegeben. Absatz 2 letzter Satz entspricht dieser Regel für die Karteikarten über geldwerte Rechte. Bei den in der Verwaltung geführten Karteien über Grundstücke usw. kann der Fall eintreten, daß eine Karteikarte mit Rücksicht darauf, daß sie den vollständigen Beschrieb des Grundstücks

enthält, in einem anderen Büro der gleichen Dienststelle vorübergehend gebraucht werden muß. Die VBRO hat die Möglichkeit hierzu nicht ausschließen wollen. Sie knüpft an die Entnahme der Karte aus der Kartei aber die Pflicht, ein Fehlblatt in die Kartei einzustellen und auf diesem über die Entnahme zu quittieren. Der Begriff „vorübergehend" wird eng auszulegen sein. Im allgemeinen wird man verlangen müssen, daß die entnommene Karte noch am gleichen Tage in die Kartei wieder eingestellt wird.

3. Die Bestimmung in Absatz 3 ist eine zwingende Vorschrift zur Sicherung der Karteiführung. Sie soll verhindern, daß ohne Wissen des Dienststellenleiters oder seines Beauftragten eine Karteikarte der Kartei entnommen und durch eine andere ersetzt werden kann. Das bedeutet jedoch nicht, daß „mit" Zustimmung des Dienststellenleiters oder seines Beauftragten eine Karteikarte durch eine andere ersetzt werden könnte. Die einmal in die Kartei aufgenommene Karte bleibt bis zu dem in § 35 Abs. 2 genannten Zeitpunkt Bestandteil der Kartei.

Für Beiblätter (Tz. 20 Buchst. e Richtl. VR I) ist die Bescheinigung nicht vorgesehen.

4. Nach Absatz 4 richtet sich die Dauer der Aufbewahrung der Bücher und Belege nach den entsprechenden Vorschriften für die Bücher und Belege der Geldrechnung. Allgemeine Bestimmungen hierfür bestehen nicht. In § 115 RRO ist lediglich gesagt, daß Bestimmungen dieser Art der Zustimmung des Rechnungshofs bedürfen. Für die Dauer der Kriegszeit galten die „Richtlinien über die Dauer der Aufbewahrung von Kassenbüchern, Belegen und Kassenrechnungen" vom 24. Juni 1943 (MBliV S. 1287). Diese Richtlinien sahen folgende Aufbewahrungszeiten vor:

für die Zeitbücher und die Sachbücher fünf Jahre,

für die Hilfsbücher und die anderen Bücher drei Jahre,

gerechnet vom Ende des Rechnungsjahres, für das die Bücher geführt sind. Die gleiche Aufbewahrungsdauer galt für Bestandteile der Kassenbücher, z. B. Tagesnachweisungen, Listen, Zusammenstellungen usw. Die obersten Reichsbehörden konnten für bestimmte Arten von Kassenbüchern und Belegen eine längere Aufbewahrung oder allgemein — bei den zur Rechnungslegung dienenden Büchern usw. mit Zustimmung des Rechnungshofs — auch eine kürzere Aufbewahrung anordnen. Vor Erlaß der Richtlinien von 1943 bestanden im Reich keine einheitlichen Bestimmungen[1]).

Der Bundesminister der Finanzen hat mit Erlaß vom 13. Mai 1953 — I A 1715 — 12/53 — neue Bestimmungen über die Aufbewahrung und Aussonderung von Akten, Listen und sonstigem Schriftgut im Bereich der Finanzverwaltung erlassen. Diese zunächst nur für die Bundesfinanzverwaltung maßgebenden Bestimmungen sehen für die Aufbewahrung der Zeit- und Sachbücher und die Bestandteile dieser Bücher bei den Oberfinanzkassen eine Aufbewahrungsdauer von zehn Jahren und bei den Amtskassen von fünf Jahren vor, gerechnet vom Ablauf des Rechnungsjahres, in dem die letzte Eintragung vorgenommen worden

1) Vgl. Schulze-Wagner, Rechnungslegungsordnung, 2. Aufl., Berlin 1941, Anm. 1 zu § 115.

ist. Wertkontobücher, Geräteverzeichnisse, Materialienbücher u. dgl. sind zehn Jahre nach Ablauf des Rechnungsjahres aufzubewahren, in dem die letzte Eintragung vorgenommen worden ist. Für

a) Bauanschläge und geprüfte Kostenzusammenstellungen für Bauvorhaben über 50 000 DM im einzelnen Fall mit den zugehörigen Zeichnungen,

b) Schlußabrechnungen über größere, von Unternehmern ausgeführte Bauten, wenn sich darin wesentliche Angaben über die Konstruktion und die Dauer des Bauwerks befinden,

c) Verträge über den Erwerb und die Aufgabe des Eigentums an Grundstücken mit den Lageplänen und den Kassenanweisungen und Quittungen über den ein- (und aus-) gezahlten Kaufpreis,

d) Verträge über den Erwerb und die Aufhebung von Rechten an Grundstücken und von anderen dauernden Rechten und Verträge über dauernde Lasten und Verbindlichkeiten mit den zugehörigen Kassenanweisungen und Quittungen,

e) Urkunden über Sonder- und Gewohnheitsrechte und über Familien- und Erbrechte,

f) Schuldverschreibungen und andere Urkunden und Schriftstücke, deren Vernichtung von Nachteil für eine öffentliche Kasse sein könnte,

ist die Aussonderung vorbehalten; diese Unterlagen sind also grundsätzlich dauernd aufzubewahren. Alle übrigen Belege zu den Kassenbüchern (einschließlich der eine Zahlung begründenden Unterlagen) sowie die den Rechnungslegungsbüchern beizufügenden sonstigen Prüfungsunterlagen sind wie die Bücher, zu denen sie gehören, aufzubewahren. Weitere Bestimmungen sind für die Bundesverwaltung bisher nicht erlassen worden.

5. § 29 ist auf die Gerätekartei (vgl. Richtlinien zu § 28) entsprechend anzuwenden.

§ 30

Form der Eintragungen

(1) Die Eintragungen in die Bücher sind sauber und deutlich lesbar mit schwarzer Tinte oder in Maschinenschrift vorzunehmen. Absetzungen sind mit roter Tinte oder rotem Farbband einzutragen.

(2) Änderungen sind so durchzuführen, daß die ursprüngliche Eintragung lesbar bleibt. Sie sind durch Beifügen des Namenszeichens und durch Angabe des Tages der Änderung zu bescheinigen. Radieren, Überkleben. Übermalen und die Verwendung von Ätzmitteln sind unzulässig.

(3) Soweit das Sachbuch für das Vermögen von Kassen geführt wird, können Buchungen der Vermögensrechnung mit Buchungen der Geldrechnung verbunden werden. Dabei kann zur Vereinfachung des Schreibwerks ein bewährtes Durchschreibeverfahren angewandt werden. Wird hierbei in Bücher der Geldrechnung durchgeschrieben, so gilt die Vorschrift dieses Absatzes als abweichende Bestimmung im Sinne des § 98 Abs. 2 der Reichskassenordnung.

Zu § 30:

1. Die Vorschriften der Absätze 1 und 2 entsprechen den Bestimmungen in § 74 RKO. Absetzungen im Sinne von Absatz 1 sind nicht wesensgleich mit den Abschreibungen nach § 18. Abschreibungen werden als Wertminderung des Vermögens in der hierfür vorgesehenen Spalte mit schwarzer Tinte gebucht. Bei den Absetzungen nach Absatz 1 handelt es sich um die Berichtigung oder Rückgängigmachung voraufgegangener Buchungen. Abschreibungen vermindern den Vermögensbestand, Absetzungen nur die Additionssumme der betreffenden Spalte.

2. Die Verbindung von Buchungen der Vermögensrechnung mit Buchungen der Geldrechnung ist nur möglich, soweit die gleiche Stelle die Bücher der Geldrechnung und die Bücher der Vermögensrechnung führt. Das ist bei den Kassen der Fall. Gemäß § 49 Abs. 1 ist deshalb zugelassen, daß die Vermögenskartei für Darlehen zugleich Sachbuch der Vermögensrechnung und Titelbuch der Geldrechnung ist. Eine weitere Vereinfachung ist dadurch möglich, daß die Buchung im Sachbuch (Titelbuch) mit der Buchung im Zeitbuch im Wege des Durchschreibeverfahrens verbunden wird. Dazu gibt Absatz 3 die Möglichkeit. Das Durchschreibeverfahren hat nur für Kassen, im wesentlichen also bei Darlehen praktische Bedeutung. Die Vordrucke sehen in erster Linie vor, daß die Urschrift der Buchung in dem Sachbuch der Vermögensrechnung und die Durchschrift in ein Buch der Geldrechnung vorgenommen wird. Zu diesem Zwecke haben die Vordrucke Muster 5 (Rückseite) und Muster 9 eine übereinstimmende Längsliniatur. Statt Karteikarten aus Karton müssen beim Durchschreibeverfahren die gebräuchlichen dünneren Durchschreibeblätter verwendet werden. Ein Durchschreiben in der Weise, daß die Erstbuchung in einem Zeitbuch der Geldrechnung und die Durchschrift in das Vermögenssachbuch erfolgt, wird praktisch kaum in Betracht kommen; sie ist aber nicht ausgeschlossen. Die Durchschrift in das Sachbuch für das Vermögen ist nach Satz 2 ohne weiteres gestattet. Die Durchschrift in Bücher der Geldrechnung bedurfte mit Rücksicht auf § 98 Abs. 2 RKO der ausdrücklichen Hervorhebung, weil die Anwendung des Durchschreibeverfahrens für die Geldrechnung ohne ausdrückliche Anordnung nicht zulässig ist. Für Kassen mit Maschinenbuchhaltung gilt Tz. 27 Buchst. n der Richtl.VR IV.

2. Abschnitt: Allgemeine Buchungsbestimmungen

§ 31

Buchungsgrundsatz

(1) Grundlage für die Buchungen in der Vermögensrechnung (Spalten: Zugänge und Abgänge mit haushaltsmäßiger Zahlung) sind die Buchungen der vermögenswirksamen Haushaltseinnahmen und -ausgaben in der Geldrechnung; die Ausgaben bewirken Vermögenszugänge oder Schuldenabgänge, die Einnahmen Vermögensabgänge oder Schuldenzugänge.

(2) Im Sachbuch für das Vermögen sind die Wertzugänge — mit Ausnahme von geldwerten Rechten — nach Möglichkeit in Summen zu buchen (vgl. §§ 38, 39, 40).

Zu § 31:

1. Die Bestimmung enthält einen der wichtigsten Grundsätze der Vermögensrechnung. Sie stellt die Verbindung zwischen dieser und der Geldrechnung her. Die Geldrechnung entspricht den Konten des Zahlungsverkehrs der kaufmännischen doppelten Buchführung (Kasse-, Bank-, Postscheckkonto u. ä.). Beim Erwerb eines Vermögensgegenstandes bucht der Kaufmann den Geldabgang auf einem dieser Konten, zugleich aber den Wertzugang auf dem entsprechenden Anlagekonto. Eine ähnliche Regelung wird durch die Bestimmung des Absatzes 1 zwischen den Buchungen der Geldrechnung und den Buchungen der Zugänge und Abgänge der Vermögensrechnung eingeführt. Nach dem Grundprinzip der kaufmännischen doppelten Buchführung ist jeder Geschäftsvorfall „doppelt" zu buchen; d. h. bei jeder Buchung sind zwei Konten beteiligt, das eine wird belastet, das andere erkannt. Gewisse Formen der Doppik bringen eine Vereinfachung, indem sie die einzelnen Beträge zunächst sammeln und summieren und die Konten nur mit den Summen belasten oder erkennen. Dieser Gedanke findet in der Vermögensbuchführung nach der VBRO Anwendung. Nach § 31 Abs. 2 sind Wertzugänge nach Möglichkeit „in Summen" zu buchen. Die Summen sind den Titelbüchern der Geldrechnung zu entnehmen. Die Titelbücher wirken hier wie die „Sammeljournale" der Doppik. Die Eigenart der Kameralistik läßt damit eine vereinfachte Vermögensbuchführung zu.

Die Möglichkeit, in Summen zu buchen, ist dann vollendet, wenn der Haushaltsplan die vermögenswirksamen und vermögensunwirksamen Haushaltseinahmen und -ausgaben sorgfältig scheidet und die Ansätze der vermögenswirksamen Ausgaben den Vermögensgruppen entsprechen. Bei den vermögenswirksamen Ausgaben für Baumaßnahmen ist stets summarisch zu buchen; im einzelnen vgl. Ziffer 4 des Abschnitts K 18 der RBBau — im Anhang zu § 38 abgedruckt —. Wegen des Begriffs „vermögenswirksame Haushaltseinnahmen und -ausgaben" vgl. § 3 Abs. 1 Ziff. 5 und die Anm. dazu. Der Zeitpunkt für die summarische Buchung von Wertzugängen auf Grund haushaltsmäßiger Zahlungen ist gegeben, wenn die in die Vermögensrechnung zu übernehmende Summe in den Büchern der Geldrechnung feststeht; dies ist in der Regel der Zeitpunkt des Abschlusses der Kassenbücher am Schluß des Rechnungsjahres. Abgänge werden in der Regel einzeln zu buchen sein; eine Buchung in Summen ist jedoch nicht ausgeschlossen (vgl. insbesondere § 40 Abs. 5).

2. Bei geldwerten Rechten entfällt die Buchung der Zugänge in Summen. Sie sind zur gleichen Zeit und mit dem gleichen Betrage in die Vermögensrechnung aufzunehmen, wie sie in der Geldrechnung gebucht werden. Dagegen ist die Buchung von Abgängen in Summen auch bei geldwerten Rechten möglich. Das kann z. B. für die Buchung von Tilgungs- und Rückzahlungsbeträgen bei Hausratsdarlehen oder bei kleineren Darlehen aus Mitteln der Arbeitslosenfürsorge zur Förderung der Arbeitsaufnahme u. dgl. praktische Bedeutung haben. Die Buchung von Abgängen in Summen kommt jedoch nur dann in Frage, wenn die Darlehen auf einem Sammelkonto geführt werden. Zugänge sind auch in diesem Falle stets einzeln zu buchen. Voraussetzung ist ferner, daß der Einzelnachweis der Darlehen durch Zahlungsnachweisungen, Besoldungsstammkarten o. dgl. ausreichend gesichert ist. Die Führung von Darlehen auf einem Sammelkonto bedarf außer im Falle des § 47 Abs. 1

der besonderen Zulassung durch den Bundesminister der Finanzen gemäß § 49 Abs. 4, die nur im Einvernehmen mit dem Bundesrechnungshof erteilt werden kann.

Wegen des Nachweises der Hausratsdarlehen im besonderen siehe das Rundschreiben des Bundesministers der Finanzen vom 19. März 1954 — II B — O 4300 — 59/54. Hiernach ist, soweit Hausratsdarlehen durch Stammkarten für die Bezüge von Beamten, Versorgungsempfängern und Angestellten nachgewiesen werden, ein nochmaliger Einzelnachweis in der Vermögensrechnung entbehrlich; vorausgesetzt wird jedoch, daß die Stammkarten den Bestand des einzelnen Darlehens zu Beginn und Ende des Rechnungsjahres und die Einzelbeträge der einbehaltenen Tilgungsraten ausweisen und die Summen der einbehaltenen Raten mit dem Titelbuch abgestimmt werden. Entsprechend kann auch bei Hausratsdarlehen an Lohnempfänger verfahren werden.

Allgemeines Buchungsschema (§ 31 Abs. 1)[1]):

1. Bestand, 2. Zugang mit haushaltsmäßiger Zahlung, 3. Zugang ohne haushaltsmäßige Zahlung, 4. Abgang mit haushaltsmäßiger Zahlung, 5. Abgang ohne haushaltsmäßige Zahlung, 6. Abschreibung.

	5	6	7	8	9	10	11
1.	1000,—						
2.		200,—					
3.			80,—				
4.				100,—			
5.					30,—		
6.						50,—	
Sa. Rj.	1000,—	200,—	80,—	100,—	30,—	50,—	1100,—

§ 32

Übereinstimmung von Geldrechnung und Vermögensrechnung

(1) Bei der Aufstellung des Bundeshaushaltsplanes sind vermögenswirksame Haushaltseinnahmen und -ausgaben sowie vermögensunwirksame Haushaltseinnahmen und -ausgaben getrennt voneinander in besonderen Titeln oder Unterteilen von Titeln zu veranschlagen. Erscheint dies nicht zweckmäßig, so ist die Aufgliederung in vermögenswirksame und vermögensunwirksame Haushaltseinnahmen und -ausgaben in den Erläuterungen vorzunehmen. Bei der Buchung im Titelbuch ist nach § 11 Abs. 1 Satz 1 der Rechnungslegungsordnung und nach Ziffer III der Vorbemerkungen zum vorläufigen Eingliederungsplan zu verfahren.

[1]) Das Beispiel in dem Buchungsschema ist aus drucktechnischen Gründen und der Übersichtlichkeit halber mit wenigstelligen Zahlen gegeben.
Die am Kopf des Buchungsschemas angegebene Zahlenreihe bezeichnet die Spalten-Nummern des Buchungsteils der Vermögenskarteikarten. Die Nummern beziehen sich auf das Grundmuster (Muster 1 a). Die in dem Beispiel senkrecht untereinander stehenden fortlaufenden Ziffern bezeichnen die laufende Nummer der Eintragung.

(2) Das Sachbuch für das Vermögen ist so zu führen, daß

a) die durch haushaltsmäßige Zahlungen entstandenen Zugänge des Vermögens und Abgänge der Schulden
mit den vermögenswirksamen Haushaltsausgaben,

b) die durch haushaltsmäßige Zahlungen entstandenen Abgänge des Vermögens und Zugänge der Schulden
mit den vermögenswirksamen Haushalteinnahmen

übereinstimmen. Dabei ist darauf zu achten, daß diese Übereinstimmung auch in der Zeit vom 1. April jedes Jahres bis zum Abschluß der Kassenbücher für das abgelaufene Rechnungsjahr (§ 61 der Reichshaushaltsordnung) gewährleistet ist.

(3) Die Titelbücher der Geldrechnung sind in der Einnahme und Ausgabe um eine Spalte

„Davon vermögenswirksam"

zu erweitern. In diese Spalte sind die vermögenswirksamen Einnahmen und Ausgaben nachrichtlich einzutragen. Enthalten Titel oder Buchungsabschnitte nur vermögenswirksame Einnahmen oder Ausgaben, so genügt die Eintragung der Summe des Titels oder des Buchungsabschnittes in dieser Spalte. Werden Titelbücher mit Längsspalten für mehrere Titel oder Buchungsabschnitte geführt, so genügt die Zusatzspalte bei den Titeln oder Buchungsabschnitten, die — ausnahmsweise — zugleich vermögenswirksame und vermögensunwirksame Eintragungen enthalten. Beträge, die zur Mehrung oder Minderung der Schulden führen, sind durch Vorsetzen eines „S" zu kennzeichnen und für sich aufzurechnen.

(4) Die Rechnungsnachweisungen, die Oberrechnungen, die Zentralrechnungen und die Hauptrechnung über die Haushaltseinnahmen und -ausgaben (§§ 24, 100 der Rechnungslegungsordnung) sind sinngemäß nach Absatz 3 um die gleiche Spalte zu erweitern. Entsprechend sind die vermögenswirksamen Haushalteinnahmen und Haushaltsausgaben in einer besonderen Spalte der Haushaltsrechnung auszuweisen. Absatz 3 letzter Satz gilt sinngemäß.

(5) Werden bei einem Titel oder in einem Buchungsabschnitt die Haushaltseinnahmen oder Haushaltsausgaben für Gegenstände nachgewiesen, die zu verschiedenen Vermögensgruppen (-untergruppen) gehören, so ist Vorsorge zu treffen, daß die Endsumme für jede Vermögensgruppe (-untergruppe) besonders ausgewiesen wird. Dies kann geschehen, indem

a) im Titelbuch besondere Längsspalten eingerichtet werden, oder

b) bei jeder Buchung die Nummer der Vermögensgruppe (-untergruppe) in der Spalte Bemerkungen eingetragen und am Schluß die Titel-

summe nach den Vermögensgruppen (-untergruppen) aufgegliedert wird, oder

c) bei Haushaltsausgaben eine entsprechende Aufgliederung in der Haushaltsüberwachungsliste (§ 42 der Wirtschaftsbestimmungen für die Reichsbehörden) vorgenommen wird.

Zu § 32:

1. Um den in § 31 aufgestellten Buchungsgrundsatz zu verwirklichen, sind gewisse Angleichungsvorschriften notwendig. Die Scheidung zwischen vermögenswirksamen und vermögensunwirksamen Haushaltseinnahmen und -ausgaben muß beim Haushaltsplan beginnen. Das Ziel bleibt, den Haushaltsplan so zu gliedern, daß kein Titel zugleich Haushaltseinnahmen oder -ausgaben beider Arten enthält. In der Praxis begegnet diese Einteilung des Haushaltsplanes zur Zeit noch Schwierigkeiten. Absatz 1 schreibt deshalb vor, daß in diesem Falle die Aufgliederung in den Erläuterungen zum Haushaltsplan vorzunehmen ist. Daraus folgt in Verbindung mit § 11 Abs. 1 Satz 1 RRO, daß die vermögenswirksamen Haushaltseinnahmen und -ausgaben in besonderen Buchungsabschnitten zu buchen sind, denn:

„Ist ein Titel in den Erläuterungen zum Haushaltsplan in Unterteile zerlegt, so ist für jeden Unterteil, auch wenn er nur der Schätzung des Gesamtaufwands dient, im Titelbuch ein Buchungsabschnitt zu bilden."

2. Während Absatz 1 die Übereinstimmung von Geldrechnung und Vermögensrechnung hinsichtlich der vermögenswirksamen Posten auf der Stufe des Haushaltsplanes vorbereitet, gibt Absatz 2 eine feste Regel für die Buchung vermögenswirksamer Beträge im Vermögenssachbuch. Diese zwingt alle Beteiligten, sich stets der Unterscheidung beider Ausgabearten und darüber bewußt zu sein, daß diese in der Geldrechnung getrennt zu buchen sind. Zu dem gleichen Zwecke ist in Ziffer III Satz 2 der Vorbemerkungen zum vorläufigen Eingliederungsplan vorgeschrieben, daß für vermögenswirksame Haushaltseinnahmen und -ausgaben „stets ein besonderer Buchungsabschnitt zu bilden ist". Welche Posten in einem besonderen Buchungsabschnitt zu buchen sind, erkennt die Kasse an dem nach § 63 Abs. 2 anzubringenden Stempelaufdruck.

Wegen des Verfahrens zur Kennzeichnung der vermögenswirksamen Hauhaltsausgaben für Baumaßnahmen im Titelbuch siehe Ziffer 5 des Abschnitts K 18 der RBBau — abgedruckt im Anhang zu § 38.

3. Die Vermögensrechnung schließt nicht wie die kaufmännische Buchführung zu einem bestimmten Stichtag ab. Dies kann als Mangel empfunden werden. Nach § 68 Abs. 2 RHO sind Einnahmen und Ausgaben, die sich auf einen zum abgelaufenen Rechnungsjahre gehörigen Zeitraum beziehen und in dem abgelaufenen Rechnungsjahre oder in den ersten Tagen des neuen Rechnungsjahres fällig geworden sind, in der Rechnung

des abgelaufenen Jahres nachzuweisen, solange die Bücher noch nicht abgeschlossen sind. Die VBRO paßt sich dieser Bestimmung an. Dies entspricht der für die Bilanz der Deutschen Bundespost getroffenen Regelung (§ 10 der VO vom 6. April 1934 — RGBl. I S. 305 —; § 19 Postverwaltungsgesetz vom 24. Juli 1953 — BGBl. I S. 676 —).

4. Die Übereinstimmung zwischen Geldrechnung und Vermögensrechnung im Sinne des § 32 Abs. 2 ist nicht ohne weiteres gegeben,

a) soweit nach §§ 7, 69 Abs. 2, 71 RHO von den Einnahmen vorweg Ausgaben oder von den Ausgaben vorweg Einnahmen abgezogen werden, das Bruttoprinzip also durchbrochen wird,

b) bei der Vereinnahmung von Erlösen aus Anleihen, die zu einem vom Nennwert abweichenden Kurs begeben werden,

c) bei der Tilgung von Schulden durch Rückkauf der Schuldtitel zu einem vom Nennwert abweichenden Kurs,

d) bei den schwebenden Schulden.

Im Falle zu a) bietet § 11 Abs. 1 Satz 3 und 4 RRO die Möglichkeit, dem Grundgedanken der Bestimmung Rechnung zu tragen. In den Fällen b) und c) nimmt die Vermögensrechnung den Nennbetrag der Schuld auf, während in der Geldrechnung nur der tatsächliche Gelderlös bzw. Geldaufwand nachgewiesen wird. Da die Schulden von der Bundesschuldenverwaltung mit dem Nennbetrage in der Vermögensrechnung geführt werden, bleibt nur übrig, in einem Vermerk beim Abschluß der Bücher durch Zusetzen der Abgeld- bzw. Absetzen der Aufgeldbeträge die Übereinstimmung zwischen Geldrechnung und Vermögensrechnung darzustellen. Im Falle d) wird der Erlös aus dem Verkauf von Wechseln, unverzinslichen Schatzanweisungen usw. nicht in der Haushaltsrechnung, sondern bei den Verwahrungen gebucht. Auch in diesem Falle muß sinngemäß wie zu b) verfahren werden.

5. Die in Absatz 3 vorgeschriebene zusätzliche Spalte in den Titelbüchern[2]) der Geldrechnung soll dazu dienen, den Beweis für die Übereinstimmung zwischen Geldrechnung und Vermögensrechnung zu führen. In Abweichung hiervon läßt die Regelung der RBBau in Abschnitt K 18 Ziff. 8 i. V. m. J 303 Abs. 2 (abgedruckt im Anhang zu § 38) die zusätzliche Spalte für vermögenswirksame Bauausgaben entbehrlich werden. Wo dies aber nicht der Fall ist, macht es die Beschränkung auf eine gemeinsame Spalte erforderlich, die Veränderungen des Vermögens und die Veränderungen der Schulden in der gleichen Spalte nachzuweisen. Zur Unterscheidung ist deshalb bei Schulden das Vorsetzen eines „S" angeordnet. Praktische Bedeutung für die Zusammenrechnung wird diese Kennzeichnung nur in den Fällen des Absatzes 4 haben, weil Vermögen und Schulden in verschiedenen Teilen von Titelbüchern geführt werden. Absatz 4 überträgt die Regelung auf die Gesamtrechnungsregelung und die Legung der Haushaltsrechnung mit dem gleichen Ziele.

[2]) Muster für die Einrichtung des Titelbuchs sind im Anhang zu Anm. 6 Abs. 1 abgedruckt.

6. Die Vorschriften des Absatzes 5 sind notwendig, weil für die Vermögensrechnung das Vermögen nach anderen Gesichtspunkten in Gruppen aufgegliedert werden mußte, als der Haushaltsplan die Mittel zur Verfügung stellt. Es wird anzustreben sein, die Haushaltseinnahmen und -ausgaben für jede Vermögensgruppe bei einer besonderen Verbuchungsstelle nachzuweisen. Die vorgeschriebenen Buchungsmethoden sollen vor allem auch die Buchung der Wertzugänge in Summen gemäß § 31 Abs. 2 erleichtern.

Titelbuch

a) Für abschnittsweise Gliederung

Lfd. Nr.	Tag der Zahlung	Bezeichnung des Einzahlungspflichtigen oder Empfängers	Grund der Haushaltseinnahme oder -ausgabe	Buchungs-Nr.	Betrag DM	Davon vermög.-wirksam DM	Betrag DM	Davon vermög.-wirksam DM	Vermerke
1	2	3	4	5	6	7	8	9	10

b) Für spaltenweise Gliederung

Lfd. Nr.	Tag der Zahlung	Bezeichnung des Einzahlungspflichtigen oder Empfängers	Grund der Haushaltseinnahme oder -ausgabe	Buchungs-Nr.	Die Haushaltseinnahme				
					Titel ………… DM	Davon verm.-wirksam DM	Titel ………… DM	Titel ………… DM	Titel ………… DM
1	2	3	4	5	6	7	8	9	10

— Haushaltsausgabe entfällt auf								Vermerke
Titel ………… DM	Titel ………… DM	Davon vermög.-wirksam DM	Titel ………… DM	Davon vermögenswirksam Verm.-Gruppe ………… DM	Davon vermögenswirksam Verm.-Gruppe ………… DM	Titel ………… DM	Titel ………… DM	
11	12	13	14	15	16	17	18	19

Im Vordruck zu b) wird die Spalte „Davon vermögenswirksam“ nach Bedarf eingerichtet.

Mit Rundschreiben vom 29. Mai 1954 — II B — O 4300 — 148/54 — und Erlaß vom 22. Juli 1954 — II B — O 4300 — 213/54 — hat der Bundesminister der Finanzen empfohlen, dem Beispiel des Bundesministers für Verkehr zu folgen, der in seinem Geschäftsbereich die Aufgliederung der vermögenswirksamen Haushaltsausgaben nach Vermögensgruppen gemäß Absatz 5 in der nach § 42 RWB zu führenden Haushaltsüberwachungsliste vornehmen läßt, deren Vordruck diesem Verfahren angepaßt worden ist. Für die Aufgliederung der vermögenswirksamen Haushaltseinnahmen nach Vermögensgruppen kann die nach § 41 RWB zu führende Anschreibungsliste verwendet werden, in der ebenfalls zusätzliche Spalten für die Angabe der Vermögensgruppen geschaffen werden können. Alsdann entfällt in den Titelbüchern der Kasse die Einrichtung besonderer Spalten gemäß Absatz 5 Buchst. a) und b). Damit wird eine Ausweitung der Titelbücher vermieden und die Arbeit der Kassen erleichtert. Diese haben dann lediglich die in den Kassenanweisungen als vermögenswirksam bezeichneten Haushaltseinnahmen und -ausgaben in der im Titelbuch gemäß Absatz 3 eingerichteten besonderen Spalte „Davon vermögenswirksam" anzugeben. Die sich aus den Titelbüchern ergebenden Summen der vermögenswirksamen Ausgaben sind die Grundlage für die im Sachbuch für das Vermögen vorzunehmenden summarischen Buchungen der Wertzugänge gemäß § 31 Abs. 2. VBRO. Die Aufgliederung der vermögenswirksamen Summen nach Vermögensgruppen kann aus der Haushaltsüberwachungsliste übernommen werden; sie ist ebenso wie die Aufgliederung in der Anschreibungsliste auch der Kasse mitzuteilen, damit sie die Vermögensgruppen mit den auf sie entfallenden Teilbeträgen in die Titelbücher und in die Abrechnungs- und Rechnungslegungsunterlagen für die Geldrechnung (Absatz 4) übernehmen kann, für die die Eintragung der Vermögensgruppen erst am Schluß des Rechnungsjahres genügt. Zur Vermeidung von Unstimmigkeiten empfiehlt sich der rechtzeitige Vergleich, ggfs. auch die viertel- oder halbjährliche Abstimmung der Haushaltsüberwachungs- und Anschreibungslisten einerseits und der Buchungen der Kasse andererseits.

§ 33

Abweichung vom Buchwert

Wird beim Verkauf eines Gegenstandes ein Preis erzielt, der von dem Buchwert abweicht, so ist auf dem Vermögenskonto vor der Buchung des Abgangs der Unterschiedsbetrag zwischen dem Verkaufserlös und dem Buchwert als Wertzugang oder Wertabgang ohne haushaltsmäßige Zahlung zu buchen.

Zu § 33:

Da die Vermögensrechnung nicht den Verkehrswert ausweist, wird beim Verkauf eines Gegenstandes in der Regel der Preis von dem Buchwert, d. i. dem Wert, mit dem der Gegenstand in der Vermögensrechnung geführt wird, abweichen. Der beim Verkauf erzielte Preis entspricht dem

Gegenwartswert. Nach § 31 bewirkt die durch den Verkauf erzielte Einnahme einen Vermögensabgang in Höhe des Verkaufspreises. Ist der Verkaufspreis geringer als der Buchwert, so ist damit erwiesen, daß der Buchwert zu hoch war; ist der Verkaufspreis höher als der Buchwert, so war dieser zu gering. In beiden Fällen muß der Buchwert an den Gegenwartswert angepaßt werden. Dies geschieht durch Buchung eines Zugangs, wenn ein höherer Preis, durch Buchung eines Abgangs, wenn ein geringerer Preis als der Buchwert erzielt worden ist.

Nach der Bestimmung des § 33 ist zunächst der Unterschiedsbetrag, alsdann der Abgang des verkauften Gegenstandes zu buchen. Dies entspricht dem Gedanken, daß als Wertabgang der Betrag gebucht werden muß, mit dem der verkaufte Gegenstand auf dem Vermögenskonto „zu Buch steht". Der Vorschrift ist genügt, wenn der Ausgleich mit dem Wertabgang zu gleicher Zeit gebucht wird.

Die Buchung eines Wertausgleichs setzt voraus, daß beim Verkauf eines Gegenstandes außer dem Verkaufspreis auch der Buchwert festgestellt werden kann. Das ist dann nicht ohne weiteres der Fall, wenn Teile eines Vermögensobjektes veräußert werden. Handelt es sich um größere Teile (z. B. Gebäude u. dgl.), so wird der hierauf entfallende Anteil an dem Gesamtwert errechnet werden müssen. Dagegen konnte ein Wertausgleich in der Regel dann entfallen, wenn Teile einer Sachgesamtheit (Bücherei, Archiv, Sammlung) veräußert wurden, die mit einem global geschätzten Wert in der Vermögensrechnung enthalten war, selbst wenn dieser Wertansatz durch Neuzugänge um tatsächliche Anschaffungswerte vermehrt war.

Buchungsschema (§ 33)[1]:

Verkauf eines Gegenstandes; Verkaufserlös weicht vom Buchwert ab. — Beispiel I: Buchwert 100,— DM, Verkaufserlös 120,— DM

	5	6	7	8	9	10	11
1.	100,—						
2.			20,—				
3.				120,—			

Beispiel II: Buchwert 100,— DM, Verkaufserlös 80,— DM

	5	6	7	8	9	10	11
1.	100,—						
2.					20,—		
3.				80,—			

oder

	5	6	7	8	9	10	11
1.	100,—						
2.				80,—	20,—		

1 = Bestand, 2 = Unterschied zwischen Buchwert und Verkaufserlös, 3 = Verkaufserlös
im Beispiel II: 2 = Unterschied und Verkaufserlös.

[1]) Siehe die Erläuterung zum Buchungsschema zu § 31 Abs. 1.

§ 34

Abgabe von Gegenständen innerhalb der Bundesverwaltung

Werden Gegenstände von einer Bundesverwaltung an eine andere ohne Werterstattung abgegeben (§ 65 Abs. 2 der Reichshaushaltsordnung), so hat die abgebende Verwaltung den Gegenstand mit dem Buchwert in Abgang, die übernehmende Verwaltung den Gegenstand mit dem gleichen Wertbetrag in Zugang ohne haushaltsmäßige Zahlung zu buchen. Als Beleg für die Buchung dient ein in doppelter Ausfertigung auszustellender Übergabeschein nach Muster 8. Die erste Ausfertigung des Übergabescheines erhält die übernehmende, die zweite Ausfertigung bleibt bei der abgebenden Stelle.

Zu § 34:

1. Nach § 65 Abs. 2 RHO dürfen Gegenstände, die zum Vermögen des Bundes gehören, für Zwecke einer anderen Haushaltsbewilligung als derjenigen, aus der sie beschafft sind, nur gegen Erstattung des Wertes zur Zeit der Abgabe abgegeben werden. In diesem Falle unterscheidet sich die Buchung in der Vermögensrechnung nicht von den Buchungen beim Zugang oder Abgang im Wege des Kaufs oder Verkaufs.

Diese Regel kennt folgende Ausnahmen:

a) durch den Haushaltsplan kann etwas anderes bestimmt werden,

b) mit Zustimmung des Bundesministers der Finanzen — bzw. des zuständigen Bundesministers bei Werten bis zu 3000 DM — kann von einer Erstattung des Gegenwerts abgesehen werden.

Für die Gesamtrechnung über das Vermögen würde es keine Bedeutung haben, wenn die unentgeltliche Abgabe eines Gegenstandes von einer Behörde an die andere auf beiden Seiten ohne Buchung bliebe. Die VBRO hat diesen Weg nicht gewählt; sie geht davon aus, daß jede Behörde das von ihr verwaltete Vermögen selbst nachweisen soll.

2. Die Abgabe von Gegenständen innerhalb der Bundesverwaltung ist vor allem dann häufiger, wenn eine zentrale Beschaffungsstelle eingerichtet ist, die für einen größeren Kreis von Behörden, oft sogar für einen ganzen Verwaltungszweig Gegenstände beschafft, die Mittel für die Beschaffung selbst bewirtschaftet und die Gegenstände ohne Werterstattung an die Bedarfsstellen weitergibt (vgl. Anm. 3 zu § 40). Als Beleg für die Übergabe dient ein Übergabeschein, der nach vorgeschriebenem Muster doppelt auszufertigen ist. Das Muster berücksichtigt nur den Fall, daß e i n Gegenstand oder m e h r e r e Gegenstände g l e i c h e r A r t im gleichen Zeitpunkt übergeben werden. Werden zu gleicher Zeit Gegenstände v e r s c h i e d e n e r Art übergeben, so bestehen keine Bedenken, diese mit den gleichen Angaben in einer Liste zusammenzustellen und die Weitergabe mit dieser Übergabeliste zu belegen.

Beschafft eine Behörde im Laufe eines Rechnungsjahres wiederholt Gegenstände für andere Dienststellen ohne Erstattung des Gegenwertes, so dürften keine Bedenken bestehen, die Wertübertragungen viertel-, halb- oder ganzjährlich gesammelt zu buchen. Das Verfahren könnte etwa folgendermaßen sein:

a) Bei Abgabe des Gegenstandes wird ein Übergabeschein (Muster 8) in zweifacher Ausfertigung und gleichzeitig eine Durchschrift (auf einfachem Papier) gefertigt.

b) Die beiden Ausfertigungen des Übergabescheines werden der empfangenden Stelle mit dem Gegenstand übersandt, die Durchschrift wird geordnet aufbewahrt. Nach Wiedereingang der zweiten Ausfertigung des Übergabescheines wird die Durchschrift durch die Zweitschrift ersetzt.

c) Die übertragenen Werte werden in bestimmten Zeitabständen gebucht. Zu diesem Zwecke werden die Einzelbeträge nach den abgehefteten Übergabescheinen zusammengestellt, addiert und die Summen nach § 34 VBRO gebucht.

d) Falls es für erforderlich gehalten wird, können die Buchwerte in einfacher Liste aufgezeichnet werden.

Buchungsschema (§ 34)[1]:

Abgabe eines Gegenstandes an eine andere Bundesverwaltung ohne Werterstattung (§ 65 Abs. 2 RHO)

Abgebende Verwaltung

	5	6	7	8	9	10	11
1.	500,—						
2.					150,—		

Übernehmende Verwaltung

	5	6	7	8	9	10	11
1.	800,—						
2.			150,—				

1 = Bestand, 2 = Buchwert des abgegebenen Gegenstandes.

3. Für den Bereich der Verteidigungslastenverwaltung haben der Bundesminister der Finanzen und der Bundesrechnungshof mit ihrem gemeinsamen Erlaß vom 11. Februar 1954 (zitiert in Anm. 6 zu § 22) einen besonderen Überführungsschein (Muster 8 a) entwickelt, der etwa dem Übergabeschein nach Muster 8 entspricht; er findet für Grundstücke und Darlehen Verwendung.

[1]) Siehe die Erläuterung zum Buchungsschema zu § 31 Abs. 1.

§ 35
Übertragung von Merkmalen und Ablegung von Karteikarten

(1) Bei der Ingebrauchnahme eines weiteren Karteiblattes für ein Vermögenskonto sind die Merkmale des Vermögensgegenstandes (Vorderseite) auf das neue Blatt zu übertragen.

(2) Sind die Merkmale besonders umfangreich, so ist die Übertragung durch einen Hinweis auf die vorhergehenden Blätter zu ersetzen. In diesem Falle dürfen die Blätter mit den Merkmalen nicht aus der laufenden Kartei entfernt werden. Bei Grundstückskonten ist hiernach ausnahmslos zu verfahren. Im übrigen dürfen Karten erst dann aus der laufenden Kartei abgelegt werden, wenn der Bundesrechnungshof die Prüfung für das Rechnungsjahr, in dem die letzte Buchung auf der Karte vorgenommen worden ist, für abgeschlossen erklärt hat.

Zu § 35:

Die Bestimmung soll sicherstellen, daß die Vermögenskartei jederzeit einen vollständigen Überblick über das Vermögensobjekt gibt, soweit sie gleichzeitig zum Nachweis des einzelnen Gegenstandes dient. Besonders umfangreich sind die Beschreibungen bei Grundstücken. Für diese ist deshalb grundsätzlich vorgeschrieben, daß die Merkmale auf den Folgekarten durch einen Hinweis auf die vorhergehenden Blätter ersetzt werden. Dadurch bleibt die ursprüngliche Beschreibung für grundsätzlich unbestimmte Zeit in der Kartei erhalten. Ferner werden Fehler durch unrichtige Übertragung vermieden. Der letzte Satz in Absatz 2 entspricht der Vorschrift des § 21 RRO.

Nur die Blätter mit den Merkmalen dürfen nicht aus der Kartei entfernt werden. Die im Laufe der Zeit zu beschreibenden Blätter ohne solche Eintragungen über Merkmale können nach Maßgabe der allgemeinen Bestimmungen (Abs. 2 Satz 4) aus der Kartei entfernt werden. Blätter mit Merkmalen sind hiernach grundsätzlich dauernd aufzubewahren. Vermögenskarteikarten für Darlehen zählen nicht zu den Karteikarten mit besonders umfangreichen Merkmalen.

3. Abschnitt: Besondere Buchungsbestimmungen

§ 36
Wirtschaftseinheit bei Grundstücken

(1) Räumlich zusammenhängende Grundstücke sind, auch wenn sie verschiedenartig benutzt werden, als wirtschaftliche Einheit zu behandeln und entsprechend ihrer hauptsächlichen Nutzung und nach der Zweckbestimmung des Grund und Bodens in eine Vermögensgruppe der unbebauten, bebauten oder teilbebauten Grundstücke einzureihen. Für jede Einheit der bebauten oder teilbebauten Grundstücke ist ein Vermögenskonto anzulegen. Unbebaute Grundstücke können auf einem Einzelkonto oder zu mehreren auf einem Sammelkonto (§ 26 Abs. 2) nachgewiesen werden.

(2) Schließt ein Grundstück im Sinne des Absatzes 1 Teile ein, die aus Zweckmäßigkeitsgründen oder nach der Verkehrsauffassung als selbständige Einheit anzusehen sind, so sind für diese gesonderte Vermögenskonten anzulegen.

Zu § 36:

1. Unter einem „Grundstück" versteht die Rechtsprechung „einen räumlich abgegrenzten Teil der Erdoberfläche" (RGZ 68, 25). Nach dieser Begriffsbestimmung kann eine einzelne Parzelle, aber auch eine Mehrheit von Parzellen, die von einer in sich zurücklaufenden Grenzlinie umschlossen sind, ein Grundstück sein (vgl. Thieme, Grundbuchordnung, 3. Aufl., Berlin 1949, S. 22). Im Rechtsverkehr ist im allgemeinen die Eintragung im Grundbuch maßgebend. Die VBRO geht nicht von dem Grundstück in diesem juristischen Sinne als Einheit aus, sondern bildet den Begriff der „wirtschaftlichen Einheit". Die wirtschaftliche Einheit kann e i n Grundstück, es können aber auch m e h r e r e bis v i e l e sein. Weder die Zahl der Parzellen noch der Verlauf der Grenze beeinflußt den Charakter als wirtschaftliche Einheit. Auch die Verschiedenartigkeit der Benutzung der Grundstücke ist grundsätzlich unerheblich. Maßgebend ist allein der räumliche Zusammenhang. Der Begriff der wirtschaftlichen Einheit ist hier nicht wesensgleich mit dem gleichen Begriff nach dem Reichsbewertungsgesetz. Bei diesem umschließt der Begriff neben Grund und Boden sowie Gebäuden unter Umständen auch totes und lebendes Inventar usw.; im Sinne des Absatzes 1 handelt es sich nur um Grundstücke, bei diesen allerdings ohne Rücksicht darauf, ob sie bebaut oder unbebaut sind. So kann unter Umständen ein Truppenübungsplatz mit allen aufstehenden Gebäuden nur eine Wirtschaftseinheit sein, so daß für ihn nur ein Vermögenskonto anzulegen ist (vgl. aber Anm. 2).

Satz 3 bringt für unbebaute Grundstücke eine Sonderregelung. Während für jede Wirtschaftseinheit der bebauten und teilbebauten Grundstücke ein besonderes Vermögenskonto anzulegen ist, können unbebaute Grundstücke je nach der Zweckmäßigkeit auf einem Einzelkonto oder zu mehreren auf einem Sammelkonto nachgewiesen werden. Der Begriff des Grundstücks ist der gleiche wie in Satz 1. Das Sammelkonto nimmt die Werte von „Grundstücken", nicht von „Wirtschaftseinheiten" auf. Es wird deshalb zweckmäßig sein, für größere Wirtschaftseinheiten, auch wenn sie nur aus unbebauten Grundstücken bestehen, besondere Vermögenskonten anzulegen.

2. Von dem Grundsatz des Absatzes 1 bringt Absatz 2 eine wichtige Ausnahme. Zuweilen schließen große Liegenschaften Flächen ein, die in sich eine wirtschaftliche Einheit darstellen, insbesondere aus Zweckmäßigkeitsgründen oder nach der Verkehrsauffassung als solche anzusehen sind (vgl. auch § 2 RBewG). Dabei kann es sich um bebaute oder unbebaute Flächen handeln. Wenn sich z. B. innerhalb eines Truppenübungsplatzes ein großes Forstgelände befindet, so ist dieses aus dem Gesamtkomplex herauszulösen und für sich auf einem Vermögenskonto zu erfassen. Ebenso ist zu verfahren, wenn sich auf dem Grundstück Gebäude befinden, die nach ihrer gegenwärtigen Benutzung in keinem wirtschaftlichen Zusammenhang mehr mit der Gesamteinheit stehen.

§ 37

Ankauf und Verkauf von Grundstücken

(1) Beim Ankauf eines Grundstücks ist spätestens bei der ersten Zahlung oder bei der Eintragung in das Grundbuch ein Vermögenskonto für das Grundstück anzulegen. Der gezahlte Kaufpreis ist auf Grund der Kassenanweisung als Zugang mit haushaltsmäßiger Zahlung einzutragen. Wird der Kaufpreis in Teilbeträgen gezahlt, ohne daß eine dingliche Sicherung erfolgt, so sind die jeweils gezahlten Teilbeträge in gleicher Weise zu buchen. Wird der nicht sofort gezahlte Teilbetrag des Kaufpreises dinglich gesichert, so ist dieser Betrag

a) als Zugang ohne haushaltsmäßige Zahlung in die Vermögensrechnung aufzunehmen und

b) als Schuld des Bundes in der Vermögensrechnung auszuweisen.

(2) Beim Verkauf eines Grundstückes ist bei der Zahlung des Kaufpreises der Wert des Grundstücks in der Vermögensrechnung als Abgang zu buchen. Soweit der Kaufpreis gestundet wird, ist auf dem Vermögenskonto ein Betrag in Höhe des Restkaufgeldes als Abgang ohne haushaltsmäßige Zahlung zu buchen. Zuvor ist nach § 33 zu verfahren. Zugleich ist das Restkaufgeld als Forderung des Bundes in die Vermögensrechnung als Zugang ohne haushaltsmäßige Zahlung aufzunehmen.

(3) Bei anderen Erwerbs- und Veräußerungsfällen sind die vorstehenden Bestimmungen sinngemäß anzuwenden.

Zu § 37:

1. Die Bestimmung nennt für die Anlegung des Vermögenskontos beim Ankauf eines Grundstücks zwei Zeitpunkte:
   a) den Tag der ersten Zahlung,
   b) den Zeitpunkt der Eintragung in das Grundbuch.

Es kann zweifelhaft sein, ob hier der eine oder der andere Termin wahlweise zugelassen ist. Das ist nicht der Fall. Der Tag der ersten Zahlung ist der späteste Zeitpunkt für die Anlegung des Vermögenskontos, weil die Zahlung bereits auf dem Konto gebucht werden muß. Wird der Bund bereits vor der Zahlung des Kaufpreises oder eines Teilbetrages als Eigentümer in das Grundbuch eingetragen, so ist der Zeitpunkt der Eintragung — genauer: der Zeitpunkt des Zugangs der Benachrichtigung über die Eintragung — der Rechtsänderung im Grundbuch für die Anlegung des Vermögenskontos maßgebend. Es läge nahe, in diesem Zeitpunkt das gekaufte Grundstück auch mit seinem Wert in die Vermögensrechnung aufzunehmen und nicht erst die Zahlung des Kaufpreises abzuwarten. Die VBRO hat aus Vereinfachungsgründen von einer solchen Regelung abgesehen. Es wird also in diesem Falle nur das Konto angelegt, d. h. die erste Seite der Vermögenskarteikarte wird ausgefüllt und das Konto selbst in das Verzeichnis der Vermögenskonten (§ 27) eingetragen. Die VBRO unterstellt, daß der Eintragung in das Grundbuch die Zahlung des Kaufpreises alsbald folgen wird.

Wird der Kaufpreis oder ein Teil desselben nicht bar gezahlt, sondern zugunsten des Verkäufers dinglich gesichert (Restkaufgeld-Hypothek), so entsteht eine Schuld des Bundes, die nach § 5 Abs. 1 in die Vermögensrechnung aufzunehmen ist. Das gekaufte Grundstück muß in diesem Falle als Gegenposten in die Aktiven der Vermögensrechnung aufgenommen werden. Da eine Zahlung aus dem Bundeshaushalt nicht erfolgt, ist der Zugang als ein solcher ohne haushaltsmäßige Zahlung zu buchen. Die Ausgabe des Kaufgeldes erscheint sodann als „Tilgung" der Restkaufgeld-Hypothek.

Buchungsschema (§ 37 Abs. 1)[1]:

Beispiel I: Ankauf eines Grundstücks gegen volle Barzahlung

	5	6	7	8	9	10	11
1.	—,—	1000,—					

1 = Kaufpreis des Grundstücks.

Beispiel II: Ankauf eines Grundstücks gegen Zahlung in Raten, ohne dingliche Sicherung.

	5	6	7	8	9	10	11
1.	—,—	500,—					
2.	—,—	300,—					
3.	—,—	200,—					

1 = Erste Rate, 2 = zweite Rate, 3 = dritte Rate.

Beispiel III: Ankauf eines Grundstücks gegen Zahlung in Raten, 500 DM sofort, 2. und 3. Rate dinglich gesichert.

	5	6	7	8	9	10	11
1.	—,—	500,—					
2.			500,—				

1 = Erste Rate (Barzahlung), 2 = dinglich gesicherte zweite und dritte Rate.

Zugehöriges Schuldenkonto: a) Tilgung im gleichen Jahre

	5	6	7	8	9	10	11
1.	—,—		500,—				
2.				300,—			
3.				200,—			

1 = Restkaufgeld (Schuld des Bundes), 2 = erste Tilgungsrate, 3 = zweite Tilgungsrate.

b) Tilgung im folgenden Jahre:

	5	6	7	8	9	10	11
1.	—,—		500,—				
Sa. Rj.	—,—		500,—				500,—
Vortrag	500,—						
2.				300,—			
3.				200,—			
Sa. Rj.	500,—			500,—			—,—

1 = Restkaufgeld (Schuld des Bundes), 2 = erste Tilgungsrate, 3 = zweite Tilgungsrate. Zwischen 1 und 2 liegt der Jahresabschluß.

[1]) Siehe die Erläuterung zum Buchungsschema zu § 31 Abs. 1.

2. Die VBRO unterscheidet beim Verkauf eines Grundstücks zwei Fälle:
   a) der Kaufpreis wird bar gezahlt,
   b) der Kaufpreis wird gestundet.

Dementsprechend wird der Gegenwert als barer Verkaufserlös unmittelbar in der Geldrechnung oder als Restkaufgeldforderung in der Vermögensrechnung gebucht.

Im Falle zu a) ist sogleich bei der Zahlung des Kaufpreises der Wert des Grundstücks in der Vermögensrechnung als Abgang zu buchen. Die Buchung bewirkt eine Minderung des Gesamtwertes des Vermögens. Der Verkaufserlös wird im Haushaltsrecht des Bundes anders behandelt als im Haushaltsrecht der Gemeinden. Nach § 63 rev. DGO war der Erlös aus der Veräußerung von Vermögensgegenständen grundsätzlich dem Vermögen zur Erhaltung seines Wertes zuzuführen. Eine andere Verwendung war nur ausnahmsweise gestattet. Darin erhielt der Gedanke, das Gemeindevermögen in seinem wertmäßigen Bestande zu erhalten, einen eindeutigen Ausdruck. Im Haushaltsrecht des Bundes tritt dieser Gedanke zwar zurück, er ist in abgeschwächter Form aber deutlich zu erkennen. § 29 Abs. 2 RHO bestimmt, daß die Einnahmen aus der Veräußerung von Grundstücken, wenn sie im einzelnen Fall den Betrag von 10 000 DM nicht übersteigen, als ordentliche Einnahmen, im übrigen als außerordentliche Einnahmen zu behandeln sind. Die Bestimmung, daß höhere Veräußerungserlöse im außerordentlichen Haushaltsplan abzuwickeln sind, läßt erkennen, daß Vermögenswerte nicht zur Bestreitung laufender Ausgaben verwendet werden sollen. Auf dem Wege über den außerordentlichen Haushalt sollen sich die Veräußerungserlöse in der Regel wieder in Vermögenswerte umwandeln, zumindest aber zur Niedrighaltung der Schulden beitragen. Daß kleinere Veräußerungserlöse hiervon ausgenommen sind, soll die Belastung des außerordentlichen Haushaltsplans mit kleinen Beträgen verhindern[2]).

Im Falle zu b) besteht — im Gegensatz zum Kauf (vgl. Anm. 1) — kein Unterschied, ob das Restkaufgeld dinglich gesichert wird oder nicht. In der Regel wird eine Stundung des Kaufpreises nur gegen Sicherheitsleistung, meist gegen Eintragung einer Restkaufgeld-Hypothek, erfolgen. Bei der Buchung des Wertabgangs auf dem Grundstückskonto ist zugleich das Restkaufgeld als Forderung in die Vermögensrechnung aufzunehmen. In diesem Falle bleibt der Wert des Gesamtvermögens zunächst erhalten, erst die Tilgung der Restkaufgeld-Forderung bewirkt eine Vermögensminderung. Die Buchung wird zweckmäßig im Zeitpunkt der Auflassung (§ 925 BGB), spätestens aber mit der Eintragung der Rechtsänderung im Grundbuch vorzunehmen sein. Als Stundung ist jede Vereinbarung anzusehen, die dem Käufer eine andere Zahlung des Kaufpreises als Zug um Zug mit der Auflassung gestattet.

In der Regel wird der Verkaufspreis mit dem Buchwert nicht übereinstimmen. Wegen der Buchung des Wertausgleichs vgl. § 33.

---

[2]) Vgl. Schulze-Wagner, Reichshaushaltsordnung, 3. Aufl., Berlin 1934, Anm. 4 und 5 zu § 29.

Buchungsschema (§ 37 Abs. 2)[3]):

Beispiel I: Verkauf eines Grundstücks gegen Barzahlung. Buchwert 1000,— DM, Verkaufserlös 1200,— DM.

	5	6	7	8	9	10	11
1.	1000,—						
2.			200,—				
3.				1200,—			

1 = Buchwert des Grundstücks, 2 = Unterschiedsbetrag zwischen Buchwert und Verkaufserlös, 3 = Verkaufserlös.

Beispiel II: Verkauf eines Grundstücks; die Hälfte des Verkaufspreises ist sofort zu zahlen, die andere Hälfte wird gestundet.

	5	6	7	8	9	10	11
1.	1000,—						
2.			200,—				
3.				600,—			
4.					600,—		

1 = Buchwert, 2 = Unterschiedsbetrag, 3 = bar gezahlter Teil des Verkaufspreises, 4 = gestundeter Teil des Verkaufspreises

zugleich Forderungskonto (Restkaufgeld):

	5	6	7	8	9	10	11
1.	—,—		600,—				
2.				600,—			

1 = Gestundeter Teil des Verkaufspreises (Restkaufgeld), 2 = Zahlung des Restkaufgeldes.

3. Als andere Erwerbs- und Veräußerungsfälle kommen Tausch, Schenkung u. dgl. in Betracht. Die entsprechenden Zugänge und Abgänge sind solche ohne haushaltsmäßige Zahlung.

4. Wegen des Verfahrens beim Grundstücksankauf im Bereich der Verteidigungslastenverwaltung siehe den in Anm. 6 zu § 22 zitierten BdF/BRH-Erlaß vom 11. Februar 1954, Ziff. I 1, sowie das Muster 8 a (Überführungsschein). Wegen des Erwerbs auf (Naturalwert-) Rentenbasis vgl. auch § 9 Anm. 3.

§ 38

Neubauten, Um- und Erweiterungsbauten

(1) Bei Neubauten, Um- und Erweiterungsbauten sind die Aufwendungen nach Abschluß des Bauvorhabens für jedes Vermögenskonto aus dem Titelbuch der Geldrechnung in die Vermögensrechnung zu übernehmen. Zu diesem Zwecke sind die Ausgaben im Titelbuch für jedes Bauvorhaben gesondert in Buchungsabschnitten nachzuweisen. Erstreckt sich ein Bauvorhaben über mehrere Rechnungsjahre, so sind die in jedem Rechnungsjahr entstandenen Aufwendungen spätestens beim Jahresabschluß vorweg zu übernehmen.

[3]) Siehe die Erläuterung zum Buchungsschema zu § 31 Abs. 1.

(2) Werden Bauvorhaben im Sinne des Absatzes 1 von einer Dienststelle durchgeführt, die nicht nach § 22 in Verbindung mit § 36 zugleich für die Vermögensbuchführung über die Wirtschaftseinheit zuständig ist, so hat sie für das Bauvorhaben ein Vermögenskonto anzulegen und nach Absatz 1 zu verfahren. Die für die Vermögensbuchführung nach § 22 zuständige Stelle ist über das Bauvorhaben zu benachrichtigen. Nach Abschluß des Bauvorhabens sind die Aufwendungen auf das für die Wirtschaftseinheit eingerichtete Vermögenskonto zu übertragen. Zu diesem Zweck ist bei der Behörde, die das Bauvorhaben durchführt, der Betrag der Bauaufwendungen auf dem Vermögenskonto als Abgang ohne haushaltsmäßige Zahlung und bei der für den Nachweis der Wirtschaftseinheit zuständigen Behörde auf dem entsprechenden Konto als Zugang ohne haushaltsmäßige Zahlung zu buchen. Auf die Buchungsstellen ist gegenseitig hinzuweisen. Die übernehmende Behörde hat der abgebenden Behörde die Übernahme zu bestätigen. Die Übernahmebestätigung ist Beleg für die Abgabebuchung.

Zu § 38:

1. Bei Neubauten, Um- und Erweiterungsbauten geht die Vermögensrechnung von dem einzelnen Objekt aus. Größere Bauvorhaben werden in der Regel in besonderen Titeln des Haushaltsplanes ausgebracht. In diesem Falle sind die gesamten Ausgaben des Titels auf dem in Betracht kommenden Vermögenskonto in Zugang zu buchen. Vgl. aber Anm. 2 und Anm. 3 zu § 12. Werden in einem Titel mehrere Bauvorhaben veranschlagt, so ist für jedes Bauvorhaben ein besonderer Buchungsabschnitt anzulegen (vgl. § 18 und § 20 RRO). Absatz 1 stellt klar, daß auch bei Bauvorhaben nur die Summe der Aufwendungen in das Vermögenskonto einzutragen ist. Das Titelbuch wirkt als Sammelkonto für die einzelnen Aufwendungen. Da die Vermögensrechnung jährlich abgeschlossen wird, müssen die Aufwendungen bei Bauvorhaben, die sich über mehrere Rechnungsjahre erstrecken, alljährlich in die Vermögensrechnung aufgenommen werden. Erst beim Abschluß des Bauvorhabens zeigt dann das Vermögenskonto den vollen Wertzugang. In dem Jahre, in dem das Bauvorhaben abgeschlossen wird, können die Aufwendungen bereits auf das Konto übertragen werden, sobald die letzte Zahlung geleistet ist.

Buchungsschema (§ 38 Abs. 1)[1]):

Beispiel I: Erweiterungsbau, im laufenden Rechnungsjahr vollendet

	5	6	7	8	9	10	11
1.	1000,—						
2.		400,—					
Sa. Rj.	1000,—	400,—					1400,—

1 = Anfangsbestand, 2 = Kosten des Erweiterungsbaues.

1) Siehe die Erläuterung zum Buchungsschema zu § 31 Abs. 1.

Beispiel II: Neubau, Bau erst im dritten Rechnungsjahre vollendet

	5	6	7	8	9	10	11
1.	—,—	800,—					
Sa. Rj.	—,—	800,—					800,—
Bestand	800,—						
2.		600,—					
Sa. Rj.	800,—	600,—					1400,—
Bestand	1400,—						
3.		300,—					
Sa. Rj.	1400,—	300,—					1700,—

1 = Bauaufwand im ersten Rechnungsjahre, 2 = Bauaufwand im zweiten Rechnungsjahre, 3 = Bauaufwand im dritten Rechnungsjahre.

2. Ausgaben für Neu- und Erweiterungsbauten sind stets, solche für Um- und Wiederaufbauten in der Regel vermögenswirksam. Eine gewisse Schwierigkeit bereiten bauliche Veränderungen, z. B. Einbauten, die nicht in vollem Umfange zu einer Wertvermehrung führen. In seinen Bemerkungen für die Aufstellung der Voranschläge 1954 vom 19. Juni 1953 — II A/1 — A 0400 — 15/1954 — hat der Bundesminister der Finanzen bestimmt, daß bei Titel 204 — Unterhaltung der Gebäude — bauliche Veränderungen, die zu einer erheblichen Werterhöhung des Gebäudes oder Grundstücks führen, nicht zu veranschlagen sind. Diese den Wert der Gebäude erhöhenden Ausgaben sind bei Titel 205 — Kleinere Neu-, Um- und Erweiterungsbauten — auszubringen. Als erhebliche Werterhöhung war bislang in der Regel eine Erhöhung um mehr als 1000 DM im Einzelfalle anzusehen; in Kürze wird die Grenze bei 2000 DM zu ziehen sein. Diese Regelung gilt auch für die Ansätze bei sonstigen Haushaltstiteln mit ähnlicher Zweckbestimmung wie die Titel 204 und 205. Wertmehrung tritt ein, wenn die Substanz vergrößert oder die vorhandene Substanz durch eine bessere ersetzt wird (z. B. ein Pappdach wird durch ein Ziegeldach ersetzt). Hiernach sind die bei Titel 204 zu buchenden Ausgaben grundsätzlich nicht vermögenswirksam, während die bei Titel 205 zu buchenden Ausgaben grundsätzlich vermögenswirksam sind. Zu beachten ist, daß reine Instandsetzungskosten auch dann bei Titel 204 zu buchen sind, wenn diese den Betrag von 1000 DM überschreiten. Entstehen durch solche Ausgaben geringfügige Werterhöhungen, so bleiben diese für die Vermögensrechnung außer Betracht.

Das Verfahren zur Feststellung und zum Nachweis vermögenswirksamer Baukosten wird im einzelnen in dem im Anhang zu § 38 abgedruckten Abschnitt K 18 der RBBau geregelt, auf den im Rahmen der Erläuterungen mehrfach verwiesen wird. Gemäß gemeinsamem Einführungserlaß des Bundesministers für wirtschaftlichen Besitz des Bundes — III A/1 — Bau — O 6020 — 6/58 — und des Bundesministers der Finanzen — VI B/4 — O 4300 — 4/58 — vom 4. Februar 1958 gilt der Abschnitt K 18 der RBBau für die Bundesbehörden und für die Sondervermögens- und Bauverwaltung Berlin.

3. Absatz 2 behandelt den Fall, daß eine Behörde ein Bauvorhaben durchführt, die nicht für das Vermögenskonto über die Wirtschaftseinheit zuständig ist. Das kann nicht nur bei Einschaltung einer Ortsbaudienststelle im Sinne des Abschnitts K 18 der RBBau, sondern auch dann

der Fall sein, wenn zwei Behörden verschiedener Verwaltungszweige auf einem Grundstück Dienstgebäude haben, das nach § 36 Abs. 1 in Verbindung mit § 22 Abs. 1 Buchst. b) als Wirtschaftseinheit auf einem Vermögenskonto geführt wird. Erstellt nun die Behörde, die nicht das Konto führt, einen Erweiterungsbau aus den Mitteln ihres Haushalts, so muß sie die bei ihr entstehenden Ausgaben als Zugang in die Vermögensrechnung bringen. Dies ist notwendig, um die Übereinstimmung zwischen Geldrechnung und Vermögensrechnung im Sinne der §§ 32, 63 Abs. 3 und 70 Abs. 3 herzustellen. Erst nach Buchung der Wertvermehrung in der Vermögensrechnung kann innerhalb dieser die Übertragung auf das zuständige Vermögenskonto erfolgen. Das Verfahren ist in Absatz 2 geregelt. Der gegenseitige Hinweis auf die Buchungsstellen und die Übergabe-Bestätigung sollen verhindern, daß in die Vermögensrechnung eingegangene Werte verlorengehen.

Buchungsschema (§ 38 Abs. 2)[2]):

Anbau an bestehendes Gebäude. Ausgeführt durch eine andere Dienststelle als die, die nach § 22 in Verbindung mit § 36 für die Vermögensbuchführung über das bestehende Gebäude zuständig ist. Bauzeit: 2 Jahre.

Vermögenskonto für den Anbau:

	5	6	7	8	9	10	11
1.	—,—	200,—					
Sa. Rj.	—,—	200,—					200,—
Bestand	200,—						
2.		500,—					
3.					700,—		—,—
Sa. Rj.	200,—	500,—			700,—		—,—

1 = Bauaufwand im ersten Rechnungsjahre, 2 = Bauaufwand im zweiten Rechnungsjahre, 3 = Übertragung auf Vermögenskonto des bestehenden Gebäudes.

Vermögenskonto des bestehenden Gebäudes:

	5	6	7	8	9	10	11
1.	2000,—						
2.			700,—				
Sa. Rj.	2000,—		700,—				2700,—

1 = Anfangsbestand, 2 = Bauaufwand vom Vermögenskonto des Anbaues übernommen.

4. Der Sachwert der Außenanlagen bebauter Grundstücke (nichtöffentliche Straßen, Hof- und Wegebefestigungen, Einfriedigungen) ist grundsätzlich dem Wert der Gebäude zuzurechnen. Bei Neubauten ist er bereits in den Gestehungskosten des Bauwerks enthalten. Dies gilt auch für die Verteidigungslastenverwaltung; vgl. hierzu die Ziffern I 2 und II 1 des in Anm. 6 zu § 22 zitierten BdF/BRH-Erlasses vom 11. Februar 1954 und den BdF-Erlaß vom 19. April 1955 — II E/2 — BL 1305 — 50/55 —. Siehe hingegen Anm. 4 Satz 2 zu § 39 und den dort zitierten BdF-Erlaß vom 3./25. Juni 1955 zum Verfahren bei nichtöffentlichen Straßen (Sonderstraßen, Militärstraßen pp.) und Wegen, die

[2]) Siehe die Erläuterung zum Buchungsschema zu Abs. 1.

nicht der Erschließung oder als Außenanlagen eines zu bebauenden bzw. bebauten Grundstücks dienen. In diesen Fällen sind die Investitionen auf Grund des Überführungsscheins (Muster 8 a) auf dem bei der grundstücksverwaltenden Bundesvermögensstelle für das betr. Grundstück bzw. die zugehörige Anlage (Depot, Übungsplatz pp.) eingerichteten Vermögenskonto als Zugang ohne haushaltsmäßige Zahlung und unter Ergänzung der Grundstücksbeschreibung zu buchen; hilfsweise ist unter Kennziffer 099 ein besonderes Vermögenskonto anzulegen.

5. Die Frage der Behandlung des Wertzuwachses bei Gebäuden, die unter das Weimarer Abkomen fallen, hat der Bundesminister der Finanzen in einem Erlaß vom 3. Februar 1954 — II B — O 4300 — 300/53 — behandelt. Hiernach sind objektive Werterhöhungen zu Lasten von Bundesmitteln durch Erstinstandsetzungen und Umbauten im Zuge baulicher Unterhaltung der nach dem Weimarer Abkommen vom Bund verwalteten landeseigenen Gebäude nicht in die Vermögensrechnung und den Vermögensnachweis des Bundes aufzunehmen. Sie stellen keinen bestimmbaren eigenen Vermögensgegenstand im Sinne des § 3 Abs. 1 Ziff. VBRO dar, während ein evtl. in späterer Zeit eintretender Werterstattungsanspruch des Bundes gegenüber dem Grundstückseigentümer gegenwärtig betragsmäßig nicht bewertbar ist. Der Vorgang ist lediglich als Unterlage für die vermögensrechtliche Auseinandersetzung mit dem Lande im Falle der Rückgabe aktenmäßig festzuhalten.

Das Gleiche gilt für landeseigene, der Kriegsopferversorgung dienende Grundstücke (siehe Erlaß des Bundesministers der Finanzen vom 4. Januar 1954 — II B — O 4300 — 315/53).

Werden jedoch aus Bundesmitteln durch Anbau oder Neubau auf einem landeseigenen Grundstück Vermögenswerte neu geschaffen, so sind diese als Gebäude auf fremdem Grund und Boden in die Vermögensrechnung und den Vermögensnachweis des Bundes aufzunehmen.

Richtlinien

für die Durchführung von Bauaufgaben des Bundes im Zuständigkeitsbereich der Finanz-Bauverwaltungen

— RBBau —

K 18 Feststellung und Nachweis vermögenswirksamer Baukosten

1. Die durch Baumaßnahmen herbeigeführten Veränderungen des Bundesvermögens sind nach den Bestimmungen der Buchführungs- und Rechnungslegungsordnung für das Vermögen des Bundes — VBRO —

in die Vermögensrechnung aufzunehmen. Bewertungsmaßstab für die durch eine Baumaßnahme eingetretene Vermehrung des Vermögensbestandes ist der Betrag der hierfür aufgewendeten vermögenswirksamen Baukosten (Anschaffungs- oder Herstellungswert).

2. Vermögenswirksam im Sinne des § 3 Abs. (1) Ziffer 5 VBRO sind alle Kosten für Baumaßnahmen, die zur Schaffung neuer Vermögenswerte des Bundes, z. B. Neubauten, aufgewendet werden, sowie die Kosten für Baumaßnahmen, durch die der Sachwert der bereits vorhandenen Vermögenssubstanz erhöht wird, z. B. die Kosten für Erweiterungsbauten und in der Regel auch die Kosten für Um- und Wiederaufbauten.

Vermögensunwirksam — § 3 Abs. (1) Ziffer 6 VBRO — sind dagegen die Kosten für Baumaßnahmen, die lediglich der Erhaltung und Unterhaltung der vorhandenen Substanz dienen, und zwar ohne Rücksicht auf die Höhe der für die einzelnen Baumaßnahmen anfallenden Aufwendungen. Soweit durch derartige Bauunterhaltungsmaßnahmen eine nur unerhebliche Werterhöhung der Vermögenssubstanz von im allgemeinen nicht mehr als 1000 DM in einer Liegenschaft herbeigeführt wird, bleibt die Werterhöhung für die Vermögensrechnung des Bundes unberücksichtigt.

3. Die durch Baumaßnahmen eingetretenen Vermögensveränderungen sind im Sachbuch für das Vermögen — § 26 VBRO — nachzuweisen. Dies besteht aus den Vermögenskonten, die nach Bedarf anzulegen sind.

Die Ortsbaudienststelle hat nach § 38 Abs. (2) VBRO Vermögenskonten zu führen, auf denen die durch Baumaßnahmen entstandenen Vermögenszugänge erfaßt werden. Die Führung der Vermögenskonten durch die Ortsbaudienststelle entfällt, wenn die Verwaltungsdienststelle, die für die Vermögensbuchführung über die baulichen Anlagen nach ihrer Fertigstellung zuständig ist, die Führung der Vermögenskonten selbst übernimmt.

4. Die Wertzugänge beim Vermögen sind im Sachbuch für das Vermögen nach Möglichkeit in Summen zu buchen — § 31 Abs. (2) VBRO —. Diese summarische Buchung der Wertzugänge ist bei den vermögenswirksamen Ausgaben für Baumaßnahmen stets der Fall. Bei jeder vermögenswirksamen Baumaßnahme, deren Durchführung sich über nicht mehr als ein Rechnungsjahr erstreckt, ist der Wertzugang nach Abschluß der Baumaßnahme — spätestens jedoch beim Jahresabschluß — vom Vermögensbuchhalter in die Vermögensrechnung zu übernehmen und

dort bei dem zutreffenden Vermögenskonto als Zugang mit haushaltsmäßiger Zahlung zu buchen. Erstreckt sich eine Baumaßnahme über mehrere Rechnungsjahre, so ist der in jedem Rechnungsjahr durch haushaltsmäßige Zahlungen entstandene Wertzugang beim Jahresabschluß vorweg in die Vermögensrechnung aufzunehmen. Es ist somit in der Vermögensrechnung bei jeder vermögenswirksamen Baumaßnahme für die summarische Übernahme der Wertzugänge nur eine Buchung im Laufe des Rechnungsjahres erforderlich.

Unterlage für die Buchung eines Wertzugangs im Vermögenssachbuch ist die mit der Kasse abgestimmte Mitteilung der Ortsbaudienststelle, die der Vermögensbuchhalter nach Durchführung der Buchung an die Kasse weiterzugeben hat — vgl. K 18 Ziffer 5 —.

5. Das Sachbuch für das Vermögen ist gemäß § 32 Abs. (2) VBRO so zu führen, daß die während eines Rechnungsjahres durch haushaltsmäßige Zahlungen entstandenen Vermögenszugänge mit den im gleichen Rechnungsjahr im Titelbuch nachgewiesenen vermögenswirksamen Haushaltsausgaben übereinstimmen. Hierzu ist es erforderlich, die vermögenswirksamen Haushaltsausgaben im Titelbuch besonders zu kennzeichnen. Bei Baumaßnahmen ist diese Kennzeichnung spätestens beim Jahresabschluß von der Kasse vorzunehmen.

Um der Kasse die Kennzeichnung der vermögenswirksamen Haushaltsausgaben zu ermöglichen, hat die Ortsbaudienststelle nach Abschluß einer Baumaßnahme — bei Baumaßnahmen, die sich über mehrere Rechnungsjahre erstrecken, jeweils zum Jahresabschluß — der Kasse schriftlich mitzuteilen — vgl. Muster 21 —[1]), in welcher Höhe die im Titelbuch des laufenden Rechnungsjahres als Haushaltsausgaben nachgewiesenen Baukosten vermögenswirksam sind. Sind keine vermögenswirksamen Haushaltsausgaben entstanden, so ist auch dies der Kasse über den zutändigen Vermögensbuchhalter mitzuteilen — vgl. J 3.03 letzter Absatz —[2]).

Bei der Feststellung der vermögenswirksamen Baukosten ist nach K 18 Ziffer 6 zu verfahren. Die für die Kasse bestimmte Mitteilung ist nach Muster 21 aufzustellen und vom Leiter der Ortsbaudienststelle oder von dem von ihm Beauftragten zu vollziehen. Eine beglaubigte Durchschrift der Mitteilung ist in jedem Fall bei der Vorlage der Baurechnung der

---

[1]) Siehe Anlage 1 hierzu.

[2]) J 3.03 letzter Absatz lautet: „Sind keine vermögenswirksamen Aufwendungen nach Mitteilung der Ortsbaudienststelle entstanden, so ist unter dem Gesamtbetrag der Haushaltsausgabe der Vermerk ‚Nicht vermögenswirksam‘ hinzuzufügen.“

Bestätigung beizufügen, die über die Aufnahme der vermögenswirksamen Ausgaben in der Vermögensrechnung abzugeben ist — vgl. J 5.08 c) 5. —[3]). Die in § 64 Abs. (2) VBRO vorgesehene Kennzeichnung der Kassenanweisungen über vermögenswirksame Haushaltsausgaben entfällt bei Baumaßnahmen. Sie wird durch die vorgenannte Mitteilung der Ortsbaudienststelle ersetzt. Es ist außerdem nicht erforderlich, die Kassenanweisungen über vermögenswirksame Haushaltsausgaben vor der Abgabe an die Kasse über den Vermögensbuchhalter zu leiten — § 23 Abs. (2) VBRO —.

6. Die Feststellung der infolge von Baumaßnahmen in die Vermögensrechnung zu übernehmenden Wertzugänge obliegt der Ortsbaudienststelle. Hierbei ist wie folgt zu verfahren:

6.1 Bei Neubauten sind alle für die Baumaßnahme entstehenden Kosten in vollem Umfange vermögenswirksam. In die Vermögensrechnung ist somit nach Abschluß einer Baumaßnahme — bei Baumaßnahmen, die sich über mehrere Rechnungsjahre erstrecken, am Schluß eines jeden Rechnungsjahres — der Gesamtbetrag der Aufwendungen, die im Titelbuch als Haushaltsausgabe für die Neubaumaßnahmen nachgewiesen sind, als Wertzugang zu übernehmen. Der entsprechende Betrag ist von der Ortsbaudienststelle in die Mitteilung — Muster 21 — gemäß K 18 Ziffer 5 einzusetzen.

6.2 Um-, Erweiterungs- und Wiederaufbauten führen in der Regel nicht in voller Höhe der Aufwendungen zu einer Werterhöhung der bereits vorhandenen Vermögenssubstanz. Um schwierige Berechnungsarbeiten zu vermeiden, sind die Wertzugänge wie folgt festzustellen:

6.21 Wenn die im Rahmen einer Baumaßnahme anfallenden vermögensunwirksamen Kosten nach Ansicht der Ortsbaudienststelle geringfügig und von nur nebensächlicher Bedeutung sind, was sich schon bei Beginn der Baumaßnahme nach der Art der durchzuführenden Arbeiten schätzungsweise feststellen läßt, so sind alle aufzuwendenden Kosten — also auch die an sich vermögensunwirksamen — wie vermögenswirksame Baukosten zu behandeln. Im übrigen ist wie bei Neubauten gemäß K 18 Ziffer 6.1 zu verfahren.

---

[3]) Unter J 5.08 c) 5. ist die genannte Bestätigung als „weitere Unterlage" zu der Rechnungslegung angeführt.

6.22 Sind jedoch die im Rahmen einer Baumaßahme eintretenden vermögens u n wirksamen Kosten nach Ansicht der Ortsbaudienststelle nicht als geringfügig anzusehen, so können die im Titelbuch als Haushaltsausgabe nachgewiesenen Baukosten nicht in voller Höhe als Wertmaßstab für die Bemessung des Wertzuganges zugrunde gelegt werden. Die Ortsbaudienststelle hat die durch eine solche Baumaßnahme herbeigeführte objektive Werterhöhung der baulichen Anlagen nach Abschluß der Baumaßnahme nach eigenem Ermessen festzustellen. Erstreckt sich eine derartige Baumaßnahme über mehrere Rechnungsjahre, ist die in jedem Rechnungsjahr eingetretene Werterhöhung beim Jahresabschluß annähernd zu ermitteln. Etwaige Wertausgleiche sind im nächsten Rechnungsjahr bzw. nach Abschluß der Baumaßnahme vorzunehmen.

Die Ortsbaudienststelle setzt den von ihr ermittelten Betrag der objektiven Werterhöhung in die Mitteilung — Muster 21 — gemäß K 18 Ziffer 5 als Wertzugang ein.

7. Die für die Kasse bestimmte Mitteilung nach K 18 Ziffer 5 — Muster 21 — ist von der Ortsbaudienststelle v o r Abgabe an die Kasse dem zuständigen Vermögensbuchhalter — vgl. K 18 Ziffer 3 — zuzuleiten. Dieser trägt die Vermögensänderung gemäß § 23 Abs. (2) VBRO in das Sachbuch für das Vermögen ein, vermerkt die Eintragung unter Beifügung seiner Unterschrift auf der Mitteilung und gibt diese unverzüglich an die zuständige Kasse weiter.

8. Die Kasse hat den ihr von der Ortsbaudienststelle über den zuständigen Vermögensbuchhalter mitgeteilten Wertbetrag der Vermögensänderung gemäß J 3.03 Abs. 2[4]) als Betrag der vermögenswirksamen

---

[4]) J 303 Abs. 2 lautet: „In Abweichung von § 32 (3) der VBRO sind im Titelbuch bei diesen Titeln (s. Abs. 1) keine besonderen Spalten für vermögenswirksame Zahlungen zu bilden. Dafür sind in jedem Buchungsabschnitt nach Abschluß der Baumaßnahme — spätestens jedoch beim Jahresabschluß — unter dem Gesamtbetrag der Haushaltsausgabe der Betrag der vermögenswirksamen Aufwendungen und die zutreffende Vermögensgruppe entsprechend der Mitteilung der Ortsbaudienststelle — vgl. Muster 21 — wie folgt anzugeben:

„Davon vermögenswirksam

.... DM

Vermögensgruppe ....“

Haushaltsausgabe in das Titelbuch einzutragen, und zwar unter dem Gesamtbetrag der für die Baumaßnahme nachgewiesenen Haushaltsausgaben. Außerdem ist die Vermögensgruppe anzugeben, auf die der Wertzugang entfällt. Die Mitteilung der Ortsbaudienststelle ist Beleg für die im Titelbuch vorgenommene Eintragung.

9. Dienststellen, die ein Sachbuch für das Vermögen führen, haben am Schluß des Rechnungsjahres über den von ihnen nachgewiesenen Vermögensbestand und über die während des Rechnungsjahres eingetretenen Vermögensveränderungen Rechnung zu legen und Vermögens-Rechnungsnachweisungen nach § 63 VBRO aufzustellen. Dies gilt auch für Ortsbaudienststellen, die während eines Rechnungsjahres vermögenswirksame Zahlungen veranlaßt haben, wenn sie nach § 38 Abs. (2) VBRO Vermögenskonten (Zwischenkonten) führen — vgl. K 18 Ziffer 3 —.

10. Die Ortsbaudienststelle hat bei Vorlage der Baurechnung an die Vorprüfungsstelle eine Ausfertigung der „Übersicht über fertiggestellte Bauten" nach Muster 16[5]) der für die Vermögensbuchführung über die Liegenschaft zuständigen Verwaltungsdienststelle als Unterlage (Beleg) für den Bestandsnachweis der Liegenschaft zuzuleiten. Dieser Übersicht ist eine Aufgliederung der Baukosten nach Muster 22[6]) beizufügen. Beide vorgenannten Unterlagen sind von der Verwaltungsdienststelle als Belege zur Grundstücksakte — vgl. § 67 Abs. (1) VBRO — zu nehmen.

11. Die in der Vermögensrechnung geführten Vermögenskonten (Vermögenskartei) für Grundstücke sind zugleich die in § 65 Abs. (1) RHO vorgeschriebenen Bestandsverzeichnisse für unbewegliche Sachen des Bundesvermögens. Es ist daher unerläßlich, daß alle durch Baumaßnahmen herbeigeführten Bestandsveränderungen des Vermögens in Übereinstimmung mit der Geldrechnung in die Vermögensrechnung eingehen, da sonst die Bestandsnachweise unvollständig und damit unrichtig sind. Die Führung der Vermögensrechnung über unbewegliche Sachen erfordert insbesondere im Hinblick auf die baulichen Veränderungen eine enge Zusammenarbeit zwischen grundstücksverwaltender Stelle, Ortsbaudienststelle und Kasse. Hierbei ist es in erster Linie Sache der Ortsbaudienststelle, den übrigen beteiligten Stellen die erforderlichen Angaben und Unterlagen zu liefern, die sie für ihre Bücher und Bestandsnachweise benötigen.

---

[5]) Hier nicht abgedruckt; die Übersicht berichtet über Bauzeit, Bauort, Objekt, Baukosten (im einzelnen aufgegliedert), umbauten Raum, Raummeterpreis, Artmerkmale der Bauten und die Gründe für außergewöhnliche Ausführung und Preise und beschreibt den Bau in Skizzenform.

[6]) Siehe Anlage 2 hierzu.

Anlage 1
Muster 21 zur RBBau
(Form 21/58 BdF)

....
(Ortsbaudienststelle)

Über den Vermögensbuchhalter der
....
(Dienststelle)
an die ....
(Amtskasse)
in ....

Beleg-Nr. ....

Zeitbuch / Sachbuch - Nr.[1] ....

Mitteilung

(zugleich Buchungsanweisung)
für einen Wertzugang beim Bundesvermögen
auf Grund einer Baumaßnahme
(Beleg zum Titelbuch)

Für die Baumaßnahme ....
....
sind im Rechnungsjahr 19....... lt. den Eintragungen im Titelbuch der ....
(Amtskasse)
bei Kapitel .... Titel ....
Ausgaben in Höhe von .... DM[2])
geleistet worden.
Der auf diesen Zahlen beruhende *Wertzugang* beträgt .... DM
(i. B. .... Deutsche Mark).
Die entstandenen Haushaltsausgaben sind in Höhe des Wertzugangs vermögenswirksam.

1. Der Vermögensbuchhalter wird angewiesen, den oben genannten Wertzugang im Rechnungsjahr 19........ in die Vermögensrechnung aufzunehmen und bei der nachstehenden Vermögensgruppe als Zugang mit haushaltsmäßiger Zahlung zu buchen.
2. Die Kasse wird angewiesen, den oben genannten Betrag der vermögenswirksamen Haushaltsausgaben bei dem für die Baumaßnahme im Titelbuch eingerichteten Buchungsabschnitt unter Angabe der nachstehenden Vermögensgruppe einzutragen.

Buchungsstelle
der Vermögensrechnung:
Vermögensgruppe ....
Konto-Nr. ....

Richtig und festgestellt

.............................., den ....

....
(Unterschrift u. Amtsbezeichnung)

Buchungsvermerk
des Vermögensbuchhalters:
In das Vermögenssachbuch (Vermögenkartei) eingetragen:
Lfd. Nr. ..../Rechnungsjahr ....
.............................., den .... 19.......
(Ort) (Datum)

....
(Unterschrift des Vermögensbuchhalters)

[1]) Von der Kasse auszufüllen.
[2]) Der Betrag ist mit der Kasse abzustimmen.

.... **Anlage 2**
(Ortsbaudienststelle) *Muster 22 zur RBBau*
(Form 22/58 BdF)

An die

.... in ....
(Verwaltungsdienststelle)

Aufgliederung der Baukosten

für den Bestandsnachweis nachstehender Liegenschaften

....
(Bezeichnung der Liegenschaft)

Verbuchungsstelle der Baukosten ....
(Kapitel, Titel, Unterteil)

Lfd. Nr.		Bezeichnung der Kostenart bzw. Anlagen	Kosten gemäß Baurechnung DM	von den in Spalte 4 eingesetzten Beträgen sind vermögenswirksam DM
1	2	3	4	5
1		*Erschließungskosten*	....	....
2*)		*Kosten der Gebäude/ Bauwerke*	....	....
	2 a	.... (Bezeichnung des Gebäudes/Bauwerks)	....	....
	2 b	.... (wie vor)	....	....
	2 c	.... (usw. bis 2 z)	....	....
		....	....	....
	2z	....	....	....
3*)		*Kosten der Außenanlagen*	....	....
		Zusammen:	....	....

*) **Anmerkung** (zu lfd. Nr. 2 und 3): Die Baunebenkosten, soweit sie in der Baurechnung noch erscheinen, Kosten der besonderen Betriebseinrichtung, Kosten des Geräts und sonstiger Wirtschaftsausstattungen sind auf die in Spalte 4 Ziffer 2 a bis 2 z und 3 einzusetzenden Beträge der einzelnen Gebäude/Bauwerke und Außenanlagen anteilmäßig aufzuteilen, soweit sie nicht ihrer Zweckbestimmung nach einem bestimmten Gebäude/Bauwerk bzw. den Außenanlagen zuzurechnen sind.

Richtig und festgestellt

.........................., den ....
(Ort) (Datum)

....
(Unterschrift u. Amtsbezeichnung)

§ 39

Sachen im Gemeingebrauch

Der Bundesminister der Finanzen kann im Einvernehmen mit dem zuständigen Bundesminister und dem Bundesrechnungshof bestimmen, daß bei Sachen im Gemeingebrauch (Straßen, Brücken, Wasserstraßen usw.) die Bewertung unterbleibt und nur die jährlichen Investitionen aus Haushaltsmitteln in der Vermögensrechnung nachgewiesen werden. In diesem Falle sind die vermögenswirksamen Ausgaben aus den Titelbüchern der Geldrechnung zu ermitteln und am Jahresschluß in einer Summe in die Vermögensrechnung zu übernehmen. Zugleich sind die in Zugang gebrachten Beträge wieder abzuschreiben. Der zuständige Bundesminister regelt im Einvernehmen mit dem Bundesrechnungshof das Verfahren.

Zu § 39:

1. Die VBRO läßt für Sachen im Gemeingebrauch eine Sonderregelung zu. Aus der Fassung des § 39 ist zu erkennen, daß sie diese Sachen grundsätzlich als Teile des Bundesvermögens ansieht. Welche Gegenstände zu den Sachen im Gemeingebrauch zu rechnen sind, wird unschwer festzustellen sein. Gemeingebrauch ist „die jedermann zustehende Freiheit, die Sache ihrer Zweckbestimmung gemäß oder, wo die Zweckbestimmung fehlt oder zweifelhaft ist, in der üblichen Weise zu gebrauchen"[1]). Sachen im Gemeingebrauch sind diejenigen öffentlichen Sachen, „die der Benutzung durch jedermann zu dienen auf besondere Weise bestimmt sind"[2]). Es sind „verkehrsunfähige Sachen" (res extra commercium), aber *keine „Sachen ohne Wert"*. Die VBRO nennt als Sachen im Gemeingebrauch: Straßen, Brücken, Wasserstraßen. Rechnet man hierzu noch die Häfen (einschließlich der zu ihrem Schutze errichteten Seedeiche), so dürften die in der Hand des Bundes befindlichen Sachen im Gemeingebrauch erschöpfend aufgezählt sein. Der Meeresstrand ist in der Regel Landeseigentum. Plätze und Anlagen, die zu den Sachen im Gemeingebrauch gehören, sind beim Bund ohne Bedeutung. Die Straßen des Bundes (Bundesfernstraßen) gliedern sich in Bundesautobahnen und Bundesstraßen. Wasserstraßen sind die natürlichen Strom- und Flußläufe sowie die Kanäle.

2. Über die Einbeziehung der Sachen im Gemeingebrauch in die öffentliche Vermögensrechnung gehen die Meinungen auseinander. In der Einleitung[3]) ist das Für und Wider dieser Frage eingehend erörtert worden. Auf diese Ausführungen darf hier Bezug genommen werden. Die VBRO trägt der Schwierigkeit des Problems dadurch Rechnung, daß sie die Sachen im Gemeingebrauch grundsätzlich als Teile des Vermögens anerkennt, andererseits aber den Bundesminister der Finanzen ermächtigt, im Einvernehmen mit dem Bundesminister für Verkehr und dem Bundesrechnungshof zu bestimmen, daß die Bewertung unterbleibt. Für die Bestandsaufnahme zu Beginn der Vermögensrechnung ist eine vorläufige Bestimmung in Tz. 25 Richtl. VR I enthalten.

---

1) Jellinek, W., Verwaltungsrecht, 3. Aufl., Berlin 1931, S. 510.

2) Forsthoff, Lehrbuch des Verwaltungsrechts, Erster Band, München-Berlin, 1950, S. 269.

3) Abschnitt III a).

3. Nach § 1 soll die Vermögensrechnung nachweisen, welcher Teil der Haushaltsausgaben zur Mehrung des Vermögens geführt hat. Dieser Zweck wird nur erfüllt, wenn auch die wertvermehrenden Ausgaben für die Sachen im Gemeingebrauch erfaßt werden. Diese sind deshalb in der Vermögensrechnung auch dann nachzuweisen, wenn die Sachen selbst nicht bewertet werden. Da es keinen Zweck hätte, nur die Zugänge vom 1. April 1953 an als Bestand weiterzuführen, ist vorgesehen, die in Zugang gebrachten Beträge sofort wieder abzuschreiben.

Die Festlegung, was bei den Sachen im Gemeingebrauch als vermögenswirksame Ausgaben zu gelten hat, ist der Praxis überlassen. Sie wird einige Schwierigkeiten bereiten. Grundsätzlich wird davon auszugehen sein, daß nur eine Wertvermehrung als Zugang in die Vermögensrechnung aufgenommen werden kann, dagegen nicht die Ausgaben zur Werterhaltung. Damit ist die normale Unterhaltung der Straßen, Wasserstraßen usw. von vornherein ausgeschieden. Die Wertvermehrung ist nach dem Zustande zu Beginn der Vermögensrechnung, dem 1. April 1953, zu beurteilen. Wird z. B. eine kriegszerstörte Brücke erst nach diesem Zeitpunkt wieder hergestellt, so sind die Ausgaben hierfür vermögenswirksam.

Buchungsschema (§ 39)[4]:

	5	6	7	8	9	10	11
1.	—,—	9000,—				9000,—	—,—

1 = Kostenaufwand eines Rechnungsjahres, sogleich wieder abgeschrieben.

4. § 39 ist auch auf Investitionen an Bundesfernstraßen aus dem Verteidigungslastenhaushalt anzuwenden (BdF-Erlaß vom 19. April 1955 — II E/2 — BL 1305 — 50/55 —); § 39 ist ferner sinngemäß anzuwenden auf nichtöffentliche Straßen und Wege, die nicht der Erschließung oder als Außenanlagen eines zu bebauenden bzw. bebauten Grundstücks dienen (BdF-Erlaß vom 3./25. Juni 1955 — II B/3 — O 4300 — 236/55 —); siehe auch Anm. 4 zu § 38.

§ 40

Bewegliche Sachen

(1) Bewegliche Sachen im Sinne dieser Ordnung sind alle körperlichen Gegenstände, soweit diese nicht als wesentliche Bestandteile eines Grundstücks (§ 93 ff. des Bürgerlichen Gesetzbuchs) zum unbeweglichen Vermögen gehören. Im Zweifel ist eine Sache als bewegliche zu behandeln.

(2) Soweit in dieser Ordnung nichts anderes vorgeschrieben ist (§§ 41, 42), sind die beweglichen Sachen in der Vermögensrechnung mit den nach Vermögensgruppen zusammengefaßten Werten nachzuweisen. Die Anschaffungskosten sind nach Gruppen geordnet jährlich einmal aus den Titelbüchern über die Haushaltsausgaben als Zugang in die Vermögensrechnung zu übernehmen. Wenn es zweckmäßig ist, kann dies in kürzeren Zeitabschnitten geschehen.

[4]) Siehe die Erläuterung zum Buchungsschema zu § 31 Abs. 1.

(3) Beschafft eine Dienststelle bewegliche Sachen für andere Bedarfsstellen, so hat sie in ihr Vermögenssachbuch die Werte nach Absatz 2 aufzunehmen und die Abschreibungen nach § 20 durchzuführen. Bei der Abgabe der Sachen an die Bedarfsstelle hat sie den Buchwert der abgegebenen Sachen als Abgang ohne haushaltsmäßige Zahlung zu buchen. Die übernehmende Stelle bucht den gleichen Betrag als Zugang ohne haushaltsmäßige Zahlung in ihrem Vermögenssachbuch. § 34 Satz 2 und 3 finden Anwendung.

(4) Bei der Veräußerung von beweglichen Sachen ist der vereinnahmte Betrag in der Spalte Abgang mit haushaltsmäßiger Zahlung zu buchen. Weicht der Veräußerungserlös von dem Buchwert ab, so ist nach § 33 zu verfahren.

(5) Unbrauchbar gewordene bewegliche Sachen, die nicht durch Verkauf als Altmaterial verwertet werden können, sowie in Verlust geratene Sachen sind am Schluß des Rechnungsjahres mit ihren Buchwerten in einer Summe als Abgang ohne haushaltsmäßige Zahlung zu buchen.

Zu § 40:

1. Absatz 1 enthält für den Bereich der VBRO eine Begriffsbestimmung der beweglichen Sache in Anlehnung an das Bürgerliche Gesetzbuch. Danach sind als bewegliche Sachen alle körperlichen Gegenstände anzusehen, soweit diese nicht wesentliche Bestandteile eines Grundstücks im Sinne der §§ 93 ff. BGB sind. Zuweilen ist es schwierig zu entscheiden, ob eine Sache wesentlicher Bestandteil eines Grundstücks ist. Die VBRO bestimmt deshalb für die praktische Anwendung, daß eine Sache im Zweifel als bewegliche zu behandeln ist. Das Zubehör eines Grundstücks ist grundsätzlich als bewegliche Sache anzusehen; vgl. aber Anm. 3 zu § 12.

Besondere Schwierigkeiten bereiten Sachen, die nach der Verkehrsauffassung als Bestandteile eines Grundstücks, im Sinne des BGB aber nicht als wesentliche Bestandteile anzusehen sind. So werden angeschlossene Badeöfen und Badewannen in der Regel zu den Bestandteilen eines Gebäudes zählen, ohne damit wesentliche Bestandteile zu sein (RFH vom 28. Oktober 1921 — Entsch. RFH, Bd. 7, S. 127 ff.). Im Sinne des BGB sind solche Bestandteile als bewegliche Sachen anzusehen. Beweglich ist jede Sache, die weder Grundstück noch wesentlicher Bestandteil eines Grundstücks ist, also auch z. B. ein *un*wesentlicher Bestandteil.

Mit Rundschreiben vom 19. März 1956 — II B/3 — O 4300 — 51/56 —[1]) hat der Bundesminister der Finanzen im Einvernehmen mit dem Bundesrechnungshof mit Wirkung vom 1. April 1956 *auf den wertmäßigen Ausweis des Bestandes an beweglichen Sachen und seiner jährlichen Veränderungen* in der Vermögensrechnung des Bundes *verzichtet*, und zwar unbeschadet des mengen-

[1]) MinBlFin. 1956 S. 259.

mäßigen Nachweises in den Bestandsverzeichnissen gemäß § 28 VBRO. Als einen der Beweggründe hierfür gibt das Rundschreiben die Arbeitsbelastung der Verwaltungsdienststellen an, die ihnen daraus erwachsen sei, daß Haushaltsplan und Vermögensrechnung nicht in ausreichendem Maße einander angepaßt werden konnten, so daß die für die Buchung in Summen (§ 31 VBRO) erforderlichen Zahlen mangels getrennter Veranschlagung der vermögenswirksamen Ausgaben nur unter Schwierigkeiten aus den Titelbüchern der Geldrechnung zu gewinnen waren. Die bis dahin nach §§ 40 ff. VBRO geführten Vermögenskonten für bewegliche Sachen sind zum Schluß des Rechnungsjahres 1955 abgeschlossen und deren Ergebnis in die Rechnungslegung für 1955 aufgenommen worden; für das Rechnungsjahr 1956 hingegen wurden die dort ausgewiesenen Bestände an beweglichen Sachen nicht mehr vorgetragen. Die Vermögenskarteikarten sind gemäß § 29 Abs. 4 VBRO aufzubewahren.

Somit sind vom Beginn des Rechnungsjahres 1956 an die aus der Veräußerung beweglicher Sachen anfallenden Haushaltseinnahmen und die für die Beschaffung beweglicher Sachen aufgewandten Haushaltsausgaben nicht mehr als vermögenswirksame Zahlungen im Sinne von § 3 Abs. 1 Ziff. 5 VBRO zu behandeln. Hierdurch entfällt auch deren Ausweis in der Sonderspalte des Titelbuches. Lediglich die Rechnungsbelege müssen erkennen lassen, an welcher Stelle der Bestandsverzeichnisse (§ 28 VBRO) die Gegenstände nachgewiesen werden.

Ein Ausweis des beweglichen Vermögens nur mit einem — durch Bestandsaufnahmen alle 5 oder 10 Jahre zu berichtigenden — Pauschalsatz in der Vermögensrechnung würde nicht deren Sinn und Zweck entsprechen. Auch wenn man nur alle größeren Wertänderungen — etwa über 10- oder 20 000 DM — als vermögenswirksam behandelte, wäre die Aussagekraft der Vermögensrechnung verringert. Andererseits stellen die beweglichen Sachen im Eigentum des Bundes einen erheblichen Wert dar: Sie waren am Schluß des Rechnungsjahres 1955 mit einem Buchwert (= 50% des Anschaffungs- oder Wiederbeschaffungspreises) von 564 027 595,71 DM ausgewiesen; die Neuanschaffungen aus Bundesmitteln betrugen in den vorangegangenen Rechnungsjahren im Durchschnitt 80 Millionen DM.

Ob nach Neuordnung des Haushaltsrechts eine andere Lösung gefunden werden wird, bleibt abzuwarten. Jedenfalls darf bis dahin wenigstens die durch § 28 VBRO geschaffene Ordnung der Bestandsverzeichnisse nicht wieder verlorengehen.

2. Aus Gründen der Vereinfachung hatte die VBRO bei beweglichen Sachen die Anknüpfung der Wertzugänge an das einzelne Objekt verlassen. Sie begnügte sich damit, die in den Titelbüchern für die Gegenstände einer Vermögensgruppe ausgewiesenen Anschaffungskosten in der Regel jährlich einmal als Zugang in die Vermögensrechnung aufzunehmen. Daher kam es in erster Linie darauf an, die Ausgaben für die Beschaffung beweglicher Gegenstände nach Vermögensgruppen zu trennen. Wie dies im einzelnen geschehen sollte, ist in § 32 geregelt. Dabei war es unerheblich, ob es sich um Ausgaben für Ersatzbeschaffung oder um solche für die erstmalige Anschaffung von Gegenständen handelte. Alle Ausgaben für Neuanschaffungen waren als vermögenswirksame Ausgaben nach § 40 Abs. 2 zu behandeln. Als Neuanschaffung galt auch die Beschaffung eines gebrauchten Gegenstandes. Wenn es zweckmäßig war, konnten

die Beträge in kürzeren Zeitabschnitten aus der Geldrechnung in die Vermögensrechnung übernommen werden. Eine monatliche oder vierteljährliche Übernahme konnte vor allem in Frage kommen, solange die Aufteilung der Beträge nach Vermögensgruppen in der Spalte Vermerke der Titelbücher vorgenommen wurde (vgl. § 32 Abs. 5 Buchst. b). Ferner war eine abweichende Übernahme der Beträge auch dann zu empfehlen, wenn über die Haushaltsausgaben in kürzeren Zeiträumen als ein Rechnungsjahr Rechnung gelegt wird (§ 5 Abs. 1 RRO).

Wegen der Behandlung der Bibliotheken in der Bundesvermögensrechnung siehe auch die Beiträge von Mackert und Oldorf, Die Bibliotheken in der Vermögensrechnung des Bundes, in „Der öffentliche Haushalt" 1954/55 Heft 6 S. 248 und 256.

Buchungsschema (§ 40 Abs. 2)[2]):

Anschaffungskosten für bewegliche Sachen; hier: Beschaffung von Einrichtungsgegenständen (Vermögensgruppe 0100)

	5	6	7	8	9	10	11
1.	1000,—						
2.		200,—				100,—	
3.		800,—				400,—	
	1000,—	1000,—				500,—	1500,—

1 = Anfangsbestand, 2 = Ausgaben (Jahressumme) bei Titel 201, Unterteil b, 3 = Ausgaben (Jahressumme) bei Titel 870.

2. und 3. in Sp. 10 = Abschreibungsbeträge gemäß § 20 Abs. 1.

3. Werden in Ausgabebewilligungen für Bauvorhaben Mittel für die Bauleitung ausgebracht, und werden aus diesen Mitteln von ausführenden Bundesbehörden Einrichtungsgegenstände u. dgl. für Bauleitungsbüros beschafft, so sind die Anschaffungskosten dieser Gegenstände insofern vermögenswirksam, als die Bauleitungskosten ein Teil der Herstellungskosten des Bauwerks sind. Als bewegliche Sachen bleiben die beschafften Gegenstände mit ihrem Werte für die Vermögensrechnung zunächst außer Betracht. Sie sind jedoch in Bestandsverzeichnisse nach § 28 aufzunehmen. Geht man davon aus, daß das Bauvorhaben nur mit dem Teil des Wertes der Sachen belastet werden darf, der durch ihre Benutzung für das Bauvorhaben verbraucht wird, also mit dem durch Abnutzung entstehenden Wertverzehr, so folgt daraus, daß nach Beendigung des Baues der Zeitwert der Gegenstände den Baumitteln von der Stelle wieder zuzuführen ist, die die Gegenstände übernimmt. Das kann ein anderes Bauvorhaben, aber auch eine Behörde für ihren eigenen laufenden Bedarf sein. Im ersten Falle wiederholt sich der Ablauf wie bei der ersten Beschaffung, im letzten Falle gingen die Zeitwerte der Gegenstände vor dem 1. April 1956 gemäß § 40 Abs. 2 in die Vermögensrechnung ein.

4. Vielfach werden Gegenstände durch zentrale Beschaffungsstellen eingekauft und an die Bedarfsstellen weitergegeben. Auch hierbei mußte an dem Grundsatz festgehalten werden, daß der Wert der beschafften Gegenstände bei der Stelle in der Vermögensrechnung als Zugang gebucht wird,

[2]) Siehe die Erläuterung zum Buchungsschema zu § 31 Abs. 1.

die den Geldbetrag als Ausgabe in der Geldrechnung buchen läßt. Das ist hier die Beschaffungsstelle. Es war deshalb ein Verfahren vorgeschrieben, das im Grundgedanken dem Verfahren des § 38 Abs. 2 entspricht. Neu war hierbei nur, daß die Abschreibung dem Grundsatz des § 20 Abs. 1 folgend, sofort bei der Beschaffungsstelle vorgenommen und nur der verminderte Buchwert weitergegeben wurde. Die Weitergabe sollte mit Hilfe eines Übergabescheines nach § 34 nachgewiesen werden. Wegen Verwendung von Übergabelisten vgl. Anm. 2 zu § 34. Die buchmäßige Weitergabe der Werte an die Bedarfsstelle kam im übrigen nur dann in Frage, wenn die Beschaffungsstelle nicht selbst gemäß § 22 Abs. 1 Buchst. d) für die Buchführung über die von ihr beschafften Werte zuständig war (vgl. Anm. 3 zu § 22).

Buchungsschema (§ 40 Abs. 3)[3]):
Beschaffungsstelle beschafft bewegliche Sachen und gibt sie an die Bedarfsstelle ab.

Vermögenskonto bei der Beschaffungsstelle:

	5	6	7	8	9	10	11
1.	—,—	800,—				400,—	
2.					250,—		
Sa. Rj.	—,—	800,—			250,—	400,—	150,—
Bestand	150,—						

1 = Beschaffungskosten, in Sp. 10 Abschreibung gemäß § 20 Abs. 1, 2 = Abgabe an Bedarfsstelle zum Buchwert.

Vermögenskonto bei der Bedarfsstelle:

	5	6	7	8	9	10	11
1.	700,—						
2.			250,—				
Sa. Rj.	700,—		250,—				950,—
Bestand	950,—						

1 = Anfangsbestand, 2 = Übernahme von Beschaffungsstelle zum Buchwert.

5. Die Veräußerung beweglicher Sachen gegen Entgelt wird verhältnismäßig selten sein. Es empfahl sich, in solchen Fällen die Abgangsbuchungen sofort bei der Veräußerung vorzunehmen und die Ausgleiche zu buchen. Der Buchwert konnte dem Verzeichnis nach Tz. 8 der Richtl. VR II oder der Stückpreisspalte des Gerätebuches (§ 28) entnommen werden. Bei geringen Werten war auch nichts dagegen einzuwenden, wenn der Betrag der Ausgleichsbuchung nach § 33 statt vom wirklichen Buchwert von einem Mittelwerte ausgehend berechnet wurde (vgl. Anm. 2 zu § 28). Für die Buchung der Abgänge nach Absatz 5 galt das gleiche. Wurden Teile einer Bücherei, eines Archivs, einer Sammlung oder einer anderen Sachgesamtheit ausgesondert, die mit global geschätzten Werten in der Vermögensrechnung enthalten waren, so konnte die Abgangsbuchung in der Regel entfallen.

[3]) Siehe Fußnote [2]).

B u c h u n g s s c h e m a (§ 40 Abs. 4)[4]):
Verkauf beweglicher Sachen
Buchwert 250,— DM, Verkaufserlös 180,— DM

	5	6	7	8	9	10	11
1.	1000,—						
2.				180,—	70,—		
Sa. Rj.	1000,—			180,—	70,—		750,—

1 = Anfangsbestand, 2 = Verkaufserlös und Unterschiedsbetrag.

B u c h u n g s s c h e m a (§ 40 Abs. 5)[5]):
Als unbrauchbar und wertlos ausgesonderte bewegliche Sachen

	5	6	7	8	9	10	11
1.	1000,—						
2.					100,—		

1 = Anfangsbestand, 2 = Buchwert der ausgesonderten Sachen.

§ 41

Schiffe

(1) Schiffe im Werte von mehr als 50 000 Deutsche Mark sind einzeln in der Vermögensrechnung zu führen. Für jedes Schiff ist ein besonderes Vermögenskonto anzulegen.

(2) Die Beschreibung des Schiffes soll folgende Merkmale enthalten:

a) Name des Fahrzeuges,
b) Verwendungszweck,
c) Heimathafen,
d) Bauwerft,
e) Baumaterial,
f) Wasserverdrängung,
g) Länge, Breite, Tiefgang,
h) Antriebsart,
i) Antriebsleistung,
k) Wiederbeschaffungswert.

(3) Schiffe im Werte bis zu 50 000 Deutsche Mark sind auf einem Konto zusammenzufassen.

Zu § 41:

1. Schiffe nehmen als bewegliche Sachen in der Rechtsordnung eine Sonderstellung ein. An ihnen können durch Eintragung in das Schiffsregister dingliche Rechte bestellt werden. Die Übereignung eines Schiffes bedarf der Eintragung in das Schiffsregister. Damit werden Schiffe im Rechtsverkehr ähnlich wie Grundstücke behandelt. Näheres siehe Gesetz über Rechte an eingetragenen Schiffen und Schiffsbauwerken vom 15. November 1940 (RGBl. I S. 1499). Für die Sonderbehandlung der Schiffe in der VBRO waren nicht diese rechtlichen Gesichtspunkte, sondern wirtschaftliche bestimmend gewesen. Unter allen beweglichen Sachen

[4]) Siehe Fußnote [2]).
[5]) Siehe Fußnote [2]).

haben Schiffe einen besonders hohen Einzelwert und eine verhältnismäßig lange Lebensdauer. Für die Buchführung wurden die Schiffe in zwei Kategorien eingeteilt: Schiffe im Einzelwert von mehr als 50 000 Deutsche Mark und solche im Werte bis zu 50 000 Deutsche Mark. Bei den ersteren knüpfte die VBRO nicht nur an die aufgewendeten Anschaffungs- oder Herstellungskosten, sondern wie bei Grundstücken auch an das Einzelobjekt an.

2. Schiffe bis zu 50 000 DM Wert waren nicht einzeln zu behandeln, sondern bis zum 1. April 1956 auf einem Vermögenskonto zusammenzufassen. Sie traten als einzelne nicht in Erscheinung, wurden also wie bewegliche Sachen anderer Art behandelt. Die Zurechnung nach der Wertgrenze war nach dem Anschaffungswert, wenn dieser in DM bekannt war, sonst nach dem Wiederbeschaffungswert zu bestimmen.

3. Das Vermögenskonto für Schiffe umfaßte vor dem Wegfall des wertmäßigen Ausweises beweglicher Sachen in der Vermögensrechnung ab 1. April 1956, der auch die Schiffe im Werte von mehr als 50 000 DM betraf (Erlaß des Bundesministers der Finanzen vom 12. März 1957 — II B/3 — O 4300 — 2/57 —), außer dem Wert des Schiffes auch den Wert seiner Ausstattung an Bord sowie den Wert seiner in der Schiffskammer lagernden Spezial-Reserveteile. Schiffe wurden hiernach mit ihren Bestandteilen und ihrem Zubehör als Einheit behandelt (vgl. Vermögensgruppenplan, Teil-Kennzifer 140). Das hatte die praktische Bedeutung, daß neben normalen Instandsetzungen auch der Ersatz kleinerer Zubehörteile nicht als vermögensmehrend, die Ausgabe hierfür also nicht als vermögenswirksam anzusehen war. Die Ausgaben für außerordentliche Instandsetzungen (werterhöhende Instandsetzungen) waren dagegen als vermögenswirksam zu behandeln. Die Grenze zwischen ordentlichen und außerordentlichen Instandsetzungen ist flüssig; ihre Festlegung ist eine Ermessensfrage.

§ 42

Archive, wissenschaftliche Sammlungen u. dgl.

Archive, wissenschaftliche Sammlungen und Schausammlungen von Dauerwert (§ 13) sind auf Einzelkonten in der Vermögensrechnung zu führen.

Zu § 42:

Von der summarischen Erfassung waren ferner die Archive, wissenschaftlichen Sammlungen und Schausammlungen von Dauerwert ausgenommen. Diese waren nach § 13 als Einheit zu bewerten, nach § 20 Abs. 3 jedoch nicht abzuschreiben. Die Abschreibung entfiel, weil es sich um Gegenstände handelte, die durch Alter meist nicht an Wert verlieren. Wegen Abschreibung der Einrichtungsgegenstände vgl. Anm. 2 zu § 13.

In der Vermögensrechnung wurden diese Sachen bis zum 31. März 1956 auf Einzelkonten nachgewiesen. Die Folge davon war, daß auch Zugänge und Abgänge für jedes einzelne Konto zu buchen waren. Veränderungen mit haushaltsmäßiger Zahlung wurden zweckmäßig einzeln, solche ohne haushaltsmäßige Zahlung — wenn sie häufig sind — jährlich einmal summarisch gebucht.

§ 43

Wirtschaftsbetriebe

Für jeden Wirtschaftsbetrieb (§ 14) ist ein Vermögenskonto anzulegen. Auf der Karteikarte sind außer dem Rechnungswert und seinen Veränderungen der Gewinn oder Verlust sowie die Gewinnverteilung oder die Verlustdeckung auszuweisen. In der Spalte 5 (Rückseite) sind unter b) auch die Vorauszahlungen aus der Bundeskasse auf Zuschüsse zur Abdeckung eines Verlustes zu buchen. Werden Gewinne dem Vermögen zugeführt (Kapitalerhöhung, Zuführung zu Rücklagen) oder Verluste aus dem Vermögen gedeckt (Kapitalherabsetzung, Auflösung oder Minderung von Rücklagen), so sind die entsprechenden Buchungen in den Spalten 5 und 6 und außerdem als Zugang oder Abgang ohne haushaltsmäßige Zahlung in den Spalten 9 und 11 vorzunehmen. Zahlungen aus dem Bundeshaushalt zur Kapitalerhöhung sind in Spalte 8, Zahlungen an den Bundeshaushalt zur Kapitalherabsetzung in die Spalte 10 einzutragen.

Zu § 43:

Der Bewertung der Wirtschaftsbetriebe werden gemäß § 14 das in der Bilanz ausgewiesene Eigenkapital und die offenen Rücklagen zugrunde gelegt. Die Beziehungen zwischen Verwaltung und Betrieb erschöpfen sich indes nicht mit der Darstellung des Reinvermögens; auch das Wirtschaftsergebnis des Betriebes ist von Bedeutung. Betriebe, die nach § 15 RHO veranschlagt werden, können vielfach nicht nach Gewinn streben, wie es in der Privatwirtschaft zur Erzielung eines Erfolges üblich und notwendig ist. Das hängt mit den öffentlichen Aufgaben, denen die Betriebe dienen, zusammen. Infolgedessen werfen diese oft nicht nur keinen Gewinn ab, sondern erfordern Zuschüsse aus dem Bundeshaushalt. Um die Liquidität des Betriebes aufrechtzuerhalten, sind meist schon während des Jahres Vorauszahlungen zur Abdeckung eines voraussichtlich entstehenden Verlustes zu leisten. Damit die Verwaltungsstelle, die das Vermögenskonto über den Betrieb führt, jederzeit einen vollständigen Überblick über die geldlichen Beziehungen zwischen Betrieb und Verwaltung hat, ist vorgesehen, in besonderen Spalten des Vermögenskontos die Zuschüsse, Vorauszahlungen usw. zu buchen. Auf diese Weise ist es möglich, die Rückwirkungen des Wirtschaftsergebnisses auf das Vermögen darzulegen. Beispiel siehe auf dem Muster 3.

§ 44

Unmittelbare Beteiligungen

(1) Die Beteiligungen des Bundes am Kapital von Unternehmen aller Art sind ohne Rücksicht auf die Rechtsform in der Vermögensrechnung zu führen. Für jede Beteiligung ist ein Vermögenskonto anzulegen.

(2) Der Besitz von Aktien ist für die Vermögensrechnung auch dann als Kapitalbeteiligung anzusehen, wenn die im Besitz des Bundes befindlichen Werte weniger als 25 vom Hundert des Grundkapitals der Gesellschaft betragen.

(3) Bei dem erstmaligen Erwerb einer Beteiligung des Bundes an einem bestehenden Unternehmen oder bei der Beteiligung an der Gründung eines neuen Unternehmens ist ein Vermögenskonto für die Beteiligung anzulegen. Die Vorderseite der Karteikarte ist ihrem Vordruck entsprechend auszufüllen. In Spalte 6 (Rückseite) ist als Zugang mit haushaltsmäßiger Zahlung der in den Titelbüchern der Geldrechnung nachgewiesene Anschaffungsbetrag einzusetzen. Der Unterschied zwischen diesem Betrag und dem Rechnungswert (Spalte 9 — Vorderseite —) ist als Zugang oder Abgang ohne haushaltsmäßige Zahlung in Spalte 7 oder 9 (Rückseite) zu buchen. Satz 3 und 4 gelten sinngemäß bei der Änderung einer Beteiligung an einem Unternehmen.

(4) Nach Feststellung der Bilanz eines jeden Geschäftsjahres des Unternehmens ist der Rechnungswert (§ 15) durch Buchung eines Zugangs in Spalte 7 oder eines Abgangs in Spalte 9 auf den Gegenwartswert zu bringen. Die Buchung ist unverzüglich nach Feststellung der Bilanz vorzunehmen.

(5) Werden Anteile an Unternehmen gegen Entgelt veräußert, so ist der Abgang mit dem Betrag der Haushaltseinnahme in Spalte 8 zu buchen. Absatz 3 Satz 4 gilt sinngemäß.

Zu § 44:

1. Die Bundesregierung hat erstmals in den Allgemeinen Vorbemerkungen zum Bundeshaushaltsplan 1954 ein Verzeichnis über die Beteiligungen der Bundesrepublik Deutschland an wirtschaftlichen Unternehmen des öffentlichen und privaten Rechts veröffentlicht. In den Vorbemerkungen 1955 wurde die tabellarische Übersicht durch Ausführungen über die wichtigsten Bundesbeteiligungen ergänzt. Seitdem ist jährlich, mit Ausnahme des Rechnungsjahres 1961, in den Allgemeinen Vorbemerkungen (nunmehr Finanzberichten) zum Bundeshaushaltsplan eine aufschlußreiche Darstellung über den Umfang, die Zusammensetzung, den Ursprung und die Entwicklung der Beteiligungen des Bundes gegeben worden, auf die hier verwiesen werden darf. Die Darstellung zeigt, daß die Beteiligungen vorwiegend aus zwingenden wirtschafts- und sozialpolitischen Gründen in der Hand des Bundes sind. Unmittelbar öffentlichen Aufgaben dienen die Beteiligungen des Bundes an

a) Verkehrsunternehmen (Eisenbahngesellschaften, Flughafengesellschaften, Hafen- und Wasserstraßengesellschaften),

b) Unternehmen des Wohnungs- und Siedlungswesens (Heimstätten- und Siedlungsgesellschaften usw.),

c) Landwirtschaftlichen Siedlungs- und Erschließungsunternehmen.

Unmittelbar oder mittelbar ist der Bund in folgenden Wirtschaftszweigen an wichtigeren Betrieben beteiligt:

I. Eisenerzbergbau und Verarbeitung des Eisenerzes,
II. Gewinnung von Stein- und Braunkohlen und Verarbeitung der Steinkohle auf chemischem Wege,
III. Gewinnung von Bodenschätzen (außer Steinkohle und Eisenerz) und deren Aufbereitung,
IV. Aluminium-, Karbid- und Kalkstickstoffindustrien und Erzeugung des zur Produktion benötigten Stroms,
V. Erzeugung und Verteilung von Strom für die Landesversorgung,
VI. Schiffahrt.

Das Deutsche Reich war seit dem Jahre 1937 in erheblichem Maße auch an Gesellschaften der Filmwirtschaft beteiligt. Nach dem Gesetz zur Abwicklung und Entflechtung des ehemaligen reichseigenen Filmvermögens vom 5. Juni 1953 (BGBl. I S. 276) sind Gesellschaften der Filmwirtschaft, an denen das Reich unmittelbar oder mittelbar beteiligt war, Vermögenswerte solcher Gesellschaften und Vermögenswerte der Filmwirtschaft, die im Eigentum des Reiches gestanden haben, innerhalb zweier Jahre in private Hand zu überführen.

Bei den in der Vermögensrechnung des Bundes nachzuweisenden Kapitalbeteiligungen handelte es sich bis zum Inkrafttreten des Reichsvermögen-Gesetzes um

a) Beteiligungen des Bundes,
b) Beteiligungen des Deutschen Reiches,
c) Beteiligungen des ehemaligen Landes Preußen,

zu b) und c), soweit nach dem Vorschaltgesetz und der Durchführungsverordnung zu § 6 dieses Gesetzes dem Bund die Verwaltung zustand.

Ihrem Wesen nach bestehen die Beteiligungen in

a) Aktien,
b) Geschäftsanteilen an Gesellschaften mit beschränkter Haftung,
c) Geschäftsguthaben bei Genossenschaften,
d) Anteilen am Kapital von Unternehmen des öffentlichen Rechts.

Kuxe kommen als unmittelbare Beteiligungen kaum in Betracht.

2. Der Begriff „Beteiligung" setzt gewöhnlich die Verfügung über mindestens 25 v. H. des Grundkapitals einer Kapitalgesellschaft voraus. So gilt nach § 131 Abs. 1 A II Nr. 6 AktGes. im Zweifel der Besitz von Aktien oder Anteilen an einer Kapitalgesellschaft im Nennbetrage von einem Viertel des Grundkapitals dieser Gesellschaft als Beteiligung. Geringerer Aktienbesitz wird wie Wertpapiere behandelt und in der Bilanz zum Umlaufvermögen gerechnet. Die VBRO geht diesen Weg nicht. Sie sieht den Besitz von Aktien auch dann als Beteiligung an, wenn er weniger als 25 v. H. des Grundkapitals der Gesellschaft beträgt.

3. Die Bewertung von Beteiligungen ist in § 15 geregelt. Danach kommt als Rechnungswert in erster Linie der Nennwert in Frage, der in den Fällen des § 15 Abs. 3 und 4 zu erhöhen oder zu ermäßigen ist. Im einzelnen und wegen der zwischenzeitlich eingetretenen Änderung siehe Anm. 2 zu § 15. Weicht beim Erwerb von Beteiligungen der Anschaffungswert von dem Rechnungswert ab, so ist nach § 44 Abs. 3 ein Ausgleich zu buchen. Dies gilt sinngemäß bei der Änderung oder der Veräußerung einer Beteiligung. Anschaffungswert und Rechnungswert entsprechen einander, wenn die Beteiligung in börsengängigen Wertpapieren verbrieft ist und zum Kurswert erworben wird (§ 15 Abs. 1).

Die Weiterführung der Vermögensrechnung beschränkt sich darauf, nach Absatz 4 den Buchwert dem jeweiligen Rechnungswert anzupassen. Dies geschieht durch Buchung eines Zugangs oder eines Abgangs ohne haushaltsmäßige Zahlung, je nachdem ob der neue Rechnungswert höher oder niedriger als der bisherige ist. Für die Feststellung des Rechnungswertes ist der Bilanzstichtag maßgebend. Die Buchung ist unverzüglich nach Feststellung der Bilanz vorzunehmen. Wird in der Zeit zwischen dem Bilanzstichtag und dem Abschlußtag der Vermögensrechnung der Anteil des Bundes am Kapital des Unternehmens durch eine Zahlung aus dem Bundeshaushalt vergrößert oder durch eine Zahlung an den Bundeshaushalt verringert, so sind diese Veränderungen in der Vermögensrechnung des Bundes zu berücksichtigen. Siehe dazu auch Anm. 3 Abs. 2 zu § 15.

Buchungsschema (§ 44 Abs. 3)[1]:
Erwerb einer Beteiligung.
Erwerbspreis 800,— DM, Rechnungswert nach § 15: 1100,— DM

Vermögens-karteikarte Muster 4		5	6	7	8	9	10
	1.	—,—	800,—				
	2.			300,—			1100,—

1 = Erwerbspreis, 2 = Unterschiedsbetrag zwischen Erwerbspreis und Rechnungswert nach § 15 VBRO.

Buchungsschema (§ 44 Abs. 4):
Berichtigung des Buchwertes einer Beteiligung auf Grund des Jahresabschlußergebnisses

Vermögens-karteikarte Muster 4		5	6	7	8	9	10
	1.	1100,—					
	2.					100,—	1000,—

1 = Bestand, 2 = Unterschied zwischen dem Rechnungswert zu Beginn und am Ende des Rechnungsjahres.

Buchungsschema (§ 44 Abs. 5):
Verkauf einer Beteiligung.
Buchwert: 2000,— DM, Verkaufserlös 3000,— DM

Vermögens-karteikarte Muster 4		5	6	7	8	9	10
	1.	2000,—					
	2.			1000,—			
	3.				3000,—		—,—

1 = Bestand (Buchwert), 2 = Unterschied zwischen Buchwert und Verkaufserlös, 3 = Verkaufserlös.

[1]) Siehe die Erläuterung zum Buchungsschema zu § 31 Abs. 1.

§ 45

Mittelbare Beteiligungen

Beteiligen sich Unternehmen, an denen der Bund beteiligt ist, an anderen Unternehmen (mittelbare Beteiligungen), so sind diese mittelbaren Beteiligungen auf der Vermögenskarteikarte mit den Angaben in Spalte 1 bis 7, 10 und 11 (Vorderseite) nachrichtlich zu vermerken, und zwar:

mittelbare Beteiligungen bis zum dritten Grade stets,

weitergehende Beteiligungen nur, wenn der Anteil der Obergesellschaft mehr als 25 vom Hundert des Grund- (Stamm-)Kapitals beträgt.

Zu § 45:

1. Die VBRO zieht nur die unmittelbaren Beteiligungen in die Bewertung ein. Sie verzichtet aus Gründen der Vereinfachung darauf, die Werte der mittelbaren Beteiligungen zu erfassen. Um diese aber nicht völlig außer acht zu lassen, sieht die Bestimmung ein nachrichtliches Vermerken der Beteiligungen bis zum dritten Grade vor. Die Gradzählung beginnt bei der ersten Beteiligung, an der das Unternehmen beteiligt ist. Vom Bund ausgehend ist also die Reihenfolge: 1. unmittelbare Beteiligung, 2. mittelbare Beteiligung ersten Grades, 3. mittelbare Beteiligung zweiten Grades usw. Ist die Gesellschaft der Beteiligung dritten Grades mit mehr als 25 v. H. am Kapital einer weiteren Gesellschaft beteiligt, so ist auch diese nachrichtlich aufzunehmen (Beteiligung vierten Grades) usf. Dagegen ist eine Beteiligung nicht aufzunehmen, wenn z. B. eine Gesellschaft vierten Grades an dem Kapital einer Gesellschaft fünften Grades mit mehr als 25 v. H., die Gesellschaft dritten Grades an der Gesellschaft vierten Grades aber nur bis zu 25 v. H. beteiligt ist.

2. Die Zusammengehörigkeit der mittelbaren Beteiligungen ist durch Zahlen-Vermerke in Spalte 11 der Vermögenskarteikarte darzustellen. Wegen der Einzelheiten wird auf Tz. 20 Buchst. o der Richtl. VR IV verwiesen.

§ 46

Darlehen

(1) In der Vermögensrechnung sind alle Darlehen nachzuweisen, die zum Vermögen des Bundes gehören, ohne Rücksicht darauf, ob sie von einer Bundesbehörde oder von einer anderen Stelle verwaltet werden.

(2) Die für die Verwaltung des Darlehens zuständige Verwaltungsdienststelle hat der Kasse (§ 22) bei Erteilung der Kassenanweisung über die Auszahlung des Darlehens die zur Anlegung des Vermögenskontos notwendigen Angaben schriftlich mitzuteilen. Die Mitteilung ist zusammen mit dem der Kassenanweisung beizufügenden Darlehensvertrag (§ 61 Abs. 1 der Rechnungslegungsordnung) als Dauerbeleg aufzubewahren.

(3) Auf Grund der nach Absatz 2 der Kasse zugehenden Mitteilung legt diese das Vermögenskonto für das Darlehen an. Auf der Vorderseite der Karteikarte sind dem Vordruck entsprechend alle wesentlichen Merkmale des Darlehens einzutragen. Auf der Rückseite der Karteikarte sind die Auszahlung des Darlehensbetrages sowie die Einnahmen an Zinsen und Rückflüssen zu buchen.

(4) Wird ein Darlehensbetrag unter gleichen Darlehensbedingungen nachträglich erhöht, so kann das Zusatzdarlehen auf dem Vermögenskonto der ersten Bewilligung mit nachgewiesen werden. In diesem Falle ist der Zusatzvertrag auf der Vorderseite an der vorgesehenen Stelle zu vermerken. Für andere Zusatzdarlehen ist jeweils ein besonderes Vermögenskonto anzulegen.

Zu § 46:

1. Der Bund hat seit seinem Bestehen erhebliche Darlehen für Wohnungsbau und andere Zwecke gegeben. Ferner sind die vom Deutschen Reiche für Wohnungsbau usw. ausgegebenen Darlehen auf den Bund übergegangen. Darlehen sind ausnahmslos in die Vermögensrechnung einzubeziehen. Dies gilt insbesondere auch dann, wenn Zuwendungen nach § 64 a RHO in Form von Darlehen gewährt werden. Die Darlehen werden teils durch Bundesbehörden, teils im Auftrage des Bundes durch Landesbehörden und teilweise treuhänderisch für den Bund durch Kreditinstitute verwaltet. Die grundsätzliche Verpflichtung zur Aufnahme dieser Darlehen in die Vermögensrechnung wird durch die Zuständigkeit für ihre Verwaltung nicht berührt, nur das Verfahren kann verschieden sein (vgl. § 47).

Nachzuweisen sind auch Darlehen, die nach den Richtlinien für die Gewährung von Darlehen an Rückerstattungsberechtigte — MinBlFin 1957 S. 1310 — bewilligt werden; bei Tilgung des Darlehens durch Verrechnung mit den Leistungen des Bundes auf die dem Darlehensnehmer nach dem Bundesrückerstattungsgesetz zustehenden Ansprüche ist auf dem Vermögenskonto in Höhe des Verrechnungsbetrages ein Kapitalabgang ohne haushaltsmäßige Zahlung zu buchen (vgl. Erlaß des Bundesministers der Finanzen vom 19. Dezember 1957 — VI B/5 — O 4300 — 86/57 — und Anm. 3 Abs. 3 zu § 3). Das gleiche gilt für die Verrechnung von Darlehen, die nach dem Erlaß des Bundesministers der Finanzen vom 13. August 1956 — V B/4 — O 1480 — 241/56 — (MinBlFin. 1956 S. 709) an Rückerstattungsberechtigte gewährt worden sind.

2. Die zur Anlegung des Vermögenskontos notwendigen Angaben sind der Kasse bei Erteilung der Kassenanweisung über die Auszahlung des Darlehensbetrages mitzuteilen, nicht erst mit der Anweisung über die Erhebung von Zinsen und Tilgungsbeträgen. Können in diesem Zeitpunkt der Kasse noch nicht alle Angaben vollständig mitgeteilt werden, so sind die zur Anlegung des Kontos notwendigen Angaben mitzuteilen. Notwendig ist z. B. die genaue Bezeichnung des Schuldners und die Angabe des Darlehenszweckes, die Bezeichnung der Haushaltsstelle und die

Angabe der Vermögensgruppe mit -untergruppe. Auf der so vorbereiteten Karteikarte wird auf der Rückseite die Auszahlung des Darlehensbetrages gebucht. Diese Buchung bedeutet in Verbindung mit § 49 Abs. 1 die Buchung im Titelbuch der Geldrechnung, zugleich aber die Buchung im Sachbuch der Vermögensrechnung und damit den Eingang der Darlehensforderung in den Vermögensnachweis des Bundes. Auf demselben Vermögenskonto sind später die Einnahmen an Zinsen und Tilgungen oder Rückzahlungen zu buchen. Auch bei diesen Buchungen besteht wieder die Verbindung zwischen Geldrechnung und Vermögensrechnung.

Vereinzelt werden Darlehen bei einem anderen Einzelplan als demjenigen verausgabt, bei dem die Rückflüsse zu vereinnahmen sind. In diesem Falle empfiehlt es sich, bei dem Einzelplan, bei dem die Ausgabe gebucht wird, für die ausgezahlten Darlehen ein Sammelkonto (§ 26 Abs. 2) anzulegen, auf diesem Konto die Ausgabe (= Zugang in den Vermögensbestand) zu buchen und die ausgezahlten Darlehnsbeträge von diesem Konto durch Buchung ohne haushaltsmäßige Zahlung auf die bei dem Einzelplan für die Rückflüsse anzulegenden Einzelkonten zu überführen.

Wegen der Verbuchung der Zins- und Tilgungszahlungen für die den Ländern durch Bewilligungsbescheide des Bundesministers für Wohnungsbau, später Bundesministers für Wohnungswesen, Städtebau und Raumordnung, gewährten Bundesdarlehen zur Förderung des Wohnungsbaus, für sonstige wohnungspolitische Maßnahmen und für Zwecke des baulichen Luftschutzes sowie wegen der Verbuchung der Bundesanteile an den Ablösungsbeträgen, der vorzeitigen Darlehensrückzahlungen und der vom Bund zu tragenden Rückflußausfälle aus öffentlichen Baudarlehen siehe die dazu ergangenen Richtlinien des Bundesministers für Wohnungswesen, Städtebau und Raumordnung vom 29. 11. 1961 — Z V 3 — 4200 — 8 —, bekanntgegeben durch den Bundesminister der Finanzen am 18. 12. 1961 im MinBlFin. S. 1306.

Wegen der Behandlung der Darlehen in der Verteidigunslastenverwaltung siehe den in Anm. 6 zu § 22 zitierten BdF/BRH-Erlaß vom 14. Februar 1954, Ziffer I 3 und das Muster 8 a) (Überführungsschein).

3. Die Mitteilung über die Anlegung des Vermögenskontos (einschließlich späterer ergänzender Mitteilungen) ist gemäß Absatz 2 zusammen mit dem Darlehensvertrag, der nach § 61 Abs. 1 RRO der Kassenanweisung beizufügen ist, als „Dauerbeleg“ aufzubewahren. In sinngemäßer Anwendung des § 65 RRO bedeutet dies, daß die Schriftstücke so lange bereitgehalten werden müssen, bis das Darlehen restlos zurückgezahlt oder abgewickelt ist. Die weitere Aufbewahrung richtet sich nach den für die Aufbewahrung von Kassenbüchern und Belegen bestehenden Vorschriften (vgl. Anm. 4 zu § 29).

4. Zusatzdarlehen können mit dem ersten Darlehen auf einem Vermögenskonto verbunden werden, wenn die Darlehensbedingungen gleich sind, es kann auch ein besonderes Konto angelegt werden. Für Zusatzdarlehen mit abweichenden Darlehensbedingungen ist stets ein besonderes Vermögenskonto anzulegen.

5. Besonderes Gewicht kommt den Darlehen im Bereich der Vermögensrechnungsbestimmungen für den A u s g l e i c h s f o n d s zu (abgedruckt im Anschluß an den Text der VBRO).

§ 47

Darlehen, die von einer Stelle außerhalb der Bundesverwaltung verwaltet werden

(1) Werden Darlehen von einer außerhalb der Bundesverwaltung stehenden Stelle treuhänderisch verwaltet, so sind diese Darlehen, auf einem Vermögenskonto zusammengefaßt, in einer Summe nachzuweisen.

(2) Im Falle des Absatzes 1 ist das Vermögenskonto von derjenigen Bundeskasse zu führen, an welche die mit der treuhänderischen Verwaltung beauftragte Stelle die Zinsen und Rückflüsse aus den Darlehen abzuliefern hat.

(3) Die Bewilligungsbehörde hat die nach Absatz 2 zuständige Kasse in der nach § 46 Abs. 2 vorgesehenen Weise über alle Darlehen zu benachrichtigen, die einer außerhalb der Bundesverwaltung stehenden Stelle zur Verwaltung überwiesen werden. Die Kasse bucht die Darlehen auf dem nach Absatz 1 angelegten Konto als Zugang mit haushaltsmäßiger Zahlung, wenn der Darlehensbetrag von ihr aus Haushaltsmitteln gezahlt wurde, im Falle des § 48 Abs. 2 als Zugang ohne haushaltsmäßige Zahlung.

(4) Die Bestimmungen der Absätze 1 bis 3 gelten nicht, wenn die Kasse einer außerhalb der Bundesverwaltung stehenden Behörde den rechnungsmäßigen Nachweis nach § 60 Abs. 2 über die Einzeldarlehen führt.

Zu § 47:

1. Die Bestimmung bezweckt eine Vereinfachung für die Fälle, in denen Bundes- oder Reichsdarlehen von Stellen außerhalb der Bundesverwaltung verwaltet werden. Grundsätzlich sind Darlehen einzeln nachzuweisen; hier wird eine Ausnahme zugelassen. Das Vermögenskonto (Darlehenskonto) wird so geführt, als sei die Treuhandstelle die Schuldnerin. Es muß den Gesamtbetrag der Darlehen aufzeigen, die von der Treuhandstelle im einzelnen nachgewiesen werden. Absatz 3 läßt offen, ob in Zugang kommende Darlehen einzeln zu buchen sind oder ob sie mit Gesamtbeträgen gebucht werden können. Da das Konto nur den Zweck hat, die Gesamtforderung des Bundes an die Treuhandstelle nachzuweisen, wird man eine summarische Buchung auf Grund von Listen oder Sammelanweisungen grundsätzlich als zulässig ansehen können. Dies gilt jedoch nicht, wenn der Treuhandstelle aus Mitteln des Bundeshaushalts Beträge überwiesen werden, die sie im ganzen oder in Teilbeträgen als Darlehen weitergibt. Alle aus dem Bundeshaushalt gezahlten Darlehnsbeträge sind einzeln auf dem Vermögenskonto zu buchen. Dies folgt unmittelbar aus der Verbindung von Sachbuch der Vermögensrechnung und Titelbuch der Geldrechnung gemäß § 49. Die Buchung von Darlehens-Zugängen in Summen beschränkt sich damit auf die Fälle der Zugänge ohne haushaltsmäßige Zahlung.

Buchungsschema (§ 47 Abs. 1)[1])

Vermögenskonto (Darlehenskonto) bei einer Bundeskasse über Darlehen, die von einer Treuhandstelle im einzelnen verwaltet und nachgewiesen werden.

		6	7	8	9	10	11	12
Vermögens-	1.							5000,—
karteikarte	2.	150,—			50,—	100,—		4900,—
Muster 5	3.		600,—					5500,—
	4.		300,—					5800,—
	5.	270,—			70,—	200,—		5600,—
Sa. Rj.		420,—	900,—		120,—	300,—		5600,—
Bestand								5600,—

1 = Darlehensbestand zu Beginn des Rechnungsjahres, 2 = Ablieferung von Zins- und Tilgungsbeträgen durch die Treuhandstelle, 3 = durch Bundeskasse, die das Vermögenskonto führt, gezahltes weiteres Darlehen (Einzelbetrag), 4 = desgleichen, 5 = wie unter 2.

Buchungsschema (§ 47 Abs. 3):

Darlehen, von einer anderen Kasse ausgezahlt, wird auf das Vermögenskonto nach § 47 Abs. 1 übernommen

		6	7	8	9	10	11	12
Vermögens-								
karteikarte	1.							5600,—
Muster 5	2.			200,—				5800,—

1 = Darlehensbestand, 2 = Betrag des übernommenen Darlehens.

2. Absatz 4 stellt eine Sonderregelung für den Fall dar, daß die Kasse einer Behörde, die nicht Bundeskasse ist, z. B. eine Kasse eines Landes oder einer anderen öffentlich-rechtlichen Körperschaft den rechnungsmäßigen Nachweis über die Darlehen führt. Das ist z. B. der Fall, wenn Finanzkassen für eine Oberfinanzkasse die Zinsen und Rückflüsse einziehen: ebenso bei den Kassen der Bundesanstalt für Arbeitsvermittlung und Arbeitslosenversicherung. Für die von der Bundesanstalt für Arbeitsvermittlung und Arbeitslosenversicherung verwalteten Bundesdarlehen aus Mitteln der Arbeitslosenfürsorge hat der Bundesminister für Arbeit durch Erlaß vom 1. Dezember 1953 — Ia 1580/3508/53 — im Einvernehmen mit dem Bundesminister der Finanzen und dem Bundesrechnungshof ergänzende Bestimmungen erlassen, die im Rahmen der allgemeinen Grundsätze der VBRO den besonderen Verhältnissen der Bundesanstalt Rechnung tragen.

§ 48

Überführung eines Darlehens auf eine andere Kasse

(1) Wird ein Darlehen auf eine andere Kasse überführt, so hat die bisher zuständige Kasse der übernehmenden Kasse eine beglaubigte Ab-

[1]) Siehe die Erläuterung zum Buchungsschema zu § 31 Abs. 1.

schrift der Vermögenskarteikarte zu übersenden und den derzeitigen Betrag des Darlehens als Abgang ohne haushaltsmäßige Zahlung zu buchen. Die übernehmende Kasse legt für das Darlehen ein neues Konto an und bucht den gleichen Betrag als Zugang ohne haushaltsmäßige Zahlung. Auf die Buchungsstellen ist gegenseitig hinzuweisen. Die übernehmende Kasse hat der abgebenden Kasse die Übernahme zu bestätigen. Die Übernahmebestätigung ist Beleg für die Abgangsbuchung.

(2) Ein Darlehen soll nach Möglichkeit durch die Kasse ausgezahlt werden, die nach § 22 Abs. 1 Buchstabe g) für die Führung des Vermögenskontos zuständig ist. Wird ausnahmsweise ein Darlehen durch eine andere Kasse ausgezahlt, so hat diese ein Vermögenskonto anzulegen und das Darlehen auf die zuständige Kasse zu überführen. Absatz 1 gilt sinngemäß.

Zu § 48:

1. Die hier für Darlehen getroffene Regelung entspricht etwa der des § 38 Abs. 2 für Bauaufwendungen. Der Bestimmung liegt der Gedanke zugrunde, daß ein in die Vermögensrechnung eingegangener Vermögenswert ohne Buchung nicht wieder aus ihr herausgehen darf. Der Vermögenswert muß auch dann in der Vermögensrechnung festgehalten werden, wenn die Verwaltung auf eine andere Stelle übergeht. Darlehen sollen im Bereich der Kassenorganisation bleiben. Die bisher zuständige Kasse hat der übernehmenden eine beglaubigte „Abschrift" der Vermögenskarteikarte zu übersenden, die Originalkarte bleibt bei der abgebenden Kasse. Die übernehmende Kasse hat ein „neues" Konto anzulegen, die empfangene Abschrift der Karteikarte ist Beleg für die Eröffnung des neuen Kontos. Unabhängig von dieser Übertragung der Darlehen von Kasse zu Kasse ist die Verpflichtung der Verwaltungsbehörde, die für die Verwaltung des Darlehens künftig zuständige Behörde zu benachrichtigen. Ebenso werden die Bestimmungen der Reichskassenordnung und der Wirtschaftsbestimmungen, die neue Kasse mit Annahmeanordnung zu versehen, durch § 48 nicht berührt.

Bei Überführung von Hausratsdarlehen auf eine andere Kasse ist sinngemäß nach § 48 VBRO zu verfahren; an die Stelle einer Abschrift der Vermögenskarteikarte kann hierbei eine Überleitungs-Mitteilung treten; im einzelnen siehe das Rundschreiben des Bundesministers der Finanzen vom 19. März 1954 — II B — O 4300 — 59/54 — Ziffer 4; vgl. auch Anm. 2 zu § 31.

Besonders sorgfältig ist die Überführung von Vermögenswerten des Ausgleichsfonds auf eine andere Kasse oder Stelle geregelt; bei der abgebenden Kasse oder Stelle darf der Betrag erst nach Eingang der Übernahmebestätigung (s. besonderes Muster, abgedruckt im Anschluß an die Muster 8 und 8a zur VBRO) ausgebucht werden; im einzelnen siehe Nr. 7 der Vermögensrechnungsbestimmungen für den Ausgleichsfonds, abgedruckt im Anschluß an den Text zur VBRO.

2. Absatz 2 weist auf die Fälle hin, in denen die eine Kasse das Darlehen auszahlt, eine andere aber die Zinsen und Rückflüsse einzuziehen hat. Auch in diesem Falle geht das Darlehen bei der auszahlenden Kasse in die Vermögensrechnung ein. Es wird nach denselben Regeln auf die

neue Kasse übertragen, als wenn bisher schon Rückflüsse von der auszahlenden Kasse angenommen worden wären.

Im Falle des Absatzes 2 Satz 2 legt die auszahlende Kasse für die ausgezahlten Darlehen gleicher Art zweckmäßig ein Sammelkonto (§ 26 Abs. 2) an und überführt die Darlehen von diesem Konto auf die für die Annahme der Rückflüsse zuständigen Kassen. An die Stelle der Übersendung einer Abschrift der Vermögenskarteikarte (Absatz 1) kann in sinngemäßer Anwendung des § 34 die Überführung durch eine doppelt auszufertigende Überführungsmitteilung treten, die die Merkmale des Darlehens enthält. Die eine Ausfertigung dient hierbei als Beleg für die Abgangsbuchung bei der abgebenden, die andere Ausfertigung als Beleg für die Zugangsbuchung bei der übernehmenden Kasse.

Buchungsschema (§ 48 Abs. 1)[1]):
Überführung eines Darlehens auf eine andere Kasse
a) Abgebende Kasse:

		6	7	8	9	10	11	12
Vermögens-karteikarte Muster 5	1.							2500,—
	2.	130,—			30,—	100,—		2400,—
	3.						2400,—	—,—

1 = Bestand, 2 = Zins- und Tilgungszahlung, 3 = Übertragungs- (Abgabe-) Buchung.

b) Übernehmende Kasse:

	6	7	8	9	10	11	12
1.	—,—	—,—	2400,—				2400,—

1 = Übernahmebuchung.

Buchungsschema (§ 48 Abs. 2):
Auszahlung eines Darlehens durch eine andere Kasse als die, die für die Einziehung der Zins- und Tilgungsbeträge zuständig ist

Vermögens-karteikarte Muster 5

a) Auszahlende Kasse:

	6	7	8	9	10	11	12
1.	—,—	1000,—					1000,—
2.						1000,—	—,—

1 = Buchung des ausgezahlten Darlehensbetrages, 2 = Übertragungs- (Abgabe-) Buchung.

b) Übernehmende Kasse:

	6	7	8	9	10	11	12
1.	—,—	—,—	1000,—				1000,—

1 = Übernahmebuchung.

1) Siehe die Erläuterung zum Buchungsschema zu § 31 Abs. 1.

§ 49

Verbindung von Buchungen der Vermögensrechnung mit Buchungen der Geldrechnung

(1) Gemäß § 62 Abs. 6 der Reichskassenordnung wird zugelassen, daß die Vermögenskartei für Darlehen zugleich als Titelbuch über die Haushaltseinnahmen und Haushaltsausgaben und die Vorbücher (Absätze 2 und 3) als Teil des Titelbuchs gelten. Ferner wird gemäß § 73 Abs. 1 der Reichskassenordnung zugelassen, daß die Kartei für einen längeren Zeitraum als ein Rechnungsjahr geführt wird. Die Vermögenskartei wird in ihrer Eigenschaft als Titelbuch durch die Vorbücher zum Hauptbuch ergänzt.

(2) Soweit nicht § 50 Anwendung findet, bucht die Kasse die Haushaltseinnahmen und -ausgaben für Darlehen der Zeitfolge nach gemäß § 61 der Reichskassenordnung in einem Vorbuch zum Hauptbuch. Hierfür ist das Muster 9 oder ein sonst zugelassenes Muster (z. B. Muster 30 der Amtskassenordnung) zu verwenden. Das Vorbuch kann nach § 73 Abs. 2 der Reichskassenordnung als Loseblattbuch eingerichtet werden. In diesem Falle sind die Blätter, auf denen Buchungen vorgenommen sind, in einem verschließbaren Buchrücken einzuheften. Den Buchungsblättern ist ein Verzeichnis vorzuheften, das nachweisen soll, wieviel Buchungsblätter jeweils in dem Buchrücken enthalten sind. Es ist fortlaufend zu ergänzen. Der Schlüssel ist vom Kassenleiter oder, wenn dieser das Buch führt, vom Kassenaufsichtsbeamten zu verwahren.

(3) Werden bei einer Kasse Darlehen ausgezahlt oder Rückflüsse vereinnahmt, die nach § 10 der Rechnungslegungsordnung in verschiedenen Teilen des Titelbuches nachzuweisen sind, so ist für jeden Teil ein besonderes Vorbuch zum Hauptbuch zu führen. Werden Darlehen verausgabt oder Rückflüsse vereinnahmt, die zwar im gleichen Teil des Titelbuches, aber bei verschiedenen Titeln oder nach § 11 der Rechnungslegungsordnung in verschiedenen Abschnitten zu buchen sind, so sind für die einzelnen Titel oder Abschnitte besondere Spalten in dem Vorbuch einzurichten.

(4) Der Bundesminister der Finanzen kann im Einvernehmen mit dem Bundesrechnungshof eine andere Regelung zulassen, wenn es zur Erleichterung der Buchführung zweckdienlich ist.

Zu § 49:

1. Absatz 1 vollendet die in § 32 erstrebte Verbindung zwischen Geldrechnung und Vermögensrechnung, indem die Vermögenskartei, das Sachbuch der Vermögensrechnung, zugleich zum Titelbuch der Geldrechnung erklärt wird. Damit kommt den Buchungen der haushaltsmäßigen Zahlungen in der Vermögenskartei eine doppelte Bedeutung zu. Sie sind

zugleich Buchungen für die Geldrechnung und für die Vermögensrechnung. Nach § 62 Abs. 6 RKO kann zugelassen werden, daß das Titelbuch in anderer als der in den Absätzen 1 bis 3 daselbst vorgesehenen Form geführt wird und daß Zeitbücher als Teile des Titelbuches gelten. Von dieser Möglichkeit einer Sonderregelung ist hier Gebrauch gemacht.

2. Nach § 73 Abs. 1 RKO sind die Bücher der Kasse jeweils für ein Rechnungsjahr oder Teile eines Rechnungsjahres zu führen, soweit der zuständige Bundesminister nicht für bestimmte Haushaltseinnahmen oder -ausgaben Ausnahmen zuläßt. Da die Vermögenskartei für Darlehen grundsätzlich für mehr als ein Rechnungsjahr (bis zu 5 Rechnungsjahren) geführt werden kann, mußte in Absatz 1 die Ausnahme zugelassen werden.

3. Da die Darlehenskartei erst am Schluß des Rechnungsjahres abzuschließen ist, bedarf sie der Ergänzung durch ein Zeitbuch als Teil des Titelbuches, um den nach § 81 RKO vorgeschriebenen Monatsabschluß darstellen zu können. Diesem Zweck dienen die in den Absätzen 2 und 3 vorgesehenen Vorbücher zum Hauptbuch. Die Kassen können als Vorbuch jedes zugelassene Muster verwenden, maßgebend ist nur, daß der Zweck erreicht wird, für den Monatsabschluß nach § 81 RKO für jede Verbuchungsstelle die Gesamteinnahme oder -ausgabe nachzuweisen. Das Muster 9 wird vor allem den Kassen an die Hand gegeben, die die Buchungen im Durchschreibeverfahren vornehmen. Auch für Kassen, die mit losen Blättern arbeiten, ohne Tagesnachweisungen nach § 50 VBRO zu führen, ist das Muster geeignet.

4. Die VBRO gibt den Kassen mehrere Möglichkeiten für ein zweckentsprechendes Buchungsverfahren. Absatz 4 ermächtigt darüber hinaus den Bundesminister der Finanzen, im Einvernehmen mit dem Bundesrechnungshof weitere Erleichterungen zuzulassen. Durch Erleichterungen dieser Art darf der Grundsatz nicht verletzt werden, daß bei Zahlung eines Darlehnsbetrages die Buchung der Ausgabe in der Geldrechnung zugleich die Buchung des Zugangs bei den Forderungen in der Vermögensrechnung sein muß.

§ 50

Tagesnachweisungen

(1) Stellt eine Kasse Tagesnachweisungen nach § 60 der Reichskassenordnung auf, so hat sie für Darlehen und die Rückflüsse aus diesen die Tagesnachweisungen so einzurichten, daß die Summen der Einnahmen und Ausgaben für jede Buchungsstelle gesondert ausgewiesen werden. Soweit erforderlich, ist zu diesem Zwecke eine besondere Tagesnachweisung für Darlehen und die Rückflüsse zu führen.

(2) Im Falle des Absatzes 1 ist neben der Vermögenskartei das Titelbuch für Einzelhaushaltseinnahmen und -ausgaben (§ 62 Abs. 3 der Reichskassenordnung) zu führen. In das Titelbuch sind die aus den Tagesnachweisungen für die einzelnen Buchungsstellen sich ergebenden Tagessummen der Einnahmen und Ausgaben für Darlehen einzutragen. Für den Einzelnachweis wird das Titelbuch durch die Vermögenskartei ergänzt.

Zu § 50:

1. Gemäß §§ 60, 61 RKO können zur Erleichterung der Kassengeschäfte insbesondere zur Entlastung des Hauptbuches die einzelnen Zahlungen zunächst in Tagesnachweisungen oder in Vorbüchern zum Hauptbuch eingetragen werden. Tagesnachweisungen und Vorbücher sind grundsätzlich dem Hauptbuch anzupassen. Soll die Vermögenskartei für Darlehen als Titelbuch verwendet und dieses nur jährlich einmal abgeschlossen werden, so ist erforderlich, daß die Zahlen für den Monatsabschluß aus den Zeitbüchern oder den mit ihnen zusammenhängenden Büchern und Unterlagen gewonnen werden. Das ist in einfachster Weise möglich, wenn in den Tagesnachweisungen entsprechende Spalten eingerichtet werden. Wenn Raum genug vorhanden ist, wird zweckmäßig für jede Verbuchungsstelle im Titelbuch eine besondere Spalte eingerichtet. Fehlt es an diesem Raum, so ist für Auszahlungen, Zinsen- und Tilgungsbeträge je eine besondere Spalte zu benutzen und am Tagesschluß bei der Aufrechnung die Unterteilung auf die verschiedenen Verbuchungsstellen gesondert darzustellen. Die Einrichtung mehrerer Spalten wird immer möglich sein, wenn für Darlehen eine besondere Tagesnachweisung geführt wird. Die Bestimmung wird in der Hauptsache für die Oberfinanzkassen praktische Bedeutung haben (vgl. § 34 OFKO).

2. Gemäß § 81 Abs. 2 Satz 1 RKO sind die Vorbücher zum Hauptbuch beim Monatsabschluß aufzurechnen. Durch diese Aufrechnung wird bei den Vorbüchern für Darlehen nach § 49 für jede Verbuchungsstelle der Monatsbetrag ermittelt. Bei Tagesnachweisungen scheidet die monatliche Aufrechnung aus. In diesem Falle müssen die für jede Verbuchungsstelle ermittelten Tagessummen in anderer Weise für den Monatsabschluß aufgehoben werden. Zu diesem Zwecke sieht Absatz 2 die Führung des Titelbuches für Einzelhaushaltseinnahmen und -ausgaben vor. Da es sich bei den Rückflüssen aus Darlehen um laufende Haushaltseinnahmen handelt, liegt darin zunächst ein gewisser Widerspruch. Dieser wird mit der Ergänzung des Titelbuches durch die Vermögenskartei aufgehoben. In das Titelbuch für Einzel-Haushaltseinnahmen werden nur die Tagessummen, in die Vermögenskartei die Einzelbeträge eingetragen.

3. Wie im Falle des § 49 das Vorbuch, so hat im Falle des § 50 Abs. 2 das Titelbuch für Einzelhaushaltseinnahmen und -ausgaben nur den Zweck, den Monatsabschluß zu erleichtern. Der Vorschrift des § 62 RKO wird bereits durch die Buchung auf der Vermögenskarteikarte für Darlehen Genüge getan. Da der beabsichtigte Zweck auch erreicht wird, wenn die Karteikarten in den Spalten 7, 9 und 10 der Rückseite monatlich aufgerechnet und die Summen zusammengestellt werden, dürften keine Bedenken bestehen, in dieser Weise zu verfahren. Auf den Karteikarten können die Summen in den einzelnen Spalten in grüner Tinte (sinngemäß wie § 74 Abs. 1 RKO) oder auch in Blei eingetragen werden. Die Zusammenstellung der Summen für den einzelnen Titel kann in einfacher Weise mit Hilfe einer schreibenden Additionsmaschine erfolgen. Die in der Spalte 7 ermittelte Summe stellt die Ausgabe, die in den Spalten 9 und 10 ermittelten Summen stellen die Einnahmen der in Betracht kommenden Titel vom Beginn des Rechnungsjahres bis zum Abschlußtag dar. Die Monatssumme ergibt sich durch Subtraktion des Vormonatsergebnisses von den ermittelten Summen.

Ein anderes ebenso zweckmäßiges Verfahren besteht darin, täglich die auf den bewegten Konten gebuchten Beträge zu summieren und die

Summen für jeden Titel oder Buchungsabschnitt auf einer „Vorkarte" einzutragen. Die Addition der Summen dieser Vorkarte ergibt die für den betreffenden Titel oder Buchungsabschnitt insgesamt vereinnahmten oder verausgabten Beträge.

§ 51

Guthaben bei Banken und anderen Geldanstalten

Guthaben bei Banken und anderen Geldanstalten sind nur dann in die Vermögensrechnung aufzunehmen, wenn sie nicht zum Kassenbestand gehören (vgl. § 4 Abs. 2 Buchstabe e).

Zu § 51:

Nach § 2 Ziff. 15 RKO gehören zum Kassenbestande außer den Zahlungsmitteln der Kasse deren Guthaben beim Postscheckamt und bei Geldanstalten. Gemäß § 4 Abs. 2 Buchst. e) sind die Kassenbestände nicht in die Vermögensrechnung einzubeziehen. Infolgedessen werden nur in seltenen Fällen Guthaben nach § 51 in die Vermögensrechnung aufzunehmen sein.

§ 52

Sonstige Geldforderungen

Als sonstige Geldforderungen sind alle geldwerten Rechte aufzunehmen, die nicht zu einer anderen Vermögensgruppe gehören. Bedingte Forderungen sind nachrichtlich zu buchen.

Zu § 52:

Die Vermögensobergruppe „Sonstige Geldforderungen" (Vermögensgruppenplan: Teilkennziffer 39) umschließt auch die in § 51 behandelten „Guthaben bei Banken und anderen Geldanstalten". § 52 bezieht sich auf die Vermögensgruppen „Bedingte Forderungen" (Teilkennziffer 391) und „Sonstige Geldforderungen" (Teilkennziffer 399). Bedingte Forderungen sind nur nachrichtlich aufzunehmen; die Beträge gehen nicht in die Gesamtrechnung ein, sie sind „vor der Linie" zu buchen. Die Vermögensgruppe „Sonstige Geldforderungen" ist eine Buchungsstelle für alle Geldforderungen, die nicht besonders erwähnt sind. Bei dieser sind auch Restkaufgelder nachzuweisen.

4. Teil: Abschluß der Bücher

§ 53

Zweck und Art des Abschlusses

(1) Die Bücher der Vermögensrechnung sind jährlich abzuschließen. Der Abschluß hat den Zweck,

a) den Bestand des Vermögens am Schluß und die Veränderungen während des Rechnungsjahres festzustellen.

b) nachzuweisen, daß die in § 32 Abs. 2 verlangte Übereinstimmung besteht.

(2) Das Verzeichnis der Vermögenskonten ist nicht abzuschließen. Am Jahresschluß ist jedoch festzustellen, ob alle in dem Verzeichnis eingetragenen Vermögenskarteikarten auch tatsächlich vorhanden sind. Die Übereinstimmung ist auf einem besonderen Blatt der Vermögenskartei zu bescheinigen.

Zu § 53:

1. Die Krönung jeder Buchführung liegt im Abschluß. Für die Bücher der Vermögensrechnung ist nur ein Jahresabschluß vorgesehen. Der unter a) genannte Abschlußzweck entspricht dem in § 1 genannten Zweck der Vermögensrechnung, der unter b) genannte soll die Richtigkeit der Vermögensbuchführung dartun. Bei der Beurteilung der Übereinstimmung von Vermögenssachbuch und Titelbuch der Geldrechnung sind die unter § 54 Abs. 3 Satz 2 erwähnten Vermerke zu berücksichtigen. Vgl. auch Anm. 4 zu § 32.

2. Die Vorschrift, daß das Verzeichnis der Vermögenskonten nicht abzuschließen ist, bedeutet, daß die Numerierung der Vermögenskonten fortlaufend sein, vom Beginn eines neuen Rechnungsjahres an also nicht neu mit 1 beginnen soll. Die Prüfung der Vollzähligkeit der Vermögenskarteikarten erstreckt sich nur auf die nicht abgelegten Karten. Die Nummern der abgelegten Karteikarten sind nach § 27 Abs. 5 im Verzeichnis gestrichen.

§ 54

Abschluß der Bücher

(1) Das Sachbuch für das Vermögen (Vermögenskartei) ist zum Schluß des Rechnungsjahres, und zwar zum gleichen Zeitpunkt, der für den Abschluß der Rechnungslegungsbücher jeweils bestimmt wird, abzuschließen. Zu diesem Zwecke ist jedes Vermögenskonto aufzurechnen. Die Summen sind in Abschlußblätter nach Muster 10 zu übernehmen und für jede Vermögensgruppe gesondert zusammenzurechnen. Bei Darlehen ist der am Schluß des vorhergehenden Rechnungsjahres verbliebene, in Spalte 12 ausgewiesene Kapitalbetrag nach Spalte 2 des Abschlußblattes zu übernehmen. Die Abschlußsummen der Gruppe sind in eine Vermögensgruppenkarte nach Muster 11 einzutragen. Die Abschlußblätter sind doppelt auszufertigen; eine Ausfertigung ist als Beleg zur Vermögenskartei nach den Vorschriften für Dauerbelege aufzubewahren, die andere Ausfertigung ist mit der Vermögensrechnungsnachweisung dem Bundesrechnungshof vorzulegen. Werden Vermögensuntergruppen (§ 7 Abs. 2) gebildet, so ist für diese sinngemäß zu verfahren. Der Bundesrechnungshof kann im Einvernehmen mit dem Bundesminister der Finanzen Erleichterungen zulassen.

(2) Bei beweglichen Sachen brauchen Abschlußblätter und Gruppenkarten nur bei Bedarf, insbesondere für die nach §§ 41, 42 einzeln nach-

zuweisenden Sachen angelegt zu werden; in den anderen Fällen genügt die Eintragung der Gruppensumme nach § 40 Abs. 2.

(3) Die Abschlußsummen sind mit den entsprechenden Summen der Titelbücher der Geldrechnung abzustimmen (§ 32). In den Fällen

a) der §§ 69 Abs. 2 und 71 der Reichshaushaltsordnung,

b) der schwebenden Schuld, soweit der Erlös bei Verwahrungen gebucht wird,

ist durch einen Vermerk beim Abschluß die Übereinstimmung darzustellen.

Zu § 54:

1. Es gehört zur Eigenart der kameralistischen Buchführung, daß sie nicht „stichtaggerecht" abschließt. Sie läßt durch Anfügung einer sogen. Auslaufperiode noch einige Tage hindurch Buchungen für das abgelaufene Rechnungsjahr zu (§ 68 RHO). Im Monat Januar sind somit nebeneinander Buchungen für das alte und für das neue Rechnungsjahr möglich. Die Vermögensrechnung muß sich dieser Regelung anpassen, obwohl sich daraus einige Schwierigkeiten ergeben können; dies z. B. dann, wenn auf fortlaufend geführten Vermögenskonten während der Auslaufperiode Buchungen für das alte und für das neue Rechnungsjahr nebeneinander zu bewirken sind. In diesem Falle ist für die Buchungen des alten Rechnungsjahres und für die Abschlußbuchungen Raum zu lassen; anschließend sind die Buchungen des neuen Rechnungsjahres vorzunehmen.

2. Die Buchungen auf den Vermögenskonten vollziehen sich im allgemeinen so, daß

a) der Bestand zu Beginn des Rechnungsjahres in Spalte 5[1]) vorgetragen wird,

b) die Veränderungen in den Spalten 6 bis 10 gebucht werden und

c) der Bestand am Ende des Rechnungsjahres beim Jahresabschluß in Spalte 11 eingetragen wird.

Soweit sich am Ende des Rechnungsjahres auf den Vermögenskonten für unbewegliche Sachen Pfennigbeträge ergeben, sind diese zur Abrundung des Rechnungswertes abzuschreiben, so daß als Bestand nur auf volle DM abgerundete Wertbeträge verbleiben; einer besonderen Buchungsanweisung gemäß § 65 Abs. 1 VBRO bedarf es nicht (vgl. Erlaß des Bundesministers der Finanzen vom 19. März 1960 — II A/6 — 0 4300 — 1/60 —).

Die Aufrechnung der Konten zeigt dann keine Besonderheiten. Anders ist es bei Darlehen. Bei diesen weist das Konto in Spalte 12 den jeweiligen Darlehensrest aus. Für die Eintragung in das Abschlußblatt muß deshalb die Summe zu Beginn des Rechnungsjahres ebenfalls aus Spalte 12 entnommen werden. Die Aufrechnung beschränkt sich hier auf die Spalten 6 bis 11; der am Jahresschluß verbliebene Darlehensrest ist der Spalte 12 zu entnehmen und in das Abschlußblatt einzutragen. Siehe auch § 55 VBRO und insbesondere den letzten Absatz der Erläuterungen hierzu.

Im einzelnen siehe wegen des Abschlusses der Bücher die Nr. 18.11 bis 18.15 des Musters zum Rechnungslegungserlaß im Anhang zu den Erläuterungen.

---

1) Die Nummern beziehen sich auf die Grundstücks-Karteikarte Muster 1 a, bei den übrigen Karteikarten, insbesondere bei Muster 3, 4 und 5 treten die entsprechenden Spaltennummern an die Stelle der Nummern 5 bis 11.

Auf den Abschlußblättern der Vermögensgruppen 3300 bis 3305, 3311 und 3312 sind in der Spalte „Bemerkungen“ oder als Erläuterung die einzelnen Unternehmen des Bundes namentlich aufzuführen (vgl. Nr. 18.13 Satz 4 des Musters zum Rechnungslegungserlaß).

Die gemäß § 60 Abs. 2 nur den rechnungsmäßigen Nachweis führenden Kassen erstellen drei Abschlußblätter; zwei davon sind der rechnunglegenden Kasse zu übersenden, die die nachgewiesenen Abschlußsummen in die entsprechenden Vermögensgruppenkarten und demzufolge in ihre Vermögens-Rechnungsnachweisung übernimmt (vgl. Nr. 18.3 des Musters zum Rechnungslegungserlaß).

Die nur den rechnungsmäßigen Nachweis führenden Kassen übersenden ihrer Oberkasse mit der letzten Einnahme- und Ausgabenachweisung eine Nachweisung der in den Abschlußsummen der Titel enthaltenen vermögenswirksamen Haushaltseinnahmen und -ausgaben, aufgegliedert nach Vermögensgruppen, bei Darlehen auch nach -untergruppen (Nr. 18.4 des Musters zum Rechnungslegungserlaß).

3. Nach § 69 Abs. 2 RHO dürfen Kosten einer Versteigerung, Vermessung und Abschätzung sowie Vermittlungsgebühren, Besitzwechselsteuern, Kosten der Beurkundung von Rechtsgeschäften, der Herrichtung und Verbesserung von zum Verkauf gebrachten Gegenständen von den Einnahmen vorweg abgezogen werden. In diesen Fällen sind der volle Betrag der Einnahme und der vorgenommene Abzug in der Rechnung anzugeben. Gemäß § 71 RHO dürfen den Ausgaben bestimmte Einnahmen zugeführt werden. Die bei den Ausgaben abzusetzenden Beträge sind nach § 11 Abs. 1 und § 18 Abs. 1 RRO in besonderen Buchungsabschnitten nachzuweisen. In diesen Fällen sind die Bruttoeinnahmen und die Bruttoausgaben sowie in der Regel auch die den Ausgaben wieder zugeführten Einnahmen vermögenswirksam. Dagegen kann die Vermögenswirksamkeit der von den Einnahmen vorweg abgezogenen Ausgaben zweifelhaft sein. Bei der Ausgliederung nach § 32 Abs. 3 ist hierauf Rücksicht zu nehmen. Die Vermögensrechnung wird mit der Geldrechnung dann nicht übereinstimmen, wenn auf dem Vermögenskonto die den Ausgabemitteln wieder zugeführten Beträge als Einnahme (Vermögensabgang) gebucht sind, während sie sich in der Geldrechnung in einer Minderung der Ausgabe auswirken. Entsprechendes gilt, wenn vermögenswirksame Ausgaben von den Einnahmen vorweg abgezogen sind. In beiden Fällen ist die Erläuterung durch einen Vermerk beim Abschluß notwendig.

Schwebende Schulden werden von der Bundesschuldenverwaltung als Schuld nachgewiesen. Der Erlös aus diesen, z. B. der Erlös aus Schatzwechseln und Schatzanweisungen, wird nicht in dem Titelbuch der Geldrechnung, sondern bei Verwahrungen gebucht. Die nach § 32 verlangte Übereinstimmung zwischen Geldrechnung und Vermögensrechnung kann also hier nicht gegeben sein. Auch in diesem Falle muß die Nichtübereinstimmung beim Abschluß erläutert werden.

Wegen Abweichungen bei der Aufnahme und bei der Tilgung von Schulden vgl. Anm. 4 zu § 32.

§ 55

Abschluß der Bücher für die Geldrechnung

(1) Zum Zwecke des Abschlusses der Vermögenskartei über Darlehen für die Geldrechnung (§ 49 Abs. 1) sind auf der Vorderseite der Kartei-

karten das Jahres-Ist dem Rechnungs-Soll gegenüberzustellen und die Kassenreste auszuweisen. Hierzu sind die Summen der Spalten 9 und 10 (Rückseite) in die Spalten 8 und 9 (Vorderseite) einzutragen; in Spalte 10 (Vorderseite) ist die Summe zu bilden. Die Kassenreste sind in den Spalten 11 bis 13 darzustellen. Im übrigen gelten für den Abschluß die Vorschriften der Reichskassenordnung (§ 81) mit der Maßgabe, daß die Kartei nur zum Schluß des Rechnungsjahres abzuschließen ist.

(2) Das Vorbuch zum Hauptbuch (§ 49 Abs. 2) ist nach den Vorschriften der Reichskassenordnung (§ 81) abzuschließen.

(3) Im Falle des § 50 ist die Vermögenskartei mit den entsprechenden Teilen des Titelbuches für Einzelhaushaltseinnahmen und -ausgaben abzustimmen.

Zu § 55:

Die Vermögenskartei für Darlehen hat einen doppelten Zweck. Sie ist zugleich Sachbuch der Vermögensrechnung und Titelbuch der Geldrechnung. Der Abschluß für die Vermögensrechnung ist in § 54 geregelt. Der Abschluß der Kartei in ihrer Eigenschaft als Titelbuch der Geldrechnung erfordert zusätzlich:

a) die Abstimmung mit den zugrunde liegenden Zeitbüchern,
b) die Gegenüberstellung der Isteinnahmen mit dem Rechnungssoll und den Ausweis der Kassenreste (§ 75 Abs. 6 RKO).

Die Karteikarten sind auf der Vorderseite für den Zweck zu b) eingerichtet. Die Bezeichnung der Querspalten mit a bis d im Soll-Teil der Karteikarte, Spalten 3 bis 7, soll nur einen Anhalt für die hier vorzunehmenden Eintragungen geben. Es bestehen keine Bedenken, die Querspalten unter sinngemäßer Änderung den Erfordernissen entsprechend zu benutzen. Wenn z. B. über halbjährlich fällige Raten jeweils besondere Kassenanweisungen erteilt werden, sind diese einzeln einzutragen. Beispiel:

594,—	—,—	306,—	900,—
587,88	—,—	312,12	900,—
c = 1181,88	—.—	618,12	1800,—

Soweit die Vermögenskartei das Titelbuch ergänzt (§ 50) und zum Einzelnachweis der Buchungen dient, ist auch eine Abstimmung mit dem Titelbuch notwendig, das die Tagessummen aufgenommen hat (vgl. Anm. 2 zu § 50).

Besonders zu beachten ist, daß Darlehens*bestände* grundsätzlich in der Rechnung über das Vermögen (Vermögensrechnungsnachweisung usw.) für *den* Einzelplan nachzuweisen sind, bei dem die *Rückflüsse* vereinnahmt werden. Im einzelnen und wegen der Sonderfälle, daß dies nicht zugleich der Einzelplan ist, bei dem die ausgezahlten Darlehnsbeträge gebucht sind, oder Rückflüsse bei mehreren Einzelplänen in Betracht kommen, siehe die Regelung in Nr. 18.22 des im Anhang zu den Erläuterungen abgedruckten Musters zum Rechnungslegungserlaß.

IV. Buch: Rechnungslegung über das Vermögen und die Schulden des Bundes

1. Teil: Allgemeines

§ 56

Anwendung der Rechnungslegungsordnung

Für die Rechnungslegung über das Vermögen und die Schulden des Bundes sind die Bestimmungen der Rechnungslegungsordnung für das Reich vom 3. Juli 1929 — (Reichsmin.Bl. S. 439) in der Fassung der Verordnung vom 31. August 1942 (Reichsmin.Bl. S. 211) sinngemäß anzuwenden, soweit nicht in dieser Ordnung etwas anderes vorgeschrieben oder zugelassen ist.

Zu § 56:

Die Rechnungslegungsordnung für das Reich gehört zu den für die Ergänzung und Durchführung der Reichshaushaltsordnung erlassenen Vorschriften, die nach § 1 der Vorläufigen Haushaltsordnung vom 7. Juni 1950 (BGBl. S. 199) weitergelten. Ihre Bestimmungen ordnen in erster Linie die Rechnungslegung über die Haushaltseinnahmen und -ausgaben. Nach § 56 VBRO gibt die Rechnungslegungsordnung auch den Rahmen für die Rechnungslegung über das Vermögen und die Schulden. Die Bestimmungen sind sinngemäß anzuwenden. Sonderbestimmungen der VBRO gehen vor. Ein Auszug der Rechnungslegungsordnung für das Reich ist im Anhang abgedruckt.

§ 57

Gegenstand der Rechnungslegung

(1) Nach den Bestimmungen dieser Ordnung ist über den Bestand und die Veränderungen des Vermögens und der Schulden des Bundes Rechnung zu legen.

(2) Soweit nach den Vorschriften dieser Ordnung über Geldforderungen Rechnung gelegt wird, entfällt die Aufnahme dieser Forderungen in die Nachweisung nach § 27 der Rechnungslegungsordnung.

Zu § 57:

1. Im III. Buch der VBRO ist bestimmt, wie über das Vermögen und die Schulden Buch zu führen ist. In diesen Vorschriften wird die „Führung" der Vermögensrechnung geregelt. In Anm. 4 zu § 3 ist erläutert, daß der Begriff „Vermögensrechnung" auch die Buchführung über das Vermögen und die Schulden umfaßt und sich nicht auf die Zusammenstellung des Ergebnisses dieser Buchführung beschränkt. Das IV. Buch der VBRO behandelt die „Legung" der Vermögensrechnung. Sie ist für das Vermögen und die Schulden des Bundes durch Art. 114 Abs. 1 GG angeordnet; § 57 Abs. 1 bestimmt näher, wie Rechnung gelegt werden soll, nämlich „nach den Bestimmungen dieser Ordnung". Der Bundesminister der Finanzen hat das über den Bestand und die Veränderungen des Vermögens und der Schulden geführte Rechnungswerk zunächst dem Bundesrechnungshof zur Prüfung vorzulegen (§ 88 Abs. 1 Ziff. 2 RHO).

Sodann hat er das Ergebnis der Rechnungslegung in der durch das Grundgesetz bestimmten Form dem Bundestage und dem Bundesrate zur Kenntnis zu bringen. Zu Form und Inhalt der Vermögensrechnung im Rahmen der jährlichen Bundeshaushaltsrechnung siehe im einzelnen die Darstellung unter Abschnitt II c) der Einleitung.

Über die Haushaltseinnahmen und -ausgaben haben nach § 66 RHO die Kassen Rechnung zu legen. Diese Rechnungslegung (Kassenrechnung) vollzieht sich heute allgemein durch Vorlage der abgeschlossenen Kassenbücher. Die Kassenrechnung enthält die Haushaltseinnahmen und -ausgaben im einzelnen. Dem Bundestage und dem Bundesrate gegenüber legt der Bundesminister der Finanzen Rechnung durch Aufstellung der Bundeshaushaltsrechnung. Diese hat die Ergebnisse der Kassenrechnung zur Grundlage; sie enthält nicht mehr die einzelnen Haushaltseinnahmen und -ausgaben, sondern nur noch die für die einzelnen Titel usw. ermittelten Summen. Entsprechend ist über den Bestand und die Veränderungen des Vermögens und der Schulden durch die Vermögenssachbücher Rechnung zu legen. Die Ergebnisse sind in der nach Art. 114 Abs. 2 GG aufzustellenden Übersicht zusammenzufassen. Diese bildet insoweit in der Vermögenssparte die Parallele zur Geldrechnung im Rahmen der Bundeshaushaltsrechnung.

Besondere Anordnungen und Hinweise für die Rechnungslegung über das Vermögen und die Schulden des Bundes enthält jeweils der jährlich vom Bundesminister der Finanzen und dem Bundesrechnungshof gemeinsam herausgegebene Rechnungslegungserlaß. Ein Muster seines Teils III — Vermögensrechnung — ist hier im Anschluß an die Erläuterungen zur VBRO abgedruckt.

Unabhängig von der dem Bundesminister der Finanzen obliegenden Pflicht zur Rechnungslegung bleibt die Pflicht der Bundesschuldenverwaltung bestehen, dem Bundesschuldenausschuß durch Vorlegung des Jahresabschlusses und eines Geschäftsberichtes Rechenschaft abzulegen (§ 34 RSchO).

2. Gemäß § 27 Abs. 1 RRO sind Geldforderungen des Bundes, die nicht bis zum Ablauf des Rechnungsjahres durch Erfüllung oder Aufrechnung erloschen sind, in eine besondere Anlage zur Rechnungsnachweisung aufzunehmen. Das amtliche Beispiel (Muster 3) nennt Darlehen als solche Geldforderungen. Nachdem diese in die Vermögensrechnung einbezogen sind, ist ihre Aufnahme in die Nachweisung nach § 27 RRO entbehrlich. Absatz 2 hebt die Verpflichtung zur Aufstellung der Nachweisung indes nicht auf. So werden auch künftig bestimmte Geldforderungen in die Nachweisung aufzunehmen sein, z. B. diejenigen Forderungen, die der Bundesminister der Finanzen gemäß § 4 Abs. 4 von der Aufnahme in die Vermögensrechnung ausnimmt; siehe dazu auch Anm. 3 Abs. 3 und 4 zu § 4 VBRO.

§ 58

Zeitabschnitt, für den Rechnung zu legen ist

Für jedes Rechnungsjahr ist gesondert Rechnung zu legen.

Zu § 58:

Die Bestimmung entspricht der Regelung für die Geldrechnung (§ 5 Abs. 1 RRO).

§ 59

Form der Rechnungslegung

Die Rechnungslegung über das Vermögen und die Schulden umfaßt die Einzelrechnungslegung und die Gesamtrechnungslegung. Die Einzelrechnungslegung liefert den Nachweis, daß in bezug auf den Bestand und die Veränderungen des Vermögens und der Schulden im einzelnen nach den bestehenden Bestimmungen verfahren worden ist. Die Gesamtrechnungslegung faßt die Ergebnisse der Einzelrechnungslegung für die in § 1 genannten Zwecke zusammen.

Zu § 59:

1. Wie die Rechnungslegung über die Haushaltseinnahmen und -ausgaben, so gliedert sich auch die Rechnungslegung über das Vermögen und die Schulden in die Einzelrechnungslegung und die Gesamtrechnungslegung. Die Aufteilung ergibt sich unmittelbar aus dem mehrstufigen Behördenaufbau. Die mit dem Einzelobjekt befaßten Dienststellen legen dar, daß das Objekt richtig aufgenommen ist und seine Wertveränderungen richtig dargestellt sind (Einzelrechnungslegung). Durch Zusammenfassung werden die bei den einzelnen Dienststellen gewonnenen Zahlenwerte in bestimmter Ordnung auf der jeweils höheren Stufe zu Gesamtzahlen verdichtet. Schließlich fließen die Werte jeder Vermögensgruppe in einem Gesamtwert zusammen (Gesamtrechnungslegung).

2. Die Einzelrechnungslegung soll den Nachweis liefern, daß in bezug auf den „Bestand" und die „Veränderungen" des Vermögens und der Schulden nach den bestehenden Bestimmungen verfahren worden ist. Als Bestimmungen dieser Art sind insbesondere anzusehen: § 65 RHO, die VBRO und die Vorschriften über die Bestandsnachweise der beweglichen Sachen. Die im Rahmen der Geldrechnung zu prüfenden Umstände, ob bei der Beschaffung oder bei der Veräußerung wirtschaftlich und sparsam verfahren, ob eine Liegenschaft wirtschaftlich verwaltet worden ist und ähnliche, werden hierdurch nicht berührt. Die Prüfung der Vermögensrechnung wird insoweit mit der Prüfung der Geldrechnung Hand in Hand gehen müssen. Beide Rechnungen ergänzen sich einander.

2. Teil: Einzelrechnungslegung

1. Abschnitt: Nachweis des Vermögens und der Schulden

§ 60

Rechnunglegende Stelle

(1) Rechnunglegende Stellen für die Vermögensrechnung sind die nach § 22 dieser Ordnung für die Buchführung über das Vermögen und die Schulden zuständigen Stellen.

(2) Ist in den Fällen des § 22 Abs. 1 Buchstaben g) und i) die zuständige Kasse nicht rechnunglegende Stelle im Sinne des § 2 Ziffer 13 der Reichs-

kassenordnung, sondern führt sie nur den rechnungsmäßigen Nachweis über die Haushaltseinnahmen und -ausgaben, so hat diese Kasse auch nur den rechnungsmäßigen Nachweis für die Vermögensrechnung zu führen. Rechnunglegende Stelle für die Vermögensrechnung ist in diesem Falle diejenige Oberkasse, die rechnunglegende Stelle für die Geldrechnung ist.

(3) Der rechnungsmäßige Nachweis für die Vermögensrechnung im Sinne des Absatzes 2 wird durch Buchung des Bestandes und der Veränderungen des Vermögens nach den Vorschriften dieser Ordnung geführt.

Zu § 60:

1. Wie bei der Rechnungslegung über die Haushaltseinnahmen und -ausgaben ist zu unterscheiden:

a) die Führung des rechnungsmäßigen Nachweises,

b) die eigentliche Rechnungslegung.

Die Rechnungslegung liegt grundsätzlich der Stelle ob, die über den Bestand und die Veränderungen des Vermögens Buch führt (Absatz 1). Von dieser Regel bringt Absatz 2 eine Ausnahme, indem er für bestimmte Fälle Oberkassen als rechnunglegende Stellen bestimmt. Den nach § 22 zuständigen Kassen verbleibt in diesem Falle nur die Führung des rechnungsmäßigen Nachweises. Dieser wird nach den Vorschriften des Absatzes 3 geführt. Der Fall, daß eine für die Buchführung zuständige Stelle nicht zugleich rechnunglegende Stelle der Vermögensrechnung ist, beschränkt sich auf Kassen. Bei diesen ist durch Absatz 2 die Rechnungslegung über das Vermögen der Rechnungslegung über die Haushaltseinnahmen und -ausgaben angepaßt.

Wegen der Zuständigkeit für die Einzelrechnungslegung über das Vermögen des Ausgleichsfonds siehe den umfangreichen Zuständigkeitskatalog in Nr. 5 der — vor den Erläuterungen abgedruckten — Vermögensrechnungsbestimmungen für den Ausgleichsfonds; vgl. auch Nr. 6 a. a. O. wegen der Anwendbarkeit landes- und gemeinderechtlicher Vorschriften.

2. Die eigentliche Rechnungslegung besteht darin,

a) die durch die Vermögensbuchführung über den Bestand und die Veränderungen des Vermögens gewonnenen Summen ordnungsmäßig zusammenzustellen und die Zusammenstellung mit den zugrunde liegenden Büchern und Belegen für die Prüfung durch den Bundesrechnungshof bereitzuhalten;

b) die Übereinstimmung der Ergebnisse der Vermögensrechnung mit den entsprechenden Teilen der Geldrechnung darzulegen;

c) die Endsummen der Rechnungslegungsbücher in Vermögens-Rechnungsnachweisungen usw. dem Bundesrechnungshof und den für die Gesamtrechnungslegung zuständigen Stellen mitzuteilen.

§ 61

Rechnungslegungsbücher

Der Bestand und die Veränderungen des Vermögens und der Schulden sind zum Zwecke der Rechnungslegung durch die nach § 25 dieser Ord-

nung geführten Bücher (Vermögens-Rechnungslegungsbücher) nachzuweisen.

Zu § 61:

Die Bestimmung regelt die Rechnungslegung über das Vermögen entsprechend der Regelung in § 7 Abs. 1 RRO für die Rechnungslegung über die Haushaltseinnahmen und -ausgaben. Danach dienen die zum Nachweis des Bestandes und der Veränderungen des Vermögens und der Schulden geführten Bücher unmittelbar der Rechnungslegung. § 7 Abs. 1 RRO läßt neben der Rechnungslegung durch die bei der Kasse geführten Bücher die Aufstellung besonderer Kassenrechnungen (Kasseneinzelrechnungen) zu. In der Praxis wird hiervon kein Gebrauch mehr gemacht. Die VBRO hat eine entsprechende Regelung nicht vorgesehen.

§ 62

Einrichtung der Rechnungslegungsbücher im allgemeinen

Der Bundesrechnungshof kann im Einzelfalle nach Benehmen mit dem zuständigen Bundesminister besondere Anforderungen an die Einrichtung der Vermögens-Rechnungslegungsbücher stellen, wenn er dies zur Durchführung seiner Prüfung für erforderlich erachtet.

Zu § 62:

§ 62 entspricht der Bestimmung des § 9 Abs. 1 Satz 2 RRO. Die Buchführung muß jederzeit eine ordnungsmäßige Rechnungslegung und Rechnungsprüfung gewährleisten. Um diese dauernd zu sichern, ist der Bundesrechnungshof ermächtigt, an die Einrichtung der Vermögens-Rechnungslegungsbücher besondere Anforderungen zu stellen, wenn er dies zur Durchführung seiner Prüfung für erforderlich erachtet.

Das Recht des Bundesrechnungshofs, im Benehmen mit den beteiligten Bundesministern die allgemeinen Vorschriften über die formelle Einrichtung der Rechnungen und Belege zu erlassen, folgt unmittelbar aus § 66 Abs. 3 Satz 3 RHO. In § 62 wird ausdrücklich klargestellt, daß der Bundesrechnungshof solche Anforderungen auch im Einzelfalle stellen kann.

§ 63

Vermögens-Rechnungsnachweisung

(1) Am Jahresschluß ist für jede Vermögensgruppe die Summe der Anfangsbestände, der Veränderungen (Zugänge, Abgänge und Abschreibungen) und der Endbestände in eine Vermögens-Rechnungsnachweisung nach dem Muster 12 einzutragen. Die Vermögensgruppen sind in der Reihenfolge der Vermögensklassen, -hauptgruppen und -obergruppen geordnet darzustellen. Dabei sind nur diejenigen Vermögensgruppen aufzunehmen, für die bei der rechnunglegenden Stelle Bestände oder Veränderungen nachzuweisen sind. Die Vermögens-Rechnungsnachweisung ist für jeden Einzelplan getrennt aufzustellen.

(2) Unter Nummer 7 und 8 der Vermögens-Rechnungsnachweisung sind die Beträge der Geldrechnung einzutragen, die die Änderungen im Vermögensbestande (Zugang oder Abgang) herbeigeführt haben. Durch Zusammenrechnung der Beträge ist der Nachweis der Übereinstimmung zwischen Vermögensrechnung und Geldrechnung zu führen (§ 32). Die Übereinstimmung ist von dem Dienststellenleiter zu bescheinigen.

(3) Jede Behörde und jede Kasse hat für ihren Bereich eine Vermögens-Rechnungsnachweisung aufzustellen. Sind — außer der Kasse — mehrere Stellen einer Behörde für die Rechnungslegung zuständig, so hat der Behördenleiter eine von ihnen als federführend zu bestimmen, an die die anderen ihre Beiträge abzuliefern haben. Die federführende Stelle hat unter Zusammenfassung der Beiträge die Vermögens-Rechnungsnachweisung für die Behörde aufzustellen. Absatz 1 letzter Satz bleibt unberührt.

(4) Die Vermögens-Rechnungsnachweisung ist dreifach[1]) auszufertigen. Die erste Ausfertigung ist dem Bundesrechnungshof, die zweite Ausfertigung der unmittelbar vorgesetzten Behörde vorzulegen; die dritte Ausfertigung bleibt mit den Beiträgen (Absatz 3) bei der rechnunglegenden Stelle.

Zu § 63:

1. Die Rechnungslegung beginnt mit der Zusammenstellung der Ergebnisse der Buchführung über das Vermögen und die Schulden in einer „Vermögens-Rechnungsnachweisung". Diese ist zur Vereinfachung der Gesamtrechnungslegung für jeden Einzelplan getrennt aufzustellen. Die Eintragungen unter den laufenden Nummern sind den Vermögensgruppenkarten (Muster 11) zu entnehmen. Als Haushaltsstelle ist im Kopf der Vermögens-Rechnungsnachweisung die Nummer des Kapitels einzusetzen. Die Geldbeträge, die zur Veränderung des Bestandes einer bestimmten Vermögensgruppe führen, können in verschiedenen Kapiteln des gleichen Einzelplans enthalten sein. In solchem Falle ist die Darstellung in der Vermögens-Rechnungsnachweisung auf doppelte Weise möglich:

a) Die Vermögensgruppe kann für jede Haushaltsstelle in einer besonderen Spalte der Vermögens-Rechnungsnachweisung aufgeführt werden,

b) die Vermögensgruppe wird in einer Spalte dargestellt; die in Betracht kommenden Haushaltsstellen (Kapitel) werden in der Kopfspalte angegeben.

2. Bei der einzelnen Behörde sind nur in verhältnismäßig wenigen Vermögensgruppen Bestände oder Veränderungen nachzuweisen. Die Kopfspalten der Vordrucke lassen deshalb Raum für die Eintragung der jeweils beanspruchten Vermögensgruppen. Wegen Ausweis der Vermögensuntergruppen vgl. Anm. 2 zu § 7.

---

1) seit der Rechnungslegung für 1956 fünffach, bei Vorhandensein einer Mittelbehörde sechsfach auf Grund der jährlichen Rechnungslegungserlasse (Muster siehe Anhang zu den Erläuterungen; vgl. dort Nr. 19.5).

3. Die Zahl der Vermögens-Rechnungsnachweisungen soll zur Vereinfachung der Gesamtrechnungslegung möglichst gering gehalten werden. Es ist deshalb vorgesehen, daß jede Behörde nur eine Nachweisung aufstellt. Besonders zu regeln war der Fall, wo in einer Behörde mehrere Stellen an der Vermögensbuchführung beteiligt sind. Diese Regelung ist in Absatz 3 enthalten. Kassen sind in der Regel keine selbständigen Behörden, sondern Teile anderer Behörden (§ 2 Ziff. 1 RKO). Abweichend von der allgemeinen Regelung bestimmt die VBRO, daß Kassen für ihren Bereich eine besondere Vermögens-Rechnungsnachweisung aufzustellen haben.

4. Im Falle des § 60 Abs. 2 schließen die Kassen, die nur den rechnungsmäßigen Nachweis führen, ihr Vermögenssachbuch nach § 54 ab. Sie erstellen drei Abschlußblätter und übersenden zwei davon der rechnunglegenden Kasse. Diese übernimmt die durch die Abschlußblätter nachgewiesenen Abschlußsummen in die entsprechenden Vermögensgruppenkarten (Muster 11) und demzufolge in ihre Vermögens-Rechnungsnachweisung.

5. Im Falle des § 38 Abs. 2 (wegen der Kontenführung durch die Ortsbaudienststellen siehe Ziff. 3 Abs. 2 und Ziff. 9 des Abschnitts K 18 der RBBau — abgedruckt im Anhang zu § 38) stellt auch die Behörde, die das Zwischenkonto führt, und im Falle des § 48 Abs. 2 auch die auszahlende Kasse eine Vermögens-Rechnungsnachweisung auf, die Kasse jedoch nur dann, wenn sie rechnunglegende Kasse ist, im anderen Falle verfährt sie nach Anm. 4.

6. Wegen der Aufstellung und Vorlage der Vermögens-Rechnungsnachweisungen und der ihnen beizufügenden Erläuterungen siehe auch das im Anhang zu diesem Kommentar abgedruckte Muster des Rechnungslegungserlasses unter Nr. 19 und 20. Die weiteren Ausfertigungen der Rechnungsnachweisungen sind für die Vorprüfungsstelle und gegebenenfalls die Mittelbehörde bestimmt.

7. Entsprechend ist die Aufstellung der Vermögens-Rechnungsnachweisungen für den Ausgleichsfonds geregelt (vgl. Nr. 8 der — im Anschluß an den Text zur VBRO abgedruckten — Vermögensrechnungsbestimmungen für den Ausgleichsfonds); dort hat es noch bei drei Ausfertigungen sein Bewenden. Das Muster der Innenseite der Vermögensrechnungsnachweisung für den Ausgleichsfonds ist im Anschluß an das Muster 12 zur VBRO abgedruckt.

2. Abschnitt: Einrichtung, Feststellung und Ordnung der Rechnungsbelege

§ 64

Rechnungsbelege der Geldrechnung zugleich Rechnungsbelege der Vermögensrechnung

(1) Die Rechnungsbelege über vermögenswirksame Zahlungen der Geldrechnung sind zugleich Rechnungsbelege der Vermögensrechnung.

(2) Jede Kassenanweisung über vermögenswirksame Haushaltseinnahmen oder Haushaltsausgaben muß außer den Angaben nach § 49 Abs. 2

der Rechnungslegungsordnung die Buchungsstelle für die Vermögensrechnung bezeichnen. Außerdem ist jede Kassenanweisung dieser Art bei der Ausfertigung mit einem roten Stempelaufdruck „In die Vermögensrechnung aufnehmen" zu versehen.

(3) Die mit der Zahlung beauftragte Kasse hat Kassenanweisungen mit dem roten Stempelaufdruck (Absatz 2), bei denen die Eintragungsbescheinigung oder der Sichtvermerk des Vermögensbuchhalters (§ 23 Abs. 2) fehlt, nicht auszuführen, sondern an die ausfertigende Stelle zurückzugeben.

Zu § 64:

1. Die Bestimmung, daß die Rechnungsbelege der Geldrechnung über vermögenswirksame Zahlungen zugleich Rechnungsbelege der Vermögensrechnung sind, dient zur Vereinfachung des Verfahrens. Dadurch wird aber für die Vermögensrechnung in vielen Fällen auf eine unmittelbare Belegung der Buchungen verzichtet. Dies ist unbedenklich, weil durch das Rechnungswerk selbst die Übereinstimmung zwischen den Buchungen der Geldrechnung und den Buchungen der Vermögensrechnung dargetan wird. Im übrigen sind die Einzelbelege für eine Prüfung notfalls bei der Kasse greifbar. Für alle Buchungen, die nicht in dieser Weise mit der Geldrechnung zusammenhängen, sind nach § 65 besondere Buchungsanweisungen zu fertigen.

2. Gemäß Absatz 2 sind die Kassenanweisungen über vermögenswirksame Zahlungen äußerlich zu kennzeichnen. Diese Kennzeichnung erstreckt sich nicht nur auf die von dem Vermögensbuchhalter einzeln zu buchenden Beträge, sondern — mit Ausnahme der nach einem besonderen Verfahren zu behandelnden vermögenswirksamen Baumaßnahmen (siehe Ziff. 5 des Abschnitts K 18 der RBBau — abgedruckt im Anhang zu § 38 —) — auf alle Kassenanweisungen über vermögenswirksame Zahlungen, und zwar auch dann, wenn sie am Schluß des Rechnungsjahres in Summen gebucht werden. Es hatte sich zunächst als zweckmäßig erwiesen, dem vorgesehenen Text des Stempels die Nummer der Vermögensgruppe und den Betrag beizufügen, z. B.

„In die Vermögensrechnung aufnehmen
Verm.Gruppe . . . . . . DM . . . . . .
Verm.Gruppe . . . . . . DM . . . . . ."

Seit der Einführung der neuen Vordrucke für Kassenanweisungen im Jahre 1955 mit gemeinsamem Rundschreiben des Bundesministers der Finanzen und des Bundesrechnungshofs vom 21. April 1955 (MinBlFin. S. 314) enthalten die Anweisungsformulare den Aufdruck

Davon vermögenswirksam	Vermögensgruppe

Absatz 3 sichert, daß jede so gekennzeichnete Kassenanweisung über vermögenswirksame Zahlungen vor Abgabe an die Kasse dem Vermögensbuchhalter zur Kenntnis kommt. Vgl. aber § 23 Abs. 5 und Anm. 5 zu § 23 hinsichtlich der geldwerten Rechte. Bei vermögenswirksamen Bauausgaben tritt an die Stelle der Kassenanweisung die dem Vermögensbuchhalter vor Abgabe an die Kasse zuzuleitende Mitteilung der Ortsbaudienststelle (vgl. Hinweis in Anm. 2 Abs. 1).

§ 65

Besondere Rechnungsbelege für die Vermögensrechnung

(1) Für Veränderungen in der Vermögensrechnung, denen nicht zugleich ein Kassenvorgang der Geldrechnung entspricht, sind besondere Buchungsanweisungen als Rechnungsbelege für die Vermögensrechnung zu erteilen.

(2) Für die Einrichtung der Rechnungsbelege nach Absatz 1 gelten die §§ 43 bis 76 der Rechnungslegungsordnung für das Reich sowie § 64 Abs. 2 dieser Ordnung sinngemäß.

Zu § 65:

1. Den Buchungen der Zugänge und Abgänge mit haushaltsmäßiger Zahlung in der Vermögensrechnung liegen in jedem Falle Buchungen in der Geldrechnung (Kassenvorgänge) zugrunde. Für sie gilt § 64. Besondere Buchungsanweisungen — in geeigneten Fällen auch als allgemeine, für mehr als ein Rechnungsjahr gültige Anweisungen — sind für alle Vermögensveränderungen zu erteilen, die in den Spalten

a) Zugang ohne haushaltsmäßige Zahlung,
b) Abgang ohne haushaltsmäßige Zahlung,
c) Abschreibungen

zu buchen sind, insbesondere in den Fällen der §§ 10, 33, 34, 37, 38 Abs. 2, 40 Abs. 3, 40 Abs. 4, 40 Abs. 5, 43, 44 Abs. 3, 47 Abs. 3, 47 Abs. 4 und 48 sowie bei allen Abschreibungen und sonstigen Wertberichtigungen. Keiner besonderen Buchungsanweisung bedarf es, wenn Pfennigbeträge, die sich am Schluß eines Rechnungsjahres auf den Vermögenskonten für unbewegliche Sachen ergeben, zur Abrundung des Rechnungswertes abgeschrieben werden; vgl. Erlaß des Bundesministers der Finanzen vom 19. März 1960 — II A/6 — 0 4300 — 1/60 —.

2. Die VBRO gibt für die Einrichtung der besonderen Rechnungsbelege der Vermögensrechnung keine Einzelvorschriften. Sie beschränkt sich darauf, die für die Einrichtung der Rechnungsbelege über Haushaltseinnahmen und -ausgaben gegebenen Vorschriften für sinngemäß anwendbar zu erklären. Ein Teil dieser Bestimmungen wird für die Vermögensrechnung keine praktische Bedeutung haben. In den Auszug aus der Rechnungslegungsordnung[1]) ist eine Auswahl derjenigen Bestimmungen aufgenommen worden, die für eine sinngemäße Anwendung ganz oder teilweise in Frage kommen können.

---

1) Siehe Anhang.

Der Bundesminister der Finanzen hat mit Erlaß vom 3. August 1953 — II B — 0 4300 — 190/53 — für die besondere Buchungsanweisung im Sinne des § 65 folgendes Muster empfohlen:

(Behörde)	Buchungsanweisung für die Vermögensrechnung (§ 65 VBRO)
Rechnungsjahr: .. Buchungsstelle: Vermögensgruppe: .... Konto-Nr.	Der Vermögensbuchhalter der .... wird angewiesen. im Vermögenssachbuch, Abschnitt für .... bei nebenstehender Buchungsstelle .... DM in Worten: ....
In das Vermögenssachbuch (Vermögenskartei) eingetragen: Lfd. Nr. .... Datum .... (Unterschrift)	als Zugang ohne haushaltsmäßige Zahlung Abgang ohne haushaltsmäßige Zahlung Abschreibung zu buchen. Begründung: ...., den .... 19....

Sachlich richtig	Festgestellt	
.... (Name u. Amtsbezeichnung)	.... (Name u. Amtsbezeichnung)	.... (Unterschrift)

Auf formellen Buchungsanweisungen dieser Art ist ein Stempelaufdruck im Sinne des § 64 Abs. 2 nicht erforderlich. In den Fällen zu §§ 34 und 40 Abs. 3 VBRO kann es bei umfangreichen Bestandsbewegungen wirtschaftlich sein, einen Stempelaufdruck mit dem Inhalt der Buchungsanweisung auf der Rückseite der Übergabescheine anzubringen. Gegebenenfalls braucht die Buchungsanweisung auch nur für die Endsumme einer Zusammenstellung aller Übergabescheine für die jeweils zu einer Vermögensgruppe gehörenden Sachen erteilt zu werden.

§ 66

Feststellung der Rechnungsbelege

(1) Die Vorschriften der §§ 77 bis 88 der Rechnungslegungsordnung über die Feststellung der Rechnungsbelege in der Geldrechnung gelten sinngemäß für die Rechnungsbelege der Vermögensrechnung.

(2) Mit der Bescheinigung der sachlichen Feststellung bescheinigt der Feststeller unbeschadet der Bestimmungen in Absatz 1 insbesondere, daß der Gegenstand so geliefert oder übergeben wurde, wie er in dem Rechnungsbeleg beschrieben ist. Die sachliche Feststellung umfaßt ferner die Bestätigung, daß der Gegenstand in der richtigen Vermögensgruppe nachgewiesen wird.

Zu § 66:

Die VBRO sieht davon ab, für die Feststellung der Rechnungsbelege besondere Vorschriften zu geben. Sie bestimmt, daß die entsprechenden Vorschriften der Rechnungslegungsordnung[1]) sinngemäß für die Belege der Vermögensrechnung gelten. Durch Absatz 2 wird der Bescheinigung der sachlichen Feststellung folgender besondere Inhalt beigelegt:

a) daß der gelieferte oder übergebene Gegenstand mit dem im Rechnungsbeleg beschriebenen übereinstimmt,

b) daß der Gegenstand in die richtige Vermögensgruppe eingeordnet ist.

Die Bestimmung gilt auch dann, wenn der Rechnungsbeleg über vermögenswirksame Zahlungen der Geldrechnung gemäß § 64 Abs. 1 zugleich als Rechnungsbeleg der Vermögensrechnung dient.

Die Einordnung in die Vermögensgruppe wird nach § 23 von dem Vermögensbuchhalter geprüft, gleichwohl bleibt auch der Feststeller der sachlichen Richtigkeit für die Zuweisung zu der richtigen Vermögensgruppe verantwortlich.

§ 67

Ordnung und Aufbewahrung der Rechnungsbelege

(1) Die Unterlagen (Belege) für die Eintragungen auf den Vermögenskarteikarten für Grundstücke sind in einer für jedes Vermögenskonto einzurichtenden Grundstücksakte der Zeitfolge nach zu sammeln und sorgfältig aufzubewahren.

(2) Absatz 1 gilt sinngemäß für die Vermögenskonten über bewegliche Sachen, Wirtschaftsbetriebe, Kapitalbeteiligungen, Darlehen und sonstige Geldforderungen mit der Maßgabe, daß die Belege für diese Vermögenskonten zweckentsprechend in einem Band gesammelt aufbewahrt werden können.

(3) Kassenbelege über Einnahmen und Ausgaben, die zugleich Buchungen in der Vermögensrechnung begründen, bleiben bei den Belegen der Geldrechnung.

Zu § 67:

Die Bestimmung des Absatzes 1 erstreckt sich sowohl auf die Unterlagen für die Eintragungen zur Beschreibung des Grundstücks auf der Vorderseite als auch auf die Belege für die Buchung der Veränderungen

---

1) Siehe Anhang.

auf der Rückseite der Vermögenskarteikarte. Die Vermögensrechnung unterliegt der Prüfung durch den Bundesrechnungshof. Es ist deshalb schon aus diesem Grunde notwendig, die zur Belegung der Eintragungen auf den Karteikarten dienenden Schriftstücke usw. zu sammeln und geordnet aufzubewahren. Ferner enthalten die Unterlagen zum Teil Schriftstücke, die zum Beweis des Eigentums oder eines anderen Rechts unmittelbar dienen oder die für die künftige Verwaltung der Sache oder des Rechts von Bedeutung sind.

In die Grundstücksakte sind insbesondere Grundbuch- und Katasterauszüge, Lagepläne, Grundrißzeichnungen u. dgl. aufzunehmen. Bei vermögenswirksamen Baumaßnahmen zählen dazu auch die Unterlagen nach Ziff. 10 des Abschnitts K 18 der RBBau — abgedruckt im Anhang zu § 38 —, nämlich die „Übersicht über fertiggestellte Bauten" und eine Aufgliederung der Baukosten (Muster 22 zur RBBau). Als Beleg in der Grundstücksakte dient ferner das Verzeichnis der aus den Baukosten für ein Gebäude beschafften beweglichen Sachen (vgl. Anm. 3 letzten Satz zu § 12).

3. Teil: Gesamtrechnungslegung

§ 68

Bezeichnung der Rechnungen für die Gesamtrechnungslegung

Zum Zwecke der Gesamtrechnungslegung sind das Vermögen und die Schulden nach Vermögensgruppen geordnet in

a) Vermögens-Oberrechnungen,

b) Vermögens-Zentralrechnungen,

c) der Vermögens-Hauptrechnung

darzustellen.

Zu § 68:

1. Die Bestimmung entspricht sinngemäß der Vorschrift des § 100 RRO für die Rechnungslegung über die Haushaltseinnahmen und -ausgaben. Wegen des Inhalts der Gesamtrechnungslegung vgl. Anm. 1 zu § 59.

2. Die Gesamtrechnungslegung erstreckt sich nur auf die Werte der einzelnen Vermögensteile. Bei einzelnen Arten von Vermögensgegenständen sind auch gewisse Mengenangaben von Bedeutung. So kann es z. B. erwünscht sein, die Flächengröße des Grundbesitzes oder die Zahl der Gebäude zu erfahren. Diese Erhebungen sind ohne Schwierigkeiten möglich, indem die entsprechenden Zahlen auf der Rückseite der Vermögens-Rechnungsnachweisungen, -Oberrechnungen usw. angegeben und bis zur Vermögens-Hauptrechnung verdichtet werden.

3. Für den Ausgleichsfonds beschränkt sich die Gesamtrechnungslegung auf die Vermögensoberrechnung des Landesausgleichsamts und die Vermögenshauptrechnung des Bundesausgleichsamts.

§ 69

Vermögens-Oberrechnung

(1) Die Mittelbehörde hat die Summen der ihr nach § 63 Abs. 4 vorgelegten Vermögens-Rechnungsnachweisungen mit den Summen ihrer eigenen Vermögens-Rechnungsnachweisung in einer Vermögens-Oberrechnung nach Muster 13 zusammenzufassen. Die Vermögens-Oberrechnung ist für jeden Einzelplan getrennt aufzustellen. Für die Ordnung der Vermögensgruppen gilt das in § 63 Abs. 1 für die Vermögens-Rechnungsnachweisung Gesagte sinngemäß. Der Bundesrechnungshof kann im Einvernehmen mit dem Bundesminister der Finanzen zulassen, daß die beweglichen Sachen nur mit den Summen der Vermögens-Obergruppen in die Vermögens-Oberrechnung aufzunehmen sind.

(2) Für die Zusammenfassung nach Absatz 1 Satz 1 sind die in den Vermögens-Rechnungsnachweisungen nachgewiesenen Summen auf besonderen Blättern formlos zusammenzustellen. Die Zusammenstellung kann mit Hilfe einer Additionsmaschine gefertigt werden. Schreibt die Additionsmaschine die Zahlen auf Papierstreifen, so sind diese in entsprechender Ordnung aufzukleben. Jeder Zusammenstellung ist — möglichst durch Stempelaufdruck — folgende Kennzeichnung vorzusetzen:

„Verm.Gr. . . . .

Verm.Ob.Rech.

lfd. Nr. . . . .“

(3) Die Ergebnisse der Vermögens-Oberrechnung sind mit den entsprechenden Teilen der Kassen-Oberrechnung abzustimmen. § 63 Abs. 2 gilt sinngemäß.

(4) Die Vermögens-Oberrechnung ist dreifach[1])auszufertigen. Die erste Ausfertigung ist dem Bundesrechnungshof, die zweite Ausfertigung dem zuständigen Bundesminister vorzulegen. Der ersten Ausfertigung sind die Zusammenstellungen nach Absatz 2, der zweiten Ausfertigung die Vermögens-Rechnungsnachweisungen nach Absatz 1 beizufügen. Die dritte Ausfertigung bleibt bei der rechnunglegenden Stelle.

(5) Stellt im Falle des § 2 Abs. 2 eine Mittelbehörde eines Landes die Vermögens-Oberrechnung auf, so ist die zweite Ausfertigung der zuständigen Landes-Zentralbehörde vorzulegen, die ihrerseits die Ergebnisse der Vermögens-Oberrechnungen der Mittelbehörden in einer Vermögens-Oberrechnung zweiter Stufe zusammenfaßt und sinngemäß nach den Absätzen 2 bis 4 verfährt.

---

1) Nunmehr fünffach gemäß Rechnungslegungserlaß; vgl. auch Muster im Anhang zu den Erläuterungen (Nr. 21.4) und Fußnote 1) zu § 63 Abs. 4.

Zu § 69:

1. Die Vermögens-Oberrechnung (erster Stufe) ist grundsätzlich nur von Mittelbehörden aufzustellen. Sie kommt also nur bei dreistufigem Behördenaufbau in Betracht. Die Bundesverwaltung kennt eine dreistufige Behördengliederung in

a) der Zollverwaltung,

b) der Wasser- und Schiffahrtsverwaltung und

c) der Bundeswehrverwaltung.

Vermögens-Oberrechnungen (erster Stufe) sind auch dann aufzustellen, wenn Außenstellen einer Bundesmittelbehörde nach § 22 für die Buchführung und nach § 60 Abs. 1 für die Rechnungslegung über das Vermögen zuständig sind, so in der Bundesvermögensverwaltung die Bundesvermögensstellen als Außenstellen der Oberfinanzdirektionen und beim Bundesgrenzschutz die Grenzschutzverwaltungsstellen im Bereich der Grenzschutzverwaltungen.

Im übrigen werden die Bundesgesetze, soweit nicht Bundesmittelbehörden, Bundesoberbehörden oder die Bundeszentralbehörden selbst zuständig sind, nach Art. 83 GG durch die Behörden der Länder ausgeführt. Soweit bei dieser Verwaltung aus Mitteln des Bundeshaushalts Bundesvermögen entsteht, das von einer Landesbehörde verwaltet wird (§ 2 Abs. 2), stellt diese die Vermögens-Rechnungsnachweisung nach § 63 auf. Das gleiche gilt sinngemäß für die Vermögens-Oberrechnung. Absatz 5 sieht vor, daß die Ergebnisse der Vermögens-Oberrechnungen, soweit diese von Mittelbehörden eines Landes aufgestellt sind, bei der zuständigen Landes-Zentralbehörde in einer Vermögens-Oberrechnung zweiter Stufe zusammengefaßt werden. Diese Bestimmung ist eine Ordnungsvorschrift; es dürften deshalb keine Bedenken bestehen, daß ein Land bestimmt, die Vermögens-Oberrechnungen erster Stufe unmittelbar dem zuständigen Bundesminister vorzulegen. Das Verfahren ist dann nicht anders als bei dreistufigem Aufbau der Bundesverwaltung. Im übrigen wird das Verfahren zweckmäßig dem Gang der Rechnungslegung über die entsprechenden Haushaltseinnahmen und -ausgaben angepaßt.

2. Nach Absatz 1 letzter Satz konnte der Bundesrechnungshof im Einvernehmen mit dem Bundesminister der Finanzen zulassen, daß die beweglichen Sachen nur mit den Summen der Vermögensobergruppen in die Vermögens-Oberrechnung aufzunehmen waren. Darin konnte unter Umständen eine Erleichterung der Rechnungslegung liegen. Nach § 71 Abs. 1 muß die Vermögens-Hauptrechnung aber wieder die Ergebnisse der einzelnen Vermögensgruppen aufzeigen. In diesem Falle müssen die Zahlen für die Aufgliederung den einzelnen Vermögens-Rechnungsnachweisungen entnommen werden. Wenn also für die Vermögens-Oberrechnung (§ 69) und die Vermögens-Zentralrechnung (§ 70) die Erleichterungen zugelassen werden, so tritt eine Erschwerung bei Aufstellung der Vermögens-Hauptrechnung ein.

3. Die Vermögens-Oberrechnung enthält die aus den Vermögens-Rechnungsnachweisungen zusammengestellten Summen für die einzelnen Vermögensgruppen. Für die Rechnungsprüfung ist eine Darstellung notwendig, welche Einzelbeträge zur Summe der Vermögens-Oberrechnung

geführt haben. Für diesen Nachweis läßt Absatz 2 ein einfaches Verfahren zu[1]).

4. Die VBRO verlangt die Übereinstimmung von Geldrechnung und Vermögensrechnung hinsichtlich der vermögenswirksamen Posten (vgl. § 32). Soll diese Übereinstimmung bei der Vermögens-Hauptrechnung gewährleistet sein, so ist es notwendig, sie auf der untersten und jeder Zwischenstufe herbeizuführen. Dem entspricht Absatz 3.

5. Wegen der Aufstellung und Vorlage der Vermögens-Oberrechnung siehe auch das im Anhang zu den Erläuterungen abgedruckte Muster des Rechnungslegungserlasses unter Nr. 21. Die weitere Ausfertigung der Oberrechnung ist für die Vorprüfungsstelle bestimmt.

6. Entsprechend ist die Aufstellung der Vermögensoberrechnungen für den Ausgleichsfonds geregelt (vgl. Nr. 9 der Vermögensrechnungsbestimmungen für den Ausgleichsfonds); die Vermögensoberrechnung ist dort jeweils dreifach auszufertigen.

§ 70
Vermögens-Zentralrechnung

(1) Der zuständige Bundesminister stellt über das gesamte Vermögen seines Verwaltungszweiges eine Vermögens-Zentralrechnung nach Muster 14 auf. Diese umfaßt die Ergebnisse

a) der Vermögens-Oberrechnungen nach § 69,

b) der Vermögens-Rechnungsnachweisungen der dem Minister unmittelbar unterstellten Bundesoberbehörden, -anstalten und -einrichtungen,

c) der Vermögens-Rechnungsnachweisung seines Ministeriums.

Für jeden Einzelplan ist eine Vermögens-Zentralrechnung aufzustellen. Für die Ordnung der Vermögensgruppen gilt das in § 69 Abs. 1 Satz 3 und 4, für die Zusammenstellung der nach Satz 1 und 2 zusammenzufassenden Summen das in § 69 Abs. 2 für die Vermögens-Oberrechnung Gesagte sinngemäß.

(2) Für Einzelpläne, die von mehreren Verwaltungszweigen bewirtschaftet werden, stellt der Bundesminister der Finanzen die Vermögens-Zentralrechnung auf. Die beteiligten obersten Bundesbehörden liefern für ihren Teil Beiträge zu dieser Rechnung.

(3) Die Ergebnisse der Vermögens-Zentralrechnung sind mit den entsprechenden Teilen der Kassen-Zentralrechnung abzustimmen. § 63 Abs. 2 gilt sinngemäß.

---
1) Beispiel siehe Rückseite des Musters 13.

(4) Die Vermögens-Zentralrechnung ist dreifach auszufertigen. Die erste Ausfertigung ist dem Bundesrechnungshof, die zweite Ausfertigung dem Bundesminister der Finanzen vorzulegen. Der ersten Ausfertigung sind die Zusammenstellungen nach Absatz 1 Satz 4, zweiter Halbsatz, der zweiten Ausfertigung die Vermögens-Oberrechnungen und die Vermögens-Rechnungsnachweisungen nach Absatz 1 beizufügen. Die dritte Ausfertigung bleibt bei der rechnunglegenden Stelle.

Zu § 70:

1. Die Bestimmung regelt die Zusammenfassung der Rechnungsergebnisse für einen Verwaltungszweig bzw. für einen Einzelplan. Für das Verfahren gilt das in den Erläuterungen zu § 69 Gesagte sinngemäß Eine Besonderheit besteht nur hinsichtlich der sogen. Realpläne, z. B. Einzelplan 60, also derjenigen Pläne, die in Abweichung von dem Ressortprinzip nur die nach sachlichen Gesichtspunkten zusammengefaßten Haushaltseinnahmen und -ausgaben enthalten. An der Ausführung dieser Einzelpläne sind in der Regel mehrere Verwaltungszweige beteiligt. Die in Frage kommenden Stellen führen zweckmäßig den Nachweis über das Vermögen, soweit es aus Mitteln dieser Realpläne entsteht. In erster Linie wird es sich um Darlehen handeln. Absatz 2 bestimmt, daß der Bundesminister der Finanzen die Vermögens-Zentralrechnung für diese Einzelpläne aufstellt und die beteiligten obersten Bundesbehörden Beiträge hierzu liefern. Die „Beiträge" sind eine Zusammenstellung der Ergebnisse der den zuständigen Bundesministern nach § 69 Abs. 4 in Verbindung mit § 69 Abs. 1 Satz 2 zugegangenen Vermögens-Oberrechnungen. Absatz 2 gilt nicht für den Fall, daß ein Bundesminister aus seinem Haushalt einem anderen Verwaltungszweig Mittel zur Verfügung stellt. Geschieht dies, so sind die aus diesen Mitteln entstandenen Vermögenswerte in der Vermögens-Zentralrechnung des Bundesministers zu erfassen, der die Mittel zugewiesen hat. Zu Absatz 3 vgl. Anm. 4 zu § 69.

2. Nach Absatz 4 sind der zweiten Ausfertigung der Vermögens-Zentralrechnung die Vermögens-Oberrechnungen und die Vermögens-Rechnungsnachweisungen „nach Absatz 1" beizufügen. Es kann zweifelhaft sein, ob unter den beizufügenden Vermögens-Rechnungsnachweisungen nur die in Absatz 1 unter b) und c) genannten zu verstehen sind, oder ob sämtliche Vermögens-Rechnungsnachweisungen, also auch die in den Vermögens-Oberrechnungen nach Absatz 1 zusammengefaßten beizufügen sind. Man wird der letzten Auffassung folgen müssen. Nach § 69 Abs. 4 sind die Vermögens-Rechnungsnachweisungen der unteren Behörden Anlagen der Vermögens-Oberrechnungen der Mittelbehörden geworden. Sie bleiben deshalb als solche Anlagen auch bei den nach Absatz 4 beizufügenden Vermögens-Oberrechnungen.

Der ersten Ausfertigung der Vermögens-Zentralrechnung sind die Zusammenstellungen nach Absatz 1 Satz 4 (nicht, wie es zunächst infolge eines Druckfehlers hieß, Satz 3) zweiter Halbsatz beizufügen.

3. Absatz 1 Satz 1 verpflichtet zunächst nur die zuständigen Bundesminister zur Aufstellung einer Vermögens-Zentralrechnung. Da nach Absatz 1 Satz 3 für jeden Einzelplan eine Vermögens-Zentralrechnung aufzustellen ist, gilt die Verpflichtung des Satzes 1 analog auch für die übrigen obersten Bundesbehörden.

4. Wegen der Aufstellung und Vorlage der Vermögens-Zentralrechnung siehe auch das im Anhang zu den Erläuterungen abgedruckte Muster des Rechnungslegungserlasses unter Nr. 22.1 bis 22.33. Die für den Bundesrechnungshof bestimmte Ausfertigung ist über die zuständige Vorprüfungsstelle vorzulegen.

§ 71

Vermögens-Hauptrechnung

(1) Der Bundesminister der Finanzen stellt auf Grund der ihm nach § 70 Abs. 4 vorgelegten Vermögens-Zentralrechnungen, der Vermögens-Oberrechnungen und der Vermögens-Rechnungsnachweisungen die Vermögens-Hauptrechnung des Bundes nach Muster 15 auf. Die Vermögens-Hauptrechnung faßt die Ergebnisse der Vermögens-Zentralrechnungen usw. nach Vermögensklassen, -hauptgruppen, -obergruppen und -gruppen ohne Rücksicht auf die Einzelpläne zusammen. Für die Ordnung der Vermögensgruppen ist der Vermögensgruppenplan (Anhang) maßgebend.

(2) Die Ergebnisse der Vermögens-Hauptrechnung sind mit der Kassen-Hauptrechnung abzustimmen. Zu diesem Zweck sind die den Zugängen und Abgängen entsprechenden Beträge aus der Kassenrechnung in einem Anhang zur Vermögens-Hauptrechnung nach Muster 15 a zusammenzustellen. Der Bundesrechnungshof kann Erleichterungen zulassen.

(3) Die Vermögens-Hauptrechnung nebst Anhang ist doppelt auszufertigen. Die erste Ausfertigung ist dem Bundesrechnungshof vorzulegen. Die zweite Ausfertigung bleibt bei der rechnunglegenden Stelle.

(4) In der Vermögens-Hauptrechnung ist die Summe der am Ende des Rechnungsjahres bestehenden Verpflichtungen des Bundes aus Bürgschafts-, Gewähr- oder anderen, ähnlichen wirtschaftlichen Zwecken dienenden Verträgen (§ 45 c der Reichshaushaltsordnung, § 61 der Wirtschaftsbestimmungen für die Reichsbehörden) nachrichtlich anzugeben.

Zu § 71:

1. Wie die Hauptrechnung nach § 105 RRO die Zusammenfassung der Ergebnisse der Geldrechnung für den gesamten Bundeshaushalt darstellt, so ist die Vermögens-Hauptrechnung die zentrale Zusammenfassung der Ergebnisse der Bundesvermögensrechnung. Während aber

die Hauptrechnung über die Haushaltseinnahmen und -ausgaben nur die Gesamtsummen der Zentralrechnungen (§§ 102 bis 104 RRO) enthält, verlangt Absatz 1, daß in der Vermögens-Hauptrechnung die Ergebnisse der Vermögens-Zentralrechnungen nach Vermögensklassen usw. bis hin zur Vermögensgruppe getrennt dargestellt werden. Dies ist notwendig, weil die Vermögens-Hauptrechnung die Grundlage für die nach Art. 114 Abs. 2 GG aufzustellende Übersicht über das Vermögen und die Schulden des Bundes bildet.

2. Für den Nachweis der Übereinstimmung zwischen Geldrechnung und Vermögensrechnung sind die vermögenswirksamen Haushaltseinnahmen und -ausgaben nach Vermögensgruppen geordnet in einem Anhang zur Vermögens-Hauptrechnung zusammenzustellen. Der Bundesrechnungshof kann hierbei Erleichterungen zulassen.

3. Das Rechnungswerk der Geldrechnung ist mit der Legung der Kassen-Hauptrechnung nicht abgeschlossen. Neben der Rechnung, die die Kassen legen (Kassenrechnung), stellt der Bundesminister der Finanzen die Haushaltsrechnung über die Einnahmen und Ausgaben des Bundes auf. Mit der Aufstellung der Vermögens-Hauptrechnung ist die Rechnungslegung über das Vermögen und die Schulden des Bundes zu Ende. Die VBRO sagt nichts darüber aus, wann die Vermögens-Hauptrechnung dem Bundesrechnungshof — gemäß Rechnungslegungserlaß (vgl. Nr. 22.4 und 23.3 des Musters im Anhang zu den Erläuterungen) über die Vorprüfungsstelle — zur Prüfung vorzulegen ist. Da die Vermögens-Hauptrechnung gleichzeitig als Unterlage für die nach Art. 110 Abs. 3 GG aufzustellende Nachweisung über das Vermögen und die Schulden dienen soll, wird man davon ausgehen können, daß sie spätestens vorzulegen ist, sobald die Kassenhauptrechnung, mit der sie im Ergebnis abgestimmt ist, vorgelegt wird. Die Vorlegung der Bundeshaltsrechnung wird nicht abgewartet zu werden brauchen, obwohl auch die Haushaltsrechnung die Übereinstimmung zwischen den vermögenswirksamen Haushaltseinnahmen und -ausgaben und den entsprechenden Zugängen und Abgängen der Vermögensrechnung darlegen soll (vgl. § 32 Abs. 4 Satz 2).

4. Zu den Verpflichtungen des Bundes gehören auch die aus Bürgschafts-, Gewähr- oder anderen ähnlichen wirtschaftlichen Zwecken dienenden Verträge. Sie stellen zwar keine unmittelbare Schuld des Bundes dar, können aber jederzeit zu einer Zahlungsverpflichtung des Bundes führen. Die Vollständigkeit der Vermögensrechnung verlangt. daß auch diese Verpflichtungen nachrichtlich aufgeführt werden. Die Summen können aus dem nach § 61 Abs. 5 RWB zu führenden Verzeichnis entnommen werden.

Außer den durch eine Handlung der Verwaltung im Einzelfall zu übernehmenden Bürgschaften usw. hat der Bund vereinzelt unmittelbar durch Gesetz solche Garantieverpflichtungen übernommen. Es dürfte zweckmäßig sein, auch gesetzliche Garantieverpflichtungen in der Vermögensrechnung zu erwähnen, sie zahlenmäßig zu erfassen, wird in der Regel nicht möglich sein.

5. Wegen der Aufstellung der Vermögenshauptrechnung des Ausgleichsfonds siehe Nr. 10 der Vermögensrechnungsbestimmungen für den Ausgleichsfonds; die Vermögenshauptrechnung ist dort dreifach auszufertigen; das dritte Exemplar erhält das Bundesfinanzministerium.

V. Buch: Schluß- und Übergangsbestimmungen

§ 72

Erste Bestandsaufnahme

(1) Für die erste Bestandsaufnahme gelten

a) für unbewegliche Sachen

die Richtlinien zur Vermögensrechnung, Teil I — Erlaß des Bundesministers der Finanzen vom 8. November 1952 — II B — O 4300 — 1/52 — (MinBlFin S. 608),

b) für bewegliche Sachen

die Richtlinien zur Vermögensrechnung, Teil II — Erlaß des Bundesministers der Finanzen vom 8. Dezember 1952 — II B — O 4300 — 2/52 — (MinBlFin S. 659),

c) für Wirtschaftsbetriebe

die Richtlinien zur Vermögensrechnung, Teil III — Erlaß des Bundesministers der Finanzen vom 23. Januar 1953 — II B — O 4300 — 3/52 — MinBlFin 1953 S. 58),

d) für geldwerte Rechte

die Richtlinien zur Vermögensrechnung, Teil IV — Erlaß des Bundesministers der Finanzen vom 26. Januar 1953 — II B — O 4300 — 4/52 — (MinBlFin 1953 S. 82),

e) für die Schulden des Bundes

die Richtlinien zur Vermögensrechnung, Teil V — Erlaß des Bundesministers der Finanzen vom 3. März 1953 — II B — O 4300 — 5/52 — (MinBlFin 1953 S. 150).

(2) Der Bundesminister der Finanzen wird ermächtigt, die der ersten Bestandsaufnahme zugrunde gelegten Werte den Gegenwartswerten anzupassen.

Zu § 72:

1. Die nach Absatz 1 für die erste Bestandsaufnahme geltenden Richtlinien sind in einzelnen Punkten durch die Bestimmungen der VBRO überholt. Der Einführungserlaß des Bundesministers der Finanzen vom 16. März 1953 — II B — O 4300 — 72/53 — (MinBlFin S. 165) setzt deshalb diese Richtlinien außer Kraft, soweit sie den Bestimmungen der VBRO widersprechen.

2. Nach Absatz 2 ist der Bundesminister der Finanzen ermächtigt, die der ersten Bestandsaufnahme zugrunde gelegten Werte den Gegenwartswerten anzupassen. Was unter Gegenwartswerten zu verstehen ist, wird nicht gesagt. Nach dem Sinn der Bestimmung kann darunter nur der Wert zu verstehen sein, der den Objekten zur Zeit der Anordnung beizulegen ist.

§ 73

Vollzugsbestimmungen

Die zur Ausführung dieser Ordnung etwa erforderlichen Vollzugsbestimmungen werden von dem zuständigen Bundesminister im Einvernehmen mit dem Bundesminister der Finanzen und dem Bundesrechnungshof erlassen.

Zu § 73:

Die VBRO regelt die Durchführung der Vermögensrechnung bis in Einzelheiten. Trotzdem kann es bei der Vielgestaltigkeit der Bundesverwaltung notwendig sein, für einzelne Verwaltungszweige Vollzugsbestimmungen zur VBRO zu geben. § 73 ermächtigt hierzu den zuständigen Bundesminister im Einvernehmen mit dem Bundesminister der Finanzen und dem Bundesrechnungshof. Die Fassung, daß die „etwa" erforderlichen Vollzugsbestimmungen erlassen werden können, zeigt an, daß im Regelfalle Vollzugsbestimmungen nicht zu erwarten sind, die VBRO vielmehr ohne solche auszuführen ist.

§ 74

Inkrafttreten

Die Bestimmungen dieser Ordnung treten am 1. April 1953 in Kraft.

Muster

zum jährlichen Rechnungslegungserlaß

— Auszug —

Rechnungslegung über
die Haushaltseinnahmen und -ausgaben des Bundes
— Geldrechnung —
das Vermögen und die Schulden des Bundes
— Vermögensrechnung —
und Vorprüfung der Rechnungen
sowie Aufstellung der Bundeshaushaltsrechnung
für das Rechnungsjahr 19....
(Rechnungslegungserlaß)

III. Vermögensrechnung

17. Allgemeines

17.1 Die allgemeinen Grundsätze für die Rechnungslegung über das Vermögen und die Schulden des Bundes sind in den §§ 56 bis 71 der Buchführungs- und Rechnungslegungsordnung für das Vermögen des Bundes — VBRO — vom 16. März 1953 enthalten. Zu diesen Grundsätzen sind für die Rechnungslegung über das Vermögen und die Schulden des Bundes die nachstehenden besonderen Anordnungen und Hinweise zu beachten.

18. Abschluß der Sachbücher für das Vermögen

18.11 Die Sachbücher für das Vermögen (Vermögenskartei) sind gemäß § 54 Abs. 1 VBRO zum gleichen Zeitpunkt abzuschließen, der für den Abschluß der Kassenbücher bestimmt ist, nachdem zuvor die Summen der Wertzugänge aus den Titelbüchern der Geldrechnung in das Sachbuch für das Vermögen übernommen (vgl. §§ 31 Abs. 2, 39 VBRO) und die erforderlichen Abschreibungen sowie die sonstigen Wertberichtigungen nach § 21 VBRO durchgeführt worden sind.

18.12 Wertzugänge, die auf Baumaßnahmen beruhen, sind vor dem Abschluß nach den Bestimmungen des Abschnitts K 18 RBBau in die Sachbücher zu übernehmen. Hierzu haben die Ortsbaudienststellen die nach K 18 Nr. 4 RBBau vorgeschriebene Mitteilung — zugleich Buchungsanweisung — für einen Wertzugang beim Bundesvermögen so rechtzeitig an den Vermögensbuchhalter zu übersenden, daß der Abschluß der Sachbücher der Vermögensrechnung und der Geldrechnung nicht verzögert wird. Auf zeitgerechte Übersendung der Mitteilung der Ortsbaudienststelle ist von den beteiligten Stellen mit allem Nachdruck hinzuwirken.

18.13 Nach Aufrechnung jedes einzelnen Vermögenskontos sind bei allen Vermögensgruppen — bei Darlehen auch bei den Vermögensuntergruppen —, bei denen mehr als ein Vermögenskonto geführt wird, die Abschlußsummen der einzelnen Konten in ein für jede Vermögensgruppe und -untergruppe in zweifacher Ausfertigung anzulegendes Abschlußblatt (Muster 10 VBRO) zu übernehmen und dort für sich aufzurechnen. Die so für jede Vermögensgruppe und -untergruppe ermittelten Abschlußsummen sind hierauf in die Vermögensgruppenkarten (Muster 11 VBRO), die auch für Vermögensuntergruppen anzulegen sind, einzutragen. Die Vermögensgruppenkarten werden Bestandteil der Vermögenskartei. Auf den Abschlußblättern der Vermögensgruppen 3300 bis 3305, 4311 und 4312 sind in der Spalte Bemerkungen oder als Erläuterung die einzelnen Unternehmen des Bundes namentlich aufzuführen.

18.14 Es wird besonders darauf hingewiesen, daß die Abschlußsummen der Vermögensgruppen und Vermögensuntergruppen in den Spalten Zugänge und Abgänge mit haushaltsmäßiger Zahlung mit den entsprechenden Summen der Titelbücher der Geldrechnung abzustimmen sind. Vermögensbuchhalter und Amtskasse — bei Baumaßnahmen auch die Ortsbaudienststellen — müssen sich bei den Abschlußarbeiten gegenseitig Hilfe leisten.

18.15 Von den Kassen, die nur den rechnungsmäßigen Nachweis gemäß § 60 Abs. 2 VBRO führen, sind Abschlußblätter in jedem Fall aufzustellen, und zwar auch dann, wenn bei einer Vermögensgruppe oder Vermögensuntergruppe nur ein einziges Vermögenskonto geführt worden ist (vgl. Nr. 18.3).

18.21 Wegen des Abschlusses der Vermögenskartei über Darlehen wird im besonderen auf § 55 VBRO hingewiesen.

18.22 Außerdem ist bei den Darlehen zu beachten, daß Darlehens-Bestände grundsätzlich in der Rechnung über das Vermögen (Vermögens-Rechnungsnachweisung usw.) für den Einzelplan nachzuweisen sind, bei dem die Rückflüsse vereinnahmt werden. Ist dies nicht zugleich der Einzelplan, bei dem die ausgezahlten Darlehensbeträge gebucht sind, so sind noch vor dem Abschluß der Vermögenskartei die auf dem Vermögenskonto zum Einzelplan der Ausgabe nachgewiesenen Darlehensbestände — das sind ein zu Beginn des Rechnungsjahres bereits vorhandener Bestand und die während des Rechnungsjahres gebuchten Zugänge — auf ein Vermögenskonto zum Einzelplan der Rückflüsse zu überführen. Vermögens-Rechnungsnachweisungen sind gemäß Nr. 19 sowohl für den Einzelplan, bei dem die ausgezahlten Darlehensbeträge gebucht sind, als auch für den Einzelplan der Rückflüsse aufzustellen.

18.3 Kassen, die nur den rechnungsmäßigen Nachweis gemäß § 60 Abs. 2 VBRO führen, schließen ihr Vermögenssachbuch nach § 54 VBRO ab. Sie erstellen drei Abschlußblätter, zwei davon sind der rechnunglegenden Kasse zu übersenden. Diese Kasse übernimmt die durch die Abschlußblätter nachgewiesenen Abschlußsummen in die entsprechenden Vermögensgruppenkarten (Muster 11 VBRO) und demzufolge in ihre Vermögens-Rechnungsnachweisung gemäß Nr. 19.

18.4 Kassen, die nur den rechnungsmäßigen Nachweis führen, übersenden ihrer zuständigen Oberkasse mit der letzten Einnahme- und Ausgabennachweisung eine Nachweisung der in den Abschlußsummen der Titel enthaltenen vermögenswirksamen Haushaltseinnahmen und -ausgaben, aufgegliedert nach Vermögensgruppen (bei Darlehen auch nach -untergruppen). Die Summen sind ggf. im Einvernehmen mit den Vermögensbuchhaltern festzustellen.

18.5 In der Zeit vom 15. Dezember bis zum Schluß des laufenden Rechnungsjahres sind Vermögenswerte auf eine andere Stelle — z. B. von einer Dienststelle der Verteidigungslastenverwaltung auf eine Bundesvermögensstelle — nur noch dann zu übertragen, wenn sichergestellt ist, daß die übernehmende Stelle sie noch vor dem Abschluß ihres Vermögenssachbuches übernehmen und somit in ihren Abschluß einbeziehen kann. Vermögenswerte, die nicht mehr rechtzeitig übertragen werden können, sind von der bisherigen Stelle als Bestand am Schluß des laufenden Rechnungsjahres nachzuweisen und erst nach dem Jahresabschluß auf die für die Übernahme zuständige Stelle zu übertragen.

19. Aufstellung und Vorlage der Vermögens-Rechnungsnachweisungen

19.1 Alle Stellen, denen nach § 22 VBRO die Buchführung über das Vermögen und die Schulden obliegt, sowie Stellen, die bei der Ausführung des Bundeshaushaltsplans vermögenswirksame Zahlungen veranlaßt haben (z. B. im Falle des § 38 Abs. 2 VBRO in Verbindung mit K 18 Nr. 3 RBBau oder Stellen der Verteidigungslastenverwaltung) haben als rechnunglegende Stellen gemäß § 60 Abs. 1 VBRO nach Abschluß der Vermögenskartei (vgl. Nr. 18.11 bis 18.15) Vermögens-Rechnungsnachweisungen gemäß § 63 VBRO nach Muster 12 VBRO aufzustellen. Das gleiche gilt auch für Kassen, die gemäß § 48 Abs. 2 VBRO Darlehen auszahlen, ohne für die Annahme der Rückflüsse zuständig zu sein [§ 22 Abs. 1 Buchst. g) VBRO]. Hierbei ist zu beachten, daß Kassen, denen die Buchführung über Vermögenswerte nach § 22 Abs. 1 Buchstaben g) bis i) obliegt, für ihren Bereich eigene Vermögens-Rechnungsnachweisungen aufzustellen haben, die nicht mit den Vermögens-Rechnungsnachweisungen der Behörde, der die Kasse angehört, zusammengefaßt werden dürfen. Das in § 63 Abs. 3 Satz 2 und 3 VBRO vorgesehene Verfahren bezieht sich nicht auf die zu der Behörde gehörende Kasse.

19.2 Die Vermögens-Rechnungsnachweisungen sind für jeden Einzelplan getrennt aufzustellen. Bei Einzelplänen, die von mehreren Ressorts bewirtschaftet werden, sind getrennte Vermögens-Rechnungsnachweisungen für die auf die einzelnen Ressorts entfallenden Teile dieses Einzelplans anzufertigen. Sinngemäß ist zu verfahren, wenn ein Ressort Mittel seines Einzelplans einem anderen Ressort zur Bewirtschaftung überträgt. Sind z. B. einer Dienststelle im laufenden Rechnungsjahr Mittel aus Einzelplan 60 von drei verschiedenen Ressorts zur Bewirtschaftung zugewiesen worden, aus denen vermögenswirksame Zahlungen geleistet wurden, so sind Vermögens-Rechnungsnachweisungen getrennt für jeden Teil der Zuweisungen aufzustellen.

19.3 Für die Aufnahme der Abschlußsummen einer Vermögensgruppe oder Vermögensuntergruppe ist je eine Spalte der Vermögens-Rechnungsnachweisung vorgesehen (lfd. Nr. 1 bis 6). Es ist darauf zu achten, daß die Vermögensgruppen in der Reihenfolge der Vermögensklassen, -hauptgruppen und -obergruppen geordnet dargestellt werden. Im Kopf jeder Spalte ist zunächst die Haushaltsstelle (nur Kapitel), darunter die Kennziffer der Vermögensgruppe oder Vermögensuntergruppe und unter dieser Angabe die Bezeichnung des Gegenstandes nach dem Vermögensgruppenplan (Anlage zur VBRO) in Stichworten einzutragen. Die Angaben unter lfd. Nr. 1 — Bestand zu Beginn des Rechnungsjahres — müssen bei jeder Vermögensgruppe mit dem Bestand am Ende des Vorjahres übereinstimmen. Unter lfd. Nr. 7 und 8 sind bei jeder Vermögensgruppe und Vermögensuntergruppe die vermögenswirksamen Beträge der Geldrechnung, die die Veränderungen mit haushaltsmäßiger Zahlung herbeigeführt haben, unter Angabe des Titels bzw. des Unterteils eines Titels einzutragen. Die Reihenfolge der Titel muß der Gliederung des Haushaltsplans entsprechen. Soweit bei einer Vermögensgruppe oder Vermögensuntergruppe mehrere Titel eines Kapitels aufgeführt sind, ist durch Zwischenaddition der Titelbeträge die Kapitelsumme der vermögenswirksamen Beträge zu bilden, und zwar getrennt nach Beträgen des ordentlichen und des außerordentlichen Haushalts. Notwendige Erläuterungen zu den Eintragungen sind auf der Rückseite des letzten Blattes der Vermögens-Rechnungsnachweisung vorzunehmen.

19.4 In freien Spalten hinter der letzten in der Vermögens-Rechnungsnachweisung eingetragenen Vermögensgruppe sind getrennt nach den Vermögensklassen die Quersummen der lfd. Nr. 1 bis 6 zu bilden. Angaben zu den lfd. Nrn. 7 und 8 sind hier nicht erforderlich. Anschließend an diese Zusammenfassung der Rechnungsergebnisse nach Vermögensklassen sind in einer weiteren freien Spalte die Quersummen der lfd. Nrn. 1 bis 8 für das Gesamtvermögen (Vermögensklassen 0 bis 4) und in einer weiteren Spalte die Quersummen der lfd. Nrn. 1 bis 8 für die Schulden (Vermögensklasse 9) einzutragen. Hierbei sind die Ergebnisse der lfd. Nrn. 7 und 8 nur mit den Kapitelsummen unter Angabe der Kapitelbezeichnung anzugeben.

19.5 Die Vermögens-Rechnungsnachweisungen sind abweichend von § 63 Abs. 4 VBRO für jeden Einzelplan oder Teile eines Einzelplans in fünffacher, wenn eine Mittelbehörde vorhanden ist, in sechsfacher Ausfertigung aufzustellen. Die erste Ausfertigung, der als Anlagen die ersten Ausfertigungen der Abschlußblätter (Hinweis auf Nr. 18.11 bis 18.15) beizufügen sind, ist dem Bundesrechnungshof über die zuständige Vorprüfungsstelle (vgl. Nr. 24) vorzulegen. Der ersten Ausfertigung ist eine weitere Ausfertigung für die Vorprüfungsstelle beizufügen. Eine Ausfertigung verbleibt bei der rechnunglegenden Stelle. Zwei bzw. drei Ausfertigungen sind als Unterlage für die Aufstellung der Vermögens-Oberrechnung und Vermögens-Zentralrechnung bestimmt; für ihre Vorlage gilt folgendes:

19.51 Rechnunglegende Stellen, die nicht Kassen sind [§ 22 Abs. 1 Buchst. a) bis f) und Abs. 2 Buchst. b) VBRO] legen ihre Vermögens-Rechnungsnachweisungen der für sie zuständigen Verwaltungsbehörde der Mittelinstanz in dreifacher Ausfertigung und, wenn eine solche nicht vorhanden ist, der für die Bewirtschaftung der betreffenden Einzelpläne oder Teile eines Einzelplans zuständigen obersten Verwaltungsbehörde in zweifacher Ausfertigung vor.

19.52 Kassen, die mit einer Oberkasse abrechnen, und die Oberkassen legen die Vermögens-Rechnungsnachweisungen der für sie zuständigen Verwaltungsbehörde der Mittelinstanz in dreifacher Ausfertigung vor. Kassen, die unmittelbar mit der Bundeshauptkasse abrechnen und nicht Oberkassen sind, übersenden ihre Vermögens-Rechnungsnachweisungen in zweifacher Ausfertigung unmittelbar der für die Bewirtschaftung der betreffenden Einzelpläne oder Teile eines Einzelplanes zuständigen obersten Bundesbehörde, im Falle des § 2 Abs. 2 VBRO über die oberste Landesbehörde, sofern diese nicht auf die Vorlage verzichtet.

19.53 Die Bundesschuldenverwaltung übersendet ihre Vermögens-Rechnungsnachweisungen in zweifacher Ausfertigung dem Bundesminister der Finanzen.

19.6 Falls sich im Einzelfalle Zweifel ergeben sollten, sind sie dem Bundesrechnungshof unverzüglich mitzuteilen.

20. Erläuterungen zur Vermögens-Rechnungsnachweisung

20.1 Den Vermögens-Rechnungsnachweisungen sind als „Erläuterungen zur Vermögens-Rechnungsnachweisung" Angaben beizufügen über

20.11 die Flächengröße der in der Vermögens-Rechnungsnachweisung ausgewiesenen Grundstücke des Bundesvermögens nach Vermögensgruppen zusammengefaßt und geordnet,

20.12 die Anzahl, Flächengröße und den Verkaufspreis der im laufenden Rechnungsjahr verkauften Grundstücke,

20.13 die Anzahl der im laufenden Rechnungsjahr zugunsten Dritter bestellten Erbbaurechte sowie die Flächengröße und den Wert dieser belasteten Grundstücke nach den Erbbaurechtsverträgen,

20.14 den Bestand (Rechnungswert) der Wirtschaftsbetriebe nach § 15 RHO (Vermögensgruppenplan Kennziffern 200 bis 270) sowie über den Wert und die Flächengröße der zum Anlagevermögen dieser Wirtschaftsbetriebe gehörenden bundeseigenen Grundstücke,

20.15 die Zusammensetzung (Entstehungsgrund und Betrag lt. Vermögenskartei) der „Sonstigen Geldforderungen" (Vermögensgruppenplan Kennziffer 399); Forderungen gleicher Art sind summarisch zusammenzufassen,

20.16 die Zusammensetzung (Entstehungsgrund und Betrag) der „Sonstigen Darlehen" (Untergruppe 09 des Vermögensgruppenplans), soweit die Darlehen am Schluß des laufenden Rechnungsjahres im einzelnen einen Rechnungswert von 1 000 000 DM und mehr hatten,

20.17 die Zusammensetzung (Entstehungsgrund und Betrag lt. Vermögenskarteikarte) der „Sonstigen Schulden" (Vermögensgruppenplan Kennziffern 909 und 919).

20.2 Diese Erläuterungen sind nach den in der Anlage 2 angegebenen Mustern aufzustellen, soweit in der Vermögens-Rechnungsnachweisung Bestände der zu erläuternden Vermögenswerte ausgewiesen werden. Sie sind der einer Mittelbehörde vorzulegenden Vermögens-Rechnungsnachweisung in zweifacher Ausfertigung, der einer obersten Bundesbehörde unmittelbar vorzulegenden in einfacher Ausfertigung beizufügen.

21. Aufstellung und Vorlage der Vermögens-Oberrechnung

21.1 Die Mittelbehörden haben auf Grund der ihnen von den nachgeordneten rechnunglegenden Stellen vorgelegten und ihrer eigenen Vermögens-Rechnungsnachweisungen die Vermögens-Oberrechnung gemäß § 69 VBRO für jeden Einzelplan getrennt nach Muster 13 VBRO aufzustellen. Bei Einzelplänen, die von mehreren Ressorts bewirtschaftet werden, sind getrennte Vermögens-Oberrechnungen für jeden auf das bewirtschaftende Ressort entfallenden Teil anzufertigen. Bei den Eintragungen in die einzelnen Längsspalten der Vermögens-Oberrechnung ist sinngemäß nach Nr. 19.3 zu verfahren. Insbesondere ist zu beachten, daß unter den lfd. Nrn. 7 und 8 durch Zwischenaddition der Titelbeträge die Kapitelsumme der vermögenswirksamen Beträge zu bilden ist.

21.2 In freien Spalten hinter der letzten in der Vermögens-Oberrechnung eingetragenen Vermögensgruppe sind die Rechnungsergebnisse der lfd. Nrn. 1 bis 8, wie in vorstehender Nr. 19.4 angegeben, zusammenzufassen.

21.3 Außerdem haben die Mittelbehörden die Summen der den Vermögens-Rechnungsnachweisungen beiliegenden Erläuterungen (vgl. Nr. 20) in „Erläuterungen zur Vermögens-Oberrechnung" zusammenzufassen. Diese Erläuterungen sind nach den gleichen Mustern anzufertigen wie die Erläuterungen zur Vermögens-Rechnungsnachweisung.

21.4 Die Vermögens-Oberrechnung ist abweichend von § 69 Abs. 4 VBRO in fünffacher Ausfertigung aufzustellen. Die erste Ausfertigung ist dem Bundesrechnungshof über die zuständige Vorprüfungsstelle, für die ebenfalls eine Ausfertigung beizufügen ist, zu übersenden. Zwei weitere Ausfertigungen sind dem für die Bewirtschaftung eines Einzelplans oder Teils eines Einzelplans jeweils zuständigen Bundesminister vorzulegen. Die fünfte Ausfertigung bleibt bei der aufstellenden Behörde. Der ersten Ausfertigung müssen die Zusammenstellungen nach § 69 Abs. 2 VBRO beigefügt werden. Den dem zuständigen Bundesminister vorzulegenden Ausfertigungen sind als Anlagen beizufügen:

21.41 zwei Ausfertigungen der von den rechnunglegenden Stellen aufgestellten Vermögens-Rechnungsnachweisungen,

21.42 eine Ausfertigung der „Erläuterungen zur Vermögens-Oberrechnung“ und als Unterlage hierzu eine Ausfertigung der von den rechnunglegenden Stellen aufgestellten „Erläuterungen zur Vermögens-Rechnungsnachweisung“.

21.5 Wird die Vermögens-Oberrechnung von einer Mittelbehörde eines Landes aufgestellt, so ist nach § 69 Abs. 5 VBRO, jedoch unter Berücksichtigung der in vorstehenden Bestimmungen enthaltenen Abweichungen zu verfahren. Sofern für die Geldrechnung eine Oberrechnung 2. Stufe nicht aufzustellen ist, kann die oberste Landesbehörde die unmittelbare Vorlage der Vermögens-Oberrechnung an die zuständige oberste Bundesbehörde zulassen.

22. Aufstellung und Vorlage der Vermögens-Zentralrechnung und der Vermögens-Hauptrechnung

22.1 Die obersten Bundesbehörden stellen auf Grund der Vermögens-Oberrechnungen oder Vermögens-Rechnungsnachweisungen die Vermögens-Zentralrechnung gemäß § 70 VBRO nach Muster 14 VBRO auf. Für jeden Einzelplan ist eine Vermögens-Zentralrechnung anzufertigen. Im übrigen sind auch in den Vermögens-Zentralrechnungen die Rechnungsergebnisse der lfd. Nrn. 1 bis 8, wie vorstehend unter den Nrn. 19.3 und 19.4 angegeben, zusammenzufassen.

22.2 Für die Einzelpläne 36 und 60 hat gemäß § 70 Abs. 2 VBRO der Bundesminister der Finanzen die Vermögens-Zentralrechnung aufzustellen. Die ihm hierzu von den obersten Bundesbehörden zu liefernden Beiträge, für die ebenfalls das Muster 14 VBRO zu verwenden ist, sind auf dem Titelblatt als „Beitrag zur Zentralrechnung“ kenntlich zu machen.

22.31 Die Vermögens-Zentralrechnung bzw. der „Beitrag zur Zentralrechnung“ ist in dreifacher Ausfertigung aufzustellen. Die erste Ausfertigung ist über die zuständige Vorprüfungsstelle dem Bundesrechnungshof, die zweite Ausfertigung dem Bundesminister der Finanzen vorzulegen. Die dritte Ausfertigung bleibt bei der rechnunglegenden Stelle.

22.32 Der ersten Ausfertigung sind die Zusammenstellungen beizufügen, die in sinngemäßer Anwendung des § 69 Abs. 2 VBRO bei der Aufstellung der Vermögens-Zentralrechnung für die Zusammenstellung der in den Vermögens-Oberrechnungen und Vermögens-Rechnungsnachweisungen enthaltenen Summen angefertigt werden.

22.33 Der zweiten Ausfertigung sind die in § 70 Abs. 1 VBRO aufgeführten Unterlagen beizufügen. Außerdem sind die mit den Vermögens-Rechnungsnachweisungen und Vermögens-Oberrechnungen vorgelegten Erläuterungen in entsprechende „Erläuterungen zur Vermögens-Zentralrechnung“ zusammenzufassen. Nur letztere sind der Vermögens-Zentralrechnung in einfacher Ausfertigung beizufügen.

22.4 Auf Grund der Vermögens-Zentralrechnungen, der Vermögens-Oberrechnungen und der Vermögens-Rechnungsnachweisungen stellt der Bundesminister der Finanzen gemäß § 71 VBRO die Vermögens-Hauptrechnung nach Muster 15 VBRO auf. Eine Ausfertigung ist dem Bundesrechnungshof über die Vorprüfungsstelle vorzulegen.

23. Zeitpunkt der Vorlage der Rechnungen

23.1 Die Vermögens-Rechnungsnachweisungen sind den zuständigen Stellen zum 18. Januar des folgenden Jahres vorzulegen. Die Vermögens-Oberrechnungen sind den zuständigen obersten Verwaltungsbehörden bis spätestens 12. Februar des folgenden Jahres zu übersenden. Soweit in einzelnen Ländern Vermögens-Oberrechnungen 2. Stufe aufgestellt werden, übersenden die obersten Verwaltungsbehörden der Länder diese bis zum 26. Februar des folgenden Jahres an die zuständige oberste Bundesbehörde.

23.2 Die obersten Bundesbehörden übersenden die von ihnen aufgestellten Vermögens-Zentralrechnungen und die Beiträge zu den Vermögens-Zentralrechnungen für die Einzelpläne 36 und 60 bis spätestens 15. März des folgenden Jahres den zuständigen Stellen (§ 70 Abs. 4 VBRO).

23.3 Die Vermögens-Hauptrechnung geht dem Bundesrechnungshof über die Vorprüfungsstelle des Bundesministers der Finanzen zu.

24. Vorprüfung der Vermögensrechnung

24.1 Die Vermögensrechnung ist unter sinngemäßer Anwendung der Bestimmungen der Vorprüfungsordnung für die Bundesverwaltung (VPOB) vom 12. Februar 1953 (MinBlFin 1953 S. 114) in allen Teilen vorzuprüfen.

24.2 Die Vorprüfungsstellen haben insbesondere zu prüfen, ob

24.21 bei jedem Titel die Summen der vermögenswirksamen Haushaltseinnahmen und -ausgaben in der Spalte „Davon vermögenswirksam" der Rechnungsnachweisungen der Geldrechnung (§ 24 RRO) richtig ausgewiesen sind,

24.22 in der Spalte „Vermerke" dieser Rechnungsnachweisungen die Aufteilung auf die einzelnen Vermögensgruppen richtig angegeben ist, sofern die in der vorhergehenden Spalte eingetragenen Beträge sich auf mehrere Vermögensgruppen erstrecken,

24.23 die in den Rechnungsnachweisungen für die einzelnen Vermögensgruppen ausgewiesenen Beträge mit den Eintragungen unter den lfd. Nrn. 7 oder 8 der zugehörigen Vermögens-Rechnungsnachweisungen übereinstimmen,

24.24 der Vermögensbestand am Beginn des Rechnungsjahres mit dem Bestand am Ende des Vorjahres übereinstimmt.

24.3 Berichtigungen und Ausgleiche, die nach Vorlage der Rechnungen, z. B. auf Grund der Rechnungsvorprüfung, in der Vermögensrechnung vorzunehmen sind, sind im laufenden Rechnungsjahr als Vermögensveränderungen ohne haushaltsmäßige Zahlung zu buchen.

....
(Anweisende Dienststelle)

Anlage 1
(zu Nr. 2.121)

Zuständige Standortkasse ....

Nachweisung
der Abschlagszahlungen zur Rechnungsnachweisung
über Personalausgaben bei
Kap. Tit.
für das Rechnungsjahr 19 . .

Lfd. Nr.	Dienst-grad	Name	Vor-name	Rj. 19 . . (Jahresbetrag) DM	Rj. 19 . . (Jahresbetrag) DM	abgel. Rj. (Jahresbetrag) DM	Gesamt-betrag	zur Erstattung angefordert am	zur Erstattung angefordert beim WBGA
1	2	3	4	5	6	7	8	9	10
				a) noch nicht abgerechnet					
			insgesamt	b) irrtümlich erstattet (rot)					
			insgesamt						
			Endsumme zu a) und b)						

...., ... 19......
(Ort) (Datum)

....
(Unterschrift des Truppenverwaltungsbeamten)

Anlage 2
(zu Nr. 20)

....
(Rechnunglegende Stelle)

Erläuterungen
zur
Vermögens-Rechnungsnachweisung
— Vermögens-Oberrechnung —
— Vermögens-Zentralrechnung —
für das Rechnungsjahr 19..

(Nichtzutreffendes streichen)

I. Flächengröße der zum Bundesvermögen gehörenden Grundstücke, nach Vermögensgruppen und -klassen geordnet

Vermögensgruppe	Bestand am 31. 12. 19..			Anzahl der Grundstücke am 31. 12. 19.. (s. Anm.)		Bemerkungen
	ha	a	qm			
z. B. 000						
0000						
0001						
0002						
usw.						
001						
0010						
0011						
0012						
usw.						
Summe Vermögensklasse 0:						
400						
4000						
4001						
4002						
usw.						
Summe Vermögensklasse 4:						
Gesamtsumme:						

Anmerkung: Für die Angabe der Anzahl der Grundstücke gilt folgendes:

1. Maßgebend ist die Anzahl der Vermögenskonten; Wirtschaftseinheiten gem. § 36 VBRO gelten jeweils als nur ein Grundstück (z. B. Kaserne, Flugplatz),
2. bei unbebauten Grundstücken, die auf einem Sammelkonto nachgewiesen werden (vgl. Richtl. VR I Nr. 14b — MinBlFin 1952 S. 608), zählt jedes unter einer eigenen lfd. Nr. gebuchte Grundstück.

II. a) Anzahl und Flächengröße der im Rechnungsjahr 19.. verkauften Grundstücke:

Anzahl insgesamt	Flächengröße insgesamt			Verkaufspreis DM	Bemerkungen
	ha	a	qm		

II. b) Anzahl der im Rechnungsjahr 19.. bestellten Erbbaurechte zugunsten Dritter und Flächengröße der im Erbbaurechtswege vergebenen Grundstücke:

Anzahl	Flächengröße			Wert der belasteten Grundstücke nach den Erbbaurechtsverträgen DM	Bemerkungen
	ha	a	qm		

III. Angaben über die Wirtschaftsbetriebe nach § 15 RHO (Kennziffern 200—270 des Vermögensgruppenplans):

Vermögensgruppe	Bezeichnung des Wirtschaftsbetriebes	Bestand (Rechnungswert) am Schluß des Rechnungsjahres 19.. DM	Grundstücke des Anlagevermögens				Bemerkungen u. Angaben über Zu- u. Abgänge v. Betrieben
			Wert lt. letzter Bilanz DM	Flächengröße			
				ha	a	qm	
	Summe:						

IV. Zusammensetzung der „Sonstigen Geldforderungen“
(Kennziffer 399 des Vermögensgruppenplans):

Vermögensgruppe	Bezeichnung der Forderungen lt. Vermögenskarteikarten (Entstehungsgrund in Stichworten)*)	Bestand am Schluß des Rechnungsjahres 19.. DM	Bemerkungen
4399			
	Summe:		

*) Forderungen gleicher Art sind summarisch zusammenzufassen.

V. Zusammensetzung der „Sonstigen Darlehen“
(Untergruppe 09 des Vermögensgruppenplans)*):

Vermögensgruppe	Empfänger	Anzahl der Darlehen	Bestand am Schluß des Rechnungsjahres 19.. auf volle 100 DM abgerundet	Entstehungsgrund in Stichworten
z. B.				
4310/09	Land Berlin	3		Deckung von Haushaltsfehlbeträgen
"	Land Schleswig-Holstein	1		
4311/09				Stärkung der Wirtschaftskraft des Landes

*) Es sind nur die Darlehen aufzuführen, die am Schluß des Rechnungsjahres im einzelnen einen Rechnungswert von 1 000 000 DM und mehr hatten.

VI. Zusammensetzung der „Sonstigen Schulden“
(Kennziffer 909 und 919 des Vermögensgruppenplans)*):

Vermögensgruppe	Bezeichnung der Schuld lt. Vermögenskarteikarten (Entstehungsgrund in Stichworten)	Bestand am Schluß des Rechnungsjahres 19.. DM	Bemerkungen
	Summe:	—	

*) Schulden gleicher Art sind summarisch zusammenzufassen.

Prüfungsfragen zur Vermögensrechnung

I. Allgemeines

1. Ist das Verzeichnis der Vermögenskonten angelegt und richtig geführt (§ 27)?
2. Sind alle in das Verzeichnis eingetragenen Vermögenskonten und Vermögenskarteikarten vorhanden (§ 27)?
3. Sind die Vermögenskarteikarten im Beschriebteil richtig ausgefüllt?
4. Sind die Vermögensakten, insbesondere die Grundstücksakten, ordnungsgemäß angelegt und geführt (§ 67)?
5. Sind die in Benutzung genommenen Vermögenskarteikarten mit der Unterschrift des Dienststellenleiters oder seines Beauftragten, dem Datum der Ingebrauchnahme und dem Dienstsiegel versehen (§ 29 Abs. 3)?
6. Sind bei der Ingebrauchnahme neuer Vermögenskarteikarten die Merkmale des Vermögensgegenstandes richtig auf das neue Blatt übertragen (§ 35)?
7. Sind die Bestandsverzeichnisse für bewegliche Sachen und das Verzeichnis der Gerätekarteikarten ordnungsgemäß angelegt und richtig geführt (§ 28 und Richtlinien dazu)?
8. Werden die Bücher und Karteien der Vermögensrechnung und des Bestandsnachweises für bewegliche Sachen sicher aufbewahrt (§ 29 Abs. 2)?
9. Sind die Loseblattbücher, sofern Vorbücher in dieser Form geführt werden, bestimmungsgemäß gesichert (§ 49 Abs. 2)?

II. Prüfung des Anfangsbestandes

1. Sind alle in die Vermögensrechnung einzubeziehenden Grundstücke, Gebäude und Betriebsanlagen, Wirtschaftsbetriebe und geldwerte Rechte sowie die Schulden des Bundes erfaßt (§ 4)?
2. Sind alle Gegenstände in die richtige Vermögensgruppe eingeordnet (§§ 6, 7)?

3. Sind alle Gegenstände richtig bewertet (§§ 9 ff. und Richtl. VR I bis V)?
4. Ist der Anfangsbestand im Buchungsteil der Vermögenskarteikarten richtig vorgetragen?
5. Ist bei Grundstücken die Aufgliederung nach Wirtschaftseinheiten (§ 36) sinn- und zweckentsprechend vorgenommen?
6. Sind bei bebauten Grundstücken der Wert des Grund und Bodens sowie der Wert der Bauwerke einschließlich Nebenanlagen gesondert festgestellt (§ 12)?

III. Prüfung der Vermögensbuchführung und Einzelrechnungslegung

a) Förmliche Prüfung

1. Ist ein Vermögensbuchhalter bestellt und dessen Name der Kasse mitgeteilt (§ 23)?
2. Sind die Bücher und Karteien für die Vermögensrechnung ordnungsgemäß und sauber geführt (§ 30)?
3. Ist in den Titelbüchern der Geldrechnung die Spalte „Davon vermögenswirksam" eingerichtet (§ 32 Abs. 3)?
4. Sind in der Geldrechnung die vermögenswirksamen Haushaltseinnahmen und -ausgaben so gebucht, daß sie in einfachster Weise mit Jahressummen in die Vermögensrechnung übernommen werden können (§ 31, § 32 Abs. 2)?
5. Sind im Falle des § 32 Abs. 5 die Haushaltsüberwachungsliste und die Anschreibungsliste so eingerichtet, daß sie ihrem Zweck entsprechen (Anm. 6 zu § 32)?
6. Sind die Belege ordnungsgemäß mit den für die Vermögensrechnung notwendigen Angaben versehen (§§ 64, 65)?
7. Sind die Rechnungsbelege ordnungsgemäß festgestellt (§ 66)?
8. Sind für alle Veränderungen in der Vermögensrechnung, denen nicht zugleich ein Kassenvorgang der Geldrechnung entspricht, besondere Buchungsanweisungen erteilt (§ 65)?
9. Sind die Kassenanweisungen über vermögenswirksame Haushaltseinnahmen und -ausgaben mit dem Eintragungsvermerk oder mit dem Sichtvermerk des Vermögensbuchhalters versehen (§ 23 Abs. 2)?
10. Ist bei Baumaßnahmen zwecks Feststellung und Nachweis der vermögenswirksamen Baukosten sachgemäß verfahren worden (RBBau K 18)?
11. Ist bei Darlehen die schriftliche Mitteilung zur Anlegung des Vermögenskontos (§ 46 Abs. 2) zu den Dauerbelegen genommen?

12. Werden die Belege zur Vermögensrechnung ordnungsgemäß aufbewahrt (§ 67)?
13. Sind die Vermögenskonten am Jahresschluß ordnungsgemäß abgeschlossen (§§ 54, 55)?

b) Rechnerische Prüfung

1. Sind die auf den Belegen ausgewiesenen vermögenswirksamen Beträge richtig errechnet?
2. Sind die Summen auf den Vermögenskonten rechnerisch richtig?
3. Sind die Summen auf den Abschlußblättern rechnerisch richtig?

c) Sachliche Prüfung

1. Sind auf den Belegen der Geldrechnung die vermögenswirksamen Beträge vollständig und richtig ausgegliedert und zur Buchung auf dem richtigen Vermögenskonto angewiesen?
2. Sind die vermögenswirksamen Haushaltseinnahmen und -ausgaben in der Geldrechnung bei dem richtigen Titel gebucht?
3. Sind die im Titelbuch eingetragenen vermögenswirksamen Beträge in der Spalte „Davon vermögenswirksam" richtig ausgewiesen (§ 32 Abs. 3)?
4. Ist in den Titelbüchern die Jahressumme der vermögenswirksamen Beträge richtig ausgewiesen?
5. Sind die Jahressummen (§ 31) und — soweit einzeln gebucht ist — die Einzelbeträge richtig auf die Vermögenskonten übertragen?
6. Sind die Abschreibungen bei Gebäuden (§ 19) richtig berechnet und durchgeführt?
7. Sind bei Kurswertänderungen die Buchwerte berichtigt (§ 21)?
8. Ist bei Verkäufen der Buchausgleich gemäß § 33 richtig durchgeführt?
9. Ist bei der Abgabe von Gegenständen innerhalb der Bundesverwaltung gemäß § 34 verfahren worden?
10. Ist bei Bauvorhaben nach § 38 und Abschnitt K 18 der RBBau verfahren worden?
11. Ist bei Um- und Erweiterungsbauten der Wertzugang richtig gebucht?
12. Ist beim Ankauf oder Verkauf von Grundstücken das Restkaufgeld richtig gebucht (§ 37)?

13. Ist beim Erwerb von Grundstücken auf Rentenbasis richtig verfahren worden (Anm. 3 zu § 9)?
14. Sind bei Wirtschaftsbetrieben der Gewinn oder Verlust sowie etwaige Zuschüsse zur Abdeckung des Verlustes ordnungsgemäß gebucht (§ 43)?
15. Ist bei Kapitalbeteiligungen des Bundes die Fortschreibung des Rechnungswertes gemäß § 44 Abs. 4 durchgeführt?
16. Sind die Darlehen, bei denen für die Einziehung der Rückflüsse eine andere Kasse zuständig ist, ordnungsgemäß auf die nunmehr zuständige Kasse übergeführt (§ 48 Abs. 1)?
17. Sind die Abschlußsummen der Vermögenskonten richtig in die Abschlußblätter übertragen (§ 54 Abs. 1)?
18. Sind die Summen der Abschlußblätter — soweit erforderlich — richtig auf die Vermögensgruppenkarten übertragen (§ 54 Abs. 1)?

IV. Prüfung der Gesamtrechnungslegung

a) Förmliche Prüfung

Ist die Gesamtrechnungslegung zur Vermögensrechnung vollständig, sachgemäß und in der bestimmungsgemäßen Form durchgeführt (§§ 68 ff.)?

b) Rechnerische Prüfung

Sind die Summen in

a) den Vermögens-Rechnungsnachweisungen,
b) den Zusammenstellungen für die Vermögens-Oberrechnungen,
c) den Vermögens-Oberrechnungen,
d) den Zusammenstellungen für die Vermögens-Zentralrechnungen,
e) den Vermögens-Zentralrechnungen,
f) der Vermögens-Hauptrechnung und dem Anhang dazu

rechnerisch richtig?

c) Sachliche Prüfung*)

1. Sind in den Rechnungsnachweisungen, Oberrechnungen, Zentralrechnungen und in der Hauptrechnung über die Haushaltseinnahmen und -ausgaben die vermögenswirksamen Beträge in einer besonderen Spalte „Davon vermögenswirksam“ richtig ausgewiesen (§ 32 Abs. 4)?

*) Siehe auch die Prüfungsfragen für die Vorprüfungsstellen unter Nr. 24.2 des Musters zum Rechnungslegungserlaß.

2. Sind die Abschlußsummen für die einzelnen Vermögensgruppen richtig in die Vermögens-Rechnungsnachweisungen übertragen (§ 63 Abs. 1)?
3. Sind die Summen der vermögenswirksamen Haushaltseinnahmen und -ausgaben aus der Geldrechnung richtig in die Vermögens-Rechnungsnachweisungen übertragen (§ 63 Abs. 2)?
4. Stimmt auf dieser Stufe die Vermögensrechnung hinsichtlich der Zugänge und Abgänge mit haushaltsmäßiger Zahlung mit der Geldrechnung überein (§ 63 Abs. 2)?
5. Sind die in den Vermögens-Rechnungsnachweisungen enthaltenen Beträge richtig in die Zusammenstellungen für die Vermögens-Oberrechnung übernommen (§ 69 Abs. 2)?
6. Sind die Abschlußsummen der Zusammenstellungen (§ 69 Abs. 2) richtig in die Vermögens-Oberrechnungen übertragen?
7. Sind die Summen der vermögenswirksamen Haushaltseinnahmen und -ausgaben richtig in die Vermögens-Oberrechnungen übertragen (§ 69 Abs. 3)?
8. Stimmt auf dieser Stufe die Vermögensrechnung hinsichtlich der Zugänge und Abgänge mit haushaltsmäßiger Zahlung mit der Geldrechnung überein (§ 69 Abs. 3)?
9. Sind die in den Vermögens-Oberrechnungen enthaltenen Beträge richtig in die Zusammenstellungen für die Vermögens-Zentralrechnungen (§ 70 Abs. 1) übernommen?
10. Sind die Abschlußsummen der Zusammenstellungen (§ 70 Abs. 1) richtig in die Vermögens-Zentralrechnungen übertragen?
11. Sind die Summen der vermögenswirksamen Haushaltseinnahmen und -ausgaben richtig in die Vermögens-Zentralrechnungen übertragen (§ 70 Abs. 3)?
12. Stimmt auf dieser Stufe die Vermögensrechnung hinsichtlich der Zugänge und Abgänge mit haushaltsmäßiger Zahlung mit der Geldrechnung überein (§ 70 Abs. 3)?
13. Sind alle Beträge aus den Vermögens-Zentralrechnungen richtig in die Vermögens-Hauptrechnung übertragen (§ 71 Abs. 1)?
14. Stimmt die Vermögensrechnung hinsichtlich der Zugänge und Abgänge mit haushaltsmäßiger Zahlung mit der Geldrechnung überein (§ 71 Abs. 2)?
15. Ist in der Vermögens-Hauptrechnung die Summe der am Ende des Rechnungsjahres bestehenden Verpflichtungen des Bundes aus Bürgschafts-, Gewähr- oder anderen, ähnlichen wirtschaftlichen Zwecken dienenden Verträgen nachrichtlich angegeben (§ 71 Abs. 4)?

Vermögensgruppenplan

für die Bundes-Vermögensrechnung

....

Vermögensklassen:

0 Allgemeines Verwaltungsvermögen

1 Sachen im Gemeingebrauch

2 Vermögen der Bundesanstalten und -einrichtungen

3 Betriebsvermögen

4 Allgemeines Kapital- und Sachvermögen

5 Sondervermögen

6 frei

7 frei

8 frei

9 Bundesschuld

Die Ziffer der Vermögensklasse ist den im Plan enthaltenen Kennziffern vorzusetzen, so daß sich ergibt:

die Vermögensklasse	— einstellig	— z. B. 4
die Vermögenshauptgruppe	— zweistellig	— z. B. 4 0
die Vermögensobergruppe	— dreistellig	— z. B. 4 0 1
die Vermögensgruppe	— vierstellig	— z. B. 4 0 1 4

Kenn-ziffer	Gegenstand	Bemerkungen
0	**Unbewegliche Sachen [1])**	[1]) Soweit sie nicht als Teil eines Betriebes bei den für Betriebe vorgesehenen Vermögensgruppen nachzuweisen sind.
0 0	**Unbebaute Grundstücke**	
0 0 0	Landwirtschaftlich und gärtnerisch genutzte Grundstücke	
0 0 1	Forstwirtschaftlich genutzte Grundstücke	
0 0 2	Ödland und Unland	
0 0 3	Steinbrüche, Tongruben usw.	
0 0 9	Sonstige unbebaute Grundstücke[2])	[2]) Hierunter fallen auch Trümmergrundstücke, das sind Grundstücke, die bebaut waren, deren Gebäude aber völlig zerstört oder so stark beschädigt sind, daß sie nicht mehr benutzt werden können.
0 1	**Bebaute Grundstücke**	
0 1 0	Verwaltungs-Dienstgebäude	
0 1 1	Kasernen, Lazarette, Verpflegungsämter und ähnliche Anlagen[3])	[3]) Hierunter fallen nur solche Anlagen, die auch heute noch ihrem ursprünglichen Zweck entsprechend benutzt werden.
0 1 2	Andere öffentlichen Zwecken dienende Gebäude	
0 1 3	Betriebs- und Geschäftsgebäude	
0 1 4	Wohngebäude	
0 1 5	Bunker (außer Verteidigungsanlagen)	
0 1 6	Ortsfeste Baracken	
0 1 7	Historische Gebäude	
0 2	**Teilbebaute Grundstücke[4])**	[4]) Diese Obergruppe ist für die Vermögensklasse 2 nicht zu verwenden.
0 2 0	Truppenübungsplätze*)	[5]) Liegenschaften dieser Art, auf denen sich keine oder nur Baulichkeiten von ganz untergeordneter Bedeutung befinden, gehören zu den unbebauten Grundstücken.
0 2 1	Flugplätze*)	
0 2 2	Munitionsanstalten und Munitionsdepots*)	
0 2 9	Sonstige teilbebaute Großliegenschaften[5])	

*) Hier wurden ursprünglich nur die ehemaligen Truppenübungsplätze, Flugplätze und Munitionsanstalten geführt. Nachträgliche Änderung durch Erlaß des Bundesministers der Finanzen vom 31. Dezember 1954 — II B/3 — 0 4300 — 422/54 —.

Kennziffer	Gegenstand	Bemerkungen
0 3	**Gebäude auf fremdem Grund und Boden (einschl. Erbbaurechten)**	
0 3 0	Verwaltungs-Dienstgebäude	
0 3 1	Kasernen, Lazarette, Verpflegungsämter und ähnliche Anlagen[3])	
0 3 2	Andere öffentlichen Zwecken dienenende Gebäude	
0 3 3	Betriebs- und Geschäftsgebäude	
0 3 4	Wohngebäude	
0 3 5	Bunker (außer Verteidigungsanlagen)	
0 3 6	Ortsfeste Baracken	
0 4	**Betriebsanlagen**	
0 4 0	Ortsfeste Betriebsanlagen[6])	[6]) Hierunter fallen z. B. Landebrücken und -stege, Leuchttürme und Baken, Signalanlagen, Dalben, Betankungsanlagen, Krananlagen, Pumpstationen usw.
0 4 1	Ortsfeste Gleisanlagen	
0 5	**Liegenschaften im Gemeingebrauch**	
0 5 0	Bundesautobahnen einschl. Brücken	
0 5 1	Bundesstraßen einschl. Brücken	
0 5 2	Kanäle und andere Schiffahrtswege einschl. Brücken	
0 9	**Sonstige unbewegliche Sachen**	
0 9 0	Denkmäler aller Art	
0 9 9	Sonstige unbewegliche Sachen*)	
1	**Bewegliche Sachen**	
1 0	**Geräte und Ausstattungsgegenstände**	
1 0 0	Geräte und Ausstattungsgegenstände für Dienstgebäude, Dienst- und Arbeitsräume und für Grundstücke	
1 0 1	Ausstattungsgegenstände für Amts-, Dienst- und Werkwohnungen	
1 0 2	Geräte und Ausstattungsgegenstände für amtliche Wohnunterkünfte (Grenzschutz, Zollschulen u. dergl.)	

*) Hierunter sind auch nichtöffentliche Straßen zu führen, die in keinerlei Verbindung mit einem in der Vermögensrechnung erfaßten Grundstück oder einer dort geführten Anlage (Depot, Truppenübungsplatz) stehen; vgl. den Erlaß des Bundesministers der Finanzen an die Oberfinanzdirektionen vom 3. Juni 1955 — II B/3 — 0 4300 — 236/55 — für den Bereich der Verteidigungslastenverwaltung.

Kennziffer	Gegenstand	Bemerkungen
1 0 3	Sonstige bundeseigene Wohnungsausstattungen; sonstiges Grundstückszubehör	
1 0 4	Baugeräte	
1 0 5	Dienst-, Arbeits- und Schutzkleidung	
1 0 6	Sanitätsausrüstung	
1 0 7	Dienstwaffen	
1 1	**Büchereien, Archive und andere Sammlungen**	
1 1 0	Bücher und andere Drucksachen*)	
1 1 1	Archive	
1 1 2	Wissenschaftliche Sammlungen und Schausammlungen von Dauerwert	
1 2	**Maschinen, Apparate und Instrumente**	
1 2 0	Büromaschinen, Druckmaschinen und Büroapparate	
1 2 1	Kraft-, Werkstatt-, Bau- und sonstige Maschinen	
1 2 2	Bundeseigene Nachrichtenanlagen und Zubehör	
1 2 3	Wissenschaftliche Ausstattungsgegenstände für Laboratorien, wissenschaftliche Institute, Forschungsanstalten u. dergl.	
1 2 4	Technische Ausstattung und Ausrüstung von Bau- und Vermessungsdienststellen, Zollstellen usw.	
1 3	**Landfahrzeuge**	
1 3 0	Personenkraftwagen	
1 3 1	Omnibusse und Anhänger	
1 3 2	Lastkraftwagen und Anhänger	
1 3 3	Traktoren und Anhänger	
1 3 4	Krafträder	
1 3 6	Pferdewagen	
1 3 7	Schienenfahrzeuge (einschl. Feldbahnen und Feldbahngerät)	
1 3 9	Sonstige Landfahrzeuge	

*) Hierunter sind nur Drucksachen zu verstehen, die zu einer dauernden Werterhöhung der Bücherei führen; dazu zählen nicht die zum laufenden Gebrauch in der Verwaltung bestimmten Handausgaben von Verwaltungsvorschriften und dergl. (Erlaß des Bundesministers der Finanzen vom 6. Juni 1953 — II B — 0 4300 — 143/53 —).

Vermögensgruppenplan

Kenn-ziffer	Gegenstand	Bemerkungen
1 4	**Wasserfahrzeuge und schwimmende Anlagen**	
1 4 0	Schiffe und schwimmendes Gerät einschl. Ausrüstung	
1 4 1	Reserveteile und Ausrüstung von Schiffen und schwimmendem Gerät, soweit nicht in 140 erfaßt	
1 4 2	Seezeichen und Fahrwasserzeichen	
1 4 9	Sonstige schwimmende Anlagen	
1 5	**Luftfahrzeuge**	
1 5 0	Vermessungsflugzeuge*)	
1 6	**Tierhaltung**	
1 6 0	Versuchstiere in wissenschaftlichen Instituten und Forschungsanstalten (Großtiere)	
1 6 1	Sonstige Tiere (ohne Kleinvieh)	
1 7	**Vorräte an Verbrauchsgütern**[7])	[7]) Es sind nur Vorräte aufzunehmen, die über einen Jahresbedarf hinausgehen.
1 7 0	Baustoffe	
1 7 1	Brennstoffe	
1 7 2	Betriebsstoffe	
1 7 3	Lebensmittel	
1 7 4	Futtermittel	
1 7 9	Andere Vorräte	
1 8	**Kunstbesitz (Einzelstücke)**	
1 8 0	Gemälde, Stiche, Radierungen usw.	
1 8 1	Plastiken	
1 8 2	Porzellane	
1 8 3	Kleinodien und Schmuckstücke	
1 8 9	Andere Kunstgegenstände	
1 9	**Sonstige bewegliche Sachen**	
1 9 0	Bewegliche Baracken und Barackenteile	

*) Nachträglich eingefügt durch Erlaß des Bundesministers der Finanzen vom 31. Dezember 1954 — II B/3 — 0 4300 — 422/54 —.

Kenn-ziffer	Gegenstand	Bemerkungen
2	**Wirtschaftsbetriebe**	
2 0	**Landwirtschaftliche Betriebe**	
2 0 0	Domänen und Mustergüter	
2 1	**Forstwirtschaftliche Betriebe**	
2 2	**Gartenbau- und Weinbaubetriebe**	
2 2 0	Obst-, Garten- und Weinbau-Anlagen	
2 3	frei	
2 4	frei	
2 5	**Gewerbliche Betriebe**	
2 5 0	Verkehrsbetriebe	
2 5 1	Versorgungsbetriebe	
2 5 2	Bundesdruckerei	
2 5 9	Sonstige gewerbliche Betriebe	
2 6	**Banken**	
2 7	**Monopolbetriebe**	
2 7 0	Bundesmonopolverwaltung für Branntwein	
3	**Geldwerte Rechte**	
3 0	**Kapitalbeteiligungen**	
3 0 0	Aktien und Genußscheine	
3 0 1	Geschäftsanteile an Gesellschaften mit beschränkter Haftung	
3 0 2	Geschäftsguthaben bei Genossenschaften	
3 0 3	Kuxe und sonstige Anteile an Bergwerksgesellschaften	
3 0 4	Anteile am Kapital von Unternehmen des öffentlichen Rechts	
3 0 5	Anteile am Kapital von internationalen Einrichtungen*)	

*) Nachträglich eingefügt durch Erlaß des Bundesministers der Finanzen vom 31. Dezember 1954 — II B/3 — 0 4300 — 422/54 —.

Kennziffer	Gegenstand	Bemerkungen
3 1	**Darlehensforderungen (einschl. Hypotheken- und Rentenschuldforderungen, Grundschulden)**	
3 1 0	Darlehen an Gebietskörperschaften	
3 1 1	Darlehen an Unternehmen in der Form von jur. Personen des öffentlichen Rechts, an deren Kapital oder Gewinn der Bund beteiligt ist (§§ 88 Abs. 3, 117 RHO)*)	
3 1 2	Darlehen an Unternehmen des privaten Rechts, an deren Kapital oder Gewinn der Bund beteiligt ist (§§ 48, 117 RHO)*)	
3 1 3	Darlehen an sonstige Empfänger	
	Zu 31: Nach der Zweckbestimmung der Darlehen sind folgende Untergruppen zu bilden 01 = Darlehen für Wohnungsbau und Siedlungswesen 02 = Darlehen an Bundesbedienstete für Hausratbeschaffung 03 = Darlehen aller Art an Kasernen- und Besatzungsverdrängte**) 04 = Darlehen für den Bau und die Unterhaltung von Straßen, Brükken und anderen Verkehrsanlagen 05 = Darlehen für den Bau und die Unterhaltung von Schiffahrtswegen und Häfen	

*) Wegen der Einordnung von Darlehen unter die Kennziffern 311 oder 312 siehe auch den Erlaß des Bundesministers der Finanzen vom 24. Januar 1956 — II B/3 — 0 4300 — 10/56 —, der auf das eine Aufgliederung nach Unternehmen des öffentlichen und des privaten Rechts enthaltende Verzeichnis der Bundesbeteiligungen pp. im Anhang zum Siebenten Teil der „Allgemeinen Vorbemerkungen zum Bundeshaushaltsplan 1955“ verweist. Der neueste Stand ist seit 1962 aus dem jeweiligen Finanzbericht zum Bundeshaushaltsplan ersichtlich.

**) Die bislang bei dieser Untergruppe nachgewiesenen Darlehen für den Ersatzwohnungsbau für Kasernen- und Besatzungsverdrängte sind nunmehr nur noch in der Untergruppe 01 zu erfassen (BdF-Erlaß vom 20. März 1958 — VI B/4 — 0 4301 — 5/58 —).

Kenn-ziffer	Gegenstand	Bemerkungen
	06 = Darlehen für Bau, Umbau, Wiederherstellung, Ankauf und Unterhaltung von Schiffen	
	07 = Darlehen zur Beschaffung von Dienstkleidung, Fahrzeugen usw.	
	09 = Sonstige Darlehen	
3 2	**Wertpapiere**	
3 2 0	Inhaber-Schuldverschreibungen	
3 2 1	Pfandbriefe	
3 2 9	Sonstige Wertpapiere*)	
3 9	**Sonstige Geldforderungen**	
3 9 0	Guthaben bei Banken und anderen Geldanstalten	
3 9 1	Bedingte Forderungen (aus Besserungsscheinen u. dgl.)	
3 9 9	Sonstige Geldforderungen	
6	**Fundierte Schuld** (Bundesschuldenverwaltung)	
6 0	**Auf Deutsche Mark lautende Schuld**	
6 0 0	Ausgleichsforderungen	
6 0 1	Anleihen und Schatzanweisungen	
6 0 2	Darlehen	
6 1	**Auf fremde Währung lautende Schuld**	
6 1 0	Anleihen und Schatzanweisungen	
6 1 1	Darlehen	

*) Nachträglich eingefügt durch Erlaß des Bundesministers der Finanzen vom 27. Februar 1954 — II B — 0 4300 — 93/54 —.

Kenn-ziffer	Gegenstand	Bemerkungen
7	**Schwebende Schuld** (Bundesschulden-verwaltung)	
7 0	**Auf Deutsche Mark lautende Schuld**	
7 0 0	Betriebskredite	
7 0 1	Wechsel	
7 0 2	Unverzinsliche Schatzanweisungen	
7 0 3	Schatzanweisungen zum Zwecke von Sicherheitsleistungen	
7 1	**Auf fremde Währung lautende Schuld**	
7 1 1	Darlehen*)	
9	**Andere Schulden des Bundes**	
9 0	**Auf Deutsche Mark lautende Schuld**	
9 0 0	Hypotheken, Grund- und Renten-schulden	
9 0 1	Restkaufgelder	
9 0 2	Ablösungsverpflichtungen für Wertzu-wachs	
9 0 9	Sonstige Schulden	
9 1	**Auf fremde Währung lautende Schuld****)	
9 1 0	Hypotheken, Grund- und Renten-schulden**)	
9 1 3	Auf Abruf in Deutscher Mark zu til-gende Schuld**)	
9 1 9	Sonstige Schulden***)	

*) Nachträglich eingefügt durch Erlaß des Bundesministers der Finanzen vom 31. Dezember 1954 — II B/3 — 0 4300 — 422/55 —.

**) Nachträglich eingefügt durch BdF--Erlaß vom 27. Februar 1954 — II B — 0 4300 — 93/54 —.

***) Nachträglich eingefügt durch BdF-Erlaß vom 7. Dezember 1956 — II B/3 — 0 4300 — 291/56 —.

Vermögensgruppenplan

für die Vermögensrechnung des Ausgleichsfonds

in der Fassung des Rundschreibens zur Änderung der Vermögensrechnungsbestimmungen vom 4. Juli 1961 (Mtbl. BAA S. 294)

Vermögensklasse	(einstellig) z. B.	5	(Ausgleichsfonds)
Vermögenshauptgruppe	(zweistellig) z. B.	53	(geldwerte Rechte)
Vermögensobergruppe	(dreistellig) z. B.	531	(Darlehensforderungen)
Vermögensgruppe	(vierstellig) z. B.	5310	(Darlehen an Gebietskörperschaften)
Vermögensuntergruppe	(Stelle nach Querstrich) z. B.	5310/01	(Darlehen an Gebietskörperschaften für den sozialen Wohnungsbau)

Kennziffer	Gegenstand	Vermögenswirksame*) Einnahmen Kap.	Tit.	Vermögenswirksame*) Ausgaben Kap.	Tit.	Bemerkungen
50	**Unbewegliche Sachen**	155	26	910	95	
53	**Geldwerte Rechte**					
530	**Kapitalbeteiligungen**					
5304	Anteile am Kapital von Unternehmen des öffentlichen Rechts	141	3	724	73	
531	**Darlehensforderungen (einschl. Hypotheken- u. Rentenschuldforderungen, Grundschulden)**					
5310	Darlehen an Gebietskörperschaften					Die bei Kennziffer 5310 nachgewiesenen Darlehen sind vermögenswirksam nur in der Vermögensrechnung beim BAA

*) nach dem ab 1. 4. 1957 für die Geldrechnung gültigen Buchungsplan des Ausgleichsfonds.

Vermögensgruppenplan des Ausgleichsfonds

Kenn-ziffer	Gegenstand	Vermögens-wirksame*) Ein-nahmen Kap.	Tit.	Aus-gaben Kap.	Tit.	Bemerkungen
/01	Darlehen für den sozialen Wohnungsbau	100 201 257	1 1 7	600 610 611 709	60 60 60 60	einschl. der Treuhanddarlehen Bayern und der aus den Soforthilfefonds der früheren französischen Zone gewährten Darlehen
/16	Darlehen zur verstärkten Förderung der Eingliederung in die Landwirtschaft nach § 46 Abs. 3 BVFG	101	1	650	60	
5311	Darlehen an Unternehmen in der Form von jur. Personen des öffentl. Rechts, an deren Kapital oder Gewinn das Sondervermögen Ausgleichsfonds oder der Bund beteiligt sind					Die bei Kennziffer 5311 nachgewiesenen Darlehen sind vermögenswirksam nur in der Vermögensrechnung beim BAA
/01	Darlehen für den sozialen Wohnungsbau	100	3			
/17	Liquiditätskredite (§ 303 Abs. 1 LAG)	140	3	722	61	
5313	Darlehen an sonstige Empfänger					
/10	Darlehen für die gewerbl. Wirtschaft und die freien Berufe (Existenzaufbauhilfe-Darlehen nach SHG u. Aufbaudarlehen nach LAG)	110 250	7 7	700	62	
/11	Darlehen für die Landwirtschaft (Existenzaufbauhilfe-Darlehen nach SHG und Aufbaudarlehen nach LAG)	111 251	7 7	701	62	

*) nach dem ab 1. 4. 1957 für die Geldrechnung gültigen Buchungsplan des Ausgleichsfonds.

Kenn-ziffer	Gegenstand	Vermögenswirksame*) Einnahmen Kap.	Tit.	Ausgaben Kap.	Tit.	Bemerkungen
/12	Aufbaudarlehen für den Wohnungsbau	112 252	7 7	702	62	
/13	Arbeitsplatzdarlehen nach SHG und LAG	113	7	710	63	
/14	Darlehen zur verstärkten Förderung der Eingliederung in die Landwirtschaft nach dem Flüchtlingssiedlungsgesetz	114 253	7 7			
/15	Darlehen für den Auf- und Ausbau von Heimen und Ausbildungsstätten	115	7	721	63	
/16	**Saar:** Darlehen für den Wohnungsbau, die Landwirtschaft und Binnenschiffer im Sinne des § 13 LA-EG Saar	123 124 258	7 7 7	703	62	
/20	Härtefonds: Aufbaudarlehen für die gewerbliche Wirtschaft u. die freien Berufe	120 254	7 7	671	62	
/21	Härtefonds: Aufbaudarlehen für die Landwirtschaft	121 255	7 7	672	62	
/22	Härtefonds: Aufbaudarlehen für den Wohnungsbau	122 256	7 7	673	62	
532	**Wertpapiere**					
5320	Inhaberschuldverschreibungen und Schuldbuchforderungen	001 106	02 02			ohne die bei Kap. 001 Tit. 02 nachgewiesenen Zinsen

*) nach dem ab 1. 4. 1957 für die Geldrechnung gültigen Buchungsplan des Ausgleichsfonds.

Vermögensgruppenplan des Ausgleichsfonds

Kenn-ziffer	Gegenstand	Vermögens-wirksame*) Einnahmen Kap.	Tit.	Ausgaben Kap.	Tit.	Bemerkungen
539	**Sonstige Geldforderungen**					
5390	Kaufpreisforderungen	156	26	911	95	einschließlich nicht dinglich gesicherter Forderungen
5391	Forderungen aus erfüllter Bürgschaft	142	10	728	72	
56	**Fundierte Schuld**					
560	**Auf Deutsche Mark lautende Schuld**					
5600	Deckungsforderungen					
/01	Altsparerentschädigung: Deckungsforderungen nach § 19 ASpG	154	25	471	55	
5601	Anleihen	301	35	801	85	
5602	Darlehen	302	35	802	85	
5603	Kassenobligationen	303	35	803	85	
5604	Schatzanweisungen	304	35	804	85	
5605	Verpflichtungen aus der Erfüllung von Hauptentschädigung (§ 252 Abs. 3 und 4 LAG)					
/01	durch Eintragung von Schuldbuchforderungen			401	47	
/02	durch Aushändigung von Schuldverschreibungen			402	47	
/03	durch Begründung von Spareinlagen (nur Deckungsforderungen)			403	47	
57	**Schwebende Schuld**					
59	**Andere Schulden des Ausgleichsfonds**					
590	Hypotheken, Grund- und Rentenschulden			910	97	

*) nach dem ab 1. 4. 1957 für die Geldrechnung gültigen Buchungsplan des Ausgleichsfonds.

VBRO

Hauptzollamt A
(Dienststelle)

Karte
in Gebrauch genommen am: *1. 4. 1953*
Unterschrift: *Müller, Reg.-Rat*

Dienststempel

Vermögens-
für bebaute und teilbe-
Gebäude auf fremdem

Benennung und Lage	Zeit und Art des Erwerbs	Das Grundstück ist ein Grundbuch: von......./Band Nr. Blatt/Artikel Nr.	lf. Nr. Best.-Verz.
Ehem. Infanterie-Kaserne	*Gemäß Gesetz vom 25. Mai*	*A 5*	*1*
in A.)*	*1873 auf das Reich über-*	*Bezirk Altstadt*	
Friedrichstr. 20, jetzt Dienst-	*gegangen.*	*Bd. Nr. XV*	
gebäude des Hauptzollamtes	*Parzelle 6970/9 durch Kauf-*	*Blatt Nr. 36*	
und anderer Dienststellen,	*vertrag vom 14. April 1880*		
z. T. an Private vermietet	*erworben.*		
A) 3 Hauptgebäude		**Eingetragener Eigentümer:**	
B) Geschäftszimmergebäude		*Deutsches Reich*	
C) Wohngebäude		*Reichsfinanzverwaltung*	
D) Werkstättengebäude			
E) Kraftwagenhalle			
F) Lagerhaus			

Beschreibung der Gebäude und Anlagen
(Baujahr, äußere Bauart, Zahl der Hauptgeschosse, Bewässerung, Beleuchtung, Beheizung usw.)

A) Hauptgebäude: Baujahr 1840, massiv in Ziegelrohbau, 4 Hauptgeschosse, ganz unterkellert, Ziegeldach.

B) Geschäftszimmergebäude (ehem. Offiziersspeiseanstalt): Baujahr 1913, massiv aus Hintermauerungsziegeln und Verblendsteinen, 2 Hauptgeschosse, Dachgeschoß ausgebaut, teilweise unterkellert, Ziegeldach.

C) Wohngebäude: Baujahr 1913, massiv in Putzbau, 3 Hauptgeschosse, ganz unterkellert, Ziegeldach.

D) Werkstättengebäude: Baujahr 1890, massiv mit Holzschalung, 2 Hauptgeschosse, teilweise unterkellert, Dachgeschoß teilweise ausgebaut, Schieferdach.

E) Kraftwagenhalle: Baujahr 1925, massiv in Putzbau, Pappdach.

F) Lagerhaus (ehem. Exerzierhaus): Baujahr 1903, massiv in Ziegelrohbau, Schieferdach.

Anschluß an die städtische Wasserleitung, Kanalisation; Gebäude A und B Zentralheizung, Gebäude C und D Ofenheizung; Beleuchtung: elektrisch; auf den Gebäuden A—D Blitzableiteranlagen; für Fäkalienbeseitigung Grubensystem.

Einfriedigung: 736 m Betonmauer, 2,30 m hoch, 2 eiserne Einfahrtstore.

*) Amtliches Beispiel.

Muster 1 a (Bebaute und teilbebaute Grundstücke)

Karteikarte

baute Grundstücke und Grund und Boden

Vermögensgruppe	Konto-Nr.
0010	*1*
Haushaltsstelle *0805*	Blatt Nr.

getragen im Kataster		Größe der Flurstücke oder Gesamtgröße			Von dem Grundstück sind								
					bebaut			Hofraum Wege Trockenplätze			a) Kulturland b) Ödland		
Flur Nr.	Flurstück (Parzelle	ha	a	qm	ha	a	qm	ha	a	qm	ha	a	qm
5	*24*	*1*	*24*	*12*		*86*	*56*	*2*	*66*	*35*	*a)*	*43*	*26*
	25		*68*	*10*									
	26	*1*	*01*	*14*									
	29		*14*	*19*	a) Belastungen					b) Berechtigungen			
	31		*74*	*32*	*a) An Parzelle 6970/9 steht dem Vorbesitzer das*								
	6970/9		*14*	*30*									
		—	—	—	*Vorkaufsrecht zu.*								
		—	—	—									
Insgesamt:		*3*	*96*	*17*									

Veränderungen	Bewertung a) Grund und Boden DM	b) Gebäude DM
	Anschaffungs- oder gemeiner Wert a) *390 000,—*	Gestehungskosten a)
	Neubauwert 1936 b) *2 033 247,—*	b)
	zus.: *2 423 247,—*	zus.:
	Rechnungswert 1. 4. 1953 a) *390 000,—*	Restwert a) *390 000,—*
	b) *793 938,—*	b) *609 974,—*
	zus.: *1 183 938,—*	zus.: *999 974,—*
	Einheitswert: — soweit bekannt —	
	Abschreibungsbetrag:	

Muster 1 a (Farbe: hellgrau)

(Rückseite Muster 1 a)

Lfd. Nr.	Tag Monat Jahr	Buchungs-hinweis	Buchungstext	Bestand zu Beginn des Rechnungs-jahres DM	Zu mit haushalts Zah DM
1	2	3	4	5	6
	1953				
1	*1. 4.*	*Beleg 3*	*Altbestand 31. 3. 1953*	*1 183 938.—*	

Muster 1 a (Bebaute und teilbebaute Grundstücke)

gang	Abgang				
ohne	mit	ohne	Abschreibungen	Bestand am Ende des Rechnungsjahres	Bemerkungen
mäßige(r) lung	haushaltsmäßige(r) Zahlung				
DM	DM	DM	DM	DM	
7	8	9	10	11	12

VBRO

Oberfinanzdirektion A
— Bundesvermögens- und Bauabteilung —
(Dienststelle)

Karte in Gebrauch genommen am: *1. 4. 1953*

Unterschrift: *N. N., Reg.-Rat*

Vermögens-
für unbebaute

Lfd. Nr.	Benennung und Lage (Flurbezeichnung)	Nutzungsart laut Kataster (z. B. Grünland, Acker, Rodung, Heide, Moor usw.	Das Grundstück ist ein: Grundbuch von ....../Band Nr. Blatt/Artikel Nr.	Best. Ver. lfd. Nr.
1	*Am schiefen Hang*	*Acker*	*A. Bd. V Bl. 10*	*1*
2	*Am schiefen Hang*	*Acker*	*A. Bd. V Bl. 10*	*2*
3	*Auwiese*	*Acker*	*A. Bd. VI Bl. 8*	*3*

Anmerkung: Die Beispiele von Muster 1b an sind vom Verfasser eingefügt. Die Beispiele sind aus drucktechnischen Gründen und der Übersichtlichkeit halber mit wenigstelligen Zahlen gegeben.

Muster 1 b (Unbebaute Grundstücke)

Karteikarte
Grundstücke

Vermögensgruppe	Konto Nr.
4000	*1*
Haushaltsstelle *0806*	Blatt Nr.

getragen im Kataster: Flur Nr.	Flurstück (Parzelle)	Größe der Parzellen od. Gesamtgräße: ha	a	qm	Bewertung: Rechnungswert 1. 4. 53 DM	Gestehungskosten DM	Bemerkungen (Zeit und Art des Erwerbs, Belastungen, Berechtigungen usw.)
2	*111*		*21*	*56*	*539,—*		*1926, Kauf*
2	*112*		*9*	*60*	*240,—*		*desgl.*
5	*101*		*12*	*68*	*380,—*		*1938, Kaufvertrag v.*
	66				*1159,—*		*12. 3. 1938*
zusammen:							Muster 1 b (Farbe: hellgrau)

(Rückseite Muster 1 b)

Lfd. Nr.	Tag Monat Jahr	Buchungs-hinweis	Buchungstext	Bestand zu Beginn des Rechnungs-jahres DM	Zu mit haushalts Zah DM
1	2	3	4	5	6
1	*1.4.53*	*Bel. 1*	*Altbestand*	*1159,—*	

Muster 1 b (Unbebaute Grundstücke)

gang	Abgang			Bestand am Ende des Rechnungsjahres	Bemerkungen
ohne	mit	ohne	Abschreibungen		
mäßige(r) lung	haushaltsmäßige(r) Zahlung				
DM	DM	DM	DM		
7	8	9	10	11	12

Oberfinanzdirektion A
—Bundesvermögens- und Bauabteilung—

(Dienststelle)

Vermögens-
für beweg

Karte
in Gebrauch genommen am: *1.4.1953*
Unterschrift: *N.N., Reg.Rat* Gegenstand: *Geräte und Aus-*

Lfd. Nr.	Tag Monat Jahr	Buchungs-hinweis	Buchungstext	Bestand zu Beginn des Rechnungs-jahres DM	Zu mit haushalts Zah DM
1	2	3	4	5	6
			Rechnungsjahr 1953		
1	*1953* *1.4.*	—	*Bestand laut Zusammen-stellung*	*4000,—*	
2	*20.9.*	*336*	*2 Schreibtische verkauft (Müller)*		
3	*20.9.*	—	*Wertausgleich gem. § 33 VBRO*		
4	*10.12.*	*541*	*3 Tische verkauft (Keller u.a.)*		
5	*1954* *31.3.*		*Als unbrauchbar ausges. Geräte*		
6	*18.4.*	*28*	*Ausgabe bei Titel 201/b*		*306,40*
7	*18.4.*	*7*	*Ausgabe bei Titel 870*		*800,—*
			Sa. Rechnungsjahr	*4000,—*	*1106,40*
			Rechnungsjahr 1954		
1			*Bestand*	*4208,—*	

Muster 2 (Bewegliche Sachen)

Karteikarte

liche Sachen*)

stattungsgegenstände ....

Vermögensgruppe	Konto-Nr.
0100	*1*
Haushaltsstelle	Blatt Nr.
0806	

gang	Abgang			Bestand am Ende des Rechnungsjahres	Bemerkungen
ohne	mit	ohne	Abschreibungen		
mäßige(r) lung	haushaltsmäßige(r) Zahlung				
DM	DM	DM	DM	DM	
7	8	9	10	11	12
	70,—				
		90,—			
	60,—	*45,—*			
		80,—			*§ 40 Abs. 5 VBRO*
			153,40		
			400,—		
	130,—	*215,—*	*553,40*	*4208,—*	

Muster 2 (Farbe: hellgelb)

*) Seit dem 1. April 1956 gegenstandslos.

(Rückseite Muster 2)

Lfd. Nr.	Tag Monat Jahr	Buchungs-hinweis	Buchungstext	Bestand zu Beginn des Rechnungs-jahres DM	Zu mit haushalts Zah DM
1	2	3	4	5	6

Muster 2 (Bewegliche Sachen)

gang	Abgang				
ohne	mit	ohne	Abschreibungen	Bestand am Ende des Rechnungsjahres	Bemerkungen
mäßige(r) lung	haushaltsmäßige(r) Zahlung				
DM	DM	DM	DM		
7	8	9	10	11	12

VBRO

Bundesverkehrsministerium
(Dienststelle)

Vermögens-
für Wirtschafts

Karte in Gebrauch genommen am: *1. 4. 1953*

Unterschrift: *N. N., Ob.Reg.-Rat*

Bezeichnung des Betriebes: *N. N.*

Nr. Lfd.	Nach der Bilanz des Betriebes				Rechnungswert (Summe Spalten 4 u. 5)
	für das Geschäftsjahr	Bilanzstichtag	Eigenkapital DM	Rücklagen DM	DM
1	2	3	4	5	6
1	*1952*	*31. 3. 53*	*50 000,—*	*1000,—*	*51 000,—*
2	*1953*	*31. 3. 54*	*70 000,—*	*3000,—*	*73 000,—*
3	*1954*	*31. 3. 55*	*70 000,—*	*—*	*70 000,—*

Muster 3 (Wirtschaftsbetriebe)

Karteikarte
betriebe

Vermögensgruppe	Konto Nr.
3250	2
Haushaltsstelle 1220	Blatt Nr.

Jahresergebnis		Bemerkungen
Gewinn DM	Verlust DM	
7	8	9
2000,—		
	4000,—	
3500,—		

Muster 3 (Farbe: hellblau)

(Rückseite Muster 3)

Lfd. Nr.	Tag Monat Jahr	Buchgs.-hinweis	Buchungstext	Gewinnverteilung oder Verlustdeckung: a) Gewinn b) Verlust-deckung DM	Gewinnverteilung oder Verlustdeckung: a) Gewinn-verteilung b) Verlust DM
1	2	3	4	5	6
			Rechnungsjahr 1953		
1	*1953 1. 4.*		*Bestand*		
2	*10. 5.*		*Gewinn 1952*	*a) 2000,—*	
3	*10. 5.*		*Gewinn 1952 an Rücklage*		*a) 2000,—*
4	*20. 9.*	*542*	*Kapitalerhöhung*		
5	*15. 10.*	*610*	*Vorauszahlung z. Deckung*		
			eines voraussichtlichen Verlustes	*b) 3000,—*	
			Sa. Rechnungsjahr	*5000,—*	*2000,—*
			Rechnungsjahr 1954		
1	*1954 1. 4.*		*Bestand*	*b) 3000,—*	
2	*28. 4.*		*Verlust 1953*		*b) 4000,—*
3	*28. 4.*		*Teilweise Verlustdeckung*		
			durch Auflösung der Rücklagen	*b) 3000,—*	
4	*28. 4.*	*46*	*Rückz. an Bundeskasse*	*b)* **2000,—**	*(rot)*
			Sa. Rechnungsjahr	*4000,—*	*4000,—*
			Rechnungsjahr 1955		
1	*1955 1. 4.*		*Bestand*		
2	*10. 5.*		*Gewinn 1954*	*a) 3500,—*	
3	*10. 5.*	*38*	*Gewinn-Abl. an Bundeskasse*		*a) 3500,—*

Muster 3 (Wirtschaftsbetriebe)

Bestand zu Beginn des Rechnungsjahres DM	Zugang mit haushaltungsmäßige(r) Zahlung DM	Zugang ohne haushaltungsmäßige(r) Zahlung DM	Abgang mit haushaltungsmäßige(r) Zahlung DM	Abgang ohne haushaltungsmäßige(r) Zahlung DM	Bestand am Ende des Rechnungsjahres DM	Bemerkungen
7	8	9	10	11	12	13
51 000,—						
		2000,—				
	20 000,—					
51 000,—	*20 000,—*	*2000,—*			*73 000,—*	
73 000,—						
				3000,—		
73 000,—				*3000,—*	*70 000,—*	
70 000,—						

VBRO

Bundesverkehrsministerium
(Behörde)

Dienststempel

Vermögens-
für Kapital-

Karte in Gebrauch genommen am: *1. 4. 1953*

Unterschrift: *N. N., Ob.Reg.-Rat*

Bezeichnung des Unternehmens:

Lfd. Nr.	Name und Sitz des Unternehmens	Gegenstand des Unternehmens	Unter-nehmungs-form	Gründungs-tag
1	2	3	4	5
Unmittelbare Beteiligung:				
	A-städter Kleinbahnen AG. in Berlin	*Betrieb von Kleinbahnen und Omnibuslinien*	*AG*	*1936*
Mittelbare Beteiligungen:				
1	*B-GmbH in C.*	*Betrieb von Kleinbahnen*	*GmbH*	*1936*
2	*C-GmbH in K.*	*desgl.*	*GmbH*	*1937*
3	*D-GmbH in R.*	*Reparatur-Werkstätten*	*GmbH*	*1938*
4	*E-GmbH ni P.*	*Werbedienste § 2 G.V.*	*GmbH*	*15.9.48*
5	*F-GmbH in T.*	*Omnibusbetrieb*	*GmbH*	*1938*
6	*G-GmbH in W.*	*Kohlen-Vertriebs-Gesellschaft*	*GmbH*	*1939*

Muster 4 (Kapitalbeteiligungen)

Karteikarte

Beteiligungen

A-städter Kleinbahnen AG.

in Berlin

Vermögensgruppe	Konto Nr.
3300	*12*
Haushaltstelle	
1202	Blatt Nr.

Grund- (Stamm-) Kapital DM	Anteil am Grund- (Stamm-) Kapital %	Anteil am Grund- (Stamm-) Kapital DM	Kurs %	Rechnungswert (§ 15) DM	Bemerkungen (Erwerb der Anteile usw.)	Beteil. Hinweis
6	7		8	9	10	11
600 000	*60*	*360 000*	*95*	*342 000*	*Gründung*	
120 000	*40*	*48 000*	—	—	*Gründung*	*1*
200 000	*80*	*160 000*	—	—	*Gründung*	*2*
100 000	*80*	*80 000*	—	—	*Gründung*	*20*
60 000	*40*	*24 000*	—	—	*Gründung*	*10*
80 000	*30*	*24 000*	—	—	*Kauf*	*200*
50 000	*30*	*15 000*	—	—	*Kauf*	*21*

Muster 4 (Farbe: rosa)

(Rückseite Muster 4)

Lfd. Nr.	Tag Monat Jahr	Buchungs-hinweis	Buchungstext	Bestand zu Beginn des Rechnungs-jahres DM	Zu mit haushalts Zah DM
1	2	3	4	5	6
1	*1. 4. 53*	*Bel. 1*	*Bestand*	*342 000,—*	

Muster 4 (Kapitalbeteiligungen)

gang	Abgang		Bestand am Ende des Rechnungs-jahres	Bemerkungen
ohne	mit	ohne		
mäßige(r) lung	haushaltsmäßige(r) Zahlung			
DM	DM	DM	DM	
7	8	9	10	11

VBRO

Bundeshauptkasse
(Kasse)

(Dienstsiegel)

Vermögens-
für Dar

Karte in Gebrauch genommen am: *1. 4. 1953*

Unterschrift: *N. N., Reg.-Rat*

Schuldner: *Stadt D*

Bewilligungsbehörde: *Bundesminister der Finanzen*

Zweck des Darlehens: *Erschließung von*

für

Bew.-Verfg.: *BMF II B — B 3460 — 36/51 —*
(Tag und Nr.) *vom 17. 12. 1951*

Darl.Vertrag: *15. 12. 1951*

Zusatzverträge:

Pfandrechte (Bezeichnung der belasteten Grundstücke):

Rechn.-Jahr	Tag und Nr. der Annahme-anordnung	Soll a) Reste aus Vorjahren, b) Jahresbetrag c) Rechnungssoll, d) Abgänge (rot)				
			Zinsen DM	V.K.Beitr. DM	Tilgung DM	zusammen DM
1	2	3	4	5	6	7
195 *3*	*3. 4. 1953 II A/6/F. 3016-6/53*	a				
		b	*lt. Tilgungsplan*			*10 500* —
		c	*7 850* —		*750* —	*8 600* —
		d				
195 *4*	*3. 4. 1953 II A/6/F. 3016-6/53*	a				
		b				
		c	*8 955* —		*1 545* —	*10 500* —
		d				
195......		a				
		b				
		c				
		d				
195......		a				
		b				
		c				
		d				

Muster 5 (Darlehen)

Vermögensgruppe *4310/01*	Konto-Nr. *12*
Haushaltsstelle *6001*	Blatt Nr

Karteikarte

lehen

Betrag des Darlehns: *150 000,—* DM/RM

Darlehnsrest am 20. 6. 1948 (umgestellt) .... DM

Davon getilgt .... DM

Baugelände

Darlehnsrest am 31. März 1953 .... DM

Bundessiedlungen

Darlehnsbedingungen:

Zinsen *6* % vom *20. 12. 51* an, fällig *2. 1. u. 1. 7.*, erstmalig *2. 1. 52*

Verw.-K.-Beitrag ... % vom .... an, fällig *j. Js.*, erstmalig ....

Tilgung *1* % vom *1. 7. 53* an, fällig *2. 1. j. Js.*, erstmalig *2. 1. 54*

zuzügl. ersp. Zs.

Tilgungsverrechnung: *jährlich*

Vermerke: *ausgezahlt am 20. 12. 1951: 100000,— DM.*
Stand 31. 3. 1953: 100000,— DM.

Ist						Reste am Jahresschluß						Bemerkungen
Zinsen und V. K. Beitrag DM		Tilgung DM		zusammen DM		Zinsen und V. K. Beitrag DM		Tilgung DM		zusammen DM		
8		9		10		11		12		13		14
7 850	—	*750*	—	*8 600*	—							
8 955	—	*1 545*	—	*10 500*	—							

Muster 5 (Farbe: hellgrün)

(Rückseite Muster 5)

Lfd. Nr.	Tag	Buchgs.-hinweis	Buchungstext	Vorbuch Nr.	Einnahme DM	Ausgabe Kapital- mit haushaltsmä DM
1	2	3	4	5	6	7
			Rechnungsjahr 1953			
1	*1953 1.4.*		*Darlehensbetrag am 31.3.1953*			
2	*1.5.*	*142*	*Stadtkasse D*			*30 000 —*
3	*16.6.*	*194*	*Stadtkasse D*			*20 000 —*
4	*5.7.*	*416*	*Stadtkasse D*		*3 350 —*	
5	*1954 10.1.*	*863*	*Stadtkasse D*		*5 250 —*	
			Sa. Rj.		*8 600 —*	*50 000 —*
			Rechnungsjahr 1954			
1	*1954 1.4.*		*Bestand*			
2	*2.7.*	*205*	*Stadtkasse D*		*4 477 50*	
3	*1955 3.1.*	*714*	*Stadtkasse D*		*6 022 50*	
			Sa. Rj.		*10 500 —*	

Anmerkung:

Falls gemäß § 49 Abs. 2 in Verbindung mit § 30 Abs. 3 VBRO in Vorbücher durchgeschrieben wird, ist in Spalte 3 die Kontobezeichnung (Vermögensgruppe und Kontonummer) und in Spalte 5 die Nummer des Vorbuches einzutragen.

Muster 5 (Darlehen)

Zugang ohne ...ßige(r) Zahlg. DM	Zinsen und Verwaltungskosten DM	Tilgung – Kapital-Abgang mit haushaltsmäßige(r) Zahlg. DM	Kapital-Abgang ohne haushaltsmäßige(r) Zahlg. DM	Kapitalbetrag DM	Bemerkungen
8	9	10	11	12	13
				100 000 —	
				130 000 —	
				150 000 —	
	3350 —			150 000 —	
	4500 —	750 —		149 250 —	
	7850 —	750 —		149 250 —	
				149 250 —	
	4477 50			149 250 —	
	4477 50	1545 —		147 705 —	
	8955 —	1545 —		147 705 —	

VBRO

Wasser- und Schiffahrtsamt H.

(Dienststelle)

Karte in Gebrauch genommen am: *1. 4. 1953*

Unterschrift: *N. N., Reg.-Rat*

Art des Schuldvertrages: *Hypothek*

Abgeschlossen am: *26. Aug. 1938*
(Tag u. Nr.)

von (Behörde): *Reichsverkehrsminister*

Kartei für

Gläubiger: *Berger, Karl,*

Entstehungsgrund der Schuld: *Beim Kauf des Grundgebäude Rüsterstraße 6 übernommen*

Vermerke: *Ursprüngl. Schuld: 15 000 RM; umgestellt 10 : 1 = 1500,— DM*

Lfd. Nr.	Tag Monat Jahr	Buchungs-hinweis	Buchungstext	Schuld zu Beginn des Rechnungs-jahres DM	
1	2	3	4	5	
1	*1. 4. 53*		*Schuldbetrag*	*1500*	—

Muster 6 (Schulden)

karte
Schulden

Vermögensgruppe 9900	Konto-Nr. 2
Haushaltsstelle 1204	Blatt Nr.

N, Feldweg 20

stücks für das Dienst-

Betrag der Schuld: *1500,—* DM

Davon getilgt: DM

Rest der Schuld am 31. März 1953: *1500,—* DM

Schuldbedingungen: Zinsen: *5* % vom *1. 7. 48* an, fällig *mtl.* erstmalig *1. 8. 48*

Tilgung: % vom an, fällig erstmalig

Tilgungsverrechnung:

Schuldenzugang		Abgang/Tilgung		Zinsen	Schuld am Ende des Rechnungsjahres	Bemerkungen
mit	ohne	mit	ohne			
haushaltsmäßige(r) Zahlung		haushaltsmäßige(r) Zahlung				
DM	DM	DM	DM	DM	DM	
6	7	8	9	10	11	12

Muster 6 (Farbe: orange)

Rechnunglegende Stelle

....

Verzeichnis der Vermögenskonten

zugleich

Verzeichnis der Vermögenskarteikarten

Dieses Verzeichnis und die zugehörige Vermögenskartei wurden geführt

vom .... bis .... von ....

vom .... bis .... von ....

vom .... bis .... von ....

Anmerkungen: 1. Jede Vermögensklasse ist mit einer neuen Seite zu beginnen.

2. Bei jeder Vermögensgruppe ist genügend Raum für weitere Eintragungen frei zu lassen.

Muster 7 (Titelseite)

(Innenseite Muster 7)

Vermögensgruppe Nr.	Nummer der Karteikarte (Konto-Nr.)	Bezeichnung des Gegenstandes	Es sind in Benutzung genommen										Bemerkungen
			Blatt	am	Blatt	am	Blatt	am	Blatt	am	Blatt	am	
		O *Verwaltungs-Vermögen*											
0010		*Verwaltungs-Dienstgebäude*											
	1	*Ehem. Infanterie-Kaserne, jetzt Hauptzollamt in A.*	*1*	*1.4.53*									
	2	*Zollamt in B.*	*1*	*1.4.53*	*2*	*1.3.56*							
	3	*Zollamt in C.*	*1*	*1.4.53*									
	4	*Zollamt in D.*	*1*	*1.4.53*									
		usw.											
0016		*Ortsfeste Baracken*											
	1	*Geschäftszimmerbaracke in A.*	*1*	*1.4.53*									
	2	*Werkstatbaracke in B.*	*1*	*1.4.53*									

Muster 7 (Verzeichnis der Vermögenskonten)

		4 Allgemeines Kapital- und Sachvermögen											
4310		*Darlehen an Gebietskörperschaften*											
		01 Darlehen für Wohnungsbau und Siedlungswesen											
	1	*Land Bayern*	*1*	*1.4.53*									
		Land Hessen	*1*	*1.4.53*									
4313	*3*	*Land Bremen*	*1*	*1.4.53*									
		Darlehen an sonstige Empfänger											
		02 Darlehen an Bundesbedienstete für Hausratbeschaffung)*											
	1	*Müller, Max*	*1*	*1.4.53*									
	2	*Schulze, Friedrich*	*1*	*1.2.55*									
	3	*Schmitz, Anton*	*1*	*1.4.53*	*2*	*1.2.55*							

*) Das Beispiel bezieht sich nur auf die Fälle, in denen über Hausratsdarlehen Einzelkonten geführt werden.

Übergabeschein

(zu § 34 VBRO)

1. Gegenstand: ....
2. Tag der Übergabe: ....
3. Abgebende Behörde: ....
4. Empfangende Behörde: ....
5. Buchwert .... DM
6. Anschaffungspreis (falls bekannt): .... DM
7. Vermögensgruppe: ....

...., den .... 19......

Abgebende Behörde	Empfangende Behörde
....	....
(Stempel und Unterschrift)	(Stempel und Unterschrift)

Buchungsvermerk: .... Buchungsvermerk: ....

Muster 8

Muster 8 a (Überführungsschein)

Rechnungsjahr 19.......

Überführungsschein*)

(Beleg für die Vermögensrechnung)

1. Gegenstand: ....
....
....
....
....

2. Tag der Überführung: ....

3. Abgebende Behörde/Kasse: ....
....

4. Übernehmende Behörde/Kasse: ....
....

5. Vermögenswert .... DM

6. Vermögensgruppe ....

......................................, den .... 19.......	......................................, den .... 19.......
Abgebende Stelle	Übernehmende Stelle
....	....
(Stempel und Unterschrift)	(Stempel und Unterschrift)
Buchungsvermerk:	Buchungsvermerk: ....
Zugang / Abgang ohne haushaltsmäßige Zahlung	Zugang / Abgang ohne haushaltsmäßige Zahlung

Muster 8 a

*) Zunächst für den Bereich der Verteidigungslastenverwaltung eingeführt durch gemeinsamen Erlaß des Bundesministers der Finanzen und des Bundesrechnungshofes vom 11. Februar 1954 (vgl. Anm. 6 zu § 22, Anm. 3 zu § 34, Anm. 4 zu § 37 und Anm. 2 letzten Absatz zu § 46 VBRO).

Anlage 3 zu den Vermögensrechnungsbestimmungen für den Ausgleichsfonds)**

.... den ....

....
(Ausgleichsbehörde, Bank)

....
(Aktenzeichen)

Übergabeerklärung

für die Vermögensrechnung

An

....

....

Darlehensart: ....

Darlehensempfänger: .... wohnhaft in ....

Bei dem obengenannten Darlehensnehmer steht am .... eine Kapitalrestforderung*)
(einschließlich rückständiger Abzahlungen) von .... DM
offen. Diese ist
in der Vermögensrechnung unter Kennziffer ....
nachgewiesen.

Die Kapitalrestforderung ist ab .... mit .... % zu verzinsen.
Außerdem stehen offen

rückständige Darlehenszinsen .... DM

rückständige Verzugs- und Stundungszinsen .... DM

rückständige Kosten .... DM.

Ich bitte um Übernahme in Ihre Verwaltung.

Die **Kapitalrestforderung** ist unter der oben angebenen Kennziffer in Ihre Vermögensrechnung zu übernehmen; dabei dient Ihnen (als der übernehmenden Stelle) diese Übergabebestätigung als Buchungsbeleg für die Vermögensrechnung.
Die Übernahme in Ihre Vermögensrechnung bitte ich mir auf beiliegender Durchschrift zu bestätigen.
Die für die Übernahme der Forderung in die Verwaltung und Vermögensrechnung notwendigen Unterlagen sind beigefügt.

Anlagen:

*) Nur die Kapitalrestforderung ist vermögenswirksam

....
(Stempel und Unterschrift)

....
(Ausgleichsbehörde, Bank)

.... den ....

....
(Aktenzeichen)

Übernahmebestätigung
für die Vermögensrechnung

An

....

....

Vorstehende Forderung wurde in die Verwaltung übernommen.

Die Kapitalrestforderung wurde am .... unter der obengenannten Kennziffer, laufende Nr. ...., in die Vermögensrechnung für das Rechnungsjahr .... übernommen.

Diese Übernahmebestätigung dient Ihnen (als der abgebenden Stelle) als Buchungsbeleg für die Vermögensrechnung.

Vordruck BAA 19/1 — 61 (Muster)

....
(Stempel und Unterschrift)

**) In der Fassung des Rundschreibens des Präsidenten des Bundesausgleichsamtes vom 26. Oktober 1961 — III B/2 — LA 3555 III — 21/61 (Mtbl. BAA S. 512).

Vorbuch zum

(Dar

Lfd. Nr.	Tag	Buchgs.-hinweis	Bezeichnung des Einzahlungs-pflichtigen oder des Empfängers	Vor-buch Nr.	Einnahme Betrag DM	Ausgabe Betrag DM
1	2	3	4	5	6	7

Muster 9 (Vorbuch)

Hauptbuch

lehen)

	Zinsen und Verwaltungskostenbeitrag DM	Tilgung DM	
8	9	10	11

Muster 9

Rechnungsjahr 19 53

Behörde: Hauptzollamt

A.

Abschlußblatt

Vermögensgruppe
0010
Haushaltsstelle
0805

Bezeichnung der Vermögensgruppe: *Verwaltungs-Dienstgebäude*

Nr. des Vermögenskontos	Bestand zu Beginn des Rechnungsjahres	Zugang		Abgang			Bestand am Ende des Rechnungsjahres	Bemerkungen
		mit	ohne	mit	ohne	Abschreibungen		
		haushaltsmäßige(r) Zahlung		haushaltsmäßige(r) Zahlung				
	DM	DM	DM	DM	DM	DM	DM	
1	2	3	4	5	6	7	8	9
1	*500,—*	*1260,—*				*8,—*	*1752,—*	
2	*800,—*					*9,—*	*791,—*	
3	*500,—*	*140,—*				*12,—*	*628,—*	
4	*700,—*					*6,—*	*694,—*	
	2500,—	*1400,—*				*35,—*	*3865,—*	

Muster 10 (Abschlußblatt)

Muster 10

Hauptzollamt A.
(Dienststelle)

Vermögens-

Karte in Gebrauch genommen am: *22.4.1954*

Gegenstand: *Verwaltungs-*

Unterschrift: *N. N., Ob.Reg.-Rat*
(Dienstsiegel)

Nr. Lfd.	Rechnungsjahr	Buchungstext	Bestand zu Beginn des Rechnungsjahres DM	Zu mit haushalts- Zah DM
1	2	3	4	5
1	*1953*	*4 Vermögenskonten lt. Abschlußblatt*	*2500,—*	*1400,—*

Muster 11 (Vermögens-Gruppenkarte)

Gruppenkarte

Dienstgebäude

Vermögensgruppe: *0010*	
Haushaltsstelle: *0805*	Blatt Nr.

...gang	Abgang			Bestand am Ende des Rechnungsjahres	Bemerkungen
ohne	mit	ohne	Abschreibungen		
...mäßige(r) ...lung	haushaltsmäßige(r) Zahlung				
DM	DM	DM	DM	DM	
6	7	8	9	10	11
			35,—	*3865,—*	

Muster 11

Muster 12 (Vermögens-Rechnungsnachweisung)

Rechnunglegende Stelle:
Hauptzollamt A

Zu Einzelplan: *08*

Rechnungsnachweisung

zur

Vermögensrechnung des Bundes

für das Rechnungsjahr 19*53*

Es wird hiermit bescheinigt, daß

a) die Eintragungen zu Nr. 1 mit dem Abschluß der Vermögens-Rechnungsnachweisung des Vorjahres übereinstimmen,

b) die Eintragungen zu den Nummern 2 bis 6 richtig sind,

c) die Eintragungen zu den Nummern 7 und 8 mit der Kassenrechnung übereinstimmen.

A., den *10. April 1954*

N. N.

Ob. Reg.-Rat

(Dienstsiegel)

Muster 12

(Innenseite Muster 12)

Lfd. Nr.	Haushaltsstelle (Kapitel)			0805		0805			
	Gegenstand	Vermögensgruppe	Nr.	0010		0014			
			Bezeichnung	Verwaltungs-Dienstgebäude		Dienst-Wohngebäude		Geräte und Ausstattungsgegenstände*)	
				DM	Pf	DM	Pf	DM	Pf
1	Bestand zu Beginn des Rechnungsjahres			2500	—	1800	—		
2	Zugang								
	a) mit haushaltsmäßiger Zahlung			1400	—				
	b) ohne haushaltsmäßige Zahlung								
3	Summe der Zugänge			1400	—				
4	Abgang								
	a) mit haushaltsmäßiger Zahlung								
	b) ohne haushaltsmäßige Zahlung								
	c) Abschreibungen			35	—	28	—		
5	Summe der Abgänge			35	—	28	—		
6	Bestand am Ende des Rechnungsjahres (Summe 1 + 3 — 5)			3865	—	1772	—		

Lfd. Nr.	Gegenstand	Tit.	DM	Pf	Tit.	DM	Pf	Tit.	DM	Pf
	Nachweis der Zugänge und Abgänge in der Geldrechnung									
7	**Zugänge (2 a):**	205 A 750	140 1260	—						
	zusammen wie oben		1400	—						
8	**Abgänge (4 a):**									
	zusammen wie oben									

Erläuterungen: (Rückseite)

*) Seit dem 1. April 1956 gegenstandslos.

Muster 12 (Vermögens-Rechnungsnachweisung)

						0805		A 0805			
						0010		0010			
Büro-maschinen usw.*)		usw.				Verwaltungs-Dienst-gebäude		Verwaltungs-Dienst-gebäude			
DM	Pf	DM	Pf	DM	Pf	DM	Pf	DM	Pf	DM	Pf
						2500	—	—	—		
						140	—	1260	—		
						140	—	1260	—		
						35	—				
						35	—				
						3865	—				

Tit.	DM	Pf	Tit.	DM	Pf	Tit.	DM	Pf	Tit.	DM	Pf	Tit.	DM	Pf	Tit.	DM	Pf
									205	140	—	750	1260	—			
										140	—		1260	—			

Vermögens-Rechnungsnachweisung des Ausgleichsfonds

(Innenseite *)

Lfd. Nr.	Gegenstand	Vermögens-gruppe	Bezeichnung Nr.	Gewerbliche Aufbau-darlehen 5313/10 DM	Pf	Landwirtsch. Aufbau-darlehen 5313/11 DM	Pf	Arbeitsplatz-darlehen 5313/13 DM	Pf	Heim-darlehen 5313/15 DM	Pf	DM	Pf	DM	Pf
1	Bestand zu Beginn des Rechnungsjahres			14 712	50	25 117	60	29 400	—	68 480	—				
2	Zugang														
	a) mit haushaltsmäßiger Zahlung									12 000	—				
	b) ohne haushaltsmäßige Zahlung			5 163	50	18 432	—								
3	Summe der Zugänge			5 163	50	18 432	—			12 000	—				
4	Abgang														
	a) mit haushaltsmäßiger Zahlung			3 436	25	16 200	—			2 739	20				
	b) ohne haushaltsmäßige Zahlung			1 200	—										
	c) Abschreibungen														
5	Summe der Abgänge			4 636	25	16 200	—			2 739	20				
6	Bestand am Ende des Rechnungsjahres (Summe 1 + 3 — 5)			15 239	75	27 349	60	29 400	—	77 740	80				

Lfd. Nr.	Nachweis der Zugänge und Abgänge in der Geldrechnung	Tit.	DM	Pf	Tit.	DM	Pf	Tit.	DM	Pf	Tit.	DM	Pf	Tit.	DM	Pf	Tit.	DM	Pf
7											721/63	12 000							
	zusammen wie oben											12 000							
8	**Abgänge (4 a):**	110/7 250/7	540 2 896	11 14	251/7	16 200					115/7	2 739	20						
	zusammen wie oben		3 436	25		16 200						2 739	20						
	Erläuterungen: (Rückseite)																		

*) Auf der Vorderseite muß es in der Überschrift statt „des Bundes" „des Ausgleichsfonds" heißen.

Muster 13 (Vermögens-Oberrechnung)

Rechnunglegende Stelle:
Oberfinanzdirektion B

Zu Einzelplan: *08*

Oberrechnung

zur

Vermögensrechnung des Bundes für das Rechnungsjahr 19*53*

Es wird hiermit bescheinigt, daß

a) die Eintragungen zu Nr. 1 mit dem Abschluß der Vermögens-Oberrechnung des Vorjahres übereinstimmen,

b) die Eintragungen zu den Nummern 2 bis 6 mit den zugrunde liegenden Vermögens-Rechnungsnachweisungen übereinstimmen,

c) die Eintragungen zu den Nummern 7 und 8 mit der Kassenrechnung übereinstimmen.

B. , den *10. Mai* 19*54*

N. N.

Ob. Reg.-Rat

(Dienstsiegel)

Muster 13

(Innenseite Muster 13)

Lfd. Nr.	Gegenstand	Vermögensgruppe	Nr. / Bezeichnung	0010 Verwaltungs-Dienst-gebäude DM	Pf	DM	Pf	DM	Pf
1	Bestand zu Beginn des Rechnungsjahres			*7400*	—				
2	Zugang								
	a) mit haushaltsmäßiger Zahlung			*1700*	—				
	b) ohne haushaltsmäßige Zahlung			*150*	—				
3	Summe der Zugänge			*1850*	—				
4	Abgang								
	a) mit haushaltsmäßiger Zahlung			*420*	—				
	b) ohne haushaltsmäßige Zahlung			*50*	—				
	c) Abschreibungen			*84*	—				
5	Summe der Abgänge			*554*	—				
6	Bestand am Ende des Rechnungsjahres (Summe 1 + 3 — 5)			*8696*	—				

Lfd. Nr.	**Nachweis der Zugänge und Abgänge in der Geldrechnung**	Kap. / Tit.	DM	Pf	Kap. / Tit.	DM	Pf	Kap. / Tit.	DM	Pf
7	**Zugänge (2 a):**	*0805 / 205*	*140*	—						
		A 0805 / 750	*1260*	—						
		0806 / 205	*300*	—						
	zusammen wie oben		*1700*	—						
8	**Abgänge (4 a):**	*0805 / apl.*	*420*	—						
	zusammen wie oben		*420*	—						
	Erläuterungen: (Rückseite)									

Muster 13 (Vermögens-Oberrechnung)

DM	Pf	DM	Pf	DM	Pf	DM	Pf	DM	Pf	DM	Pf

Kap./Tit.	DM	Pf	Kap./Tit.	DM	Pf	Kap./Tit.	DM	Pf	Kap./Tit.	DM	Pf	Kap./Tit.	DM	Pf	Kap./Tit.	DM	Pf

Zusammenstellung gemäß § 69 Abs. 2 VBRO:

VermGr. 0010
VermObRech.
lfd. Nr. 1

2500,—
3100,—
1800,—

7400,—

VermGr. 0010
VermObRechn.
lfd. Nr. 2 a

1400,—
—,—
300,—

1700,—

VermGr. 0010
VermObRechn.
lfd. Nr. 2 b

—,—
150,—
—,—

150,—

VermGr. 0010
VermObRechn.
lfd. Nr. 3

1400,—
150,—
300,—

1850,—

VermGr. 0010
VermObRechn.
lfd. Nr. 4 a

—,—
420,—
—,—

420,—

VermGr. 0010
VermObRechn.
lfd. Nr. 4 b

—,—
—,—
50,—

50,—

VermGr. 0010
VermObRechn.
lfd. Nr. 4 c

35,—
28,—
21,—

84,—

VermGr. 0010
VermObRechn.
lfd. Nr. 5

35,—
448,—
71,—

554,—

VermGr. 0010
VermObRechn.
lfd. Nr. 6

3865,—
2802,—
2029,—

8696,—

VermGr. 0010
VermObRechn.
lfd. Nr. 7

1400,—
—,—
300,—

1700,—

VermGr. 0010
VermObRechn.
lfd. Nr. 8

—,—
420,—
—,—

420,—

Anmerkung: Das vorstehende Muster der Zusammenstellung ist der Raumersparnis wegen hier abgedruckt.
Die Zusammenstellung ist gemäß § 69 Abs. 2 „auf besonderen Blättern" zu fertigen. Die Rückseite des Musters 13 bleibt für „Erläuterungen" frei.

Muster 14 (Vermögens-Zentralrechnung)

Rechnunglegende Stelle: Zu Einzelplan:..........................

Zentralrechnung

zur

Vermögensrechnung des Bundes für das Rechnungsjahr 19......

Es wird hiermit bescheinigt, daß

a) die Eintragungen zu Nr. 1 mit dem Abschluß der Vermögens-Zentralrechnung des Vorjahres übereinstimmen,

b) die Eintragungen zu den Nummern 2 bis 6 mit den zugrunde liegenden Vermögens-Oberrechnungen und Vermögens-Rechnungsnachweisungen übereinstimmen,

c) die Eintragungen zu den Nummern 7 und 8 mit der Kassenrechnung übereinstimmen.

...., den .... 19......

....

....

(Dienstsiegel)

Muster 14

(Innenseite Muster 14)

Lfd. Nr.	Gegenstand	Vermögensgruppe	Nr. / Bezeichnung	DM	Pf	DM	Pf	DM	Pf
1	Bestand zu Beginn des Rechnungsjahres								
2	Zugang a) mit haushaltsmäßiger Zahlung b) ohne haushaltsmäßige Zahlung								
3	Summe der Zugänge								
4	Abgang a) mit haushaltsmäßiger Zahlung b) ohne haushaltsmäßige Zahlung c) Abschreibungen								
5	Summe der Abgänge								
6	Bestand am Ende des Rechnungsjahres (Summe 1 + 3 — 5)								

	Nachweis der Zugänge und Abgänge in der Geldrechnung	Kap./Tit.	DM	Pf	Kap./Tit.	DM	Pf	Kap./Tit.	DM	Pf
7	**Zugänge (2 a):**									
	zusammen wie oben									
8	**Abgänge (4 a):**									
	zusammen wie oben Erläuterungen: (Rückseite)									

Muster 14 (Vermögens-Zentralrechnung)

DM	Pf	DM	Pf	DM	Pf	DM	Pf	DM	Pf	DM	Pf

Kap./Tit.	DM	Pf	Kap./Tit.	DM	Pf	Kap./Tit.	DM	Pf	Kap./Tit.	DM	Pf	Kap./Tit.	DM	Pf	Kap./Tit.	DM	Pf

Der Bundesminister der Finanzen

Vermögens-Hauptrechnung des Bundes

für das Rechnungsjahr 19......

Es wird hiermit bescheinigt, daß

a) die Eintragungen in Spalte 3 mit dem Abschluß der Vermögens-Hauptrechnung des Vorjahres übereinstimmen,

b) die Eintragungen in den Spalten 4 bis 9 mit den Summen der zugrunde liegenden Vermögens-Rechnungsnachweisungen, Vermögens-Oberrechnungen und Vermögens-Zentralrechnungen übereinstimmen,

c) die Eintragungen in den Spalten 4 und 7 des Anhanges zu dieser Vermögens-Hauptrechnung mit der Kassenrechnung übereinstimmen.

Bonn, den .... 19.......

Der Bundesminister der Finanzen

I. A.

(Dienstsiegel)

(Innenseite Muster 15)

Vermögensgruppe	Bezeichnung	Bestand zu Beginn des Rechnungsjahres		Zugang mit haushaltsmäßige(r) Zahlung		Zugang ohne haushaltsmäßige(r) Zahlung	
		DM	Pf	DM	Pf	DM	Pf
1	2	3		4		5	

Muster 15 (Vermögens-Hauptrechnung)

Abgang				Abschreibungen		Bestand am Ende des Rechnungsjahres		Bemerkungen
mit haushaltsmäßige(r) Zahlung		ohne haushaltsmäßige(r) Zahlung						
DM	Pf	DM	Pf	DM	Pf	DM	Pf	
6		7		8		9		10

Muster 15 a (Anhang zur Vermögens-Hauptrechnung)

Der Bundesminister der Finanzen

Anhang

zur

Vermögens-Hauptrechnung

des Bundes für das Rechnungsjahr 19......

Vermögensgruppe	Zugänge mit haushaltsmäßiger Zahlung (Spalte 4 der Verm.-Hauptrechnung) DM	Der Zugang wird nachgewiesen		Abgänge mit haushaltsmäßiger Zahlung (Spalte 6 der Verm.-Hauptrechnung) DM	Der Abgang wird nachgewiesen	
		bei Epl. Kapitel Titel	mit DM		bei Epl. Kapitel Titel	mit DM
1	2	3	4	5	6	7

Der Bundesminister der Finanzen
II B — O 4300 — 1/52

Bonn, den 8. November 1952

Richtlinien zur Vermögensrechnung
Teil I

(Richtl. VR I)

Erfassung und Bewertung der unbeweglichen Sachen für den Vermögensnachweis und die Vermögensrechnung des Bundes

Vorbemerkungen

1. Zur Durchführung der Art. 110 Abs. 3 und Art. 114 Abs. 1 und 2 GG haben vom 1. April 1953 an alle Dienststellen, Anstalten und Einrichtungen des Bundes, die im Eigentum des Bundes stehende oder auf Grund des Gesetzes zur vorläufigen Regelung der Rechtsverhältnisse des Reichsvermögens und der preußischen Beteiligungen vom 21. Juli 1951 — Vorschaltgesetz — (BGBl. I S. 467) und der Durchführungsverordnung zu § 6 dieses Gesetzes vom 26. Juli 1951 — DVO — (BGBl. I S. 471) in die Verwaltung des Bundes übergegangene Vermögenswerte [1] verwalten, eine der Prüfung des Bundesrechnungshofs unterliegende Vermögensrechnung zu führen. Von dieser Verpflichtung sind ausgenommen die Deutsche Bun-

---

[1] Zu dem Vermögen, dessen Verwaltung nach dem Vorschaltgesetz dem Bund zustand, wurde mit Recht auch das Vermögen des Reichsarbeitsdienstes, der Waffen-SS, der Gestapo und der Organisation Todt gerechnet. Vgl. nunmehr das inzwischen ergangene, auszugsweise im Anhang abgedruckte Reichsvermögen-Gesetz vom 16. Mai 1961, insbesondere auch dessen § 1 Abs. 2 und 3 sowie die Begründung hierzu in Tz. 16 der Bundestagsdrucksache 2357, 3. Wahlperiode, S. 10.
Dagegen gehörte das Vermögen des Reichsluftschutzbundes (RLB) nicht zu dem aufzunehmenden Vermögen.
Nicht aufzunehmen waren ferner die Objekte, bei denen das Land Preußen als Eigentümer im Grundbuch eingetragen war.

desbahn, die Deutsche Bundespost und die nach § 15 Abs. 1 RHO mit dem voraussichtlichen Endergebnis veranschlagten Betriebe. Ob und in welcher Form das Vermögen der unter Aufsicht des Bundes stehenden öffentlichen rechtsfähigen Einrichtungen in der Übersicht über das Vermögen des Bundes auszuweisen ist, bleibt späterer Regelung vorbehalten (2).

Die für die Vermögensbuchführung und Rechnungslegung maßgebenden Bestimmungen werden später bekanntgegeben.

2. Grundlage für den Vermögensnachweis und die Vermögensrechnung ist eine sorgfältige Bestandsaufnahme (Inventur), durch die alle tatsächlich vorhandenen unbeweglichen und beweglichen Sachen und alle Rechte, die dem Bund zustehen oder zu dem in die Verwaltung des Bundes übergegangenen Reichsvermögen gehören, erfaßt und bewertet werden. Alle nach Textziffer (Tz.) 1 in Betracht kommenden Stellen haben mit der Bestandsaufnahme, zunächst des Liegenschaftsvermögens, sofort zu beginnen. Änderungen im Bestand, die sich bis zum Beginn der laufenden Vermögensrechnung am 1. April 1953, z. B. durch Zu- und Abgänge, noch ergeben, sind zu berücksichtigen, damit das am 31. März 1953 (Stichtag) (3) tatsächlich vorhandene Vermögen als Anfangsbestand in die Vermögensrechnung eingesetzt werden kann.

Grundstücke, die vom Deutschen Reich (z. B. der Wehrmacht) rechtsgültig gekauft worden waren, mußten erfaßt werden, auch wenn sie im Grundbuch noch nicht umgeschrieben waren. Dagegen waren unbebaute Grundstücke, die von der ehem. Wehrmacht kraft öffentlichen Rechts in Anspruch genommen waren, nicht aufzunehmen. Strittiges Vermögen war zu erfassen.

Grundstücke, die durch rechtskräftige Enteignung (Enteignungsbeschluß mit Zustellung) in das Eigentum des Reichs übergegangen waren, bei denen aber das Grundbuch infolge Nichtzahlung der vollen Entschädigung bisher nicht berichtigt worden war, war als ehemaliges Reichsvermögen zu erfassen.

(2) Durch § 2 Abs. 1 VBRO ist klargestellt, daß das Vermögen der öffentlichen rechtsfähigen Bundesanstalten und -einrichtungen nicht den Vorschriften für die Bundesvermögensrechnung unterliegt.

(3) Da die Bundesvermögensrechnung im Anschluß an die Geldrechnung geführt wird, kann sie nicht stichtaggerecht abschließen (vgl. Anm. 1 zu § 54). Infolgedessen konnte auch der hier angegebene Stichtag nicht absolut sein. Wertveränderungen, die sich durch Buchungen vermögenswirksamer Haushaltseinnahmen und -ausgaben in der Auslaufperiode des Rechnungsjahres 1952 ergaben, mußten auf den Stichtag zurückbezogen, also so behandelt werden, als sei die Wertänderung vor dem Stichtag eingetreten (vgl. Tz. 9; ferner: Tz. 12 Buchst. k Richtl. VR III. Tz. 31 Richtl. VR IV und Tz. 9 Richtl. VR V).

3. Es ist unvermeidlich, daß durch die erstmalige Erfassung und Bewertung der Vermögensgegenstände einmalig ein größerer Arbeitsanfall entsteht, insbesondere durch die Erfassung der unbeweglichen Sachen. Damit die erforderlichen Arbeiten, die mit dem vorhandenen Personal bewältigt werden müssen, sofort beginnen können, gebe ich im Benehmen mit den übrigen Bundesressorts und dem Bundesrechnungshof die nachstehenden Grundsätze über die Erfassung und Bewertung der unbeweglichen Sachen vorweg bekannt. Die Richtlinien über die Erfassung und Bewertung der beweglichen Sachen und der Rechte sowie über die Behandlung der Schulden folgen später.

I. Die nachzuweisenden unbeweglichen Sachen

4. Durch die Bestandsaufnahme (Inventur) sind zu erfassen:

a) unbebaute Grundstücke,
b) bebaute Grundstücke [(4)],
c) teilbebaute Grundstücke,
d) Gebäude und sonstige Baulichkeiten auf fremdem Grund und Boden (einschl. der zugunsten des Bundes oder des Reichs bestehenden Erbbaurechte) [(5)],
e) ortsfeste Betriebsanlagen [(6)],
f) Liegenschaften im Gemeingebrauch,
g) sonstige unbewegliche Sachen,

soweit sie am Stichtag im Eigentum des Bundes stehen oder zum Reichsvermögen gehören, das gemäß dem Vorschaltgesetz und der DVO in die Verwaltung des Bundes übergegangen ist. Hierunter fallen auch bundeseigene oder zum Reichsvermögen gehörende Grundstücke usw., die von der Besatzungsmacht beschlagnahmt sind [(7)].

---

(4) Baracken zählen nur dann zu den unbeweglichen Sachen, wenn sie auf festen, massiven Fundamenten errichtet sind; in allen anderen Fällen rechnen sie zu den beweglichen Sachen (Verm.Gr.Plan 190).

(5) Bei Gebäuden auf fremdem Grund und Boden sind auch die Merkmale des bebauten Grundstücks nachrichtlich anzugeben. Auf der Karteikarte werden sie zweckmäßig in Klammern gesetzt.
Gebäude, die nur teilweise auf fremdem Grund und Boden stehen, sind in eine Vermögensgruppe der bebauten Grundstücke aufzunehmen.

(6) Zu den ortsfesten Betriebsanlagen können auch Wasserversorgungsanlagen (Wassertürme, Pumpwerke, Kläranlagen u. ä.) gehören, und zwar auch dann, wenn sie sich auf bundeseigenen Grundstücken befinden.

(7) Die Beschlagnahme von Grundstücken durch die Besatzungsmacht berührte das Eigentum an diesen Grundstücken nicht. Soweit infolge der Beschlagnahme eine einwandfreie Bewertung nicht möglich war, mußte es bei einer Schätzung bleiben.

5. Bundeseigene oder zum Reichsvermögen gehörende Gebäude, die von verschiedenen Bundesbehörden benutzt werden, sind von der hausverwaltenden Behörde (vgl. Tz. 19) zu erfassen und nachzuweisen. Etwaige Unklarheiten über die Zuständigkeit sind in gegenseitigem Einvernehmen zwischen den beteiligten Behörden zu klären.

6. Zum Reichsvermögen gehörende Liegenschaften sowie Baulichkeiten auf fremdem Grund und Boden, bei denen noch nicht abschließend festgestellt ist, ob die Verwaltung dem Bund oder gemäß § 1 der DVO zu § 6 des Vorschaltgesetzes dem Lande zusteht, sind unbeschadet einer späteren Klärung der Verwaltungszuständigkeit von der nach § 6 Abs. 1 des Vorschaltgesetzes zuständigen Bundesdienststelle zu erfassen und nachzuweisen. Sofern die Bundesbehörde am Stichtag nicht selbst, sondern eine Landesbehörde die Verwaltung ausübt, sind die erforderlichen Angaben von der Landesbehörde beizuziehen (§ 6 Abs. 4 des Vorschaltgesetzes).

7. Bundeseigene und zum Reichsvermögen gehörende Grundstücke sowie Baulichkeiten auf fremdem Grund und Boden, die auf Grund gesetzlicher oder sonstiger Bestimmungen einer Gebietskörperschaft oder einer anderen juristischen Person des öffentlichen oder privaten Rechts zur Benutzung überlassen sind (z. B. Grundstücke, die den Aufgaben der Kriegsopferversorgung dienen), müssen von der für die Verwaltung zuständigen Dienststelle erfaßt werden [8].

8. Bei bundeseigenen oder zum Reichsvermögen gehörenden Grundstücken, auf denen sich Baulichkeiten befinden, die zu Lasten des Besatzungskostenhaushalts (Epl. XXIV und XXV) finanziert wurden, sind außer dem Grund und Boden auch die darauf befindlichen Gebäude zu erfassen, da nach deutschem Recht die Bauten in das Eigentum des Grundstückseigentümers übergehen.

Die zu Lasten des Besatzungskostenhaushalts finanzierten Gebäude, die auf f r e m d e m Grund und Boden errichtet sind, sind einstweilen nachrichtlich auf je einer Karteikarte zu erfassen. Die Entscheidung darüber, ob diese Gebäude mit ihrem Wert in die Vermögensrechnung einzubeziehen sind, wird vorläufig zurückgestellt. Wenn der Bund das Baugrundstück, auf dem die Gebäude stehen, ankauft, ist nach Abs. 1 zu verfahren.

---

[8] Wegen der Grundstücke für Aufgaben der Kriegsopferversorgung siehe auch den Erlaß des Bundesministers der Finanzen vom 4. Januar 1954 — II B — O 4300 — 315/53 —. Für die Verwaltung der in Tz. 7 genannten Objekte ist im Zweifel die Bundesbehörde, z. B. die Oberfinanzdirektion — Bundesvermögens- und Bauabteilung — zuständig.

9. Bei Bauvorhaben (Neu-, Um- und Erweiterungsbauten), die am Stichtag (31. März 1953) noch nicht abgeschlossen sind, ist zu unterscheiden zwischen

a) Bauten, die im wesentlichen fertiggestellt und für die Ausgaben nur noch in der Auslaufperiode des Rechnungsjahres 1952 zu leisten sind, und

b) Bauten, für die auch im Kalenderjahr 1953 noch Ausgaben entstehen.

Im Falle a) sind die Karteikarten (Tz. 14) anzulegen, die Spalte „Bewertung" aber noch nicht auszufüllen. Nach Abschluß der Rechnungslegungsbücher für das Rechnungsjahr 1952 ist für diese Bauten der Neubauwert 1936 (vgl. Tz. 23) zu ermitteln und in die Vermögensrechnung einzusetzen.

Im Falle b) sind die gesamten in DM geleisteten Aufwendungen für das Bauvorhaben ohne Rücksicht darauf, in welchem Rechnungsjahre die Ausgaben gebucht sind, in die Vermögensrechnung aufzunehmen. Bei der Bestandsaufnahme ist die Karteikarte für das Gebäude anzulegen. Zu bewerten sind bei Neubauten zunächst nur der Grund und Boden, bei Um- und Erweiterungsbauten außerdem das bisherige Gebäude (Altbestand). Die in den Rechnungsjahren 1952 und früher entstandenen Bauausgaben sind auf der Vorderseite der Karteikarte unter „Gestehungskosten" vorzumerken. Sie bleiben bei der Ermittlung des Rechnungswertes, der als Anfangsbestand in Spalte 5 (Rückseite) einzutragen ist, außer Betracht. Nach Fertigstellung des Bauvorhabens, spätestens beim Jahresabschluß 1953, sind auf der Rückseite in Spalte 6 (Zugang mit haushaltsmäßiger Zahlung) die Aufwendungen des laufenden Jahres, in Spalte 7 (Zugang ohne haushaltsmäßige Zahlung) die auf der ersten Seite unter „Gestehungskosten" vorgemerkten Aufwendungen früherer Rechnungsjahre einzutragen. Die in den Spalten 5 bis 7 nachgewiesenen Beträge sind zusammenzurechnen; die Summe ergibt den Endbestand am Schluß des Rechnungsjahres 1953.

II. Gliederung des Vermögens und der Vermögensgegenstände (Vermögensgruppenplan)

10. Das gesamte für die künftige Vermögensrechnung zu erfassende Bundesvermögen einschl. des Reichsvermögens wird entsprechend seiner Zweckbestimmung in folgende Vermögensklassen eingeteilt:

Allgemeines Verwaltungsvermögen,
Sachen im Gemeingebrauch,
Vermögen der Bundesanstalten und -einrichtungen,
Betriebsvermögen,
Allgemeines Kapital- und Sachvermögen,
Sondervermögen.

Jede Vermögensklasse gliedert sich in Vermögenshauptgruppen, jede Hauptgruppe in Vermögensobergruppen und jede Obergruppe in Vermögensgruppen. Zur Kennzeichnung wird jede Vermögensklasse, -hauptgruppe, -obergruppe und -gruppe mit einer Kennziffer aus der Zahlenreihe 0 bis 9 bezeichnet, die — zu einer vierstelligen Zahl aneinandergereiht — die einzelnen Vermögensgruppen ziffernmäßig kennzeichnen. Nach diesem Gliederungsschema bezeichnet somit

eine einstellige Zahl die Vermögensklasse,
eine zweistellige Zahl die Vermögenshauptgruppe,
eine dreistellige Zahl die Vermögensobergruppe,
eine vierstellige Zahl die Vermögensgruppe.

Beispiel:

4 = Vermögensklasse: Allg. Kapital- u. Sachvermögen;
40 = Vermögenshauptgruppe: Unbewegliche Sachen;
401 = Vermögensobergruppe: Bebaute Grundstücke;
4014 = Vermögensgruppe: Wohngebäude.

11. Die Gliederung der durch die Bestandsaufnahme zu erfassenden unbeweglichen Sachen ist aus dem beiliegenden Vermögensgruppenplan (Anlage 1)[9] ersichtlich. Jeder Vermögensgegenstand ist entsprechend seiner Art in eine der im Vermögensgruppenplan aufgeführten Vermögensgruppen einzureihen, nachdem eindeutig festgestellt ist, zu welcher Vermögensklasse der Vermögensgegenstand gehört.

Es sind einzuordnen in:

Vermögensklasse 0 — Allgemeines Verwaltungsvermögen —
die unbeweglichen Sachen, die am Stichtag überwiegend zur unmittelbaren Erfüllung des Verwaltungszwecks einer Bundesverwaltung dienen[10]. Hierzu rechnen auch die für Besatzungszwecke benutzten Grundstücke;

(9) Hier im Anschluß an die Erläuterungen zur VBRO abgedruckt.

(10) Zum Verwaltungsvermögen gehören auch Dienstwohngebäude (z. B. bei der Zollverwaltung) — Vermögensgruppe 0014 —; Mietwohngebäude gehören dagegen zur Vermögensgruppe 4014.

Vermögensklasse 1 — Sachen im Gemeingebrauch —
die aus dem Vermögensgruppenplan ersichtlichen Verkehrsanlagen (vgl. Kennziffern 050—052);

Vermögensklasse 2 — Vermögen der Bundesanstalten u. -einrichtungen —
alle in der Verwaltung der Bundesanstalten und -einrichtungen befindlichen unbeweglichen Sachen;

Vermögensklasse 4 — Allgemeines Kapital- und Sachvermögen —
alle sonstigen unbeweglichen Sachen, mit Ausnahme der unbeweglichen Sachen der Wirtschaftsbetriebe und der Sondervermögen.

Über die Erfassung der Wirtschaftsbetriebe (Betriebsvermögen — Vermögensklasse 3) und der Sondervermögen — Vermögensklasse 5 — ergehen besondere Bestimmungen [11].

12. Die folgenden Beispiele mögen die praktische Anwendung des Vermögensgruppenplanes verdeutlichen.

a) Ein aus Bundesmitteln erstelltes Gebäude auf fremdem Grund und Boden, das als Mietwohngebäude zur Unterbringung von Bundesbediensteten verwendet wird, ist seiner Zweckbestimmung nach in die Vermögensklasse „Allgemeines Kapital- und Sachvermögen" — Kennziffer 4 — einzureihen.
Als Gebäude gehört es in dieser Klasse zur Vermögenshauptgruppe „Unbewegliche Sachen" — Kennziffer 40 —.
Das Gebäude steht nicht auf bundeseigenem Grund und Boden und fällt daher unter die Vermögensobergruppe „Gebäude auf fremdem Grund und Boden" — Kennziffer 403 —.
In der Vermögensobergruppe „403" ist im Vermögensgruppenplan für Wohngebäude die Vermögensgruppe „4034" vorgesehen; in diese Gruppe ist das Gebäude einzuordnen.

b) Würde das gleiche Wohngebäude von einer Bundesanstalt verwaltet, so wäre es in die Vermögensklasse „2" und nach dem Vermögensgruppenplan in die Vermögensgruppe „2034" einzureihen.

13. Aus Gründen der Vereinfachung wird für Zwecke der Vermögensrechnung und des Vermögensnachweises davon abgesehen, die zum Reichsvermögen gehörenden Vermögenswerte getrennt von dem sonstigen Bundesvermögen zu erfassen und nachzuweisen. Es ist jedoch jede Karteikarte, die einen Gegenstand des Reichsvermögens ausweist, mit Rotstift am oberen Kartenrand vor dem Kästchen „Vermögensgruppe" mit „R" zu kennzeichnen.

(11) Bezüglich der Wirtschaftsbetriebe siehe Richtl. VR III; wegen der Sondervermögen vgl. § 2 Abs. 4 VBRO.

III. Bestandsnachweis und Vermögensrechnung

14. Die unbeweglichen Sachen werden in Vermögenskonten nachgewiesen. Die Vermögenskonten werden auf Karteikarten (Bestandskarten) nach den beiliegenden Mustern 1 a (Anlage 2) (12) und 1 b (Anlage 3) (13) geführt.

a) Der Vordruck 1 a ist als Karteikarte für bebaute Grundstücke aller Art, Gebäude auf fremdem Grund und Boden und sonstige Baulichkeiten, z. B. ortsfeste Betriebsanlagen usw., vorgesehen. Für jede wirtschaftliche Einheit (Tz. 22) ist ein Vermögenskonto anzulegen und für jedes Konto eine Karteikarte zu verwenden. Sofern der Raum auf der Karte für die erforderlichen Eintragungen nicht ausreicht, sind für das Konto weitere Karten anzulegen.

b) Der Vordruck 1 b ist als Karteikarte für unbebaute Grundstücke vorgesehen. Dieser Vordruck kann als Einzelkarte oder als Sammelkarte benutzt werden, d. h. unbebaute Grundstücke können in einem Vermögenskonto einzeln oder gemeinsam erfaßt werden. Ausschlaggebend hierfür sind etwa vorliegende verwaltungsmäßige Gesichtspunkte. Es dürfte sich z. B. empfehlen, mehrere unbebaute Grundstücke, die wirtschaftlich gleichartig genutzt werden, in einem Konto zusammenzufassen.

c) Der Vordruck 1 a ist auch für Grundstücke der Vermögensobergruppe „Teilbebaute Grundstücke" (vgl. Vermögensgruppenplan — Anlage 1 — Kennziffer 02) bestimmt. Ob und inwieweit bei teilbebauten Grundstücken Unterkarten für einzelne Vermögensobjekte angelegt werden sollen, bleibt späterer Entscheidung vorbehalten (14).

Die Karteikarten werden von der Bundesdruckerei in Bonn, Pleimesstraße 3—5, hergestellt und können von dort unmittelbar zu Lasten der

(12) Siehe vorn Muster 1 a.

(13) Siehe vorn Muster 1 b.

(14) Für jede wirtschaftliche Einheit der bebauten und teilbebauten Grundstücke ist ein Vermögenskonto anzulegen. Werden bei Großliegenschaften für Teilobjekte besondere Unterkonten angelegt, so sind diese Konten am Jahresschluß für sich abzuschließen und die Abschlußsummen auf das Hauptkonto zu übertragen. In diesen Fällen bleibt stets zu prüfen, ob die Teilobjekte nicht selbständige Wirtschaftseinheiten darstellen, für die nach § 36 Abs. 2 VBRO gesonderte Vermögenskonten anzulegen sind. Meist wird es zweckmäßiger sein, Teilobjekte auf besonderen Vermögenskonten statt auf Unterkonten nachzuweisen. Für die Entscheidung hierüber sind die Verkehrsauffassung, in erster Linie aber Zweckmäßigkeitsgründe maßgebend.

Mittel für Geschäftsbedürfnisse bezogen werden. Die Bestellungen sind bis spätestens 30. November 1952 aufzugeben.

15. Vor Einreihung in die Kartei ist jede Karteikarte in ein Verzeichnis nach dem beiliegenden Muster 6 (Anlage 4) (15) einzutragen. Die laufende Nummer dieses Verzeichnisses — in jeder Vermögensgruppe mit 1 beginnend — ist auf der Karteikarte unter der Bezeichnung „Konto Nr." zu vermerken. In der Spalte „Bemerkungen" des Verzeichnisses sind die Objekte des ehem. Reichsvermögens durch ein „R" mit Bleistift zu kennzeichnen.

16. Der Dienststellenleiter oder ein von ihm beauftragter, an der Karteiführung nicht beteiligter Beamter hat jede in Benutzung genommene Karteikarte mit seiner Unterschrift, dem Datum der Ingebrauchnahme und mit dem Dienstsiegel zu versehen. Vor Abgabe dieser Bescheinigung hat er sich zu vergewissern, daß die Karte in das Verzeichnis nach Tz. 15 eingetragen ist.

17. Die Kartei ist sicher aufzubewahren; darüber hinaus ist Vorsorge zu treffen, daß einzelne Karten nicht unbefugt aus der Kartei entfernt werden. Wird der Kartei eine Karte zur vorübergehenden Benutzung innerhalb der Dienststelle entnommen, so ist darüber zu quittieren.

18. Die Karteikarten sollen auf der Vorderseite die Eigentumsverhältnisse, die Lage, Größe, bauliche Gestaltung, den Wert und sonstige wichtige Angaben über den Vermögensgegenstand wiedergeben. Die Vermögenskartei ist Bestandsverzeichnis für unbewegliche Vermögensgegenstände des Bundes- und Reichsvermögens im Sinne des § 65 Abs. 1 RHO und zugleich Sachbuch für die Vermögensrechnung. Andere Bestandsverzeichnisse über Grundstücke, z. B. Besitztumsverzeichnisse, sind neben den Karteikarten nicht mehr zu führen.

Die Eintragungen in die Karteikarten sind sauber und deutlich lesbar — am besten in Druckschrift — mit schwarzer Tinte oder in Maschinenschrift vorzunehmen. Änderungen sind so durchzuführen, daß die ursprüngliche Eintragung lesbar bleibt. Sie sind durch Beifügung des Namenszeichens und durch Angabe des Tages der Änderung zu bescheinigen. Radieren, Überkleben, Übermalen und die Verwendung von Ätzmitteln sind unzulässig.

---

(15) Siehe vorn Muster 7.

Die Unterlagen (Belege) für die Eintragungen auf den Karteikarten sind in einer für jedes Vermögenskonto einzurichtenden Grundstücksakte der Zeitfolge nach zu sammeln und für die Rechnungsprüfung sorgfältig aufzubewahren.

Die bisherigen Bestandsverzeichnisse sind wie Dauerbelege aufzubewahren (16).

19. Die Karteikarten für Baulichkeiten sind von der hausverwaltenden Dienststelle, soweit notwendig im Benehmen mit der örtlich zuständigen Baudienststelle, aufzustellen. Hausverwaltende Dienststelle ist diejenige Bundesbehörde, der die äußere Instandhaltung des Gebäudes und dessen Unterhaltung in Dach und Fach obliegt und der die Mittel hierzu zugewiesen sind. Sie ist zugleich rechnunglegende Stelle für die Bundesvermögensrechnung. Bei unbebauten Grundstücken ist sinngemäß zu verfahren.

Die Karteikarten sind in einfacher Ausfertigung aufzustellen (17).

20. Beim Ausfüllen der Karteikarte (Muster 1 a) ist Nachstehendes zu beachten:

Vorderseite

Oberer Kartenrand:

a) Oben links ist jede Karte mit dem Kopfstempel der aufstellenden Dienststelle zu versehen. Darunter hat der Dienststellenleiter oder sein Beauftragter die Bescheinigung nach Tz. 16 abzugeben.

b) In der rechten oberen Ecke ist die zutreffende — vierstellige — Kennziffer der Vermögensgruppe laut Vermögensgruppenplan einzutragen. Die Kontonummer ist dem Verzeichnis nach Tz. 15 zu entnehmen. Unter „Haushaltsstelle" ist die Bezeichnung des Einzelplans und des Kapitels nach dem Haushaltsmuster 1953 anzugeben. Bei „Blatt Nr." ist eine Nummer nur einzutragen, wenn für ein

(16) Wegen der Aufbewahrung vgl. Anm. 4 zu § 29. Die bisherigen Bestandsverzeichnisse sind dauernd aufzubewahren.

(17) Die Bestimmung, daß die Karteikarten nur in einfacher Ausfertigung aufzustellen sind, soll die an und für sich umfangreiche Arbeit der ersten Bestandsaufnahme vereinfachen. Es werden aber keine Bedenken bestehen, die Karten für dienstliche Zwecke zu vervielfältigen. Als „Rechnungslegungsbuch" der Vermögensrechnung (§ 61 VBRO) kann jedoch nur die Orginalkarte dienen.

Konto mehrere Karteikarten verwendet werden. In diesem Falle ist jede Karte mit einer fortlaufenden Nummer, beginnend mit Nr. 1, zu bezeichnen.

Felder unter dem oberen Kartenrand:

c) Benennung und Lage:

Das Grundstück oder Gebäude ist nach seinem Hauptzweck zu benennen und die Lage durch Angabe der Straße und Hausnummer oder der Flurbezeichnung ersichtlich zu machen.
Bei ehem. militärischen Grundstücken, die jetzt verschiedenen dienstlichen Zwecken dienen oder vorwiegend vermietet oder verpachtet sind, kann die frühere Bezeichnung verwendet werden.
In der Regel sind, wenn sich auf einem Grundstück mehrere Haupt- und Nebengebäude befinden, die einzelnen Gebäude durch Buchstaben (A, B, C usw.) kenntlich zu machen. Handelt es sich um eine größere Liegenschaft, auf der ganze Gruppen von Gebäuden, Siedlungen, Läger usw. stehen, so brauchen nicht die einzelnen Gebäude, sondern nur Art und Anzahl der gleichen Zwecken dienenden Gebäude angegeben zu werden (z. B. „20 Wohngebäude" oder „Unterkunftslager Schönfeld, 25 Wohnbaracken" u. ä.) [(18)].

d) Zeit und Art des Erwerbs:

Es ist unter Benennung der Erwerbsurkunden (Verträge) anzugeben, wie und wann das Grundstück erworben bzw. das Gebäude errichtet wurde. Besteht das Grundstück aus mehreren zusammengelegten Parzellen, so ist bei jeder Erwerbsurkunde die betr. Parzellen-Nummer einzutragen. Von der Angabe der einzelnen Erwerbs-

---

(18) Es dürfte zweckmäßig sein, die Zusammenfassung von Gebäuden möglichst zu vermeiden und sie statt dessen einzeln unter Buchstaben oder Nummern aufzunehmen. Alsdann ist es möglich, ein bestimmtes Gebäude mit der — grundsätzlich unveränderlichen — Nummer zu bezeichnen, die das Gebäude in der Vermögensrechnung hat, z. B.
„4014/12/D" bezeichnet das unter D auf dem Vermögenskonto 12 der Vermögensgruppe 4014 eingetragene Gebäude.
Reicht der Raum auf der Karteikarte nicht aus, so kann nach Tz. 14 Buchst. a) eine weitere Karteikarte oder nach Tz. 20 Buchst. e) ein Beiblatt benutzt werden.
Werden die Gebäude in Gruppen zusammengefaßt, wie es Tz. 20 Buchst. c) zuläßt, so empfiehlt es sich, die Gebäude zu benummern und die Nummern auf der Karteikarte anzugeben, z. B.
„4014/12/A(5)" bezeichnet das fünfte der unter A auf dem Vermögenskonto 12 der Vermögensgruppe 4014 eingetragenen Gebäude.

urkunden kann abgesehen werden, wenn das Grundstück aus einer Vielzahl von Parzellen besteht. In diesem Falle kann auf die Grundstücksakte verwiesen werden.

e) Grundbuch- und Katasterbezeichnung:

Für jede Parzellennummer ist in der Spalte „Kataster" eine besondere Zeile zu nehmen. Besteht das Grundstück aus einer Vielzahl von Parzellen, so daß der in der Karte vorgesehene Raum nicht ausreicht, können die Angaben auf einem besonderen unbedruckten Karteiblatt gemacht werden, das der Karteikarte beizufügen und als „Beiblatt zu Karteikarte Konto Nr. . . ." zu bezeichnen ist. In der Spalte „Kataster" ist auf dieses Beiblatt hinzuweisen.
Wird ein Beiblatt verwendet, so ist auf diesem Blatt auch Raum für Angaben gemäß nachstehenden Buchstaben f) und i) vorzusehen. Die Raumeinteilung bleibt dem Karteiführer überlassen. Unbedruckte Beiblätter können ebenfalls von der Bundesdruckerei bezogen werden.

f) Größe der Parzellen:

Hinter jeder Parzellennummer ist die Größe der Parzelle anzugeben und durch Zusammenzählen die Gesamtgröße des Grundstücks zu ermitteln. Wird zu der Angabe der Parzellennummern infolge ihrer Vielzahl ein besonderes Beiblatt verwendet, so ist auch die Größe der einzelnen Parzellen auf diesem Beiblatt anzugeben und die Gesamtgröße des Grundstücks dort zu errechnen. In dem auf der Karteikarte vorgesehenen Raum ist in diesen Fällen nur die Gesamtgröße des Grundstücks übereinstimmend mit dem Beiblatt einzutragen.

g) Bebaute Fläche, Hofraum, Wege, Kulturland usw.:

Soweit die hier einzutragenden Größen nicht bereits feststehen, sind sie an Hand von Lage- und Grundrißplänen oder durch örtliche Aufnahme a n n ä h e r n d zu ermitteln.

h) Belastungen und Berechtigungen:

Hier sind kurze Angaben (Stichworte) über Belastungen zu machen, die auf dem eingetragenen Grundstück ruhen, sowie über Berechtigungen, die dem Eigentümer zustehen, über deren etwaige Eintragung im Grundbuch, über Benutzung der Liegenschaft zur Aufstellung von Masten für Hochspannungsleitungen usw., sowie über alle sonstigen Verhältnisse, die auf die Benutzung oder Verwertung der Liegenschaft von Einfluß sind. Sollte der vorgesehene Raum nicht ausreichen, so sind weitere Angaben in der für die Beschreibung des Grundstücks vorgesehenen Spalte einzutragen.

i) Beschreibung der Gebäude und Anlagen:

Es sind die wesentlichen Merkmale der Gebäude oder Gebäudegruppen und Anlagen einzutragen, insbesondere über Baujahr, Bauart, Bedachung, Anzahl der Hauptgeschosse, Bewässerung und Entwässerung, Beleuchtung, Beheizung, Umzäunung, Fahrstuhl-, Feuerschutz-, Blitzableiteranlagen usw.
Außerdem sind hier Angaben über noch nicht behobene Kriegsschäden (Schadensgrad) sowie über künstlerischen, geschichtlichen oder kulturellen Wert des Grundstückes (§ 3 Abs. 3 der Anlage 3 zu den RWB) zu machen.
Die Angaben sollen kurz, aber allgemeinverständlich sein. In der Regel muß der auf der Karteikarte für die Beschreibung der Gebäude vorgesehene Raum ausreichen. Nur bei größeren Liegenschaften soll für zusätzliche Angaben ein Beiblatt verwendet werden.

k) Veränderungen:
Diese Spalte ist vorgesehen für den Nachweis aller Veränderungen, die nach dem Stichtag eintreten.

l) Bewertung:

Anzusetzen sind die Werte gemäß Tz. 23 bis 25, und zwar:

unter „Anschaffungs- oder gemeiner Wert"
zu a) der Wert des Grund und Bodens;
unter „Neubauwert 1936"
zu b) der Bauwert der Gebäude nach dem Neubauwert 1936;
unter „Rechnungswert"
zu a) der Wert des Grund und Bodens (unvermindert),
zu b) der um die technische Wertminderung gekürzte Neubauwert;
unter „Gestehungskosten" (nur soweit nach der Währungsumstellung Beträge in DM angefallen sind)
zu a) die Gestehungskosten für Grund und Boden,
zu b) die Gestehungskosten für Gebäude;
unter „Restwert"
zu a) der Wert des Grund und Bodens (unvermindert),
zu b) bei den am Stichtag vorhandenen Gebäuden 30 v. H. des Neubauwertes 1936.

Befinden sich auf einem Grundstück mehrere Gebäude, so sind die Wertangaben der einzelnen Gebäude auf einem besonderen Blatt zusammenzustellen, das als Beleg in die Grundstücksakte einzulegen ist. Auf der Karteikarte sind die Wertangaben für Grund und Boden sowie für die Gebäude je in einer Summe anzugeben.

m) Einheitswert:
Hierunter ist — sofern bekannt — der vom Finanzamt festgestellte Einheitswert des Grundstücks anzugeben.

n) Abschreibungsbetrag:
Vergleiche hierzu Tz. 26.

Rückseite:

o) Die Rückseite der Karte nimmt die Buchungen zur Fortschreibung des in Spalte „Bewertung" (Vorderseite) eingetragenen Rechnungswertes auf. Bei Beginn der Vermögensrechnung ist der Rechnungswert in die Spalte 5 (Rückseite) als Anfangsbestand einzutragen. Für die nach Eröffnung der Vermögensrechnung eintretenden Zu- und Abgänge sind die Spalten 6 bis 10 vorgesehen. In Spalte 11 ist am Schluß eines jeden Rechnungsjahres der sich nach den Buchungen in den Spalten 5 bis 10 ergebende Bestand festzustellen. Nähere Anweisungen werden in den Bestimmungen für die Vermögensbuchführung bekanntgegeben (vgl. Tz. 1).

21. Die vorstehenden für die Aufstellung der Karteikarte nach Muster 1 a gegebenen Anweisungen gelten sinngemäß auch für die Aufstellung der Karteikarte nach Muster 1 b (Vermögenskarteikarte für unbebaute Grundstücke). In der 3. Spalte „Nutzungsart laut Kataster" ist bei jedem in die Karteikarte eingetragenen Grundstück die Nutzungsart anzugeben, die im Liegenschaftskataster verzeichnet ist.

IV. Behandlung von verschiedenartig genutzten Grundstücken

22. Bei der Erfassung ist grundsätzlich jedes räumlich für sich abgegrenzte Grundstück als wirtschaftliche Einheit zu behandeln und entsprechend seiner hauptsächlichen Nutzung und nach der Zweckbestimmung des Grund und Bodens in eine Vermögensgruppe der unbebauten, bebauten oder teilbebauten Grundstücke einzureihen. Ein in sich abgegrenztes Grundstück, das aus verschiedenartig genutzten Flächen besteht, wird demnach nicht in bebaute und unbebaute Flächen zerlegt. Von diesem Grundsatz ist nur dann abzuweichen, wenn ein Grundstück Flächen umfaßt, die nicht notwendig zur wirtschaftlichen Einheit gehören und wenn durch eine getrennte Erfassung der anhängenden Flächen der Charakter der wirtschaftlichen Einheit nicht gestört wird. Hierzu folgende Beispiele:

a) Bei einem aus zwei zusammenhängenden Parzellen bestehenden Grundstück des allgemeinen Kapital- und Sachvermögens ist die Hälfte der einen Parzelle mit einem Wohngebäude bebaut, die andere Hälfte dieser Parzelle wird als Gartenland benutzt; die zweite Parzelle ist verpachtet und wird landwirtschaftlich genutzt. In diesem Falle wären die beiden Parzellen getrennt zu erfassen, obwohl sie im Grundbuch als e i n Grundstück eingetragen sind. Die bebaute Parzelle kommt in die Vermögensgruppe „Wohngebäude" (Kennziffer 4014), die unbebaute Parzelle in die Vermögensgruppe „Land- und forstwirtschaftlich und gärtnerisch genutzte Grundstücke" (Kennziffer 4000).
Würde die Bebauung sich teilweise auch auf die zweite Parzelle erstrecken, wäre das gesamte Grundstück in die Vermögensgruppe „Wohngebäude" einzuordnen.

b) Ein in sich abgegrenzter ehem. militärischer Übungsplatz besteht aus land- und forstwirtschaftlich genutzten Flächen und aus Öd- und Unland; außerdem befinden sich auf dem Gelände ein landwirtschaftliches Gehöft, das verpachtet ist, und noch einige sonstige Baulichkeiten.
Das gesamte Grundstück gehört als wirtschaftliche Einheit zu den teilbebauten Grundstücken. Würden sich auf dem Grundstück jedoch nur kleine Baulichkeiten von untergeordneter Bedeutung (z. B. Transformatorenhäuschen, Geräteschuppen u. ä.) befinden, dann wäre es als unbebautes Grundstück zu behandeln [19].

V. Bewertung der unbeweglichen Sachen bei der ersten Bestandsaufnahme

23. Bewertung der Gebäude.

Für die Bundesvermögensrechnung und die nach ihrem Ergebnis aufzustellende Vermögensübersicht ist das Bundesvermögen zu bewerten, soweit nicht bestimmte Gegenstände von der Bewertung ausdrücklich ausgenommen werden. Hierbei ist bei dem Liegenschaftsvermögen zu unterscheiden zwischen der Bewertung der durch die erstmalige Bestandsaufnahme zum Stichtag (31. März 1953) zu erfassenden Vermögenswerte (Altbestand) und der Bewertung der nach Beginn der Vermögensrechnung (1. April 1953) neu hinzukommenden Vermögenswerte.

Als Bewertungsmaßstab gilt grundsätzlich der Anschaffungs- oder Herstellungswert. Dieser wird jedoch von den bei der ersten Bestandsaufnahme vorhandenen Gebäuden in der Regel nicht bekannt, vielfach auch nicht oder nur schwierig zu ermitteln sein. Die aus der Zeit nach der

[19] Zu beachten bleibt § 36 Abs. 2 VBRO, wonach für jede wirtschaftliche Einheit ein gesondertes Vermögenskonto anzulegen ist.

Währungsumstellung bekannten Herstellungskosten beruhen auf Preisen, die nach den Bauindexzahlen gegenüber dem Stande von 1913 auf das Dreifache gestiegen sind. Es ist aber erwünscht, daß die bei der ersten Bestandsaufnahme vorhandenen Gebäude nach einem einheitlichen Bewertungsmaßstab bewertet werden. Der Anschaffungs- oder Herstellungswert versagt hier aus den vorstehend erörterten Gründen. Dagegen ist der Neubauwert 1936, bezogen auf den Stichtag (31. März 1953), ein geeigneter Bewertungsmaßstab [(20)].

Alle am Stichtag vorhandenen Gebäude sind daher grundsätzlich mit dem Neubauwert 1936 unter Berücksichtigung der durch Alter bedingten technischen Wertminderung [(21)] in die Bestandskartei und Vermögensrechnung aufzunehmen.

Der Neubauwert 1936 beträgt 135 v. H. des Friedensneubauwertes, der den Dienststellen durch Berechnung der Bauunterhaltungsmittel im allgemeinen bekannt ist. Vom Neubauwert 1936 ist die durch Alter bedingte technische Wertminderung abzusetzen. Diese wird nach folgender Formel berechnet:

$$\frac{\text{Neubauwert 1936} \times \text{Lebensalter}^2}{\text{Lebensdauer}^2}$$

Der verbleibende Wert, mindestens aber 30 v. H. des Neubauwertes 1936, ist als Rechnungswert des Gebäudes in die Bestandskartei und als Anfangswert in die Vermögensrechnung zu übernehmen, wobei außerdem der Wert des Grund und Bodens zu berücksichtigen ist. Grundsätzlich bilden 30 v. H. des Neubauwertes 1936 die untere Grenze für die Bewertung eines Gebäudes (Restwert).

---

(20) „Bezogen auf den Stichtag“ bedeutet, daß zunächst zu ermitteln ist, wie hoch die Baukosten sein würden, wenn das Gebäude am Stichtag zu den Baupreisen von 1936 errichtet worden wäre. Alsdann ist festzustellen, wieviel Jahre vor dem Stichtag das Gebäude tatsächlich errichtet wurde. Für diesen Zeitraum ist die mutmaßliche Abnutzung — die technische Wertminderung — nach der in Tz. 23 angegebenen Formel abzusetzen.

(21) Zum Begriff der technischen Wertminderung vgl. Weil, Grundstücksschätzung, 2. Aufl. Düsseldorf-Lohausen 1949, S. 28 f. Mit Rundschreiben vom 28. Mai 1953 — II B — O 4300 — 149/53 — und vom 22. August 1953 — II B — O 4300 — 189/53 — hat der Bundesminister der Finanzen im Interesse einer gleichmäßigen Bewertung die Anwendung einheitlicher Ansätze für die Lebensdauer von Gebäuden und wasserbaulichen Anlagen empfohlen. Die in den Anlagen zu den beiden Rundschreiben bekanntgegebenen Ansätze sind aus der Übersicht über die Abschreibungssätze für Gebäude, wasserbauliche Anlagen und Schiffe in der Vermögensrechnung des Bundes, abgedruckt unter Anm. 5 zu § 19 VBRO, ersichtlich.

Bei der Bewertung des Grund und Bodens bebauter Grundstücke ist nach Tz. 24 zu verfahren.

Beispiel:

Der Neubauwert 1936 eines im Jahre 1863 errichteten massiven Gebäudes wird auf 40 000,— DM festgestellt. Das Gebäude hat eine Lebensdauer von 100 Jahren und am 31. März 1953 ein Lebensalter von 90 Jahren. Als Wert des Grund und Bodens wurden 15 000,— DM ermittelt. Die durch Alter bedingte technische Wertminderung beträgt nach vorstehend angegebener Formel

$$\frac{40\,000 \times 8100}{10\,000} = 32\,400,\text{— DM.}$$

Wird der Betrag der technischen Wertminderung vom Neubauwert 1936 abgesetzt, verbleiben 7600,— DM. Da aber nicht weniger als 30 v. H. des Neubauwertes 1936 — das sind 12 000,— DM — als Anfangsbestand in die Karteikarte und die Vermögensrechnung übernommen werden dürfen, verbleiben als Restwert des Gebäudes 12 000,— DM. Dieser Betrag, vermehrt um den Wert des Grund und Bodens (15 000,— DM), ergibt den Rechnungswert des gesamten Grundstücks, der am 1. April 1953 als Anfangsbestand in die Vermögensrechnung einzusetzen ist.

Bei der vorstehenden Formel für die Berechnung der durch Alter bedingten technischen Wertminderung wird unterstellt, daß sich das Gebäude in einem normalen Unterhaltungszustand befindet. Außergewöhnliche Verschlechterungen des baulichen Zustandes (z. B. durch noch vorhandene Kriegsschäden) oder sonstige Schäden sind entsprechend dem Schadensgrad (Hundertsatz) besonders abzusetzen. Zwischenzeitlich eingetretene Änderungen des Schadensgrades sind zu berücksichtigen (22). Die Absetzung für außergewöhnliche Verschlechterung ist von dem um die technische Wertminderung gekürzten Neubauwert 1936 vorzunehmen. Ergibt sich hierbei ein Wertbetrag, der unter 30 v. H. des Neubauwertes 1936 liegt, so bilden 30 v. H. des Neubauwertes 1936 die unterste Grenze (23).

---

(22) Haben Mieter die Kriegsschäden ganz oder teilweise behoben oder sonstige bauliche Verbesserungen vorgenommen, so sind die Grundstücke unter Einschluß dieser Investierungen zu bewerten. Wegen Behandlung etwaiger Ansprüche der Mieter vgl. Anm. 2 zu § 5.

(23) Die sogenannten Trümmergrundstücke sind nicht mehr als bebaute Grundstücke anzusehen. Der Restwert kommt daher für sie nicht mehr in Frage. Die Werte etwa vorhandener Be- und Entwässerungsanlagen, Versorgungsanlagen usw. sind jedoch durch einen erhöhten Wertansatz zu berücksichtigen.

Beispiel:

Wenn bei vorstehendem Beispiel noch ein Schadensgrad von 10 v. H. vorliegen würde, so wäre gleichwohl der Restwert von 12 000,— DM in die Vermögensrechnung zu übernehmen, weil bei bebauten Grundstücken 30 v. H. des Neubauwertes 1936 die unterste Grenze der Bewertung bilden.

Die Bewertung ist in Zweifelsfällen im Benehmen mit der örtlich zuständigen Baudienststelle vorzunehmen (24).

24. Bewertung unbebauter Grundstücke und von Grund und Boden bebauter Grundstücke (25).

Ist der Anschaffungswert in Deutscher Mark bekannt, so ist dieser in die Karteikarte und Vermögensrechnung einzusetzen, anderen-

(24) Besondere Schwierigkeiten für die Bewertung bereiten die während des Krieges errichteten Luftschutzbunker. Um eine Bewertung nach einheitlichen Gesichtspunkten zu ermöglichen, hat der Bundesminister der Finanzen mit Erlaß vom 1. Juni 1953 — II B — O 4300 — 152/53 — folgende Richtlinien gegeben:

„a) Nicht entfestigte Hoch- und Tiefbunker:
Bei der Errechnung des umbauten Raumes sind die vorhandenen Wand- und Deckenstärken in Ansatz zu bringen. Der für den cbm umbauten Raum angegebene Preis dient als Anhalt. Er richtet sich nach dem örtlich in Betracht kommenden Preis.
DM/cbm = 70—75; Lebensdauer: 200 Jahre.

b) Entfestigte und für wirtschaftliche Zwecke ausgebaute Bunker: Der umbaute Raum ist mit verminderten Wand- und Deckenstärken, und zwar entsprechend der nunmehrigen Nutzung, z. B. als Wohngebäude soliderer Bauart, anzusetzen. Dies gilt auch für den veränderten Preis je cbm umbauten Raum.
DM/cbm = 20—25; Lebensdauer: 150 Jahre.

c) Entfestigte, für wirtschaftliche Zwecke nicht ausgebaute Bunker: Verfahren nach Buchstabe b), jedoch mit cbm-Preisen, die einem Rohbau entsprechen.
DM/cbm = 12—15; Lebensdauer: 150 Jahre.“

(25) Der Bundesminister der Finanzen hatte mit Erlaß vom 10. März 1953 — II B — O 4300 — 53/53 — angeordnet, für die forstwirtschaftlich genutzten Grundstücke abweichend von Ziffer 24 der Richtl. VR I die Einheitswerte zugrunde zu legen und durch Multiplikation dieser Werte mit der jetzt gültigen Wertziffer 6 den Wert zum 31. März 1953 zu errechnen. Die hieraus gewonnenen Werte haben sich jedoch als zu niedrig erwiesen. Inzwischen hat der Bundesminister für Ernährung, Landwirtschaft und Forsten am 25. Juli 1953 (MinBl.Fin. 1953 S. 930) Bewertungsrichtlinien erlassen, die sich auf die ohnehin alle 10 Jahre durchzuführende Bewertung der Forsteinrichtungswerke stützen. Diese soll auch für die Vermögensrechnung nutzbar gemacht werden. Demgemäß gibt der Bundesminister der Finanzen nunmehr der Ermittlung des gemeinen Wertes im Wege der Schätzung nach Einzelwerten gemäß den genannten Richtlinien den Vorzug.

falls tritt an seine Stelle der gemeine Wert (§ 10 des Reichsbewertungsgesetzes). Der gemeine Wert kann im Benehmen mit dem örtlich zuständigen Finanzamt, gegebenenfalls unter Zuhilfenahme der Richtpreiskarten, ermittelt werden.

25. **Liegenschaften im Gemeingebrauch**

Bundesfernverkehrsstraßen, Brücken, Kanäle und natürliche Schiffahrtswege sind einstweilen nicht zu bewerten [26]. Die jährlichen Investitionen in diese Vermögensklasse werden am Schluß des Rechnungsjahres für die einzelnen Gruppen in einer Summe als Zugang gebucht und sogleich wieder abgeschrieben [27].

Die an Straßen und Wasserstraßen vorhandenen Gebäude, Betriebsanlagen und dgl. sind jedoch zu bewerten. Sie zählen zum Verwaltungsvermögen der Straßen- bzw. Wasserstraßenverwaltung. Zu bewerten sind außerdem die zu beiden Seiten der Straßen- und Schiffahrtswege liegenden Teil- und Restgrundstücke. Diese Grundstücke zählen zum allgemeinen Kapital- und Sachvermögen der betreffenden Verwaltung.

26. Mit der Feststellung der Werte nach den vorstehenden Grundsätzen ist sofort zu beginnen. Für Objekte, für die bis zum 1. April 1953 die neuen Werte nicht errechnet werden können, sind sie einstweilen unter Beachtung der vorstehend dargelegten Gesichtspunkte zu schätzen. Der geschätzte vorläufige Wert ist in die Vermögensrechnung (Spalte 5) aufzunehmen; ebenso ist er in die Karteikarte (Vorderseite) Spalte „Bewertung“ als Rechnungswert einzutragen. Die genaue Wertermittlung ist fortzusetzen. Nach Errechnung des endgültigen Wertes ist durch Buchung eines Zuganges (Spalte 7) oder eines Abganges (Spalte 9) der berichtigte Wert in die Vermögensrechnung einzuführen. Die Spalte „Bewertung“ (Vorderseite der Karteikarte) ist entsprechend zu berichtigen [28].

VI. Abschreibungen

27. Die Gegenstände des Sachvermögens mit Ausnahme der unbebauten Grundstücke unterliegen durch Alter und Abnutzung einer fortschreitenden Wertminderung. Dieser wird in der künftigen Vermögensrechnung durch angemessene jährliche Abschreibungen Rechnung getragen. Hierüber werden rechtzeitig besondere Anweisungen ergehen [29].

---

(26) Damit ist für die erste Bestandsaufnahme eine vorläufige Entscheidung nach § 39 VBRO getroffen.

(27) Die abzuschreibenden Beträge sind in die Spalte 10 (Abschreibungen) einzutragen. Für Straßen und Wasserstraßen werden zweckmäßig die Karteikarten für unbebaute Grundstücke (Muster 1 b), für Brücken die Karteikarten für bebaute Grundstücke (Muster 1 a) benutzt.

(28) Wegen Berichtigung der Karteikarten im Beschriebteil vgl. Anm. 3 zu § 24 VBRO.

(29) Vgl. Anm. zu § 18 VBRO.

Der Bundesminister der Finanzen
II B — O 4300 — 2/52

Bonn, den 8. Dezember 1952

Richtlinien zur Vermögensrechnung
Teil II
(Richtl. VR II)
Erfassung und Bewertung der beweglichen Sachen für den Vermögensnachweis und die Vermögensrechnung des Bundes

Vorbemerkungen

1. Zur Durchführung der Art. 110 Abs. 3 und Art. 114 Abs. 1 und 2 GG haben vom 1. April 1953 an alle Dienststellen, Anstalten und Einrichtungen des Bundes, die Bundesvermögen oder ehem. Reichsvermögen (1) verwalten, eine der Prüfung des Bundesrechnungshofs unterliegende Vermögensrechnung zu führen. Von dieser Verpflichtung sind ausgenommen die Deutsche Bundesbahn, die Deutsche Bundespost und die nach § 15 Abs. 1 RHO mit dem voraussichtlichen Endergebnis veranschlagten Betriebe. Ob und in welcher Form das Vermögen der unter der Aufsicht des Bundes stehenden öffentlichen rechtsfähigen Einrichtungen in der Übersicht über das Vermögen des Bundes auszuweisen ist, bleibt späterer Regelung vorbehalten (2).

Die für die Vermögensbuchführung und Rechnungslegung maßgebenden Bestimmungen werden später bekanntgegeben.

2. Ausgangspunkt und Grundlage für den Vermögensnachweis und die Vermögensrechnung ist eine sorgfältige Bestandsaufnahme (Inventur), durch die außer dem Liegenschaftsvermögen und den Rechten auch die beweglichen Sachen, die dem Bunde zustehen oder zu dem in die Verwaltung des Bundes übergegangenen Reichsvermögen gehören, erfaßt und bewertet werden. Die Vorarbeiten sind rechtzeitig durchzuführen, damit die Bestandsaufnahme zum 31. März 1953 (Stichtag) (3) den an diesem Tage tatsächlich vorhandenen Bestand vollständig und zuverlässig wiedergibt. Mit Erlaß vom 8. November 1952 — II B — O 4300 — 1/52 — sind den in Betracht kommenden Behörden die Richtlinien Teil I über die Erfassung und Bewertung der unbeweglichen Sachen für den Vermögensnachweis und die Vermögensrechnung des Bundes mitgeteilt worden. Im Anschluß hieran werden nachstehend im Benehmen

(1) Siehe Anm. 1 Richtl. VR I.
(2) Siehe Anm. I 2.
(3) Siehe Anm. I 3.

mit den übrigen Bundesressorts und dem Bundesrechnungshof die Grundsätze für die Erfassung und Bewertung der beweglichen Sachen bekanntgegeben.

I. Grundsätzliches

3. Um die Buchführung und die Rechnungslegung über das Vermögen möglichst einfach zu halten, sind für die Behandlung der beweglichen Sachen folgende Grundsätze maßgebend:

a) Die am Stichtag (31. März 1953) tatsächlich vorhandenen beweglichen Sachen (vgl. Abschnitt III) sind durch eine einmalige Bestandsaufnahme (Inventur) zu erfassen, nach Durchschnittspreisen zu bewerten und mit 50 v. H. dieser Mittelwerte nach Gruppen geordnet in die Vermögensrechnung aufzunehmen.

b) Die Zugänge sind jährlich oder in noch festzulegenden kürzeren Zeitabschnitten mit den aus den Titelbüchern über die Haushaltsausgaben sich ergebenden Gesamtbeträgen der Anschaffungskosten in die Vermögensrechnung zu übernehmen (4).

c) Die Zugänge an beweglichen Sachen sind bei der Aufnahme in die Vermögensrechnung auf 50 v. H. ihres Anschaffungswertes abzuschreiben (5).

d) Laufende Abschreibungen werden nicht vorgenommen (6).

e) Der mengenmäßige Bestandsnachweis ist wie bisher durch Geräteverzeichnisse, Bücherverzeichnisse u. dgl. zu führen (7).

II. Gliederung des Vermögens und der Vermögensgegenstände (Vermögensgruppenplan)

4. Das gesamte für die künftige Vermögensrechnung zu erfassende Bundesvermögen einschl. des Reichsvermögens wird entsprechend seiner Zweckbestimmung in folgende Vermögensklassen eingeteilt:

0 = Allgemeines Verwaltungsvermögen,
1 = Sachen im Gemeingebrauch,
2 = Vermögen der Bundesanstalten und -einrichtungen,
3 = Betriebsvermögen,
4 = Allgemeines Kapital- und Sachvermögen,
5 = Sondervermögen.

---

(4) Siehe § 40 Abs. 2 VBRO u. Anm. dazu; ab 1. April 1956 entfällt der wertmäßige Nachweis des Bestandes an beweglichen Sachen und seiner jährlichen Veränderungen in der Vermögensrechnung unbeschadet des mengenmäßigen Bestandsnachweises gemäß § 28 VBRO (siehe Rundschreiben des Bundesministers der Finanzen vom 19. März 1956 — II B/3 — O 4300 — 51/56 —).

(5) Siehe § 20 Abs. 1 VBRO u. Anm. dazu sowie den Nachsatz zu Anm. 4.

(6) Siehe § 20 Abs. 1 Satz 1 zweiter Halbsatz VBRO.

(7) Siehe § 28 VBRO und die dazu ergangenen Richtlinien.

Jede Vermögensklasse gliedert sich in Vermögenshauptgruppen, jede Hauptgruppe in Vermögensobergruppen und jede Obergruppe in Vermögensgruppen. Zur Kennzeichnung wird jede Vermögensklasse, -hauptgruppe, -obergruppe und -gruppe mit einer Kennziffer aus der Zahlenreihe 0 bis 9 bezeichnet, die — zu einer vierstelligen Zahl aneinandergereiht — die einzelnen Vermögensgruppen ziffernmäßig kennzeichnen. Nach diesem Gliederungsschema bezeichnet somit

eine einstellige Zahl die Vermögensklasse,
eine zweistellige Zahl die Vermögenshauptgruppe,
eine dreistellige Zahl die Vermögensobergruppe,
eine vierstellige Zahl die Vermögensgruppe.

Beispiel:

0 = Vermögensklasse: Allgemeines Verwaltungsvermögen,
01 = Vermögenshauptgruppe: Bewegliche Sachen,
012 = Vermögensobergruppe: Maschinen, Apparate und Instrumente,
0120 = Vermögensgruppe: Büromaschinen, Druckmaschinen und Büroapparate.

5. Die Gliederung der beweglichen Sachen ist aus dem beiliegenden Vermögensgruppenplan (**Anlage 1**) [8] ersichtlich. Jede Sache ist ihrer Art nach in eine der in dem Plan aufgeführten Vermögensgruppen einzureihen. Die beweglichen Sachen werden in der Regel zu der Vermögensklasse 0 „Allgemeines Verwaltungsvermögen" oder zu der Vermögensklasse 2 „Vermögen der Bundesanstalten und -einrichtungen" gehören. In wenigen Fällen werden bewegliche Sachen zum „Allgemeinen Kapital- und Sachvermögen" (Vermögensklasse 4) zu zählen sein, z. B. bei Gegenständen des ehemaligen Reichsvermögens, die nach ihrer derzeitigen Verwendung nicht in eine andere Vermögensklasse (z. B. 0 oder 2) eingeordnet werden können. Vorbehaltlich einer näheren Regelung sind hier auch die Wohnungsausstattungen für Besatzungsangehörige zu erfassen, sobald die Wohnungen geräumt sind [9]. Die beweglichen Sachen der Wirtschaftsbetriebe werden wie bisher in deren Buchführung nachgewiesen; sie bleiben hier außer Betracht.

Zur Vereinfachung der Vermögensrechnung muß die Zahl der Vermögensgruppen möglichst klein gehalten werden. Sind bei einer Dienststelle bewegliche Sachen vorhanden, die sich gleichwohl in eine der in dem

(8) Hier im Anschluß an die Erläuterungen zur VBRO abgedruckt.

(9) Die Erfassung kommt also erst in Frage, wenn die Wohnung freigegeben wird.

Vermögensgruppenplan aufgeführten Vermögensgruppen nicht einordnen lassen, so ist dem Bundesminister der Finanzen Mitteilung zu machen, der das Weitere veranlassen wird.

III. Die zu erfassenden beweglichen Sachen

6. Bewegliche Sachen im Sinne dieser Richtlinien sind alle körperlichen Gegenstände, soweit diese nicht als wesentliche Bestandteile eines Grundstücks (§ 93 BGB) zum unbeweglichen Vermögen gehören. Im Zweifel ist eine Sache als bewegliche zu behandeln (10).

7. In die Vermögensrechnung werden nicht einbezogen (11):

a) die zum Verbrauch in der laufenden Verwaltung bestimmten Sachen (Verbrauchsgüter),

b) die zum Gebrauch in der laufenden Verwaltung bestimmten Sachen von geringem Wert oder kurzer Lebensdauer (geringwertige Gebrauchsgüter).

Als geringwertig gelten insbesondere alle Gebrauchsgüter mit einem Anschaffungspreis bis zu etwa 3,— DM (Stückpreis). Diese Sachen sind wie Verbrauchsgüter zu behandeln und weder in Geräteverzeichnissen noch in der Vermögensrechnung nachzuweisen. Ihr Nachweis in Verbrauchslisten (Materialienrechnungen) wird dadurch nicht berührt. Soweit der Bund an Gegenständen, die außerhalb der Bundesverwaltung stehende Stellen aus Bundesmitteln beschaffen, nach Maßgabe der Verwendungsbestimmungen Eigentum erlangt, sind diese Gegenstände — unbeschadet ihrer verwaltungsmäßigen Erfassung — in der Vermögensrechnung des Bundes nur nachzuweisen, soweit es der zuständige Bundesminister im Benehmen mit dem Bundesminister der Finanzen bestimmt (12).

Mit Bundesdarlehen beschaffte beamteneigene Fahrzeuge, Tiere, Schneeschuhe usw. sind nicht zu erfassen, auch wenn das Darlehen noch nicht zurückgezahlt ist.

IV. Erstmalige Erfassung

8. Die am Stichtag tatsächlich vorhandenen beweglichen Sachen sind in eine Zusammenstellung nach dem beiliegenden Muster (Anlage 2) (13) nach Vermögensgruppen unter Zugrundelegung des Vermögensgruppenplans gegliedert aufzunehmen. Dabei sind besonders wertvolle Gegenstände, z. B. Kraftwagen, einzeln unter genauer Bezeichnung des Gegenstandes

(10) Vgl. § 40 Abs. 1 u. Anm. dazu.

(11) Was in die Vermögensrechnung nicht einzubeziehen ist, ist in § 4 Abs. 2 bis 4 VBRO neu geregelt.

(12) Vgl. § 4 Abs. 5 VBRO u. Anm. dazu.

(13) Im Anschluß an diese Richtlinien abgedruckt.

aufzuführen. Andere gleichartige Gegenstände, z. B. Schreibmaschinen. Schreibtische, Aktenschränke u. dgl., können zusammengefaßt unter Angabe der Stückzahl in die Zusammenstellung eingetragen werden; z. B.

Sp. 2	Sp. 3	Sp. 4	Sp. 5	Sp. 6
12	Schreibtische, normale Ausführung	160,–	1920,–	960,—

Die Zusammenstellung ist mit den vorhandenen laufend geführten Bestandsverzeichnissen abzustimmen. Sie ist von dem mit der Aufnahme des Bestandes betrauten Bediensteten mit der Erklärung zu versehen, daß das Ergebnis der Zusammenstellung mit den am Stichtag tatsächlich vorhandenen Gegenständen übereinstimmt.

Zur Vereinfachung kann die Ausfüllung der Spalte 6 bei den Einzelbeträgen unterbleiben; statt dessen können die in Spalte 5 eingetragenen Beträge für jede Vermögensgruppe zusammengerechnet, die Summe durch 2 geteilt und das Ergebnis in die Spalte 6 eingetragen werden.

9. In die Zusammenstellung gemäß Textziffer (Tz.) 8 sind die Werte nach Tz. 20 und 21 einzusetzen. Für jede Vermögensgruppe sind die Werte zusammenzurechnen. Die Summen sind in die Vermögenskarteikarten für bewegliche Sachen (Muster 2 — Anlage 3)[14] aufzunehmen. Die Karteikarten bilden zusammen die Vermögenskartei. Die Zusammenstellung ist als Beleg zur Kartei in einem besonderen Aktenheft dauernd aufzubewahren.

10. Die Zusammenstellung (Tz. 8) ist von der Behörde aufzustellen, welche die aufzunehmenden Gegenstände auf Grund des Geräteverzeichnisses am Stichtag verwaltet. Ist diese Behörde nicht zugleich rechnunglegende Stelle im Sinne der Tz. 12, so hat sie der rechnunglegenden Stelle eine Zweitschrift der Zusammenstellung zu übersenden. Die Übereinstimmung mit der Urschrift ist auf der Zweitschrift zu bescheinigen.

Sind mehrere rechnunglegende Stellen vorhanden, so ist die Zweitschrift der Zusammenstellung ohne Rücksicht darauf, von welcher Stelle die Sachen früher beschafft wurden, der nächsthöheren Dienststelle zu übersenden, die als rechnunglegende Stelle gemäß Tz. 12 in Betracht kommt.

11. Im Falle von Tz. 10 Satz 2 und Abs. 2 stellt die rechnunglegende Stelle die Summen aus den ihr übersandten Zusammenstellungen gruppenmäßig unter Einbeziehung ihrer eigenen Bestände zusammen — nur Werte, keine Mengen — und verfährt sinngemäß nach Tz. 9.

(14) Siehe vorn Muster 2.

V. Bestandsnachweis und Vermögensrechnung[15])

12. Rechnunglegende Stelle für die Vermögensrechnung über bewegliche Sachen ist die Verwaltungsstelle, die über die in Betracht kommenden Haushaltsmittel durch Kassenanweisung verfügt.

13. Die einzelnen Gegenstände sind nach den geltenden Vorschriften in Geräteverzeichnissen, Bücherverzeichnissen oder dgl. nachzuweisen. Diese Verzeichnisse sind künftig nach Vermögensgruppen entsprechend dem Vermögensgruppenplan zu gliedern. Sie sind ferner um eine Stückpreisspalte zu ergänzen.

14. Der Wert des beweglichen Vermögens wird nur bei der ersten Bestandsaufnahme durch Zusammenrechnen der Einzelwerte festgestellt. Die späteren Wertvermehrungen werden dadurch erfaßt, daß jährlich einmal oder in noch zu bestimmenden kürzeren Zeitabschnitten aus den Titelbüchern über die Haushaltsausgaben die Gesamtaufwendungen für eine bestimmte Gruppe von Gegenständen als Zugang in die Vermögensrechnung übernommen werden. Das Verfahren wird in den nach Tz. 1 zu erlassenden Bestimmungen geregelt.

15. Die beweglichen Sachen werden mit ihrem Wert in Vermögenskonten nachgewiesen. Die Vermögenskonten werden auf Karteikarten (Bestandskarten) nach Muster 2 (Anlage 3) [14] geführt. Die Vermögenskartei ist zugleich Sachbuch für die Vermögensrechnung. In der Regel ist für jede Gruppe des beweglichen Vermögens nur ein Konto anzulegen (Ausnahme: Schiffe, die nach Tz. 22 einzeln zu erfassen sind). Für die äußere Gestaltung der Karten ist folgendes zu beachten:

a) Oben links ist jede Karte mit dem Kopfstempel der aufstellenden Behörde zu versehen. Darunter hat der Dienststellenleiter oder sein Beauftragter die Bescheinigung nach Tz. 18 abzugeben.

b) Hinter „Gegenstand" ist die Bezeichnung der Vermögensgruppe einzutragen, wie sie sich aus dem Vermögensgruppenplan ergibt.

c) Unter „Vermögensgruppe" rechts oben ist die Nummer der Vermögensgruppe nach dem Vermögensgruppenplan einzutragen. Die Kontonummer ist dem Verzeichnis nach Tz. 17 zu entnehmen. Unter „Haushaltsstelle" ist die Bezeichnung des Einzelplans und des Kapitels nach dem Haushaltsmuster 1953 anzugeben. Bei „Blatt Nr." ist eine Nummer nur einzutragen, wenn für ein Konto mehr als ein Blatt in Benutzung genommen ist.

---

(15) Wegen des Wegfalls des wertmäßigen Nachweises des Bestandes an beweglichen Sachen und seiner Veränderungen in der Vermögensrechnung siehe Anm. 4 zu Tz. 3 b).

d) Die Spalte 1 enthält die laufende Nummer. Alle Buchungen auf der Karte sind unter fortlaufender Nummer vorzunehmen.

e) In Spalte 2 ist der Tag der Buchung anzugeben.

f) Die Spalte 3 weist das Akten- oder Kassenzeichen aus, durch das eine Verbindung zwischen Haushaltsrechnung und Vermögensrechnung hergestellt wird.

g) Die Spalte 4 enthält den Buchungstext.

h) Die Spalte 5 weist zu Beginn der Vermögensrechnung und am Anfang jedes Rechnungsjahres den Anfangsbestand nach.

i) Die Spalte 6 zeigt die Summe der Ausgaben eines Rechnungsjahres oder eines bestimmten Zeitabschnittes (vgl. Tz. 14) für Sachen einer bestimmten Vermögensgruppe.

k) Die Spalte 7 enthält die Zugänge ohne haushaltsmäßige Zahlung, z. B. die unentgeltliche Übernahme von Sachen aus dem Bestand einer anderen Behörde.

l) In Spalte 8 ist beim Verkauf von beweglichen Sachen der Verkaufspreis einzutragen. Ist dieser höher als die Hälfte des Anschaffungswertes, so ist zuvor in Spalte 7 ein Wertzugang ohne haushaltsmäßige Zahlung zu buchen. Ist der Verkaufspreis geringer als die Hälfte des Anschaffungspreises — was in der Regel der Fall sein wird —, so ist der Unterschiedsbetrag in Spalte 9 als Abgang ohne haushaltsmäßige Zahlung zu buchen.

m) Die Spalte 9 weist die Abgänge ohne haushaltsmäßige Zahlung nach, z. B. die unentgeltliche Abgabe von Gegenständen an eine andere Behörde.

n) In Spalte 10 sind die nach Tz. 3 Buchstabe c) vorzunehmenden einmaligen Abschreibungen zu buchen.

o) Die Spalte 11 zeigt den Endstand der Vermögensgruppe am Ende des Rechnungsjahres.

p) In Spalte 12 sind alle besonderen Bemerkungen aufzunehmen, die zum Verständnis der Eintragungen notwendig sind.

16. Die Vordrucke werden von der Bundesdruckerei in Bonn, Pleimesstraße 3—5, hergestellt; sie können von dort unmittelbar zu Lasten der Mittel für Geschäftsbedürfnisse bezogen werden. Die Bestellungen sind bis spätestens 10. Januar 1953 aufzugeben.

17. Vor Einreihung in die Kartei ist jede Karteikarte in ein Verzeichnis nach dem beiliegenden Muster 6 (Anlage 4) [16] einzutragen.

---

(16) Siehe vorn Muster 7.

Dienststellen, die neben unbeweglichen Sachen auch andere Gegenstände in der Vermögenskartei nachweisen, führen für alle Vermögenswerte nur ein gemeinsames Verzeichnis.

18. Der Dienststellenleiter oder ein von ihm beauftragter, an der Karteiführung nicht beteiligter Beamter hat jede in Benutzung genommene Karteikarte mit seiner Unterschrift, dem Datum der Ausgabe und mit dem Dienstsiegel zu versehen. Vor Abgabe dieser Bescheinigung hat er sich zu vergewissern, daß die Karte in das Verzeichnis nach Tz. 17 eingetragen ist.

19. Die Kartei ist sicher aufzubewahren. Darüber hinaus ist Vorsorge zu treffen, daß einzelne Karten nicht unbefugt aus der Kartei entfernt werden. Wird eine Karte zur vorübergehenden Benutzung innerhalb der Dienststelle entnommen, so ist darüber zu quittieren.

VI. Bewertung der beweglichen Sachen bei der ersten Bestandsaufnahme

20. Die beweglichen Sachen des Bundesvermögens sind grundsätzlich mit den Anschaffungs- oder Herstellungskosten in die Vermögensrechnung aufzunehmen. Die Anschaffungskosten der am Stichtag vorhandenen Sachen werden vielfach nicht mehr bekannt sein. Bei der *ersten Bestandsaufnahme* ist deshalb von dem Wiederbeschaffungswert auszugehen. Zur Vereinfachung ist nicht für jeden einzelnen Gegenstand der Wiederbeschaffungswert zu ermitteln, sondern für gleichartige Gegenstände in verschiedener Preislage ein Mittelwert anzunehmen, z. B. 2 Schreibtische, normale Ausführung, Preise 150,— DM und 175,— DM: geeigneter Mittelwert: 160,— DM.

Um den Wertverzehr durch Alter und Abnutzung zu berücksichtigen, ist nur die Hälfte des Mittelwertes als Rechnungswert in die Vermögensrechnung aufzunehmen (vgl. Tz. 3 Buchstabe a).

21. Die Mittelwerte (Tz. 20) der gebräuchlichen Ausstattungsgegenstände für Büro- und Arbeitsräume sowie der Büromaschinen und Kraftfahrzeuge sind dem beiliegenden Verzeichnis (Anlage 5) [(17)] zu entnehmen. Sachen der in dem Verzeichnis aufgeführten Art sind mit diesen Werten in die Zusammenstellung nach Muster Anlage 2 auch dann aufzunehmen, wenn die Anschaffungskosten von diesen Werten abweichen. Derartige Ungenauigkeiten müssen bei der ersten Bestandsaufnahme in Kauf genommen werden.

---

(17) Im Anschluß an diese Richtlinien abgedruckt. — Inzwischen hat der Bundesminister der Finanzen ein Verzeichnis von Mittelwerten für Meß- und optische Geräte sowie für Geräte und Ausstattungsgegenstände für Laboratorien usw. bekanntgegeben, die im Bereich des Bundsministeriums für Ernährung, Landwirtschaft und Forsten bei der Bestandsaufnahme zugrunde gelegt werden.

Bei der Verschiedenartigkeit der Behörden und ihrer Aufgaben werden bei den Dienststellen viele Gegenstände vorhanden sein, die in dem Verzeichnis der Mittelwerte nicht aufgeführt sind. Für diese Gegenstände sind von den verwaltenden Behörden selbständig entsprechende Mittelwerte zu bestimmen. Tz. 20 Abs. 2 ist zu beachten.

Bei Büchereien (18) ist der gemeine Wert der gesamten Bücherei zu schätzen und die Hälfte dieses Wertes als Rechnungswert in die Vermögensrechnung einzusetzen.

Archive, wissenschaftliche Sammlungen und Schausammlungen von Dauerwert sowie Kunstgegenstände (vgl. Vermögensgruppenplan Kennziffern 180 bis 189) sind mit dem vollen gemeinen Wert in der Vermögensrechnung nachzuweisen (18). Der Wert ist zu schätzen. Abschreibungen sind bei diesen Gegenständen nicht vorzunehmen. Archive und Sammlungen sind bei der Bewertung je für sich als Einheit zu behandeln, Kunstgegenstände sind als Einzelstücke zu bewerten (19).

VII. Besondere Bestimmungen für größere Schiffe

22. Schiffe mit einem Wiederbeschaffungswert von mehr als 50 000,— D-Mark sind einzeln zu erfassen und abweichend von Tz. 20 mit dem gemeinen Wert zum Stichtag, mindestens aber mit 20 v. H. des Wiederbeschaffungswertes in die Vermögensrechnung aufzunehmen (20).

Für jedes Schiff ist ein besonderes Vermögenskonto (Tz. 15) anzulegen. In Spalte 4 der Karteikarte ist das Schiff möglichst genau zu beschreiben. Dabei sind anzugeben:

a) Name des Fahrzeuges,
b) Verwendungszweck,
c) Heimathafen,
d) Bauwerft,
e) Baumaterial,
f) Wasserverdrängung,
g) Länge, Breite, Tiefgang,
h) Antriebsart,
i) Antriebsleistung,
k) Wiederbeschaffungswert.

(18) Grundsätzlich gilt auch für Büchereien, Archive, Sammlungen und Kunstgegenstände der Anschaffungswert; der gemeine Wert gilt für die erste Bestandsaufnahme und für die Folge in den Fällen des § 10 VBRO an Stelle des Anschaffungswertes.
Bei der Schätzung von Büchereien, Archiven, wissenschaftlichen Sammlungen und Sammlungen von Dauerwert kann es sich nur um eine globale überschlägliche Schätzung der Sachgesamtheit handeln, die keinen nennenswerten Arbeits- und Zeitaufwand erfordert. Vgl. im übrigen die Beiträge von Mackert und Oldorf, Die Bibliotheken in der Vermögensrechnung des Bundes, in „Der öffentliche Haushalt“ 1954/55, Heft 6, S. 248 und 256.

(19) Vgl. § 13 VBRO.

(20) Vgl. § 41 VBRO und Anm. 4 (Nachsatz) zu Tz. 3 b).

Schiffe mit einem Wiederbeschaffungswert von 50 000,— DM und weniger sind auf einem Konto zusammenzufassen (vgl. Tz. 15).

VIII. Abschreibungen [21]

23. Auch die beweglichen Sachen unterliegen durch Alter und Abnutzung einer fortschreitenden Wertminderung. Dieser wird durch eine einmalige Abschreibung nach Tz. 3 Buchst. c) und Tz. 20 Abs. 2 Rechnung getragen. Laufende Abschreibungen werden nur bei den nach Tz. 22 erfaßten größeren Schiffen nach einem noch festzulegenden Satz vorgenommen.

(21) Vgl. § 20 VBRO und Anm. 4 (Nachsatz) zu Tz. 3 b).

Behörde:

Zusammenstellung
der am 31. März 1953 vorhandenen beweglichen Sachen
für die Bundesvermögensrechnung

Lfd. Nr.	Stückzahl	Bezeichnung des Gegenstandes	Einzel- Anschaffungs- oder Wiederbeschaffungswert (Mittelwert) DM	Gesamt- Anschaffungs- oder Wiederbeschaffungswert (Mittelwert) DM	Rechnungswert (50 v.H. v. Sp. 5)	Bemerkungen
1	2	3	4	5	6	7
		Geräte und Ausstattungsgegenstände für Dienstgebäude, Dienst- und Arbeitsräume				
1	*10*	*Aktenschränke, einfache Ausführung*	*210*	*2100*	*1050*	
2	*5*	*Akten-Kleiderschränke, zweitürig*	*200*	*1000*	*500*	
3	*18*	*Aktenböcke*	*24*	*432*	*216*	
4	*2*	*Bücherschränke*	*380*	*760*	*380*	
5	*12*	*Schreibtische, norm. Ausf.*	*160*	*1920*	*960*	
6	*1*	*Schreibtisch, bessere Ausf.*	*270*	*270*	*135*	
		zus.		*6482*	*3241*	
		Büromaschinen, Druckmaschinen und Büroapparate				
1	*1*	*Additionsmaschine mit Handbetrieb*	*600*	*600*		
2	*4*	*Schreibmaschinen, Standardausführung*	*750*	*3000*		
3	*1*	*Schreibmaschine mit 62-cm-Wagen*	*1300*	*1300*		
		zus.		*4900*	*2450*	

Mittel- und Rechnungswerte
der gebräuchlichen Geräte und Ausstattungsgegenstände, Büromaschinen und Kraftfahrzeuge(22)

Gegenstand	Mittelwert DM	Rechnungswert DM	Bemerkungen
A) **Geräte und Ausstattungsgegenstände**			
Aktenschrank, einfache Ausführung	210	105	
Akten-Kleiderschrank, zweitürig	200	100	
Akten-Kleiderschrank, dreitürig	250	125	
Akten-Anbauschrank	150	75	
Aktenregal, Holz (offen)	186	93	
Aktenbock	24	12	
Ablagetisch	50	25	
Arbeitstisch	64	32	
Besuchertisch, poliert mit Zwischenboden	86	43	
Besuchertisch, einfache Ausführung	46	23	
Besuchersessel, Holz und Geflecht oder mit Kunstlederpolsterung	64	32	
Besuchersessel aus Stahlrohr	140	70	
Buchungsapparat für Durchschreibebuchführung	70	35	
Bücherschrank	380	190	
Büroschere	4	2	
Deckenbeleuchtung aus Glas (einfache Ausführung)	12	6	
Drehstuhl und Drehsessel	40	20	
Geldsortenbrett	20	10	
Handfeuerlöscher	60	30	
Hocker	12	6	
Karteikasten bis DIN A 5	12	6	
Karteikasten DIN A 4[1])	18	9	[1]) Größere Karteikästen sind einzeln zu bewerten.
Kleiderablage	24	12	
Kleiderschrank, eintürig	120	60	
Kleiderschrank, zweitürig	200	100	
Kohlenkasten und Kohleneimer	6	3	
Liege oder Sofa	210	105	
Papierkorb	6	3	
Polstersessel, Rücken und Sitz gepolstert	96	48	
Polstergarnitur, bestehend aus 1 Sofa, 2 gepolsterten Sesseln und 1 Tisch	680	340	
Radiotisch	44	22	
Rollschrank, Holz	230	115	

(22) Diese Werte sind heute freilich weitgehend überholt.

Gegenstand	Mittelwert DM	Rechnungswert DM	Bemerkungen
Rollschrank, Metall	280	140	
Ofenschirm	16	8	
Schreibtisch, normale Ausführung	160	80	
Schreibtisch, bessere Ausführung	270	135	
Schreibtischsessel mit Leder- oder Polstersitz	50	25	
Schreibtischsessel mit Holzsitz	46	23	
Schreibtischlampe	20	10	
Schreibtischunterlage, Gummi	12	6	
Schreibtischunterlage, Glas	10	5	
Schreibmaschinentisch, einfache Ausführung	60	30	
Schreibmaschinentisch, doppelseitig	90	45	
Seifenspender	6	3	
Stahlblechschrank, eintürig	180	90	
Stahlblechschrank, zweitürig	260	130	
Stuhl, einfache Ausführung	20	10	
Stuhl mit Polstersitz	30	15	
Telefonschwenkarm	20	10	
Telefonapparat, einfache Ausführung[2])	70	35	[2]) Telefonapparate bess. Ausführung (Sekretärstationen, Reihenapparate usw.) sind einzeln zu bewerten.
Zeichentisch	280	140	
B) **Büromaschinen**			
Additionsmaschine mit Handbetrieb	600	300	
Additionsmaschine mit elektrischem Antrieb	1 200	600	
Bleistiftspitzmaschine	24	12	
Handrechenmaschine	1 200	600	
Reiseschreibmaschine	450	225	
Schreibmaschine, Standardausführg.	750	375	
Schreibmaschine mit 46-cm-Wagen	900	450	
Schreibmaschine mit 62-cm-Wagen	1 300	650	
Langwagen, 46 cm, für Schreibmaschine (Einzelstück)	450	225	
Langwagen, 62 cm, für Schreibmaschine (Einzelstück)	600	300	
C) **Kraftfahrzeuge[3])**			[3]) Kraftfahrzeuge anderer Art als nebenstehend aufgeführt, sind einzeln zu bewerten.
Mercedes-Benz 170 V	7 900	3 950	
Mercedes-Benz 170 D	9 000	4 500	
Mercedes-Benz 170 S	10 100	5 050	
Mercedes-Benz 170 DS	11 000	5 500	
Mercedes-Benz 220	11 800	5 900	
Mercedes-Benz 300	19 900	9 950	

Gegenstand	Mittelwert DM	Rechnungswert DM	Bemerkungen
Opel-„Olympia“	6 000	3 000	
Opel-„Kapitän“	9 900	4 950	
Borgward-„Hansa“ 1500 (zweitürige Limousine)	8 800	4 400	
Borgward-„Hansa“ 1500 (viertürige Limousine)	9 300	4 650	
Volkswagen „Standard“	4 600	2 300	
Volkswagen „Export“	5 400	2 700	
Volkswagen Lieferwagen (mit Kastenaufbau)	6 400	3 200	
Volkswagen-Kombi (ohne Sitzeinrichtung im Fahrgastraum)	6 800	3 400	
Volkswagen-Kombi (mit Sitzeinrichtung im Fahrgastraum)	7 100	3 550	
Volkswagen Kleinbus komplett (für 8 Personen)	7 500	3 750	
DKW-Meisterklasse	5 600	2 800	
Ford-„Taunus“ M 12	6 700	3 350	

Der Bundesminister der Finanzen Bonn, den 23. Januar 1953
II B — O 4300 — 3/52

Richtlinien zur Vermögensrechnung
Teil III
(Richtl. VR III)
Aufnahme der Wirtschaftsbetriebe in den Vermögensnachweis und die Vermögensrechnung des Bundes

Vorbemerkungen

1. Zur Durchführung der Artikel 110 Abs. 3 und Artikel 114 Abs. 1 und 2 GG haben vom 1. April 1953 an alle Dienststellen, Anstalten und Einrichtungen des Bundes, die Bundesvermögen oder ehem. Reichsvermögen (1) verwalten, eine der Prüfung des Bundesrechnungshofes unterliegende Vermögensrechnung zu führen. Von dieser Verpflichtung sind die nach § 15 RHO mit ihrem voraussichtlichen Endergebnis veranschlagten Betriebe ausgenommen. Das Vermögen wird wie bisher in der kaufmännischen Buchführung dieser Betriebe nachgewiesen. In der allgemeinen Vermögensrechnung des Bundes erscheinen sie nach Maßgabe dieser Richtlinien mit ihrem Reinvermögen. Von der Verpflichtung sind ferner ausgenommen die Deutsche Bundesbahn und die Deutsche Bundespost, deren in der letzten Bilanz ausgewiesenes Eigenkapital in der Übersicht über das Bundesvermögen (Art. 114 Abs. 2 GG) nachrichtlich aufgeführt wird. Ob und in welcher Form das Vermögen der unter der Aufsicht des Bundes stehenden öffentlichen rechtsfähigen Einrichtungen in der Übersicht über das Vermögen des Bundes ausgewiesen wird, bleibt späterer Regelung vorbehalten (2).

Die für die Vermögensbuchführung und Rechnungslegung maßgebenden Bestimmungen werden später bekanntgegeben.

2. Grundlage für den Vermögensnachweis und die Vermögensrechnung ist eine sorgfältige Bestandsaufnahme, durch die alle am 31. März 1953 (Stichtag) (3) vorhandenen Vermögenswerte des Bundes und des in die Verwaltung des Bundes übergegangenen Reichsvermögens erfaßt und bewertet werden.

---

(1) Vgl. Anm. 1 zu Richtl. VR I.

(2) Vgl. Anm. 2 zu I.

(3) Vgl. Anm. 3 zu I.

Die Richtlinien Teil I und II über die Erfassung und Bewertung der unbeweglichen und beweglichen Sachen sind den in Betracht kommenden Behörden bereits mitgeteilt worden. Im Anschluß hieran werden nachstehend im Einvernehmen mit den übrigen Bundesressorts und dem Bundesrechnungshof die Grundsätze für die Erfassung der Wirtschaftsbetriebe bekanntgegeben.

I. Gliederung des Vermögens und der Vermögensgegenstände (Vermögensgruppenplan)

3. Das gesamte für die künftige Vermögensrechnung zu erfassende Bundesvermögen einschließlich des Reichsvermögens wird entsprechend seiner Zweckbestimmung in folgende Vermögensklassen eingeteilt:

0 = Allgemeines Verwaltungsvermögen,
1 = Sachen im Gemeingebrauch,
2 = Vermögen der Bundesanstalten und -einrichtungen,
3 = Betriebsvermögen,
4 = Allgemeines Kapital- und Sachvermögen,
5 = Sondervermögen.

Jede Vermögensklasse gliedert sich in Vermögenshauptgruppen, jede Hauptgruppe in Vermögensobergruppen und jede Obergruppe in Vermögensgruppen. Zur Kennzeichnung wird jede Vermögensklasse, -hauptgruppe, -obergruppe und -gruppe mit einer Kennziffer aus der Zahlenreihe 0 bis 9 bezeichnet, die — zu einer vierstelligen Zahl aneinandergereiht — die einzelnen Vermögensgruppen ziffernmäßig kennzeichnen.

Nach diesem Gliederungsschema bezeichnet somit

eine einstellige Zahl die Vermögensklasse,
eine zweistellige Zahl die Vermögenshauptgruppe,
eine dreistellige Zahl die Vermögensobergruppe,
eine vierstellige Zahl die Vermögensgruppe.

Beispiel:

3 = Vermögensklasse: Betriebsvermögen,
32 = Vermögenshauptgruppe: Wirtschaftsbetriebe,
325 = Vermögensobergruppe: Gewerbliche Betriebe,
3250 = Vermögensgruppe: Verkehrsbetriebe.

4. Die Gliederung der zur Vermögenshauptgruppe „Wirtschaftsbetriebe" gehörenden Vermögenswerte ist aus dem Vermögensgruppenplan (An-

lage 1)[4] ersichtlich. Wirtschaftsbetriebe, die sich bei Bundesanstalten und -einrichtungen befinden, sind in die Vermögensklasse 2 einzureihen. Alle übrigen Wirtschaftsbetriebe gehören in die Vermögensklasse 3 „Betriebsvermögen".

II. Die zu erfassenden Wirtschaftsbetriebe

5. In der Vermögensrechnung des Bundes sind nachzuweisen:

a) die nach § 15 Abs. 1 RHO veranschlagten Betriebe des Bundes sowie des Reichs und des ehem. Landes Preußen, soweit sie vom Bund verwaltet werden,

b) Wirtschaftsbetriebe, die, ohne als Betrieb nach § 15 Abs. 1 RHO anerkannt zu sein, eine wirtschaftliche Einheit darstellen und eine eigene Buchführung über ihr Vermögen haben (z. B. Betriebe in Forschungsanstalten),

c) die Bundesmonopolverwaltung für Branntwein.

III. Bestandsnachweis und Vermögensrechnung

6. Zuständig[5] für die Erfassung und die Führung der Vermögensrechnung über Wirtschaftsbetriebe ist diejenige Bundesdienststelle, bei der der Wirtschaftsbetrieb eingerichtet ist und der die Mittel für Zuschüsse zugewiesen sind oder an die der Betrieb Gewinne abzuliefern hat (rechnunglegende Stelle). Für die Bundesdruckerei ist der Bundesminister für das Post- und Fernmeldewesen zuständig.

7. Die nach dem Abschnitt II zu erfassenden Wirtschaftsbetriebe sind mit ihrem Reinvermögen in Vermögenskonten nachzuweisen. Die Vermögenskonten werden auf Karteikarten nach Muster 3 (Anlage 2)[6] geführt. Die Vermögenskartei ist zugleich Sachbuch der Vermögensrechnung. Für jeden Betrieb ist ein Konto anzulegen.

8. Die Vermögenskarteikarten sind von der rechnunglegenden Stelle entsprechend dem Vordruckmuster selbst anzufertigen. Es ist hierzu tintenfester Karton, Größe DIN A 4, in hellblauer Farbe zu verwenden.

9. Vor Einreihung in die Kartei ist jede Karteikarte in das „Verzeichnis der Vermögenskonten" nach Muster 6 einzutragen (als Anlage 4 zu Teil I und II der Richtlinien zur Vermögensrechnung bereits bekanntgegeben)[7].

Dienststellen, die neben Wirtschaftsbetrieben auch andere Gegenstände in der Vermögenskartei nachweisen, führen für alle Vermögenswerte nur ein gemeinsames Verzeichnis.

---

(4) Hier im Anschluß an die Erläuterungen zur VBRO abgedruckt.
(5) Vgl. § 22 Abs. 1 Buchst. e) VBRO.
Die verschiedenartige Fassung bedeutet keinen Unterschied bezüglich der Zuständigkeit.
(6) Siehe vorn Muster 3.
(7) Siehe vorn Muster 7.

10. Der Dienststellenleiter oder ein von ihm beauftragter an der Karteiführung nicht beteiligter Beamter hat jede in Benutzung genommene Karteikarte mit seiner Unterschrift, dem Datum der Ingebrauchnahme und mit dem Dienstsiegel zu versehen. Vor Abgabe dieser Bescheinigung hat er sich zu vergewissern, daß die Karte in das Verzeichnis nach Textziffer (Tz.) 9 eingetragen ist.

11. Die Kartei ist sicher aufzubewahren. Darüber hinaus ist Vorsorge zu treffen, daß einzelne Karten nicht unbefugt aus der Kartei entfernt werden. Wird eine Karte zur vorübergehenden Benutzung innerhalb der Dienststelle entnommen, so ist darüber zu quittieren.

12. Für die äußere Gestaltung der Karteikarten ist folgendes zu beachten:

Vorderseite

a) Oben links ist jede Karte mit dem Kopfstempel der aufstellenden Behörde zu versehen. Darunter hat der Dienststellenleiter oder sein Beauftragter die Bescheinigung nach Tz. 10 abzugeben.

b) Unter der Kartenüberschrift ist der Name oder die Bezeichnung des Wirtschaftsbetriebes einzutragen.

c) Unter „Vermögensgruppe" rechts oben ist die Nummer der Vermögensgruppe nach dem Vermögensgruppenplan einzutragen. Die Kontonummer ist dem Verzeichnis nach Tz. 9 zu entnehmen. Unter „Haushaltsstelle" ist die Bezeichnung des Einzelplans und des Kapitels nach dem Haushaltsmuster 1953 anzugeben. Bei „Blatt Nr." ist eine Nummer nur einzutragen, wenn für ein Konto mehr als ein Blatt in Benutzung genommen ist.

d) Die Spalte 1 enthält die laufende Nummer. Alle Eintragungen auf der Karte sind unter fortlaufender Nummer vorzunehmen.

e) In Spalte 2 ist das Geschäftsjahr anzugeben, dessen Bilanz als Unterlage für die Eintragungen in den nachfolgenden Spalten dient.

f) Die Spalte 3 zeigt den Stichtag an, zu dem die Bilanz aufgestellt wurde.

g) In die Spalten 4 und 5 sind die Beträge einzutragen, die in der Bilanz als Eigenkapital und Rücklagen ausgewiesen sind.

h) In Spalte 6 sind die Beträge der Spalten 4 und 5 in einer Summe zusammenzufassen (Rechnungswert). Etwaige Änderungen des Eigenkapitals oder der Rücklagen in der Zeit vom Bilanzstichtag (Spalte 3) bis zum 31. März 1953 sind bei der Ermittlung des Rechnungswertes zu berücksichtigen und in Spalte 9 zu erläutern.

i) In die Spalten 7 und 8 sind bei der ersten Erfassung einzutragen:

(1) der Betrag des Gewinns, der am Stichtag (31. März 1953) noch nicht verteilt ist;

(2) der Betrag des Verlustes, der am Stichtag noch nicht abgedeckt ist.
In den folgenden Rechnungsjahren ist in die Spalten 7 und 8 das wirkliche Jahresergebnis ohne Rücksicht auf die Ablieferung eines Gewinnes oder die Deckung eines Verlustes einzutragen.
Hat ein Betrieb aus der Bundeskasse Vorauszahlungen zur Abdeckung eines Verlustes erhalten, die am Stichtag noch nicht abgerechnet sind, so ist der nicht abgerechnete Betrag nur in Spalte 9 zu vermerken und näher zu erläutern.

k) Treten nach dem Stichtag (31. März 1953) noch Änderungen beim Eigenkapital oder bei den Rücklagen ein, denen Buchungen in den Kassenbüchern für das Rechnungsjahr 1952 zugrunde liegen, so tritt an die Stelle des Stichtages der Tag des Abschlusses der Kassenbücher nach § 61 Abs. 1 RHO. Dasselbe gilt, wenn nach dem Stichtag Gewinne abgeliefert, Verluste gedeckt oder Vorauszahlungen auf Zuschüsse zur Verlustdeckung abgerechnet und die entsprechenden Buchungen in den Kassenbüchern des Rechnungsjahres 1952 vorgenommen werden. Derartige Abweichungen sind in Spalte 9 zu erläutern.

Rückseite

l) Die Rückseite der Karteikarte nimmt in den Spalten 7 bis 12 die Buchungen zur Fortschreibung des in Spalte 6 (Vorderseite) eingetragenen Rechnungswertes auf. Die Spalten 5 und 6 (Rückseite) zeigen die Buchungen zur Gewinnverteilung oder zur Abdeckung eines Verlustes. In der Spalte 5 sind unter b) auch die Vorauszahlungen aus der Bundeskasse auf Zuschüsse zur Abdeckung eines Verlustes zu buchen. Werden Gewinne dem Vermögen zugeführt (Kapitalerhöhung, Rücklagen) oder Verluste aus dem Vermögen gedeckt (Kapitalherabsetzung, Auflösung von Rücklagen), so sind die entsprechenden Buchungen in den Spalten 5 und 6 und außerdem als Zugang oder Abgang ohne haushaltsmäßige Zahlung in den Spalten 9 und 11 vorzunehmen. Zahlungen aus dem Bundeshaushalt zur Kapitalerhöhung sind in Spalte 8, Zahlungen an den Bundeshaushalt zur Kapitalherabsetzung in Spalte 10 einzutragen.
Bei Beginn der Vermögensrechnung sind die Beträge aus den Spalten 6, 7 und 8 (Vorderseite) in die Spalten 7, 5 und 6 (Rückseite) einzutragen. In die Spalte 5 (Rückseite) ist unter b) auch der in Spalte 9 (Vorderseite) vermerkte Betrag zu übernehmen.

13. Bei der erstmaligen Erfassung der Wirtschaftsbetriebe sind die Beträge zur Feststellung des Rechnungswertes aus der Bilanz des Betriebes zu entnehmen, die zum Stichtag oder zum Abschluß des letzten vorhergehenden Geschäftsjahres aufgestellt worden ist.

Der Bundesminister der Finanzen
II B — O 4300 — 4/52

Bonn, den 26. Januar 1953

Richtlinien zur Vermögensrechnung

Teil IV

(Richtl. VR IV)

Aufnahme der geldwerten Rechte in den Vermögensnachweis und die Vermögensrechnung des Bundes

Vorbemerkungen

1. Zur Durchführung der Artikel 110 Abs. 3 und 114 Abs. 1 und 2 GG haben vom 1. April 1953 an alle Dienststellen, Anstalten und Einrichtungen des Bundes, die Bundesvermögen, ehemaliges Reichsvermögen (1) oder Beteiligungen des ehemaligen Landes Preußen (2) verwalten, eine der Prüfung des Bundesrechnungshofs unterliegende Vermögensrechnung zu führen. Von dieser Verpflichtung sind die nach § 15 Abs. 1 RHO mit dem voraussichtlichen Endergebnis veranschlagten Betriebe ausgenommen. Diese werden nach Maßgabe der Richtlinien Teil III behandelt. Von der Verpflichtung sind ferner ausgenommen die Deutsche Bundesbahn und die Deutsche Bundespost, deren in der letzten Bilanz ausgewiesenes Eigenkapital in der Übersicht über das Bundesvermögen (Artikel 114 Abs. 2 GG) nachrichtlich aufgeführt wird. Ob und in welcher Form das Vermögen der unter der Aufsicht des Bundes stehenden öffentlichen rechtsfähigen Einrichtungen in der Übersicht über das Vermögen des Bundes auszuweisen ist, bleibt späterer Regelung vorbehalten (3).

Die für die Vermögensbuchführung und Rechnungslegung maßgebenden Bestimmungen werden noch bekanntgegeben.

2. Grundlage für den Vermögensnachweis und die Vermögensrechnung ist eine sorgfältige Bestandsaufnahme (Inventur), durch die außer dem Sachvermögen auch die geldwerten Rechte erfaßt und bewertet werden, die dem Bunde zustehen oder die zu dem auf Grund des Gesetzes zur vorläufigen Regelung der Rechtsverhältnisse des Reichsvermögens und der preußischen Beteiligungen vom 21. Juli 1951 — Vorschaltgesetz — (BGBl. I S. 467) und der Durchführungsverordnung zu § 6 dieses Gesetzes — DVO — (BGBl. I S. 471) in die Verwaltung des Bundes übergegangenen

(1) Vgl. Anm. 1 zu Richtl. VR I.
(2) Vgl. wegen der ehemaligen Beteiligungen des Landes Preußen das — auszugsweise im Anhang abgedruckte — Reichsvermögen-Gesetz vom 16. Mai 1961, insbesondere dessen § 12.
(3) Vgl. Anm. 2 zu Richtl. VR I.

Reichsvermögen oder zu den Beteiligungen des ehemaligen Landes Preußen an Unternehmen des privaten Rechts im Sinne des Art. 135 Abs. 6 GG gehören. Mit den Vorarbeiten ist sofort zu beginnen, damit die am 31. März 1953 (Stichtag) (4) vorhandenen geldwerten Rechte vom 1. April 1953 an vollständig und zuverlässig in der Vermögensrechnung nachgewiesen werden können.

Es muß das Bestreben jeder Behörde sein, zu ihrem Teile mitzuwirken, daß bei der ersten Bestandsaufnahme das Bundesvermögen, insbesondere auch die geldwerten Rechte (Forderungen, Beteiligungen usw.), lückenlos und vollständig erfaßt werden.

Die Richtlinien, Teile I bis III, über die Erfassung und Bewertung der unbeweglichen und der beweglichen Sachen sowie der Wirtschaftsbetriebe sind den in Betracht kommenden Behörden bereits mitgeteilt worden. Im Anschluß hieran werden nachstehend im Einvernehmen mit den übrigen Bundesressorts und dem Bundesrechnungshof die Grundsätze für die Erfassung und Bewertung der geldwerten Rechte bekanntgegeben.

I. Gliederung des Vermögens und der Vermögensgegenstände (Vermögensgruppenplan)

3. Das gesamte für die künftige Vermögensrechnung zu erfassende Bundesvermögen einschließlich des Reichsvermögens wird entsprechend seiner Zweckbestimmung in folgende Vermögensklassen eingeteilt:

0 = Allgemeines Verwaltungsvermögen,
1 = Sachen im Gemeingebrauch,
2 = Vermögen der Bundesanstalten und -einrichtungen,
3 = Betriebsvermögen,
4 = Allgemeines Kapital- und Sachvermögen,
5 = Sondervermögen.

Jede Vermögensklasse gliedert sich in Vermögenshauptgruppen, jede Hauptgruppe in Vermögensobergruppen und jede Obergruppe in Vermögensgruppen. Zur Kennzeichnung wird jede Vermögensklasse, -hauptgruppe, -obergruppe und -gruppe mit einer Kennziffer aus der Zahlenreihe 0 bis 9 bezeichnet, die — zu einer vierstelligen Zahl aneinandergereiht — die einzelnen Vermögensgruppen ziffernmäßig kennzeichnen. Nach diesem Gliederungsschema bezeichnet somit

eine einstellige Zahl die Vermögensklasse,
eine zweistellige Zahl die Vermögenshauptgruppe,
eine dreistellige Zahl die Vermögensobergruppe,
eine vierstellige Zahl die Vermögensgruppe.

(4) Vgl. Anm. 3 zu Richtl. VR I; ferner Tz. 31.

B e i s p i e l :

4 = Vermögensklasse: Allgemeines Kapital- und Sachvermögen,
43 = Vermögenshauptgruppe: Geldwerte Rechte,
431 = Vermögensobergruppe: Darlehensforderungen (einschl. Hypotheken- und Rentenschuldforderungen, Grundschulden,
4310 = Vermögensgruppe: Darlehen an Gebietskörperschaften.

4. Die Gliederung der geldwerten Rechte ist aus dem beiliegenden Vermögensgruppenplan (Anlage 1) (5) ersichtlich. Jedes Recht ist seiner Art nach in eine der in dem Plan aufgeführten Vermögensgruppen einzureihen. Von den Rechten werden die Kapitalbeteiligungen in der Regel zu der Vermögensklasse 3 (Betriebsvermögen), die sonstigen Forderungsrechte zu der Vermögensklasse 4 (Allgemeines Kapital- und Sachvermögen) zu zählen sein. Geldwerte Rechte der Bundesanstalten und -einrichtungen gehören zu der Vermögensklasse 2.

Die im Vermögensgruppenplan für Darlehen vorgesehenen vier Vermögensgruppen entsprechen der Einteilung nach dem neuen Eingliederungsplan zum Bundeshaushaltsplan (vgl. Titelgruppe 530—599). Nach der Zweckbestimmung der Darlehen sind folgende Untergruppen zu bilden:

01 = Darlehen für Wohnungsbau und Siedlungswesen,
02 = Darlehen an Bundesbedienstete für Hausratbeschaffung,
03 = Darlehen aller Art an Kasernen- und Besatzungsverdrängte,
04 = Darlehen für den Bau und die Unterhaltung von Straßen, Brücken und anderen Verkehrsanlagen,
05 = Darlehen für den Bau und die Unterhaltung von Schiffahrtswegen und Häfen,
06 = Darlehen für Bau, Umbau, Wiederherstellung, Ankauf und Unterhaltung von Schiffen,
07 = Darlehen zur Beschaffung von Dienstkleidung, Fahrzeugen usw.
09 = Sonstige Darlehen.

Die Untergruppe ist in Verbindung mit der Vermögensgruppe zu benennen, z. B. 4313/01.

II. Bestandsnachweis und Vermögensrechnung

5. Die nach den Abschnitten III bis V zu erfassenden geldwerten Rechte sind in Vermögenskonten nachzuweisen. Die Vermögenskonten werden auf Karteikarten nach den Textziffern (Tz.) 19, 24 und 36 geführt. Die Vermögenskartei ist Sachbuch der Vermögensrechnung. Wegen der Einrichtung der Karteikarten für die geldwerten Rechte im einzelnen wird auf die Tzn. 20, 27 und 36 verwiesen.

---

(5) Hier im Anschluß an die Erläuterungen zur VBRO abgedruckt.

6. Vor Einreihung in die Kartei ist jede Karte in ein Verzeichnis nach Muster 7 (Anlage 2) (6) einzutragen.

Dienststellen, die neben geldwerten Rechten auch andere Gegenstände in der Vermögenskartei nachweisen, führen für alle Vermögenswerte nur ein gemeinsames Verzeichnis.

7. Der Dienststellenleiter oder ein von ihm beauftragter an der Karteiführung nicht beteiligter Beamter hat jede in Benutzung genommene Karteikarte mit seiner Unterschrift, dem Datum der Ingebrauchnahme und mit dem Dienstsiegel zu versehen. Vor Abgabe dieser Bescheinigung hat er sich zu vergewissern, daß die Karte in das Verzeichnis nach Tz. 6 eingetragen ist.

8. Die Kartei ist sicher aufzubewahren. Darüber hinaus ist Vorsorge zu treffen, daß einzelne Karten nicht unbefugt aus der Kartei entfernt werden. Wird eine Karte zur vorübergehenden Benutzung innerhalb der Dienststelle entnommen, so ist darüber zu quittieren.

9. Die Vordrucke werden von der Bundesdruckerei in Bonn, Pleimesstraße 3—5, hergestellt; sie können von dort unmittelbar zu Lasten der Mittel für Geschäftsbedürfnisse bezogen werden.

Soweit Kassen das Durchschreibeverfahren (Tz. 30 Buchst. f) anwenden oder einführen, können sie die Vordrucke von den Fachverlagen für Durchschreibe-Buchhaltung beziehen. Im übrigen sind die Bestellungen bis zum 20. Februar 1953 der Bundesdruckerei aufzugeben.

10. Aus Gründen der Vereinfachung wird für Zwecke der Vermögensrechnung und des Vermögensnachweises davon abgesehen, die zum Reichsvermögen und zu den preußischen Beteiligungen gehörenden Vermögenswerte getrennt von dem sonstigen Bundesvermögen zu erfassen und nachzuweisen. Jedoch ist jede Karteikarte, die einen Vermögenswert des Reichsvermögens ausweist, am oberen Kartenrand mit Rotstift vor „Vermögensgruppe“ mit „R“ und jede Karte, die eine ehem. preußische Beteiligung ausweist, in gleicher Weise mit „Pr“ zu kennzeichnen. In dem Verzeichnis der Vermögenskonten (Muster 7) ist in Spalte Bemerkungen ein entsprechender Vermerk mit Bleistift aufzunehmen.

III. Erfassung und Nachweis der Kapitalbeteiligungen (7)

11. Die Beteiligungen des Bundes am Kapital von Unternehmen aller Art sind ohne Rücksicht auf die Rechtsform in die Vermögensrechnung des Bundes einzubeziehen; das gleiche gilt für die Beteiligungen des

(6) Siehe vorn Muster 7.

(7) Vgl. hierzu § 15, § 22 Abs. 1 Buchst. f), § 44 und § 45 VBRO sowie Anm. dazu.

Reichs und des ehem. Landes Preußen, soweit auf Grund des Vorschaltgesetzes und der DVO zu § 6 dieses Gesetzes die Verwaltung dem Bund zusteht.

Der Besitz von Aktien ist für die Vermögensrechnung auch dann als Kapitalbeteiligung anzusehen, wenn die im Besitz des Bundes befindlichen Werte weniger als 25 v. H. des Grundkapitals der Gesellschaft betragen.

Bei der Erfassung sind die Beteiligungen der Gesellschaften usw. an anderen Unternehmen (mittelbare Beteiligung) nachrichtlich zu berücksichtigen, und zwar mittelbare Beteiligungen bis zum dritten Grade stets, weitergehende Beteiligungen nur, wenn der Anteil der Obergesellschaft mehr als 25 v. H. beträgt (vgl. Tz. 19 und 20 Buchstabe d und o).

12. Die Kapitalbeteiligungen sind von dem nach § 48 RHO zuständigen Bundesminister, im Zweifel von dem Bundesminister der Finanzen zu erfassen. Werden die Rechte aus der Beteiligung von einer nachgeordneten Behörde wahrgenommen, so ist diese für die Aufnahme der Kapitalbeteiligung in die Vermögensrechnung zuständig.

Die hiernach zuständigen Behörden sind rechnunglegende Stellen für die Bundesvermögensrechnung.

13. Bei der ersten Bestandsaufnahme sind die Kapitalbeteiligungen, soweit sie in Wertpapieren verbrieft sind, die im Währungsgebiet an einer deutschen Börse amtlich notiert oder im geregelten Freiverkehr gehandelt werden, mit dem Kurswert am Stichtage (31. März 1953) oder der letzten Notierung vor dem Stichtage in die Vermögensrechnung aufzunehmen.

14. Anteile, für die ein Börsenkurs gemäß Tz. 13 nicht festgesetzt ist sowie GmbH-Anteile, Geschäftsguthaben bei Erwerbs- und Wirtschaftsgenossenschaften und Anteile am Kapital von Unternehmen des öffentlichen Rechts sind mit dem Nennwert aufzunehmen.

Dem Nennwert nach Abs. 1 ist der Anteil an den offenen Rücklagen nach Maßgabe der letzten Bilanz hinzuzurechnen. Rücklagen für die Lastenausgleichs-Vermögensabgabe (§ 218 des Lastenausgleichsgesetzes) bleiben unberücksichtigt.

Von dem Nennwert nach Abs. 1 sind nach Maßgabe der letzten Bilanz abzusetzen:

a) der Anteil an dem Kapitalentwertungskonto (§ 36 DM-Bilanzgesetz),
b) der Anteil an dem außerordentlichen Kapitalentwertungskonto (§ 37 DM-Bilanzgesetz),
c) der Anteil an dem Kapitalverlustkonto (§ 38 DM-Bilanzgesetz).

15. Anteile an bergrechtlichen Gewerkschaften (Kuxe) sind — wenn sie nicht unter Tz. 13 fallen — mit dem aus dem letzten Jahresabschluß der

Gewerkschaft sich ergebenden anteilmäßigen Kapitalbetrag in die Vermögensrechnung aufzunehmen.

16. Anteile an Gesellschaften, die sich in Liquidation befinden, sind, wenn sie nicht mit dem amtlich notierten Börsenkurs im Sinne von Tz. 13 aufgenommen werden können, mit dem anteiligen Unterschiedsbetrag zwischen den Aktiven und den Passiven am letzten Bilanzstichtag zu bewerten.

17. Beteiligungen an Gesellschaften, die ihr Kapital noch nicht gemäß § 35 des DM-Bilanzgesetzes neu festgesetzt haben, sowie Beteiligungen an Gesellschaften, die ihren Sitz in der sowjetischen Besatzungszone oder in den deutschen Ostgebieten unter fremder Verwaltung haben, sind zunächst nur nachrichtlich in die Vermögensrechnung aufzunehmen. Zu diesem Zwecke ist eine Karteikarte (Tz. 19) anzulegen. In die Karteikarte sind alle bekannten oder ermittelbaren Merkmale einzutragen. Sobald der Wert der Beteiligung in DM ermittelt werden kann, ist er als Zugang in der Vermögensrechnung zu buchen.

18. Sollte sich im Einzelfall bei einer Bewertung nach den Tzn. 13 bis 16 ein Betrag ergeben, der zum wirklichen Wert in offensichtlichem Mißverhältnis steht, so ist eine abweichende Bewertung vorzunehmen, die den tatsächlichen Verhältnissen Rechnung trägt. Der Grund hierfür ist auf dem Buchungsbeleg anzugeben.

19. Über jede unmittelbare Kapitalbeteiligung ist eine Vermögenskarteikarte nach dem Muster 4 (Anlage 3) [8] zu führen. Auf der Karteikarte sind auch die mittelbaren Beteiligungen (Tz. 11 Abs. 3) einzutragen. Wo es zweckmäßig erscheint, insbesondere bei zahlreichen mittelbaren Beteiligungen, können für diese Unterkarten nach dem gleichen Vordruck angelegt werden.

20. Hinsichtlich der äußeren Gestaltung der Vermögenskarteikarten für Beteiligungen ist folgendes zu beachten:

Vorderseite

a) Oben links ist jede Karte mit dem Kopfstempel der aufstellenden Behörde zu versehen. Darunter hat der Dienststellenleiter oder sein Beauftragter die Bescheinigung nach Tz. 7 abzugeben.

b) Als Bezeichnung des Unternehmens ist der Name (Firma) und der Sitz des Unternehmens anzugeben, an dem die Beteiligung des Bundes, des Reiches oder des ehem. Landes Preußen unmittelbar besteht (unmittelbare Beteiligung).

c) Unter „Vermögensgruppe" rechts oben ist die Nummer der Vermögensgruppe nach dem Vermögensgruppenplan einzutragen. Die

---

(8) Siehe vorn Muster 4.

„Kontonummer" wird für die einzelnen Beteiligungen noch bekanntgegeben. Unter „Haushaltsstelle" ist die Bezeichnung des Einzelplans und des Kapitels nach dem Haushaltsmuster 1953 anzugeben, zu denen die Beteiligung gehört. Bei „Blatt Nr." ist eine Nummer nur einzutragen, wenn für die einzelne Beteiligung mehr als ein Blatt in Benutzung genommen ist.

d) Die Spalte 1 enthält die laufende Nummer. Die Numerierung der mittelbaren Beteiligungen beginnt bei jeder unmittelbaren Beteiligung mit 1 und wird ohne Rücksicht auf den Grad der Beteiligung fortlaufend durchgeführt (vgl. hierzu Buchstabe o).

e) In Spalte 2 sind der Name (Firma) und der Sitz des Unternehmens in ungekürzter Form und, sofern eine Abkürzung des Namens allgemein üblich ist, auch diese anzugeben.

f) In Spalte 3 ist der Gegenstand des Unternehmens so zu bezeichnen, wie er sich aus der Satzung oder dem Gesellschaftsvertrag ergibt. Für die Angaben kann eine knappe Form gewählt werden; in diesem Falle ist die Fundstelle anzugeben, z. B. § ... des Gesellschaftsvertrages.

g) In Spalte 4 ist die Form des Unternehmens in der üblichen abgekürzten Schreibweise einzutragen, z. B. AG., GmbH. usw.

h) Ist das Unternehmen nach dem 20. Juni 1948 gegründet worden, so ist in Spalte 5 als Gründungstag anzugeben:

1. bei Aktiengesellschaften, Kommanditgesellschaften auf Aktien und Gesellschaften mit beschränkter Haftung
   der Tag der Eintragung in das Handelsregister,
2. bei Genossenschaften
   der Tag der Eintragung in das Genossenschaftsregister,
3. bei bergrechtlichen Gewerkschaften
   der Tag der Mitbeteiligung an dem Bergwerk
   oder der Tag der Zustellung der rechtsbegründenden Urkunde des Oberbergamtes,
4. bei Unternehmen des öffentlichen Rechts
   der aus dem Gesetz oder der Satzung sich ergebende Tag.

In den übrigen Fällen ist das Gründungsjahr anzugeben, soweit es bekannt ist.

i) In Spalte 6 ist das Grundkapital oder das Stammkapital in Deutscher Mark nach dem Stande vom 31. März 1953 anzugeben. Bei Gesellschaften, die ihr Kapital noch nicht auf Grund des DM-Bilanzgesetzes neu festgesetzt haben, bleibt die Spalte zunächst frei.

k) Bei den Eintragungen in Spalte 7 ist sinngemäß wie bei den Eintragungen in Spalte 6 zu verfahren. Der Hundertsatz des Anteils ist bis auf 2 Stellen nach dem Komma zu berechnen.

l) In Spalte 8 ist in den gemäß Tz. 13 in Betracht kommenden Fällen der Börsenkurs einzutragen.

m) Die Spalte 9 ist nur bei der unmittelbaren Beteiligung auszufüllen. Sie nimmt den Wert der Beteiligung zu Beginn der Vermögensrechnung (Rechnungswert) auf. Ist dies nicht der Kurswert und weicht er von dem Betrag in Spalte 7 ab, so ist seine Berechnung in Spalte 10 kurz zu erläutern.

n) In Spalte 10 sind Angaben über den Erwerb der Anteile, Werterläuterungen nach Buchstabe m) und sonstige wichtige Vermerke aufzunehmen.

o) In Spalte 11 ist die Zusammengehörigkeit der mittelbaren Beteiligungen (ersten, zweiten, dritten usw. Grades) ersichtlich zu machen. Bei mittelbaren Beteiligungen ersten Grades ist die Nummer aus Spalte 1 einzutragen. Die zugehörigen mittelbaren Beteiligungen zweiten Grades erhalten die gleiche Nummer mit dem Zusatz der Ziffern 0, 1 usw. Die weiteren Unterteilungen folgen dem Zehnersystem, z. B. (9):

Mittelbare Beteiligung ersten Grades	2
mittelbare Beteiligung zweiten Grades	20, 21 usw.
mittelbare Beteiligung dritten Grades	200, 201 usw.
oder	210, 211 usw.

Rückseite

p) Die Rückseite der Karte nimmt die Buchungen zur Fortschreibung des in Spalte 9 (Vorderseite) eingetragenen Rechnungswertes auf. Bei Beginn der Vermögensrechnung ist der Betrag aus Spalte 9 (Vorderseite) in die Spalte 5 (Rückseite) einzutragen. Nach Feststellung der Bilanz eines jeden Geschäftsjahres ist dieser Betrag durch Buchung eines Zuganges in Spalte 7 oder eines Abganges in Spalte 9 auf den Gegenwartswert zu bringen. Die Buchung ist spätestens in dem auf den Abschlußtag des Unternehmens folgenden Rechnungsjahr vorzunehmen.

(9) Zu beachten ist Buchst. d). Danach sind in Spalte 1 die Beteiligungen ohne Rücksicht auf den Grad der Beteiligung fortlaufend zu numerieren. Um in Spalte 11 die Zahlen klein zu halten, wird es sich empfehlen, von 1 beginnend zunächst die Beteiligungen ersten Grades aufzuführen, alsdann die Beteiligungen zweiten Grades usf.

q) **Werden zum erstmaligen Erwerb oder zur Erweiterung einer Beteiligung an einem Unternehmen Kapitalzahlungen aus dem Bundeshaushalt geleistet, so sind diese Beträge in Spalte 6 zu buchen. Abweichende Bewertungen der Anteile nach dem Börsenkurs oder bei abweichendem Anschaffungswert im Falle von Tz. 14 sind durch Buchungen in den Spalten 7 oder 9 auszugleichen** (10).

r) Werden Anteile an Unternehmen gegen Entgelt veräußert, so ist der Abgang mit dem Betrag der Haushaltseinnahme in Spalte 8 zu buchen. Satz 2 des vorstehenden Absatzes q) gilt sinngemäß.

21. Für jede Beteiligung sind die Unterlagen, die die Eintragungen und Buchungen auf der Karteikarte begründen, in einem besonderen Aktenheft zu sammeln und als Dauerbelege zu behandeln.

IV. Erfassung und Nachweis der Darlehen

22. In die Bundesvermögensrechnung sind alle Darlehen aufzunehmen, die der Bund ausgeliehen hat ohne Rücksicht darauf, ob sie von einer Bundesbehörde unmittelbar oder von einer beauftragten anderen Stelle verwaltet werden. Das gleiche gilt für Darlehen, die zu dem auf Grund des Vorschaltgesetzes in die Verwaltung des Bundes übergegangenen Reichsvermögen gehören.

23. Grundsätzlich führen die Kassen die Vermögensrechnung über die Darlehen. Dabei ist auf eine enge Verbindung mit der Rechnung über die Haushaltseinnahmen und -ausgaben (Geldrechnung) besonderer Wert zu legen. Jede Auszahlung eines Darlehnsbetrages löst einen Zugang, jede Einnahme zur Tilgung oder Rückzahlung eines Darlehnsbetrages einen Abgang bei den Forderungen in der Vermögensrechnung aus. Diese enge Verknüpfung zwischen Geldrechnung und Vermögensrechnung macht es zweckmäßig, die Buchung der Ausgaben oder der Einnahmen in der Geldrechnung und die Buchung des Zugangs oder des Abgangs in der Vermögensrechnung zu gleicher Zeit, nach Möglichkeit in einem Arbeitsgang vorzunehmen.

24. Rechnunglegende Stelle für die Vermögensrechnung über Darlehnsforderungen des Bundes ist diejenige Kasse, der die Einziehung der Zins- und Tilgungsbeträge oder die Annahme der Rückzahlung obliegt. Diese Kasse hat für jedes ausgegebene Darlehen eine Karteikarte nach dem beiliegenden Muster 5 (Anlage 4) (11) zu führen. Die zur Anlegung der Karteikarte notwendigen Angaben sind der Kasse von der zuständigen Verwaltungsdienststelle schriftlich mitzuteilen. Die Mitteilungen sind als

---

(10) Vgl. § 44 Abs. 3 VBRO.

(11) Siehe vorn Muster 5.

Dauerbeleg aufzubewahren. Zur Vereinfachung kann zugelassen werden, daß die Beschreibung des Darlehens auf der Vorderseite der Karte durch die Verwaltungsdienststelle eingetragen und sodann die ausgefüllte Karte zur Fortführung an die Kasse abgegeben wird.

25. Für die erste Erfassung der Darlehen haben die Dienststellen der Verwaltung den in Betracht kommenden Kassen die Unterlagen zur Anlegung der Vermögenskartei zu liefern. Es wird in vielen Fällen zweckmäßig sein, daß die Behörde, die das Darlehen bewilligt hat und die Verwaltung führt, die Karteikarte mit den einzelnen Angaben selbst anlegt und sie an ihre zuständige Kasse abgibt. Die Kasse nimmt die so ausgefüllten Karteikarten in ihre Kartei auf, trägt sie in das Verzeichnis nach Tz. 6 ein und übernimmt die Vermögensbuchführung. Alle Beteiligten haben hierbei sorgfältig darauf zu achten, daß der Darlehensbestand zum 31. März 1953 richtig eingetragen wird. Für die Vollständigkeit und Richtigkeit der ersten Erfassung sind die Behörden verantwortlich, die die Darlehen bisher verwaltet haben.

26. Werden die Eintragungen zur Beschreibung des Darlehens nach Tz. 24 und 25 von einer anderen Stelle als der rechnunglegenden Kasse vorgenommen, so hat diese Stelle die Richtigkeit der Eintragungen zu bescheinigen.

27. Hinsichtlich der äußeren Gestaltung der Vermögenskarteikarten für Darlehen ist folgendes zu beachten:

Vorderseite

a) Die Bemerkungen unter Tz. 20 Buchstabe a) und c) sind sinngemäß anzuwenden. Die Kontonummer ist dem Verzeichnis nach Tz. 6 zu entnehmen.

b) Der Schuldner des Darlehns ist nach Name, Beruf, Wohnort und Wohnung (Sitz der Behörde oder Körperschaft) genau zu bezeichnen. Bei Darlehen an Gebietskörperschaften ist insbesondere auch anzugeben, welche Behörde den Schuldner für das Darlehn vertritt.

c) Unter Betrag des Darlehns usw. ist der ursprüngliche Darlehnsbetrag sowie seine Umstellung und Tilgung bis zum Stichtage (31. März 1953) darzustellen.

d) Der Zweck des Darlehns ist so anzugeben, daß die Zuteilung zu einer Untergruppe (Tz. 4) möglich ist.

e) Unter Darlehnsbedingungen sind bei den Zinsen zunächst der Zinssatz in v. H. anzugeben, sodann der Tag, von dem an die Zinsen zu berechnen sind, ferner die Fälligkeitstage, z. B. bei halbjährlicher Zinszahlung „1. April; 1. Oktober“ oder „1. Januar; 1. Juli“ und schließlich der Tag der ersten Fälligkeit, z. B. „1. Oktober 1953". Für einen etwaigen Verwaltungskostenbeitrag und für die Tilgungsbeträge ist entsprechend zu verfahren.

f) Unter Tilgungsverrechnung ist zu vermerken, ob die geleistete Tilgungsrate monatlich, viertel-, halb- oder ganzjährlich zinsmindernd abzurechnen ist.

g) Zur Vereinfachung der Buchführung ist für die Kontrolle der Zins- und Tilgungsleistungen (Jahresleistungen) auf den Vermögenskarteikarten Raum für vier Rechnungsjahre [12] vorgesehen. In den Spalten 3 bis 7 wird das Soll, in den Spalten 8 bis 10 das Ist und in den Spalten 11 bis 13 werden die Reste am Schluß des Rechnungsjahres dargestellt. Die Spalten 3 bis 7 (Soll) sind auf Grund der Annahmeanordnungen (§ 34 RKO) auszufüllen. Das Ist in den Spalten 8 bis 10 ist am Schluß des Rechnungsjahres den Eintragungen in den Spalten 9 und 10 auf der Rückseite der Karteikarte zu entnehmen. Die Spalten 9 und 10 werden zu diesem Zwecke am Jahresschluß aufgerechnet. Es wird für ausreichend gehalten, wenn etwaige Verwaltungskostenbeiträge nur im Soll von den Zinsen getrennt dargestellt werden. Im Ist werden Zinsen und Verwaltungskostenbeiträge zusammengefaßt, ebenso bei den Resten. Bei dem Vortrag der Reste im neuen Rechnungsjahr sind Zinsen und Verwaltungskostenbeiträge unter Zusammenklammerung der Spalten 4 und 5 in der Spalte 4 ungetrennt vorzutragen.

Rückseite

h) Die Buchungen auf der Rückseite sind mit fortlaufender Nummer vorzunehmen. Als erste Buchung ist einzutragen:

1. 1. 4. 1953 Darlehnsrest — in Spalte 12 Kapitalbetrag nach dem Stande vom 31. März 1953.

Der obere Teil der Kopfleiste gibt in den Spalten 6 bis 11 die Bedeutung der Eintragungen für die Geldrechnung, der untere Teil die Bedeutung für die Vermögensrechnung an. Die Spalten 6 und 9 dienen nur der Geldrechnung, die Spalten 8 und 11 nur der Vermögensrechnung; die übrigen Spalten gelten für beide Rechnungen gemeinsam.

i) In Spalte 7 ist bei Darlehen, die nach dem 1. April 1953 gewährt werden, der jeweils ausgezahlte Darlehnsbetrag einzutragen. Wird ein Darlehn in mehreren Teilbeträgen gezahlt, so erscheint in dieser Spalte jeder einzelne Teilbetrag, und zwar jeweils an dem Zahltage.

---

(12) Im Format DIN B 4: 5 Rechnungsjahre.

k) Einnahmen aus dem Darlehn sind mit dem vollen Betrage in Spalte 6 zu buchen. Der Betrag wird in den Spalten 9 und 10 auf Zinsen und Verwaltungskostenbeitrag sowie Tilgung aufgeteilt.

l) Etwaige Verzichte auf die Rückzahlung der Darlehnsbeträge sind in Spalte 11 „ohne haushaltsmäßige Zahlung" nachzuweisen. Die Spalte 8 „Zugänge ohne haushaltsmäßige Zahlung" wird im allgemeinen nur Bedeutung haben, wenn die Verwaltung eines Darlehns von einem anderen Verwaltungsträger übernommen wird [13].

m) Die Spalte 12 weist den jeweiligen Darlehnsrest aus. Sie nimmt erstmalig bei Beginn der Vermögensrechnung den Anfangsbestand nach dem Stichtage (31. März 1953) auf.

n) Bei Kassen mit Maschinenbuchhaltung können die Spalten der Karteikarten zur Anpassung an die Maschine in anderer Reihenfolge angeordnet werden. Die Spalte 12 kann hierbei zur Anpassung an die Maschine in zwei Spalten „Alter Kapitalbetrag" und „Neuer Kapitalbetrag" aufgeteilt werden.

28. Werden Darlehen, die nach Tz. 22 ff in die Vermögensrechnung des Bundes einzubeziehen sind, von einer außerhalb der Bundesverwaltung stehenden Stelle, insbesondere von einer Kreditanstalt treuhänderisch verwaltet, so können diese Darlehen in einer Summe auf einer Karteikarte nachgewiesen werden. Diese Karte ist von derjenigen Kasse zu führen, an die die Kreditanstalt die Zinsen und Rückflüsse aus den Darlehen abliefert.

In diesem Falle hat die Bewilligungsbehörde dafür zu sorgen, daß alle Darlehen, die der Kreditanstalt usw. nach dem 31. März 1953 zur Verwaltung überwiesen werden, jeweils zugleich bei der zuständigen Kasse auf dem Konto der Kreditanstalt in die Vermögensrechnung aufgenommen werden.

Für die erstmalige summarische Erfassung gilt Tz. 25 sinngemäß.

29. Wird ein Darlehnsbetrag unter gleichen Darlehnsbedingungen nachträglich erhöht, so kann das Zusatzdarlehen auf dem Vermögenskonto der ersten Bewilligung mit nachgewiesen werden. In diesem Falle ist der Zusatzvertrag auf der Vorderseite der Karteikarte an der vorgesehenen Stelle zu vermerken. Für andere Zusatzdarlehen ist jeweils ein besonderes Vermögenskonto anzulegen.

---

(13) Vgl. § 48 VBRO.

30. Bei der Einrichtung und Anlegung der Vermögenskarteikarten für Darlehen sind folgende Grundsätze zu berücksichtigen, die für die künftige Vermögensbuchführung in die Bestimmungen nach Tz. 1 aufgenommen werden sollen [14]:

a) Die Kassen führen neben der Vermögenskartei (Tz. 24) für Darlehen gemäß § 61 RKO Vorbücher zum Hauptbuch nach Muster 8 (Anlage 5) [15]. Die Vorbücher können nach § 73 Abs. 2 RKO als Loseblattbücher eingerichtet werden. Nach § 62 Abs. 6 RKO wird zugelassen, daß die Vorbücher als Teile des Titelbuches gelten.

b) Gemäß § 62 Abs. 6 RKO wird zugelassen, daß die Vermögenskartei für Darlehen zugleich als Titelbuch im Sinne des § 62 RKO gilt. Ferner wird gemäß § 73 Abs. 1 RKO zugelassen, daß die Kartei für einen längeren Zeitraum als ein Rechnungsjahr geführt wird. Die Vermögenskartei wird in ihrer Eigenschaft als Titelbuch durch die Vorbücher zum Hauptbuch gemäß Buchstabe a) ergänzt.

c) Werden bei einer Kasse Darlehen ausgezahlt oder Rückflüsse vereinnahmt, die nach § 10 RRO in verschiedenen Teilen des Titelbuches nachzuweisen sind, so ist für jeden Teil ein besonderes Vorbuch zum Hauptbuch nach Buchstabe a) zu führen.

d) Werden Darlehen verausgabt oder Rückflüsse vereinnahmt, die zwar im gleichen Teil des Titelbuches, aber bei verschiedenen Titeln oder nach § 11 RRO in verschiedenen Abschnitten zu buchen sind, so sind für die einzelnen Titel oder Abschnitte besondere Spalten in dem Vorbuch einzurichten.

e) Stellt eine Kasse Tagesnachweisungen nach § 60 RKO auf, so hat sie für Darlehen und die Rückeinnahmen aus diesen an Stelle der Tagesnachweisungen Vorbücher zum Hauptbuch gemäß Buchstabe a) zu führen.

f) Zur Vereinfachung wird nach § 98 Abs. 2 RKO zugelassen, daß die Kassen die Eintragungen in die Vorbücher zum Hauptbuch im Durchschreibeverfahren bewirken.

---

(14) In der endgültigen Fassung des Entwurfs haben die Buchführungsbestimmungen zum Teil einen anderen Inhalt erlangt. Vgl. hierzu § 49 und § 50 VBRO.

(15) Siehe vorn Muster 9.

g) Der Bundesminister der Finanzen kann im Einvernehmen mit dem Bundesrechnungshof an Stelle der Bestimmungen zu e) bis f) eine andere Regelung zulassen, wenn es zur Erleichterung der Buchführung zweckdienlich ist.

h) In die Forderungsnachweisung nach § 27 RRO sind Darlehnsforderungen nicht mehr aufzunehmen [16].

31. In den Fällen der Tzn. 25, 27 Buchstaben c), h) und m) tritt bei Darlehen, für die nach dem 31. März 1953 noch Tilgungsbeträge gezahlt und nach § 68 Abs. 2 RHO in den Büchern für das abgelaufene Rechnungsjahr gebucht werden, an die Stelle des 31. März 1953 bzw. 1. April 1953 der Abschlußtag der Kassenbücher nach § 61 Abs. 1 RHO [17].

V. Erfassung und Nachweis der übrigen geldwerten Rechte

32. Wertpapiere, soweit sie nicht eine Beteiligung im Sinne des Abschnitts III verkörpern, sind auf Anweisung der zuständigen Behörde von der Kasse nachzuweisen, die die Wertpapiere verwahrt. Bezüglich der geldwerten Rechte nach Tz. 34 und 35 ist sinngemäß zu verfahren.

33. Schuldversreibungen, Pfandbriefe u. dgl. sind grundsätzlich mit dem Anschaffungswert in die Vermögensrechnung aufzunehmen. Bei der ersten Bestandsaufnahme sind Wertpapiere, die im Währungsgebiet an einer deutschen Börse amtlich notiert oder im geregelten Freiverkehr gehandelt werden, mit dem Kurswert vom 31. März 1953 oder der letzten vorhergehenden Notierung zu bewerten. Wertpapiere, die keinen Kurswert haben, sind mit dem Nennwert aufzunehmen. Steht dieser offensichtlich in einem Mißverhältnis zum wirklichen Wert, so ist ein angemessener Wert zu schätzen.

34. Guthaben bei Banken und anderen Geldanstalten sind nur dann als Vermögensbestandteile anzusehen, wenn sie nicht zum Kassenbestand gehören, z. B. Guthaben auf Sperrkonten.

35. Unter den sonstigen Geldforderungen sind alle geldwerten Rechte aufzunehmen, die in einer der anderen Vermögensgruppen nicht unterzubringen sind (z. B. Restkaufgeldforderungen). Nicht aufzunehmen sind

---

(16) Vgl. § 57 Abs. 2 VBRO.

(17) Wenn Darlehen nicht voll aus Mitteln des Rechnungsjahres 1952 ausgezahlt worden waren, war unter „Betrag des Darlehens“ das bewilligte Darlehen in voller Höhe einzutragen. In der Spalte „Vermerke“ war der bis zum 31. März 1953 ausgezahlte Teilbetrag des Gesamtdarlehens unter Angabe des Tages der Zahlung einzusetzen und auf die Rückseite des Musters 5 nach dem Stichtag (31. März 1953) zu übernehmen.

die Forderungen, die in der Kassenrechnung abzuwickeln sind, z. B. Mietrückstände und andere Kassenreste. Bedingte Forderungen — Kennziffer 391 — sind nachrichtlich aufzunehmen.

36. Für den Nachweis der geldwerten Rechte im Sinne der Tz. 32 bis 35 ist die Vermögenskarteikarte für bewegliche Sachen — Muster 2 — (Anlage 6) [18] unter entsprechender Änderung der Kopfbezeichnung zu verwenden. Von der Herausgabe eines besonderen Musters für diese Vermögensgegenstände wird einstweilen abgesehen. Für jede Wertpapierart und für jede Forderung ist eine besondere Karte zu verwenden.

VI. Wertberichtigungen

37. Die Frage der Wertberichtigungen wird in den Bestimmungen über die Vermögensbuchführung (Tz. 1) geregelt [19].

Anmerkung:

Das in den Richtlinien zur Vermögensrechnung Teil I bis III bisher als Muster 6 bezeichnete „Verzeichnis der Vermögenskonten“ ist umzubenennen in Muster 7.

(18) Siehe vorn Muster 2.
(19) Vgl. § 21 VBRO.

Der Bundesminister der Finanzen Bonn, den 3. März 1953
II B — O 4300 — 5/52

Richtlinien zur Vermögensrechnung
Teil V
(Richtl. VR V)
Aufnahme der Schulden in den Vermögensnachweis und die Vermögensrechnung des Bundes

Vorbemerkungen

1. Zur Durchführung der Artikel 110 Abs. 3 und Artikel 114 Abs. 1 und 2 GG haben vom 1. April 1953 an alle Dienststellen, Anstalten und Einrichtungen des Bundes, die Bundesvermögen oder ehemaliges Reichsvermögen (1) verwalten, eine der Prüfung des Bundesrechnungshofs unterliegende Vermögensrechnung zu führen. Von dieser Verpflichtung sind ausgenommen die Deutsche Bundesbahn, die Deutsche Bundespost und die nach § 15 Abs. 1 RHO mit dem voraussichtlichen Endergebnis veranschlagten Betriebe.

2. Die nach Textziffer (Tz.) 1 zu führende Vermögensrechnung erstreckt sich auf die Sachen und Rechte sowie auf die Schulden des Bundes. Nachstehend werden im Einvernehmen mit den übrigen Bundesressorts und dem Bundesrechnungshof die Grundsätze für die Aufnahme der Schulden in die Vermögensrechnung bekanntgegeben.

I. Gliederung der Schulden

3. Die Gliederung der Sachen und Rechte in Vermögensklassen und Vermögensgruppen ist aus den bereits bekanntgegebenen Richtlinien zur Vermögensrechnung Teil I—IV ersichtlich. Diese Bestimmungen gelten für die Schulden sinngemäß.

Als Vermögensklasse wird für die Schulden des Bundes die Klasse

9 = Bundesschuld

bestimmt.

Die Gliederung der Schulden nach Vermögenshauptgruppen, -obergruppen und -gruppen ergibt sich aus dem beiliegenden Vermögensgruppenplan (Anlage 1) (2).

(1) Vgl. Anm. 1 zu Richtl. VR I.

(2) Hier im Anschluß an die Erläuterungen zur VBRO abgedruckt.

II. Die zu erfassenden Bundesschulden

4. Es sind nach dem Stand vom 31. März 1953 (Stichtag) aufzunehmen:

a) Schulden des Bundes, die nach den Vorschriften der Reichsschuldenordnung vom 13. Februar 1924 (RGBl. I S. 95) in der jeweils geltenden Fassung bei der Bundesschuldenverwaltung nachgewiesen werden;

b) Hypotheken, Grund- und Rentenschulden;

c) Restkaufgelder;

d) Ablösungsverpflichtungen für Wertzuwachs (z. B. Ablösung werterhöhender Investitionen Dritter);

e) sonstige Schulden, deren Aufnahme in die Vermögensrechnung der zuständige Bundesminister im Einvernehmen mit dem Bundesminister der Finanzen [3] im Bedarfsfalle anordnet.

Voraussetzung für die Aufnahme der Schuldverpflichtungen nach Buchstabe d) ist, daß der Bund die Verpflichtung nach Grund und Betrag anerkannt hat.

III. Schuldennachweis und Vermögensrechnung

5. Den Nachweis und die Vermögensrechnung über die Schulden gemäß Tz. 4 Buchstabe a) führt die Bundesschuldenverwaltung nach den für sie geltenden Bestimmungen.

6. Zuständig für den Nachweis und die Führung der Vermögensrechnung über die Schulden gemäß Tz. 4 Buchstabe b) bis e) ist diejenige Bundesbehörde, welche die Schuld verwaltet (rechnunglegende Stelle).

7. Die nach Tz. 6 nachzuweisenden Schulden sind nach dem Stand am 31. März 1953 (Stichtag) von der rechnunglegenden Stelle in Schuldenkonten zu erfassen. Die Schuldenkonten werden auf Karteikarten nach Muster 6 (Anlage 2) [4] geführt. Für jede Schuld ist ein Schuldenkonto anzulegen. Die Schuldenkartei ist Sachbuch der Vermögensrechnung.

Für Schulden, die nach dem 31. März 1953 neu hinzukommen, ist bei der Entstehung ein Schuldenkonto einzurichten.

8. Für die äußere Gestaltung der Karteikarten ist folgendes zu beachten:

Vorderseite

a) Oben links ist jede Karte mit dem Kopfstempel der aufstellenden Dienststelle zu versehen. Darunter hat der Dienststellenleiter oder sein Beauftragter die Ingebrauchnahme der Karte zu bescheinigen,

(3) Vgl. § 5 Abs. 1 Buchst. d) VBRO; eingefügt „und dem Bundesrechnungshof".

(4) Siehe vorn Muster 6.

nachdem er sich vergewissert hat, daß sie in das Verzeichnis der Vermögenskonten eingetragen ist.

b) Unter „Vermögensgruppe" rechts oben ist die Vermögensgruppe nach dem Vermögensgruppenplan einzutragen. Die Konto-Nr. ist dem Verzeichnis der Vermögenskonten zu entnehmen. Unter „Haushaltsstelle" ist die Bezeichnung des Einzelplanes und des Kapitels nach dem Haushaltsmuster 1953 anzugeben, bei dem der Schuldentilgungsbetrag gebucht wird. Bei „Blatt-Nr." ist eine Nummer nur einzutragen, wenn für die einzelne Schuld mehr als ein Blatt in Gebrauch genommen ist.

c) Der Gläubiger ist nach Name, Wohnort und Wohnung genau zu bezeichnen.

d) Der Entstehungsgrund der Schuld ist anzugeben, möglichst unter Hinweis auf das mit der Schuld zusammenhängende Vermögensobjekt.

e) Unter Betrag der Schuld usw. ist der ursprüngliche Schuldbetrag sowie die Tilgung bis zum 31. März 1953 (Stichtag) darzustellen.

f) Unter Schuldbedingungen sind bei den Zinsen zunächst der Zinssatz in v. H. anzugeben, sodann der Tag, von dem an die Zinsen zu berechnen sind, ferner die Fälligkeitstage, z. B. bei halbjährlicher Zinszahlung „1. April; 1. Oktober" oder „1. Januar; 1. Juli", und schließlich der Tag der ersten Fälligkeit, z. B. 1. Oktober 1953. Für Tilgungsbeträge ist entsprechend zu verfahren.

g) Bei „Tilgungsverrechnung" ist zu vermerken, ob die zu leistenden Tilgungsbeträge sich monatlich, viertel-, halb- oder ganzjährlich zinsmindernd auswirken.

h) Die Art der Eintragungen in die Spalten 1 bis 4 ergibt sich aus der Spaltenbezeichnung.

i) Die Spalte 5 weist zu Beginn der Vermögensrechnung und am Anfang jedes Rechnungsjahres den als Anfangsbestand nachzuweisenden Schuldbetrag aus.

k) Die Spalten 6 und 7 zeigen im einzelnen die Zugänge an Schulden.

l) In den Spalten 8 und 9 sind die während eines Rechnungsjahres durch Tilgung eintretenden Schuldenabgänge nachzuweisen; dabei sind die in monatlichen, viertel- oder halbjährlichen Raten gezahlten Beträge mit dem tatsächlich gezahlten Jahresbetrag aufzunehmen. Abgänge ohne haushaltsmäßige Zahlung sind einzeln zu buchen.

m) In Spalte 10 ist die Summe der im Rechnungsjahr gezahlten Zinsen einzutragen.

n) Die Spalte 11 zeigt den am Schluß des Rechnungsjahres verbliebenen Restbetrag der Schuld.

9. Bei Schulden, für die nach dem 31. März 1953 noch Tilgungsbeträge gezahlt und nach § 68 Abs. 2 RHO in den Büchern über Haushaltsausgaben für das abgelaufene Rechnungsjahr 1952 gebucht werden, tritt in den Fällen der Tzn. 4, 7 und 8 Buchst. e) an die Stelle des 31. März 1953 der Abschlußtag der Kassenbücher nach § 61 Abs. 1 RHO.

10. Die Vordrucke der Karteikarten werden von der Bundesdruckerei in Bonn, Pleimesstraße 3—5, hergestellt; sie können von dort unmittelbar zu Lasten der Mittel für Geschäftsbedürfnisse bezogen werden.

Bestellungen für den ersten Bedarf sind bis 20. März 1953 an die Bundesdruckerei zu richten.

11. Für den Nachweis der in die Vermögenskartei eingestellten Karteikarten im Verzeichnis der Vermögenskonten, für die Kennzeichnung der Karteikarten bei Ingebrauchnahme und für die Aufbewahrung der Kartei gelten die in den Richtlinien zur Vermögensrechnung Teil I—IV enthaltenen entsprechenden Bestimmungen.

IV. Bewertung der Schulden [5]

12. Die Schulden sind mit dem Nennbetrag in Deutscher Mark in der Vermögensrechnung zu führen.

Lautet der Nennbetrag nicht auf Deutsche Mark, so ist er auf Deutsche Mark umzurechnen. Der Bundesminister der Finanzen bestimmt den Umrechnungskurs, soweit dieser nicht in anderer Weise festgelegt ist.

(5) Vgl. § 11 VBRO.

Grundgesetz

für die Bundesrepublik Deutschland

vom 23. Mai 1949
(BGBl. S. 1)

— Auszug —

Artikel 89

(1) Der Bund ist Eigentümer der bisherigen Reichswasserstraßen[1]).

(2) Der Bund verwaltet die Bundeswasserstraßen durch eigene Behörden. Er nimmt die über den Bereich eines Landes hinausgehenden staatlichen Aufgaben der Binnenschiffahrt und die Aufgaben der Seeschiffahrt wahr, die ihm durch Gesetz übertragen werden[2]). Er kann die Verwaltung von Bundeswasserstraßen, soweit sie im Gebiet eines Landes liegen, diesem Lande auf Antrag als Auftragsverwaltung übertragen. Berührt eine Wasserstraße das Gebiet mehrerer Länder, so kann der Bund das Land beauftragen, für das die beteiligten Länder es beantragen.

(3) Bei der Verwaltung, dem Ausbau und dem Neubau von Wasserstraßen sind die Bedürfnisse der Landeskultur und der Wasserwirtschaft im Einvernehmen mit den Ländern zu wahren.

Artikel 90

(1) Der Bund ist Eigentümer der bisherigen Reichsautobahnen und Reichsstraßen[3]).

(2) Die Länder oder die nach Landesrecht zuständigen Selbstverwaltungskörperschaften verwalten die Bundesautobahnen und sonstigen Bundesstraßen des Fernverkehrs im Auftrage des Bundes[4]).

(3) Auf Antrag eines Landes kann der Bund Bundesautobahnen und sonstige Bundesstraßen des Fernverkehrs, soweit sie im Gebiet dieses Landes liegen, in bundeseigene Verwaltung übernehmen.

Artikel 110

(1) ...

(2) ...

(3) Das Vermögen und die Schulden sind in einer Anlage des Haushaltsplanes nachzuweisen.

(4) ...

---

[1]) Vgl. das Gesetz über die vermögensrechtlichen Verhältnisse der Bundeswasserstraßen vom 21. Mai 1951 (BGBl. S. 352).

[2]) Vgl. das Gesetz über die Aufgaben des Bundes auf dem Gebiete der Seeschiffahrt vom 22. November 1950 (BGBl. S. 767) i. d. F. vom 22. Dezember 1953 (BGBl. II S. 603).

[3]) Vgl. das Gesetz über die vermögensrechtlichen Verhältnisse der Bundesautobahnen und sonstigen Bundesstraßen des Fernverkehrs vom 2. März 1951 (BGBl. S. 157), das Bundesfernstraßengesetz vom 6. August 1953 (BGBl. S. 903), das Überleitungsgesetz für die Bundesfernstraßen im Saarland vom 23. Dezember 1959 (BGBl. S. 797) sowie die Verordnung über Kreuzungsanlagen vom 26. Juni 1957 (BGBl. S. 659).

[4]) Allgemeine Verwaltungsvorschriften vom 3. Juli 1951 im VkBl. S. 230.

Grundgesetz (Auszug)

Artikel 114

(1) Der Bundesminister der Finanzen hat dem Bundestage und dem Bundesrate über alle Einnahmen und Ausgaben sowie über das Vermögen und die Schulden jährlich Rechnung zu legen.

(2) Die Rechnung wird durch einen Rechnungshof, dessen Mitglieder richterliche Unabhängigkeit besitzen, geprüft. Die allgemeine Rechnung und eine Übersicht über das Vermögen und die Schulden sind dem Bundestage und dem Bundesrate im Laufe des nächsten Rechnungsjahres mit den Bemerkungen des Rechnungshofes zur Entlastung der Bundesregierung vorzulegen. Die Rechnungsprüfung wird durch Bundesgesetz geregelt.

Artikel 115

Im Wege des Kredites dürfen Geldmittel nur bei außerordentlichem Bedarf und in der Regel nur für Ausgaben zu werbenden Zwecken und nur auf Grund eines Bundesgesetzes beschafft werden. Kreditgewährungen und Sicherheitsleistungen zu Lasten des Bundes, deren Wirkung über ein Rechnungsjahr hinausgeht, dürfen nur auf Grund eines Bundesgesetzes erfolgen. In dem Gesetze muß die Höhe des Kredites oder der Umfang der Verpflichtung, für die der Bund die Haftung übernimmt, bestimmt sein.

Artikel 133

Der Bund tritt in die Rechte und Pflichten der Verwaltung des Vereinigten Wirtschaftsgebietes ein.

Artikel 134

(1) Das Vermögen des Reiches wird grundsätzlich Bundesvermögen.

(2) Soweit es nach seiner ursprünglichen Zweckbestimmung überwiegend für Verwaltungsaufgaben bestimmt war, die nach diesem Grundgesetze nicht Verwaltungsaufgaben des Bundes sind, ist es unentgeltlich auf die nunmehr zuständigen Aufgabenträger, und soweit es nach seiner gegenwärtigen, nicht nur vorübergehenden Benutzung Verwaltungsaufgaben dient, die nach diesem Grundgesetze nunmehr von den Ländern zu erfüllen sind, auf die Länder zu übertragen. Der Bund kann auch sonstiges Vermögen den Ländern übertragen.

(3) Vermögen, das dem Reich von den Ländern und Gemeinden (Gemeindeverbänden) unentgeltlich zur Verfügung gestellt wurde, wird wiederum Vermögen der Länder und Gemeinden (Gemeindeverbände), soweit es nicht der Bund für eigene Verwaltungsaufgaben benötigt.

(4) Das Nähere regelt ein Bundesgesetz, das der Zustimmung des Bundesrates bedarf[5]).

Artikel 135

(1) Hat sich nach dem 8. Mai 1945 bis zum Inkrafttreten dieses Grundgesetzes die Landeszugehörigkeit eines Gebietes geändert, so steht in diesem Gebiete das Vermögen des Landes, dem das Gebiet angehört hat, dem Lande zu, dem es jetzt angehört.

---

5) inzwischen ergangen als Gesetz zur Regelung der Rechtsverhältnisse des Reichsvermögens und der preußischen Beteiligungen (Reichsvermögen-Gesetz) vom 16. Mai 1961 (BGBl. S. 597) — auszugsweise nachstehend abgedruckt —.

(2) Das Vermögen nicht mehr bestehender Länder und nicht mehr bestehender anderer Körperschaften und Anstalten des öffentlichen Rechtes geht, soweit es nach seiner ursprünglichen Zweckbestimmung überwiegend für Verwaltungsaufgaben bestimmt war, oder nach seiner gegenwärtigen, nicht nur vorübergehenden Benutzung überwiegend Verwaltungsaufgaben dient, auf das Land oder die Körperschaft oder Anstalt des öffentlichen Rechtes über, die nunmehr diese Aufgaben erfüllen.

(3) Grundvermögen nicht mehr bestehender Länder geht einschließlich des Zubehörs, soweit es nicht bereits zu Vermögen im Sinne des Absatzes 1 gehört, auf das Land über, in dessen Gebiet es belegen ist.

(4) Sofern ein überwiegendes Interesse des Bundes oder das besondere Interesse eines Gebietes es erfordert, kann durch Bundesgesetz eine von den Absätzen 1 bis 3 abweichende Regelung getroffen werden.

(5) Im übrigen wird die Rechtsnachfolge und die Auseinandersetzung, soweit sie nicht bis zum 1. Januar 1952 durch Vereinbarung zwischen den beteiligten Ländern oder Körperschaften oder Anstalten des öffentlichen Rechtes erfolgt, durch Bundesgesetz geregelt, das der Zustimmung des Bundesrates bedarf.

(6) Beteiligungen des ehemaligen Landes Preußen an Unternehmen des privaten Rechtes gehen auf den Bund über. Das Nähere regelt ein Bundesgesetz, das auch Abweichendes bestimmen kann[6]).

(7) Soweit über Vermögen, das einem Lande oder einer Körperschaft oder Anstalt des öffentlichen Rechtes nach den Absätzen 1 bis 3 zufallen würde, von dem danach Berechtigten durch ein Landesgesetz, auf Grund eines Landesgesetzes oder in anderer Weise bei Inkrafttreten des Grundgesetzes verfügt worden war, gilt der Vermögensübergang als vor der Verfügung erfolgt.

Die Bestimmungen der

Landesverfassungen

über das Finanzwesen der Länder
sind abgedruckt bei
Helmert
Haushalts-, Kassen- und Rechnungswesen
Berlin 1961
S. 565 ff.

[6]) Siehe Fußnote [5]).

Gesetz zur Regelung der Rechtsverhältnisse des Reichsvermögens und der preußischen Beteiligungen

(Reichsvermögen-Gesetz)

vom 16. Mai 1961

(BGBl. S. 597)

— **Auszug** —

§ 1

Bundesvermögen

(1) Eigentum und sonstige Vermögensrechte, die dem Deutschen Reich am oder nach dem 8. Mai 1945 zustanden, sind Vermögen des Bundes. Das gleiche gilt für Beteiligungen, die dem ehemaligen Land Preußen an Unternehmen des privaten Rechts am oder nach dem 8. Mai 1945 zustanden.

(2) Soweit nach dem 8. Mai 1945 über Vermögensrechte im Sinne des Absatzes 1 verfügt worden ist, bleiben unbeschadet des Absatzes 3 die hierauf beruhenden, noch wirksamen Rechtsänderungen unberührt.

(3) Vermögensrechte im Sinne des Absatzes 1, über die nach dem 8. Mai 1945 anders als durch Rechtsgeschäft unmittelbar zugunsten eines Landes verfügt worden ist und die am 1. Oktober 1959 noch zum unmittelbaren Vermögen des Landes gehörten, unterliegen den Vorschriften dieses Gesetzes; sie sind auf den Bund zu übertragen, soweit sie nach diesem Gesetz nicht dem Land zustehen.

§ 2

Den Aufgabennachfolgern zustehendes Reichsvermögen

Vermögensrechte des Deutschen Reichs (§ 1), die am 8. Mai 1945 überwiegend und nicht nur vorübergehend für einen Sachbereich einer Verwaltungsaufgabe bestimmt waren, für den bei Inkrafttreten dieses Gesetzes nach dem Grundgesetz ein anderer Rechtsträger als der Bund zuständig ist, stehen diesem Rechtsträger zu.

§ 3

Für Aufgaben eines Landes benutztes Reichsvermögen

Vermögensrechte des Deutschen Reichs (§ 1), auf welche die Voraussetzungen des § 2 nicht zutreffen und die bei Inkrafttreten dieses Gesetzes überwiegend und nicht nur vorübergehend für eine grundgesetzliche Verwaltungsaufgabe eines Landes benutzt werden, stehen dem Land zu, dem diese Verwaltungsaufgabe obliegt.

§ 4

Oberfinanzdirektionen

Das Eigentum des Deutschen Reichs (§ 1) an Grundstücken, die bei Inkraftreten dieses Gesetzes überwiegend und nicht nur vorübergehend für Aufgaben der Oberfinanzdirektionen (Landesfinanzamt) oder als

Dienstwohnungen der Angehörigen dieser Dienststellen benutzt werden, steht zur Hälfte dem Land als Miteigentum zu, in welchem die Grundstücke belegen sind. Die §§ 2 und 3 sind insoweit nicht anzuwenden.

§ 5

Rückfallvermögen

(1) Vermögensrechte des Deutschen Reichs (§ 1), die ein Land oder eine Gemeinde (Gemeindeverband) unmittelbar oder durch einen Dritten dem Deutschen Reich auf Grund eines Gesetzes, Verwaltungsaktes oder Rechtsgeschäftes unentgeltlich zur Verfügung gestellt haben und auf welche die Voraussetzungen der §§ 2 bis 4 nicht zutreffen, stehen dem Rechtsträger (Land, Gemeinde, Gemeindeverband) zu, von dem oder für dessen Rechnung sie zur Verfügung gestellt worden sind. Der Anspruch auf Übertragung eines Vermögensrechts als Rückfallvermögen kann nur innerhalb eines Jahres nach dem Inkrafttreten dieses Gesetzes geltend gemacht werden. Erlangt der Rückfallberechtigte erst nach dem Inkrafttreten dieses Gesetzes von seinem Rückfallrecht Kenntnis, so beginnt die Frist mit diesem Zeitpunkt.

(2) Absatz 1 gilt nicht für Vermögensrechte an Gegenständen, welche der Bund überwiegend und nicht nur vorübergehend unmittelbar für eigene Verwaltungsaufgaben benötigt und für welche der Bund seinen Bedarf geltend macht. Der Bund kann sich auf seinen Bedarf nur innerhalb eines Jahres nach Geltendmachung eines Rückfallrechts, mindestens aber bis zum Ablauf von drei Jahren nach Inkrafttreten dieses Gesetzes, berufen. Der Bund kann sich auf einen von ihm geltend gemachten Eigenbedarf nicht mehr berufen, wenn der Vermögensgegenstand von ihm nicht innerhalb von zwei Jahren nach der Geltendmachung des Bedarfs hierfür tatsächlich genutzt wird.

(3) Benötigt der Bund einen nach Absatz 1 einem Land oder einer Gemeinde (Gemeindeverband) zustehenden Vermögensgegenstand nach den bei Inkrafttreten dieses Gesetzes bestehenden Verhältnissen vorübergehend überwiegend für eine eigene Verwaltungsaufgabe, so ist der Rückfallberechtigte verpflichtet, den Vermögensgegenstand dem Bund für die Dauer dieses Verwaltungsbedarfs zur unentgeltlichen Nutzung zu belassen.

(4) Ist der Verkehrswert eines dem Deutschen Reich zur Verfügung gestellten Vermögensgegenstandes durch Maßnahmen, welche ein anderer als der Rückfallberechtigte bis zum Inkrafttreten dieses Gesetzes getroffen hat, höher als der Verkehrswert, welchen der Vermögensgegenstand ohne diese Maßnahmen haben würde, so kann der Bund verlangen, daß der Wertunterschied von dem Rückfallberechtigten in Geld ausgeglichen wird. Der Rückfallberechtigte kann den Ausgleich des Wertunterschiedes unter Verzicht auf sein Rückfallrecht verweigern. In diesem Falle hat der Bund dem Rückfallberechtigten eine Entschädigung in Höhe des Verkehrswertes zu zahlen, den der dem Reich zur Verfügung gestellte Vermögensgegenstand ohne die getroffenen Maßnahmen haben würde.

(5) Hatte ein Land dem Deutschen Reich Vermögensgegenstände unentgeltlich zur Verfügung gestellt, die in einem Gebiet belegen sind, dessen Landeszugehörigkeit sich nach dem 8. Mai 1945 bis zum Inkrafttreten des Grundgesetzes geändert hat, so stehen diese Vermögensgegenstände dem Lande zu, dem nach Artikel 135 Abs. 1 des Grundgesetzes das Vermögen in diesem Gebiet zugefallen ist. Soweit nicht mehr bestehende Länder

dem Deutschen Reich Vermögensgegenstände unentgeltlich zur Verfügung gestellt haben, die in einem Gebiet belegen sind, dessen Landeszugehörigkeit sich nicht geändert hat, stehen diese dem Land zu, dem das Grundvermögen des nicht mehr bestehenden Landes nach Artikel 135 Abs. 3 des Grundgesetzes zugefallen ist.

§ 6

Sonderregelung bei vereinbarter Verwaltungszuständigkeit

(1) Ist nach dem 31. Juli 1951 und vor Inkrafttreten dieses Gesetzes im Rahmen von Verhandlungen, welche zwischen dem Bund und einem Land geführt worden sind, ausdrücklich und endgültig anerkannt worden

1. vom Bund, daß das Land ein Recht zur Verwaltung eines Vermögensrechts (§ 1) hat, so steht dieses Vermögensrecht dem Land zu, auch wenn sich aus den §§ 2 bis 5 etwas anderes ergeben würde;
2. vom Land, daß es kein Recht zur Verwaltung eines Vermögensrechts (§ 1) hat, so steht dieses Vermögensrecht dem Bund zu, auch wenn sich aus den §§ 2 bis 4 etwas anderes ergeben würde;
3. vom Land, daß es kein Rückfallrecht im Sinne des § 5 Abs. 1 an einem Vermögensrecht (§ 1) hat, so kann es sich auf dieses Recht nicht mehr berufen.

(2) Der Absatz 1 gilt nicht, sofern nach den Vorschriften der §§ 2 oder 5 das Vermögensrecht einem anderen Rechtsträger als dem Bund oder einem Land zusteht und dieser andere Rechtsträger sich innerhalb einer Frist von sechs Monaten nach Inkrafttreten dieses Gesetzes durch Erklärung gegenüber dem Bund darauf beruft.

(3) Der Absatz 1 gilt nicht für Beteiligungen an Unternehmen des privaten Rechts.

§ 7

Übertragung der Rechte

Vermögensrechte des Deutschen Reichs (§ 1), die nach den §§ 2 bis 6 dieses Gesetzes einem Land, einer Gemeinde (Gemeindeverband) oder einem anderen Rechtsträger zustehen, sind auf diesen zu übertragen und von diesem zu übernehmen.

§ 8

Unübertragbare Vermögensrechte

Unter die §§ 1 bis 6 fallen auch Vermögensrechte, die durch Gesetz für unübertragbar oder nur auf Grund besonderer Vereinbarung für übertragbar erklärt worden sind.

§ 9

Feststellung der vom Bund auf andere Rechtsträger zu übertragenden Rechte an Grundstücken

(1) Die Länder übergeben dem Bund innerhalb von sechs Monaten nach Inkrafttreten dieses Gesetzes Verzeichnisse der Grundstücke, der grundstücksgleichen Rechte sowie der sonstigen dinglichen Rechte an Grundstücken und grundstücksgleichen Rechten, die als Verwaltungs- oder Rückfallvermögen für die Länder, Gemeinden (Gemeindeverbände) oder andere Rechtsträger in Anspruch genommen werden. Der Bund wird sich innerhalb von sechs Monaten nach Übergabe der Verzeichnisse zu den Verzeichnissen erklären.

(2) Macht ein Land, eine Gemeinde (Gemeindeverband) oder ein anderer Rechtsträger einen Anspruch auf Übertragung als Verwaltungsvermögen oder Rückfallvermögen geltend und übt er bei Inkrafttreten dieses Gesetzes die Verwaltung aus, so verbleibt ihm die Verwaltung, bis über seinen Anspruch entschieden ist.

§ 12

Übergang von Beteiligungsrechten auf die Länder

(1) Die Beteiligungen, die dem Deutschen Reich oder dem ehemaligen Land Preußen am oder nach dem 8. Mai 1945 an den in der Anlage aufgeführten Unternehmen des privaten Rechts zustanden, gehen auf die in der Anlage bezeichneten Länder über[1]).

(2) Die Beteiligung, die dem ehemaligen Land Preußen an der Versuchsgruben GmbH, Dortmund, zustand, geht auf das Land Nordrhein-Westfalen über.

(3) Die Beteiligung, die dem ehemaligen Land Preußen an der Nürburgring GmbH, Adenau (Eifel), zustand, geht auf das Land Rheinland-Pfalz über.

§ 19

Sondervorschriften für Berlin

(1) § 5 gilt nicht im Land Berlin. Eine besondere Regelung bleibt insoweit vorbehalten.

(2) Dieses Gesetz gilt nicht für in Berlin (West) belegene Vermögensrechte (§ 1), soweit die Rechtsverhältnisse derartiger Vermögensrechte im übrigen Geltungsbereich dieses Gestzes durch in § 15 bezeichnete, im Land Berlin bisher nicht in Kraft getretene Gesetze geregelt sind.

§ 20

Sondervorschriften für das Saarland

(1) Dieses Gesetz gilt nicht für im Saarland belegene Vermögensrechte (§ 1), soweit die Rechtsverhältnisse derartiger Vermögensrechte im übrigen Geltungsbereich dieses Gesetzes durch das in § 15 Abs. 1 Nr. 6 bezeichnete, im Saarland bisher nicht in Kraft getretene Gesetz geregelt sind.

(2) Dieses Gesetz gilt im Saarland mit folgender Maßgabe:

1. In § 6 Abs. 2 tritt an Stelle einer Frist von sechs Monaten eine Frist von einem Jahr.
2. § 16 Abs. 1 findet keine Anwendung.
3. In § 16 Abs. 2 tritt an Stelle des 5. Mai 1955, 12 Uhr mittags, der 6. Juli 1959, 0 Uhr.

§ 21

Berlin-Klausel

Dieses Gesetz gilt nach Maßgabe des § 12 Abs. 1 und des § 13 Abs. 1 des Dritten Überleitungsgesetzes vom 4. Januar 1952 (Bundesgesetzbl. I S. 1) auch im Land Berlin.

---

1) Anlage siehe BGBl. 1961 I S. 602; a.a.O., S. 599, siehe ferner die Sonderregelung des § 13.

§ 22

Inkrafttreten

(1) Dieses Gesetz tritt am ersten Tage des auf die Verkündung folgenden dritten Kalendermonats in Kraft.

(2) Im Saarland tritt dieses Gesetz am ersten Tage des auf die Verkündung folgenden zwölften Kalendermonats in Kraft.

Gesetz

über die Aufstellung und Ausführung des Bundeshaushaltsplans für das Rechnungsjahr 1949 sowie über die Haushaltsführung und über die vorläufige Rechnungsprüfung im Bereich der Bundesverwaltung (Haushaltsgesetz 1949 und Vorläufige Haushaltsordnung)

vom 7. Juni 1950

(BGBl. S. 199)

— Auszug —

Der Bundestag hat das folgende Gesetz beschlossen:

§ 1

(1) Für die Aufstellung des Bundeshaushaltsplans und seine Ausführung, für die Bewirtschaftung der Mittel und für die Überwachung der Haushalts- und Wirtschaftsführung gelten die Vorschriften der Reichshaushaltsordnung und die zu ihrer Ergänzung und Durchführung erlassenen Bestimmungen in der am 8. Mai 1945 gültigen Fassung entsprechend, soweit sie nicht dem Grundgesetz widersprechen oder in diesem Gesetz etwas anderes bestimmt ist.

(2) ...

§ 3

Die Haushalts- und Wirtschaftsführung im Bereich der Bundespost und der Bundesbahn regelt sich bis auf weiteres nach den für diese Verwaltungen geltenden Sondervorschriften, wie sie bis zum 20. September 1949 im Vereinigten Wirtschaftsgebiet sowie in den Ländern Baden, Rheinland-Pfalz, Württemberg-Hohenzollern gegolten haben.

§ 13

Die zur Durchführung dieses Gesetzes erforderlichen Bestimmungen erläßt der Bundesminister der Finanzen.

§ 14

(1) Dieses Gesetz tritt mit Wirkung vom 21. September 1949 in Kraft.

(2) Die Bestimmungen der §§ 4 bis 12 haben nur Gültigkeit für das Rechnungsjahr 1949.

Das vorstehende Gesetz wird, nachdem der Bundesrat von seinem Recht nach Artikel 77 Absatz 2 des Grundgesetzes keinen Gebrauch gemacht hat, hiermit verkündet.

Reichshaushaltsordnung

(RHO)

vom 31. Dezember 1922

(RGBl. 1923 II S. 17)

in der am 8. Mai 1945 gültigen Fassung

— Auszug —

I. Aufstellung des Haushaltsplans

§ 3

(1) ...

(2) In den ordentlichen Haushalt gehören die regelmäßigen Einnahmen des Reichs (ordentliche Einnahmen) und die aus ihnen zu bestreitenden Ausgaben (ordentliche Ausgaben), in den außerordentlichen Haushalt die Einnahmen aus Anleihen (außerordentliche Einnahmen) und die aus ihnen zu bestreitenden Ausgaben — Artikel 87 Satz 1 der Reichsverfassung — (außerordentlichen Ausgaben). Als außerordentliche Einnahmen sollen auch die Beiträge zur Schuldentilgung, die Einnahmen aus der Veräußerung von aus Anleihemitteln beschafften Gegenständen des Reichs sowie andere nach ihrem Betrag und ihrem Entstehungsgrund außergewöhnliche Einnahmen eingestellt werden.

§ 8 a

(1) Durch das Haushaltsgesetz wird jährlich festgestellt, bis zu welchem Betrage Geldmittel zur Bestreitung außerordentlicher Ausgaben im Wege des Kredits beschafft werden dürfen. Bleiben die Ausgaben des außerordentlichen Haushalts hinter den Ansätzen des Haushaltsplans zurück oder übersteigen die Einnahmen des außerordentlichen Haushalts die Ansätze des Haushaltsplans, so ermäßigt sich der nach Satz 1 festgestellte Betrag um die Summe der Minderausgaben und der Mehreinnahmen; bleiben die Einnahmen des außerordentlichen Haushalts hinter den Ansätzen des Haushaltsplans zurück, so erhöht sich der Betrag um die Summe der Mindereinnahmen.

(2) Im Haushaltsgesetz ist ferner der Betrag gesondert festzusetzen, der zur Aufrechterhaltung des Betriebs der Reichshauptkasse im Wege des Kredits flüssig gemacht werden darf, sofern der Bedarf nicht aus der nach § 26 Abs. 4 anzusammelnden Betriebsrücklage gedeckt wird.

§ 9

(1) ...

(2) In den Haushaltsplan sind insbesondere einzustellen:

1. ...
2. Einnahmen des Reichs aus Sondervermögen und Ausgaben für diese;
3. Einnahmen und Ausgaben von Anstalten, die vom Reich allein oder mit Hilfe von Zuschüssen Dritter zu unterhalten sind, wenn diese Anstalten nicht juristische Persönlichkeit besitzen.

(3) Vertragliche Rechte und Stiftungsbestimmungen werden durch die Vorschriften in Abs. 2 Ziffer 2 und 3 nicht berührt.

Reichshaushaltsordnung (Auszug)

§ 9 a

(1) Sondervermögen, die der alleinigen Verfügung des Reichs unterliegen, sind in besonderen, den Einzelplänen der für diese Sondervermögen zuständigen Reichsverwaltungen beizufügenden Nachweisungen aufzuführen, und zwar

1. wenn sie ganz oder zum Teil für Zwecke bestimmt sind, für die auch allgemeine Reichsmittel verwendet werden, mit sämtlichen veranschlagten Einnahmen und Ausgaben,
2. sonst mit den Jahresbeträgen der Einnahmen und Ausgaben.

(2) Im Falle des Abs. 1 Ziffer 1 sind die Einnahmen nach den hauptsächlichsten Quellen, die Ausgaben nach den hauptsächlichsten Verwendungszwecken gesondert anzugeben.

§ 9 c

Mit Zustimmung des Reichsministers der Finanzen kann von der Mitteilung der in den §§ 9 a und 9 b bezeichneten Nachweisungen und Übersichten für einzelne Sondervermögen oder Anstalten oder für einzelne Gruppen von solchen abgesehen werden.

§ 15

(1) Bei kaufmännisch eingerichteten Reichsbetrieben ist statt der getrennten Veranschlagung der Einnahmen und Ausgaben das voraussichtliche Endergebnis in den Haushaltsplan einzustellen, wenn die Art des Betriebes ein Wirtschaften nach Einnahme- und Ausgabeansätzen des Haushaltsplans nicht zuläßt. Die Voraussetzungen für die Ausnahme sind unter Angabe der mutmaßlichen Einnahme- und Ausgabebeträge zu erläutern.

(2) Die Stellen der in den Betrieben beschäftigten planmäßigen Beamten sind in dem Haushaltsplan aufzuführen.

II. Ausführung des Haushaltsplans

§ 29

(1) ...

(2) Einnahmen des Reichs aus der Veräußerung von Grundstücken sind, wenn sie im einzelnen Falle den Betrag von 10 000 Reichsmark nicht übersteigen, als ordentliche Einnahmen, im übrigen als außerordentliche Einnahmen zu behandeln; Ausnahmen bedürfen der Genehmigung durch den Haushaltsplan oder ein besonderes Gesetz.

§ 30 a

Aus den in den Einzelplänen zur baulichen Unterhaltung ausgebrachten Ausgabemitteln dürfen die Kosten für Um- und Erweiterungsbauten sowie Neubauten und Erwerbungen von Grundstücken insoweit bestritten werden, als die Kosten der Bauten einschließlich Grunderwerb oder der Hausgrundstücke 30 000 Reichsmark, die Kosten der Erwerbung von unbebauten Grundstücken allein 10 000 Reichsmark im einzelnen nicht überschreiten.

§ 47

(1) Gegenstände, die im Eigentume des Reichs stehen, dürfen nur gegen einen dem vollen Werte entsprechenden Preis veräußert werden. Der Reichsminister der Finanzen ist befugt, Ausnahmen hiervon zuzulassen,

wenn es im dringenden Reichsinteresse geboten ist und der Wert der Gegenstände den Betrag von insgesamt 5000 Reichsmark nicht überschreitet. Weitergehende Abweichungen bedürfen der Genehmigung durch den Haushaltsplan.

(2) Grundstücke oder Teile von solchen sowie Anteile an gesellschaftlichen Unternehmungen jeder Art dürfen nur mit vorheriger Zustimmung des Reichsministers der Finanzen veräußert werden.

(3) Haben Grundstücke oder Anteile an gesellschaftlichen Unternehmungen erheblichen Wert oder besondere Bedeutung, so dürfen sie nur mit vorheriger Zustimmung des Reichsrats und des Reichstags veräußert werden, soweit nicht aus zwingenden wirtschaftlichen Gründen eine Abweichung hiervon geboten ist. In diesem Falle ist dem Reichsrat und dem Reichstag von der Veräußerung alsbald durch eine Nachweisung Kenntnis zu geben.

(4) Die Bestimmungen der Abs. 2 und 3 gelten auch für die Belastung von Anteilen an gesellschaftlichen Unternehmungen, für ihre Einbringung in andere Gesellschaften, an denen das Reich nicht überwiegend beteiligt ist, und für die Zustimmung zur Überlassung junger Anteile von solchen Gesellschaften an andere Bezieher als das Reich.

(5) Die Veräußerung von Grundstücken, die einen besonderen künstlerischen, geschichtlichen oder kulturellen Wert haben, bedarf in jedem Falle der vorherigen Zustimmung des Reichsrats und des Reichstags.

(6) Ein Tausch von Gegenständen ist nur zulässig, wenn er aus wirtschaftlichen Rücksichten geboten ist; er bedarf der vorherigen Zustimmung des Reichsministers der Finanzen. Die Vorschriften der Abs. 3 und 5 gelten sinngemäß; für die Notwendigkeit der Zustimmung des Reichsrats und des Reichstags ist der Wert oder die Bedeutung des abzugebenden Gegenstandes maßgebend.

§ 48

(1) An der Gründung eines Unternehmens, das einen gewerblichen oder sonstigen wirtschaftlichen Betrieb von erheblichem Umfange zum Gegenstand hat, soll sich das Reich außer in den Fällen des Abs. 5 nur beteiligen, wenn für das Unternehmen die Form einer Aktiengesellschaft, einer Kommanditgesellschaft auf Aktien oder einer Gesellschaft mit beschränkter Haftung, deren Satzung einen Aufsichtsrat vorsieht, gewählt wird. Die Beteiligung bedarf der Zustimmung des Reichsministers der Finanzen.

(2) Bei der Gründung soll sich das Reich durch geeignete Abmachungen den nötigen Einfluß auf die Geschäftsführung der Gesellschaft, insbesondere eine angemessene Vertretung im Aufsichtsrate, sichern. Soweit es der vom Reich verfolgte Zweck erfordert, soll ferner die Beteiligung des Reichs davon abhängig gemacht werden, daß ihm in der Satzung folgende Rechte eingeräumt werden:

1. Die Geschäftsführung der Gesellschaft ist durch einen dem zuständigen Reichsminister genehmen sachverständigen Prüfer (Bilanzprüfer, Prüfungsgesellschaft) zu prüfen (§ 110 a Abs. 1). Der zuständige Reichsminister ist befugt, Richtlinien für die Prüfung festzusetzen (§ 110 a Abs. 2).
   Die Prüfungsberichte sind ihm vorzulegen.

2. Der zuständige Reichsminister oder die von ihm beauftragte Stelle kann einem sachverständigen Prüfer (Bilanzprüfer, Prüfungsgesellschaft) auf Kosten der Gesellschaft unmittelbar Aufträge erteilen, wenn
   a) eine von der Gesellschaft veranlaßte Prüfung nicht dem Gesetz, der Satzung oder den Vereinbarungen zwischen dem Reich und der Gesellschaft entspricht,
   b) die Gesellschaft einem Ersuchen des Reichs um Vornahme einer Prüfung oder um Erteilung eines Prüfungsauftrags nicht nachkommt.

(3) Auf die Einräumung der im Abs. 2 genannten Rechte ist auch dann hinzuwirken, wenn das Reich Anteile bestehender Gesellschaften besitzt oder solche erwirbt. Bei dem Erwerb von Anteilen einer Gesellschaft gilt Abs. 1 Satz 2 entsprechend, wenn die Beteiligung des Reichs an der Gesellschaft von erheblicher Bedeutung ist.

(4) Die Vorschriften der Abs. 1 bis 3 gelten entsprechend, wenn sich eine Gesellschaft, an der das Reich unmittelbar oder mittelbar maßgebend beteiligt ist, mit mehr als einem Viertel des Kapitals an der Gründung eines neuen Unternehmens oder an einem anderen bestehenden Unternehmen beteiligt oder wenn die Gesellschaft an einem solchen Unternehmen in diesem Umfange bereits beteiligt ist.

(5) An einer Erwerbs- oder Wirtschaftsgenossenschaft (Gesetz vom 1. Mai 1889 — Reichsgesetzbl. S. 55 —) soll sich das Reich nur beteiligen, wenn die Haftpflicht der Genossen für die Verbindlichkeiten der Genossenschaft durch Satzung im voraus auf eine bestimmte Summe beschränkt ist. Die Beteiligung des Reichs an einer Genossenschaft bedarf der Zustimmung des Reichsministers der Finanzen.

III. Kassen- und Buchführung und Rechnungslegung

§ 64 a

(1) Werden Reichsmittel einer außerhalb der Reichsverwaltung stehenden Stelle zur Erfüllung bestimmter Zwecke zur Verfügung gestellt, so hat außer in den Fällen von geringerer Bedeutung der zuständige Reichsminister nach Benehmen mit dem Rechnungshof hinsichtlich des Nachweises über die Verwendung dieser Mittel Bestimmung zu treffen.

(2) Das gleiche gilt, wenn Reichsmittel von außerhalb des Reichs stehenden Stellen verwaltet werden.

§ 65

(1) Alle entgeltlich oder unentgeltlich vom Reiche erworbenen Sachen und Rechte müssen neben der Belegung der dafür ausgegebenen Geldbeträge entweder als vollständig verwendet oder in einer besonderen Sachrechnung in Einnahme nachgewiesen werden; Grundstücke und Rechte, Gebrauchsgegenstände, Gerätschaften sowie Gegenstände, die zu Sammlungen gehören, können mit Zustimmung des Rechnungshofs in Bestandsverzeichnissen nachgewiesen werden.

(2) Gegenstände, die zum Vermögen des Reichs gehören, dürfen für Zwecke einer anderen Haushaltsbewilligung als derjenigen, aus der sie beschafft sind, nur gegen Erstattung des Wertes zur Zeit der Abgabe abgegeben werden, soweit sich nicht aus dem Haushaltsplan etwas ande-

res ergibt oder soweit nicht bei der Abgabe von Gegenständen von einer Reichsbehörde an eine andere (mit Ausnahme der Fälle, in denen auf der einen Seite eine Behörde der Deutschen Reichspost beteiligt ist) mit Zustimmung des Reichsministers der Finanzen von einer Erstattung des Gegenwerts oder der Erhebung von Mieten oder Pachten abgesehen wird. Übersteigt der Wert im einzelnen Falle nicht 3000 Reichsmark, so kann die unentgeltliche Überlassung vom zuständigen Reichsminister gestattet werden.

(3) Einzelne zu einer Sammlung gehörende Stücke dürfen ohne Erstattung des Wertes an eine andere Sammlung des Reichs abgegeben werden.

§ 69

(1) ...

(2) Kosten einer Versteigerung, Vermessung und Abschätzung sowie Vermittlungsgebühren, Besitzwechselsteuern, Umsatzsteuern, Börsenumsatzsteuern, Kosten der Beurkundung von Rechtsgeschäften, der Herrichtung und Verbesserung von zum Verkaufe gebrachten Gegenständen dürfen vorweg von den Einnahmen abgezogen werden. In diesen Fällen müssen der volle Betrag der Einnahme und der vorgenommene Abzug in der Rechnung angegeben werden.

§ 71

(1) Den Ausgabemitteln dürfen Einnahmen außer im Falle des § 70 nur auf Grund besonderer im Haushaltsplan erteilter Ermächtigung (§ 7 Satz 2 und 3) zugeführt werden.

(2) Bei der Ausführung eines Baues oder dem Erwerbe von Grundstücken aus Mitteln für einmalige oder außerordentliche Ausgaben dürfen, solange die Rechnung über den Bau noch nicht endgültig abgeschlossen ist, die Erlöse aus der Wiederveräußerung von solchen Grundstücken und beweglichen Sachen, die über den dauernden Bedarf und über den etwaigen Anschlag hinaus erworben oder hergestellt waren, mit dem für die Erwerbung oder Herstellung aufgewendeten Betrage der Ausgabebewilligung wieder zugeführt werden; ein Mehrerlös ist bei den Einnahmen des außerordentlichen Haushalts zu verrechnen. Auch sonstige bei der Ausführung des Baues sich ergebende Einnahmen dürfen als Baumittel verwendet werden, soweit sie in den im § 14 bezeichneten Unterlagen vorgesehen und bei der Bemessung der Baumittel berücksichtigt sind.

§ 79

(1) Der Reichshaushaltsrechnung sind beizufügen

1. ...
2. eine Nachweisung der im Haushaltsplane nicht vorgesehenen Einnahmen aus der Veräußerung von reichseigenen Sachen oder Rechten; Grundstücksveräußerungen sind unter Angabe der erzielten Erlöse, soweit diese im einzelnen Falle den Betrag von 10 000 Reichsmark übersteigen, einzeln zu erläutern;
3. eine Nachweisung der Gegenstände, die eine Reichsbehörde nach § 65 Abs. 2 Satz 1 mit Zustimmung des Reichsministers der Finanzen von einer anderen Reichsbehörde unentgeltlich übernommen hat;
4. eine Nachweisung über Einnahmen und Ausgaben sowie über den Bestand von Sondervermögen (§ 9 a Abs. 1).

(2) Die Vorlegung der Nachweisungen zu 1 und 4 kann mit Zustimmung des Reichstags und des Reichsrats unterbleiben.

§ 82

Alljährlich ist dem Reichsrat und dem Reichstag von den Veränderungen im Grundbesitze des Reichs Kenntnis zu geben.

§ 85

(1) In Unternehmen der im § 15 bezeichneten Art sollen die Buchungen, falls die Bücher nicht nach den Grundsätzen der §§ 55 ff. geführt werden, nach den Regeln der kaufmännischen doppelten Buchführung erfolgen. Soweit es der Art des Unternehmens entspricht, ist neben der kaufmännischen doppelten Buchführung eine Betriebsbuchführung einzurichten. Abweichungen sind mit Zustimmung des Rechnungshofs zulässig.

(2) Das Geschäftsjahr soll mit dem Rechnungsjahr übereinstimmen. Ausnahmen bedürfen des Einverständnisses des Reichsministers der Finanzen.

(3) Für die Kassenführung und Abrechnung sind die mit der Leitung des Unternehmens beauftragten Personen verantwortlich.

§ 86

(1) Für diejenigen Unternehmen, in denen die Buchungen nach den Grundsätzen der kaufmännischen doppelten Buchführung erfolgen (§ 85), treten an die Stelle der Rechnung (§ 66) die Inventur und die Bilanz, die Gewinn- und Verlustrechnung und die abgeschlossenen Geschäftsbücher.

(2) Im übrigen finden die Vorschriften der §§ 55 bis 84 auf die im Abs. 1 genannten Unternehmen insoweit Anwendung, als nicht die Art des Geschäftsbetriebes Abweichungen erfordert.

IV. Rechnungsprüfung

§ 88

(1) Der Prüfung durch den Rechnungshof unterliegen

1. ...
2. die Rechnungen über das gesamte nicht in Geld bestehende Eigentum des Reichs;
3. die Bücher und Rechnungsunterlagen (§ 85) der Betriebe des Reichs;
4. die Rechnungen von Anstalten, Stiftungen und anderen Vermögen,
   a) wenn der Haushaltsplan die Prüfung vorschreibt, oder
   b) wenn sie allein vom Reich oder durch einen von diesem bestellten Beamten ohne Beteiligung der Interessenten bei der Rechnungsprüfung verwaltet werden;
5. ...

(2) Für die Prüfung von Gesellschaften des Privatrechts und Genossenschaften, an denen das Reich beteiligt ist, gelten die Vorschriften des Abschnitts IV a.

(3) Über die Prüfung von Unternehmen des Reichs in der Form von juristischen Personen des öffentlichen Rechts bestimmen die Gesetze und die Satzungen der Unternehmen. Eine Prüfung durch den Rechnungshof muß darin vorgesehen sein.

(4) ...

Reichshaushaltsordnung (Auszug)

§ 91

Die Rechnungen mit Belegen sind dem Rechnungshof zur Prüfung zu übersenden, soweit nicht die Prüfung nach § 90 Abs. 1 Satz 3, Abs. 2 und Abs. 4 erfolgt oder sich aus §§ 93, 94 etwas anderes ergibt. Prüft der Rechnungshof auf Grund der Kassenbücher, so gelten diese als Rechnungen im Sinne dieses Gesetzes. Betriebe mit kaufmännischer Buchführung (§ 85) haben eine eingehende Inventur und Bilanz, eine ausführliche Gewinn- und Verlustrechnung sowie ihren Jahresbericht einzureichen.

IV a. Prüfung von Unternehmen mit eigener Rechtspersönlichkeit

§ 110

(1) Für die Prüfung einer Gesellschaft des Privatrechts, an der das Reich unmittelbar oder mittelbar als Aktionär oder Gesellschafter beteiligt ist (§ 48 Abs. 1), gelten die Vorschriften der §§ 110 a bis 115.

(2) Bei einer Beteiligung des Reichs an einer Genossenschaft (§ 48 Abs. 5) gelten diese Vorschriften entsprechend.

§ 110 a

(1) Im Falle des § 48 Abs. 2 Ziffer 1 darf der zuständige Reichsminister seine Zustimmung zur Wahl oder Bestellung eines sachverständigen Prüfers (Bilanzprüfer, Prüfungsgesellschaft) nur im Einvernehmen mit dem Präsidenten des Rechnungshofs geben.

(2) Die Richtlinien, nach denen der sachverständige Prüfer (Bilanzprüfer, Prüfungsgesellschaft) die Prüfung auszuführen hat, sind zwischen dem zuständigen Reichsminister und dem Präsidenten des Rechnungshofs zu vereinbaren. Der zuständige Reichsminister oder die von ihm beauftragte Stelle hat die Einhaltung der Richtlinien zu überwachen.

§ 111

(1) Der zuständige Reichsminister prüft die Betätigung des Reichs als Aktionär oder Gesellschafter auf Grund

1. der dem Reich als Aktionär oder Gesellschafter zugänglichen Unterlagen,
2. der Berichte, welche die auf seinen Vorschlag gewählten oder bestellten Aufsichtsratsmitglieder unter Beifügung aller ihnen über die Gesellschaft zur Verfügung stehenden Unterlagen zu erstatten haben,
3. der ihm nach § 48 Abs. 2 Ziffer 1 vorzulegenden Prüfungsberichte.

(2) Ergibt die Prüfung Mängel, so hat der zuständige Reichsminister unverzüglich auf Grund der ihm nach den Gesetzen oder der Satzung der Gesellschaft zustehenden Rechte die zur Abstellung der Mängel notwendigen Anordnungen zu treffen.

§ 112

Innerhalb von drei Monaten nach Feststellung der Inventur und Bilanz für das abgelaufene Geschäftsjahr durch die Generalversammlung oder die Versammlung der Gesellschafter sendet der zuständige Reichsminister die im § 111 Abs. 1 genannten Unterlagen und Berichte unter Mitteilung des Ergebnisses seiner Prüfung an den Rechnungshof.

§ 113

(1) Der Rechnungshof prüft die Betätigung des Reichs als Aktionär oder Gesellschafter auf Grund der ihm übersandten Unterlagen (§ 112), und zwar nach kaufmännischen Grundsätzen.

(2) Erachtet der Rechnungshof eine Ergänzung der von dem sachverständigen Prüfer (Bilanzprüfer, Prüfungsgesellschaft) vorgenommenen Prüfung für erforderlich, so hat der zuständige Reichsminister, wenn ihm der Gesellschaft gegenüber die Rechte aus § 48 Abs. 2 Ziffer 2 zustehen, die Ergänzung zu veranlassen.

(3) Der Rechnungshof kann, soweit es die Satzung der Gesellschaft oder Vereinbarungen mit der Gesellschaft zulassen, durch Beauftragte Einsicht in den Betrieb und in die Bücher und Schriften der Gesellschaft nehmen. Der Präsident des Rechnungshofs ordnet die Beauftragten ab.

§ 114

Die dem Rechnungshof nach § 96 ff. obliegende Prüfung der Rechnungen von Reichskassen über die aus der Beteiligung des Reichs an einer Gesellschaft erwachsenen Einnahmen und Ausgaben bleibt durch die Vorschriften der §§ 110 bis 113 unberührt.

§ 115

Der Rechnungshof kann von der ihm nach § 113 obliegenden Prüfung absehen. Er kann auch auf die Vorlegung der im § 112 genannten Unterlagen verzichten.

§ 117

Steht dem Reiche der Reingewinn eines Unternehmens ganz oder zu einem wesentlichen Teile zu, so ist der Rechnungshof berechtigt, den Abschluß und die Geschäftsführung daraufhin zu prüfen, ob die Interessen des Reichs nach den bestehenden Bestimmungen gewahrt worden sind.

Rechnungslegungsordnung

vom 3. Juli 1929
(Reichsministerialbl. S. 439)

— Auszug —

2. Buch: Einzelrechnungslegung

Teil 3: Einrichtung der Rechnungsbelege

1. Abschnitt: Allgemeines

§ 43

(1) Die Rechnungsbelege, die zur Begründung einer Buchung von Haushaltseinnahmen und -ausgaben in Rechnungslegungsbüchern und Kasseneinzelrechnungen beigebracht werden müssen (§ 64 der Reichshaushaltsordnung), haben den Bestimmungen der §§ 44 bis 88 zu entsprechen.

(2) Der Rechnungshof kann auf die Vorlegung von Belegen oder Teilen von ihnen verzichten.

§ 44

(1) Bezieht sich ein Rechnungsbeleg auf mehrere Buchungen, die in dem gleichen Teile des Rechnungslegungsbuchs oder in der gleichen Kasseneinzelrechnung enthalten sind, so ist der Rechnungsbeleg zur Begründung der ersten Buchung zu verwenden. Bei allen Buchungen, die durch den Beleg begründet werden, sind in die Vermerkspalte des Rechnungslegungsbuchs oder der Rechnung gegenseitige Hinweise aufzunehmen.

(2) Befinden sich die Buchungen in verschiedenen Teilen des Rechnungslegungsbuchs (§ 10) oder in mehreren Kasseneinzelrechnungen (§§ 30, 36), so ist für jeden Teil des Rechnungslegungsbuchs oder jede Rechnung ein besonderer Rechnungsbeleg erforderlich.

(3) Bei Umbuchungen ist nur die Buchung bei der neuen Verbuchungsstelle durch einen Rechnungsbeleg zu begründen. Dies gilt nicht, wenn sich die Umbuchung nur auf einen Teil der gebuchten Haushaltseinnahme oder -ausgabe bezieht. Auf die Umbuchung ist bei allen in Betracht kommenden Eintragungen in der Vermerkspalte des Rechnungslegungsbuchs gegenseitig hinzuweisen.

(4) Abs. 1 bis 3 gelten auch für Rechnungslegungsbücher und Kasseneinzelrechnungen, durch die für einen längeren Zeitraum als ein Rechnungsjahr Rechnung gelegt wird.

§ 45

(1) Sind aus dem gleichen Anlaß Haushaltseinnahmen angenommen oder Haushaltsausgaben geleistet worden, über die in mehreren Rechnungsjahren Rechnung gelegt wird, so ist für jedes Rechnungsjahr ein besonderer Rechnungsbeleg erforderlich. Wird jedoch durch Bücher Rechnung gelegt und handelt es sich um laufende oder ihnen gleichbehandelte Einzelhaushaltseinnahmen oder -ausgaben oder um Kassenreste, die in das Rechnungslegungsbuch des neuen Rechnungsjahrs übertragen worden sind, so bedarf es für die Buchungen in den späteren Rechnungsjahren der Beibringung eines Rechnungsbelegs nicht, soweit die Buchung der

Haushaltseinnahme oder -ausgabe im ersten Rechnungsjahr ordnungsgemäß belegt war und in dem neuen Rechnungslegungsbuch die Richtigkeit und Vollständigkeit der Übertragung der für den neuen Zeitabschnitt geltenden Anordnungsbeträge und aller für die weiteren Zahlungen erheblichen Eintragungen durch den Kassenaufsichtsbeamten oder den ihm nach § 87 Abs. 3 der Reichskassenordnung beigegebenen Beamten bescheinigt wird. Der die Übertragungen prüfende Beamte hat auf der Titelseite des Rechnungslegungsbuchs, bei Karteien auf der einzelnen Karte oder auf einem besonderen Blatte, zu bescheinigen, daß die Übertragungen vollständig und richtig sind. In der Bescheinigung sind die laufenden Nummern der als richtig befundenen Überträge anzugeben.

(2) Werden bei übertragbaren Ausgabemitteln Auszahlungen, die bereits in einem abgelaufenen Rechnungsjahr im Rechnungslegungsbuch gebucht waren, im neuen Rechnungsjahr umgebucht, so ist die Umbuchung bei der neuen Verbuchungsstelle durch einen Rechnungsbeleg zu begründen. In die Vermerkspalte sind bei der Absetzung und bei der neuen Eintragung gegenseitige Hinweise aufzunehmen.

(3) Abs. 1 und 2 gelten sinngemäß, wenn für einen längeren Zeitabschnitt als ein Rechnungsjahr Rechnung gelegt wird.

§ 46

(1) Werden zur Begründung mehrerer Buchungen mehrere gleichlautende Rechnungsbelege gefertigt, so muß jeder Beleg mit der Angabe versehen werden, welche Buchung durch ihn begründet werden soll.

(2) Rechnungsbelege, die für in Verlust geratene neu gefertigt werden, müssen die Aufschrift „zweite Ausfertigung an Stelle der in Verlust geratenen und für ungültig erklärten ersten Ausfertigung" tragen.

§ 47

Besteht ein Rechnungsbeleg aus mehreren Blättern, so sind diese so miteinander zu verbinden, daß ein Verlust einzelner Teile des Rechnungsbelegs oder eine Vermengung mit anderen Rechnungsbelegen nach Möglichkeit ausgeschlossen ist. Auf den Rechnungsbelegen soll ein Heftrand von ausreichender Breite frei bleiben.

§ 48

Zu einem Rechnungsbelege gehören

a) die der Kasse erteilte Annahme- oder Auszahlungsanordnung über Haushaltseinnahmen oder -ausgaben und die sonstigen die Zahlung begründenden Unterlagen, soweit nicht in den §§ 68 bis 70 etwas anderes bestimmt ist, und
b) der Zahlungsbeweis, soweit ein solcher nach §§ 71 und 72 erforderlich ist.

2. Abschnitt: Die Annahmeanordnung und die Auszahlungsanordnung und die sie ergänzenden Unterlagen

§ 49

(1) Die der Kasse von der zuständigen Reichsbehörde erteilte Annahme- oder Auszahlungsanordnung muß, soweit sich nicht aus den Bestimmungen dieser Ordnung etwas anderes ergibt, als förmliche Kassenanweisung nach Abs. 2 erteilt werden.

(2) Eine förmliche Kassenanweisung muß nach §§ 50 bis 56 enthalten

a) die Bezeichnung der Kasse, die Einzahlungen annehmen oder Auszahlungen leisten soll,
b) die Anordnung zur Annahme oder Leistung,
c) den anzunehmenden oder zu leistenden Betrag,
d) den Einzahlungspflichtigen oder den Empfänger,
e) wenn nötig (§ 52) den Fälligkeitstag,
f) die Verbuchungsstelle und das Rechnungsjahr,
g) nach Maßgabe des § 55 eine Begründung der Anordnung,
h) die Angabe des Ortes, des Tages und der anweisenden Behörde oder Dienststelle sowie die Unterschrift des oder der zur Ausübung der Anordnungsbefugnis berechtigten Beamten.

(3) Die förmliche Kassenanweisung muß leicht leserlich durch Druck, Umdruck oder Schreibmaschine gefertigt oder mit schwarzer Tinte geschrieben sein. Für die Form der Unterschrift gilt § 56.

(4) Soll eine größere Zahl von Haushaltseinnahmen oder -ausgaben durch die Kassenanweisung gemeinsam angeordnet werden, so können die einzelnen Haushaltseinnahmen oder -ausgaben in einer Liste zusammengestellt werden, die die Angaben zu den Buchstaben c, d, e, f, g des Abs. 2 enthält und mit der Kassenanweisung verbunden wird. In diesem Falle bedarf es in der Kassenanweisung selbst außer der unter den Buchstaben a und h des Abs. 2 aufgeführten Angaben lediglich der Anordnung zur Annahme oder Auszahlung der in der Liste aufgeführten Beträge unter Angabe der Verbuchungsstelle und des auf jede Verbuchungsstelle entfallenden Betrags.

§ 50

(1) In der förmlichen Kassenanweisung muß der Geldbetrag in Ziffern, außerdem der Reichsmarkbetrag in Buchstaben ausgedrückt sein. Die Worte „Reichsmark" und „Reichspfennig" sind bestimmungsgemäß abzukürzen.

(2) Muß eine Kassenanweisung auf eine fremde Währung lauten, so ist der Nachweis des Gegenwerts in Reichswährung dadurch zu erbringen, daß die Umrechnung der zur Annahme oder Auszahlung in Anspruch genommenen Geldanstalt oder der Deutschen Reichspost beigebracht wird. Kann der Nachweis auf diese Weise nicht geführt werden, so muß die Kassenanweisung durch Angabe des Gegenwerts in Reichswährung von der anordnenden Stelle nachträglich ergänzt werden.

(3) Sind auf Grund der Kassenanweisung Zinsen anzunehmen oder auszuzahlen, so müssen der Zinssatz, der Tag des Beginns der Verzinsung und nötigenfalls der Kapitalbetrag, von dem die Zinsen zu berechnen sind, angegeben sein, soweit sich die Angaben nicht aus dem sonstigen Inhalt der Kassenanweisung ergeben.

(4) Der Betrag braucht in der Kassenanweisung nicht angegeben zu werden, wenn er auf Grund eines Gesetzes, einer Verordnung oder einer allgemeinen Verwaltungsbestimmung berechnet werden kann. Ist für die Berechnung im einzelnen Falle die Kenntnis bestimmter Merkmale erforderlich, so müssen diese in der Kassenanweisung angegeben sein.

§ 51

Der Einzahlungspflichtige oder der Empfänger müssen in der förmlichen Kassenanweisung so bezeichnet sein, daß die Person des Verpflichteten oder Berechtigten auch bei der Rechnungsprüfung zweifelsfrei erkannt werden kann.

§ 54

In Kassenanweisungen, die nach § 68 Abs. 2 der Reichshaushaltsordnung auf das abgelaufene Rechnungsjahr lauten, ist das Rechnungsjahr mit Rotstift oder roter Tinte zu unterstreichen.

§ 55

(1) Soweit sich Zweck und Anlaß einer Zahlung und der ihr zugrunde liegenden Verwaltungsmaßnahme nicht aus den der förmlichen Kassenanweisung nach §§ 58 bis 65 beizufügenden Unterlagen ergeben, soll die Kassenanweisung selbst eine besondere Begründung enthalten. Diese soll eine Prüfung der Maßnahme ohne Rückfragen ermöglichen. Die Begründung soll möglichst in einem hinter den übrigen Inhalt der Kassenanweisung zu setzenden, besonderen Absatze gegeben werden.

(2) Zur Vereinfachung der Begründung kann auf einen anderen Rechnungsbeleg verwiesen werden. Der angezogene Beleg ist in diesem Falle nach Verbuchungsstelle, Einzahlungspflichtigen oder Empfänger und Tag der Ausfertigung zu bezeichnen. Auf einen anderen Rechnungsbeleg soll jedoch nur verwiesen werden, wenn er zum gleichen Teile des Rechnungslegungsbuchs oder zur gleichen Kasseneinzelrechnung gehört, oder wenn die Kassenanweisung die Annahme oder Auszahlung eines in einem früheren Rechnungsjahre zuviel oder zu wenig eingezahlten oder ausgezahlten Betrags zum Gegenstand hat.

(3) In Kassenanweisungen, die infolge einer Vorprüfungsbemerkung, einer Prüfungsbemerkung der Reichsbehörde (§ 93 Abs. 2 der Reichshaushaltsordnung) oder einer Erinnerung des Rechnungshofs erteilt werden, ist die Bemerkung oder Erinnerung nach ihrer laufenden Nummer und nach dem Rechnungslegungsbuch oder der Kasseneinzelrechnung, die sie betrifft, zu bezeichnen. Der Beifügung einer Abschrift der Bemerkung oder Erinnerung bedarf es nicht.

§ 56

Die förmliche Kassenanweisung muß von dem oder den zur Ausübung der Anordnungsbefugnis berechtigten Beamten mit Tinte oder Tintenstift vollzogen sein. Namenskürzung oder die Verwendung eines Namenstempels sind unzulässig.

§ 57

(1) In der förmlichen Kassenanweisung darf die Höhe des Betrags, der anzunehmen oder auszuzahlen ist, nicht geändert sein. Wird eine Berichtigung notwendig, so darf sie nur durch einen Nachtrag zur Kassenanweisung, der unter Angabe des Ortes, des Tages und der Dienststelle von dem zur Ausübung der Anordnungsbefugnis berechtigten Beamten zu vollziehen ist, oder durch Ausfertigung einer neuen Kassenanweisung vorgenommen werden. Wird eine neue Kassenanweisung erteilt, so dient die unrichtige, wenn sie bereits ausgeführt war, zur Begründung der unrichtigen Buchung.

(2) Sonstige Berichtigungen der Kassenanweisung sowie Änderungen in den sie veranlassenden Schriftstücken (§ 58) sind derart auszuführen, daß die ursprünglichen Angaben lesbar bleiben. Ausschaben, Überkleben oder Übermalen ist unzulässig. Ist die Bezeichnung der Verbuchungsstelle in der Kassenanweisung geändert worden, so muß die Änderung von dem Beamten, der die Änderung vorgenommen hat, durch Beifügung des Namenzeichens unter Angabe des Datums am Rande bescheinigt sein. War die Kassenanweisung bereits ausgeführt, so bedarf es einer besonderen Anordnung zur Umbuchung, die entweder in Form eines Nachtrags zur Kassenanweisung nach Abs. 1 oder durch eine selbständige Umbuchungsanweisung, die die Angaben des § 49 Abs. 2 Buchstaben c, d, f, h enthält und mit der berichtigten Kassenanweisung zu verbinden ist, erteilt wird. Im Falle des § 45 Abs. 2 bedarf es stets einer selbständigen Umbuchungsanweisung. Eine Begründung der Umbuchungsanweisung ist nur erforderlich, soweit sich der Grund der Umbuchung nicht aus der Natur der Sache ergibt.

§ 58

Schriftstücke, die einen der förmlichen Kassenanweisung zugrunde liegenden Vorgang betreffen, sind der Kassenanweisung beizufügen, soweit dies in den §§ 59 bis 65 vorgesehen oder vom Rechnungshof besonders bestimmt oder sonst zur Begründung der Kassenanweisung notwendig ist. Die Schriftstücke sind im allgemeinen in Urschrift oder in einer von der zuständigen Stelle erteilten Ausfertigung beizufügen. Ist dies im einzelnen Falle nicht möglich, so muß die Abschrift beglaubigt sein. Beamte, die bei der Ausführung einer Kassenanweisung beteiligt sind, sollen derartige Abschriften nicht beglaubigen.

§ 61

(1) Verträge, gerichtliche Erkenntnisse und sonstige Urkunden, die für die Rechte und Pflichten des Reichs hinsichtlich einer Zahlung von Bedeutung sind, müssen der förmlichen Kassenanweisung beigefügt werden. Verträge von allgemeiner Bedeutung, die von einem Reichsverwaltungszweige für seinen Geschäftsbereich abgeschlossen und dem Rechnungshof bereits mitgeteilt worden sind, brauchen nicht beigefügt zu werden.

(2) Hat eine Kassenanweisung eine Zahlung zum Gegenstande, die auf der Festsetzung einer Reichsbehörde beruht, so ist auch diese Festsetzung, nötigenfalls mit den zu ihrem Verständnis erforderlichen Vorgängen, beizufügen.

(3) Verfügungen der vorgesetzten Reichsbehörde, durch die eine Haushaltsausgabe lediglich verwaltungsgemäß genehmigt wird, brauchen der Kassenanweisung nicht beigefügt, sondern nur nach Reichsbehörde, Tag und Geschäftszeichen der Verfügung bezeichnet zu werden. Die Einforderung der Verfügung bleibt dem Rechnungshof für den einzelnen Fall vorbehalten.

(4) Erlasse, von denen der anordnenden Stelle bekannt ist, daß sie dem Rechnungshof nach § 100 der Reichshaushaltsordnung mitgeteilt worden sind, sowie Erlasse, die im Reichsgesetzblatt, Reichsministerialblatt, Reichsbesoldungsblatt oder in den Amtsblätttern der einzelnen Reichsverwaltungszweige abgedruckt sind, brauchen nicht beigefügt zu werden. Der Bezeichnung des Erlasses nach Reichsbehörde, Tag und

Geschäftszeichen und gegebenenfalls der Stelle, wo er abgedruckt ist, bedarf es in der Kassenanweisung nur, wenn es sich um einen Erlaß handelt, durch den weniger häufig vorkommende Sonderfälle geregelt worden sind.

§ 62

(1) Soweit von den in § 61 genannten Schriftstücken zum Zwecke der Beifügung zur förmlichen Kassenanweisung besondere Abschriften gefertigt werden müssen, kann von der Beifügung einer Abschrift abgesehen werden, wenn es sich um besonders umfangreiche Schriftstücke handelt. In diesem Fall ist das Schriftstück nach Art und Datum zu kennzeichnen und, wenn die Verfügung einer Reichsbehörde in Betracht kommt, daneben die Behörde und das Geschäftszeichen anzugeben. Außerdem ist ersichtlich zu machen, weshalb von der Beifügung einer Abschrift abgesehen worden ist. Dem Rechnungshof bleibt es vorbehalten, im einzelnen Fall eine vollständige Abschrift einzufordern.

(2) Muß von einem gerichtlichen Erkenntnis eine Abschrift zum Zwecke der Beifügung zur förmlichen Kassenanweisung gefertigt werden, so sind der Tatbestand und die Entscheidungsgründe in die Abschrift nur aufzunehmen, soweit dies zur Begründung der Kassenanweisung erforderlich ist. Abs. 1 Satz 4 gilt sinngemäß.

(3) Abs. 1 gilt nicht für solche Schriftstücke, die nach §§ 64, 65 als Sammelbeleg oder Dauerbeleg zu behandeln sind.

§ 63

Werden Schriftstücke in fremder Sprache als Unterlagen zur förmlichen Kassenanweisung verwendet, so ist eine beglaubigte Übersetzung der zu ihrem Verständnisse wesentlichen Teile beizufügen. § 58 Satz 4 gilt sinngemäß. Der Rechnungshof kann Erleichterungen zulassen, wenn besondere Verhältnisse vorliegen. Schriftstücke in französischer oder englischer Sprache brauchen nur soweit übersetzt zu werden, als dies für Zwecke des Reichsverwaltungszweigs, insbesondere für den Erlaß der Kassenanweisung und die Vorprüfung, erforderlich ist oder vom Rechnungshof im einzelnen Falle verlangt wird.

§ 64

(1) Bildet ein Schriftstück die Unterlage für mehrere förmliche Kassenanweisungen, die die Annahme von Haushaltseinnahmen oder die Leistung von Haushaltsausgaben zum Gegenstand haben, die in dem gleichen Teile des Rechnungslegungsbuchs oder der gleichen Kasseneinzelrechnung zu buchen sind, so ist das Schriftstück der ersten Kassenanweisung als Unterlage nach §§ 58 bis 63 beizufügen. In den weiteren Kassenanweisungen ist lediglich der Rechnungsbeleg, bei dem sich das Schriftstück befindet, nach Verbuchungsstelle, Einzahlungspflichtigen oder Empfänger, Betrag und Tag der Ausfertigung zu bezeichnen.

(2) Bildet ein Schriftstück die Unterlage für eine größere Anzahl von Kassenanweisungen oder bedeutet das in Abs. 1 vorgesehene Verfahren aus anderen Gründen eine erhebliche Erschwerung der Rechnungsprüfung, so ist das Schriftstück getrennt von den Kassenanweisungen als Sammelbeleg nach § 97 zu behandeln. Der Rechnungshof kann im einzelnen Falle bestimmen, daß ein Schriftstück als Sammelbeleg zu behandeln ist.

§ 65

(1) Kommt ein zur Begründung von förmlichen Kassenanweisungen dienendes Schriftstück auch für die Begründung von Kassenanweisungen in späteren Rechnungsjahren in Frage, so ist das Schriftstück getrennt von den Kassenanweisungen als Dauerbeleg nach § 98 zu behandeln, wenn hierdurch die Rechnungslegung erleichtert wird. Der Rechnungshof kann im einzelnen Falle bestimmen, daß ein Schriftstück als Dauerbeleg zu behandeln ist.

(2) Ein Dauerbeleg kann, soweit der Rechnungshof nicht etwas anderes bestimmt, bei der Rechnungslegung für die einzelnen Rechnungsjahre nur zur Begründung von Haushaltseinnahmen oder -ausgaben, die in dem gleichen Teile des Rechnungslegungsbuchs oder der gleichen Kasseneinzelrechnung gebucht sind, verwendet werden.

(3) Wird für einen längeren Zeitraum als ein Rechnungsjahr Rechnung gelegt, so gelten Abs. 1 und 2 sinngemäß; an die Stelle des Rechnungsjahrs tritt in diesem Falle der Zeitabschnitt, für den Rechnung gelegt wird.

§ 66

(1) Lassen die in §§ 59 bis 63 bezeichneten Unterlagen die in § 49 Abs. 2 unter Buchstaben c, d, e, g vorgesehenen Angaben zweifelsfrei erkennen, so genügt es, wenn an Stelle einer besonderen förmlichen Kassenanweisung auf die Unterlagen eine lediglich die Angaben unter Buchstaben a, b, f, h enthaltende Kassenanweisung gesetzt wird. Ist die in den Unterlagen enthaltene Angabe des Betrags (§ 49 Buchstabe c) geändert worden, so muß der Betrag in jedem Fall in der Kassenanweisung nach § 50 angegeben sein.

(2) Der Angabe der Kasse, die die Kassenanweisung ausführen soll, bedarf es im Falle des Abs. 1 nicht, wenn Zweifel, welche Kasse hierfür zuständig ist, nicht bestehen können.

§ 69

Ist der Kasse durch gesetzliche Vorschrift eine allgemeine Annahme- oder Auszahlungsanordnung erteilt, so gehört die Anordnung nicht zum Rechnungsbeleg. Für die Begründung der einzelnen Zahlung gilt § 68 Abs. 2, soweit die Zahlung an besondere Voraussetzungen geknüpft ist.

Teil 4: Feststellung der Rechnungsbelege

1. Abschnitt: Allgemeines

§ 77

(1) Alle eine Haushaltseinnahme oder -ausgabe begründenden Teile eines Rechnungsbelegs bedürfen der sachlichen und rechnerischen Feststellung nach §§ 78 bis 88.

(2) Besteht ein Rechnungsbeleg nur aus dem Zahlungsbeweise, so bedarf er der sachlichen Feststellung nicht. Die rechnerische Feststellung erfolgt nach §§ 84 bis 87.

(3) Beamte oder Vertragsangestellte sollen die von ihnen selbst aufgestellten Rechnungsbelege, die ihre eigene Person berühren, nicht feststellen.

2. Abschnitt: Sachliche Feststellung

§ 78

(1) Mit der Bescheinigung der sachlichen Feststellung bestätigt der Feststeller die in dem Rechnungsbeleg enthaltenen tatsächlichen Angaben. Er bescheinigt ferner, daß bei der Festsetzung der zu erhebenden Haushaltseinnahme oder zu leistenden Haushaltsausgabe nach den bestehenden Bestimmungen und nach den Grundsätzen der Wirtschaftlichkeit verfahren worden ist. Liegt einer Haushaltseinnahme oder -ausgabe ein Vertrag oder eine sonstige Verwaltungsmaßnahme zugrunde, so erstreckt sich die Bescheinigung auch auf den Inhalt des Vertrags oder der Maßnahme. Hat eine Haushaltsausgabe eine Lieferung oder Leistung zum Gegenstande, so enthält die sachliche Feststellung ferner die Bescheinigung, daß die Lieferung oder Leistung sowohl als solche als auch hinsichtlich der Art ihrer Ausführung wirtschaftlich geboten war und daß sie entsprechend der zugrunde liegenden Vereinbarung oder Bestellung sachgemäß und vollständig ausgeführt worden ist. § 79 bleibt unberührt.

(2) Bei Haushaltsausgaben für Instandsetzungen oder für den Ersatz unbrauchbar gewordener Gegenstände ist gegebenenfalls bei der Feststellung zu vermerken, inwieweit die Ersatzpflicht eines Dritten in Frage kommt. Enthält die Feststellungsbescheinigung einen solchen Zusatz nicht, so bestätigt damit der Feststeller in jedem Falle, daß die Ersatzpflicht eines Dritten nicht in Frage kommt.

§ 79

(1) Ist eine Haushaltseinnahme oder -ausgabe auf Grund eines von der zuständigen Stelle abgeschlossenen schriftlichen Vertrags oder eines von ihr vollzogenen Bestellschreibens angenommen oder geleistet worden, und war der Vertrag oder das Bestellschreiben von einer anderen Person als dem Feststeller vollzogen worden, so erstreckt sich die Feststellung nicht auf den Inhalt des Vertrags oder des Bestellschreibens. Entsprechendes gilt, wenn die Haushaltseinnahme oder -ausgabe von der vorgesetzten Reichsbehörde oder einem Dienstvorgesetzten angeordnet oder genehmigt worden ist.

(2) Muß die sachliche Feststellung ausnahmsweise (z. B. infolge Erkrankung, Versetzung oder Ausscheidens des zunächst berufenen Beamten) von einem Beamten bescheinigt werden, der den Inhalt der Feststellungsbescheinigung nicht aus eigener Überzeugung in vollem Umfange bestätigen kann, so erstreckt sich die Bescheinigung bezüglich der ihm persönlich nicht bekannten Tatsachen nur darauf, daß sich bei sorgfältiger Prüfung Bedenken gegen die Richtigkeit der Angaben des Rechnungsbelegs nicht ergeben haben. Das gleiche gilt auch dann, wenn von einer Feststellung des Maßes oder Gewichts nach Lage der Sache hat abgesehen werden müssen.

(3) Ist die sachliche Feststellung für einen Teil des Inhalts des Rechnungsbelegs von einer anderen Person innerhalb ihrer Zuständigkeit vorgenommen und bescheinigt worden, so erstreckt sich die Feststellungsbescheinigung des den Rechnungsbeleg im übrigen feststellenden Beamten nicht auf den von jenem nach dem Inhalte der abgegebenen Bescheinigung festgestellten Tatbestand. Die Feststellungsbescheinigung schließt jedoch die Bescheinigung in sich, daß die Person, die die oben angeführte teilweise Feststellung abgegeben hat, dazu berechtigt war.

§ 80

(1) Die sachliche Feststellung erfolgt durch den Vorsteher der Behörde oder die' von ihm beauftragten Personen. Sie darf nur von Personen vorgenommen werden, die hierzu nach Abs. 2 befähigt und auf Grund der in ihrer Dienststellung erlangten Kenntnis von den Vorgängen des einzelnen Falles oder von den ihnen darüber zur Verfügung stehenden Schriftstücken oder auf Grund ihrer Fachkenntnis tatsächlich in der Lage sind.

(2) Zur sachlichen Feststellung befähigt sind Beamte, die der Besoldungsgruppe 4 c der Besoldungsordnung A des Besoldungsgesetzes vom 16. Dezember 1927 (Reichsgesetzbl. I S. 349) oder einer Besoldungsgruppe mit höherem Endgehalt angehören, und die für diese Besoldungsgruppen geprüften Beamten. Den Beamten sind die Vertragsangestellten, die nach dem Reichsangestelltentarif in Vergütungsgruppen eingestuft sind, die mindestens der Besoldungsgruppe 4 c entsprechen, gleichzuachten, sofern bei einem Reichsverwaltungszweige die Heranziehung von Vertragsangestellten zur sachlichen Feststellung nach Lage der Verhältnisse geboten ist. Sind Länder oder Gemeinden mit der Ausführung des Reichshaushaltsplans betraut, so gelten für die Befähigung zur sachlichen Feststellung die von den Ländern oder Gemeinden für ihren eigenen Geschäftsbereich erlassenen Bestimmungen, soweit diese weitergehende Anforderungen stellen, als sie in dieser Ordnung vorgesehen sind. Liegen bei einer Verwaltung besondere Verhältnisse vor, so kann der zuständige Reichsminister im Einvernehmen mit dem Rechnungshof abweichende Bestimmungen treffen.

(3) Personen, die nach Weisung der Reichsbehörde nur einzelne Teile des Inhalts von Rechnungsbelegen (§ 79 Abs. 3) zu bescheinigen haben, z. B. Arbeitsstunden oder den richtigen Eingang von Lieferungen, brauchen nicht zur sachlichen Feststellung befähigt zu sein.

§ 81

(1) Der Feststeller hat die sachliche Feststellung durch Vollziehung des Vermerks „sachlich richtig" unter Angabe der Amtsbezeichnung oder Dienststellung zu bescheinigen.

(2) Ist im Falle des § 79 Abs. 3 ein Rechnungsbeleg für einen Teil seines Inhalts durch eine andere Person als den Feststeller sachlich festgestellt, so muß aus dem Wortlaut ihrer Bescheinigung (z. B. „der richtige Eingang wird bescheinigt" oder „die Ansätze der Rechnung entsprechen der tatsächlichen Lieferung" oder „Auftrag nach den Bedingungen ausgeführt") der Umfang der getroffenen Feststellung ersichtlich sein.

§ 82

(1) Sind zur Prüfung eines Rechnungsbelegs besondere Fachkenntnisse, z. B. auf bautechnischem, ärztlichem oder chemischem Gebiet erforderlich so hat neben der sonstigen sachlichen Feststellung eine fachtechnische Feststellung stattzufinden. Stehen der Reichsbehörde hierzu geeignete eigene Kräfte oder Kräfte einer anderen Behörde nicht zur Verfügung, so kann von der besonderen fachtechnischen Feststellung abgesehen werden.

(2) Die fachtechnische Feststellung hat sich auf die fachtechnische Seite der in § 78 angeführten Feststellung zu erstrecken.

§ 83

Zum Zeichen der fachtechnischen Feststellung sind alle Ansätze und Beträge, auf die sich die Feststellung erstreckt, mit grüner Tinte oder grünem Farbstift anzustreichen. Außerdem hat der Feststeller die vorgenommene fachtechnische Feststellung durch Vollziehung des Vermerks „fachtechnisch richtig" unter Angabe der Amtsbezeichnung oder Dienststellung zu bescheinigen.

3. Abschnitt: Rechnerische Feststellung

§ 84

(1) Rechnungsbelege jeder Art, die Berechnungen oder auf Berechnungen oder andere Schriftstücke sich gründende Zahlenangaben enthalten, müssen durch einen zuständigen Beamten rechnerisch geprüft und festgestellt werden. Der Feststellung bedarf es nicht, soweit diese bereits durch einen Beamten einer anderen Reichsbehörde ordnungsgemäß bescheinigt ist. Das gleiche gilt, wenn die rechnerische Feststellung von einem Beamten einer Landesbehörde, der nach den Bestimmungen des in Frage kommenden Landes zur Bescheinigung der rechnerischen Feststellung befähigt ist, bescheinigt worden ist, es sei denn, daß der Rechnungshof die Feststellung durch einen Beamten der anordnenden Reichsbehörde im einzelnen Falle fordert.

(2) Werden Rechnungsbelege unter Verwendung von Maschinen aufgestellt, so kann der Rechnungshof auf die rechnerische Feststellung ganz oder teilweise verzichten.

§ 85

(1) Mit der Vollziehung des Vermerks über die rechnerische Feststellung bescheinigt der Feststeller die Richtigkeit aller auf eine Berechnung sich gründenden Angaben. Die rechnerische Feststellung hat sich hiernach nicht auf die Nachrechnung der Rechnungsbelege zu beschränken; sie erstreckt sich vielmehr auch auf die Feststellung der Richtigkeit der den Berechnungen im Rechnungsbelege zugrunde liegenden Ansätze nach Maßgabe der für sie gegebenen Berechnungsunterlagen (z. B. Bestimmungen, Verträge, Tarife).

(2) Für die Richtigkeit der von einem Nachrechner (vgl. § 86 Abs. 3) nach § 87 Abs. 3 bescheinigten Rechnungsarbeiten ist der Feststeller nicht verantwortlich.

§ 86

(1) Zur rechnerischen Feststellung befähigt sind Beamte, die der Besoldungsgruppe 4 d der Besoldungsordnung A des Besoldungsgesetzes vom 16. Dezember 1927 (Reichsgesetzbl. I S. 349) oder einer Besoldungsgruppe mit höherem Endgehalt angehören, und die für diese Besoldungsgruppen geprüften Beamten. Den Beamten sind die Vertragsangestellten, die nach dem Reichsangestelltentarif in Vergütungsgruppen eingestuft sind, die mindestens der Besoldungsgruppe 4 c entsprechen, gleichzuachten, sofern bei einem Reichsverwaltungszweige die Heranziehung von Vertragsangestellten zur rechnerischen Feststellung nach Lage der Verhältnisse geboten ist. Darüber hinaus kann ein Reichsverwaltungszweig einzelnen Beamten in Besoldungsgruppen mit niedrigerem Endgehalt oder Soldaten oder Vertragsangestellten in Vergütungsgruppen mit niedrigerer Endvergütung nach mit dem Rechnungshof vereinbarten Grundsätzen für ihre Person die Befähigung zur rechnerischen Feststellung besonders zuerkennen, sofern ein Bedürfnis hierfür vorliegt.

(2) Sind Länder oder Gemeinden mit der Ausführung des Reichshaushaltsplans betraut, so gelten für die Befähigung zur rechnerischen Feststellung die von den Ländern oder Gemeinden für ihren eigenen Geschäftsbereich erlassenen Bestimmungen, soweit diese weitergehende Anforderungen stellen, als sie in dieser Ordnung vorgesehen sind. Der zuständige Reichsminister kann im Einvernehmen mit dem Rechnungshof abweichende Bestimmungen treffen.

(3) Zur Entlastung des Feststellungsbeamten kann die Erledigung von Nachrechnungsarbeiten Beamten oder Vertragsangestellten übertragen werden, die nicht die Feststellungsbefugnis haben. Die Nachrechner werden von der obersten Reichsbehörde nach von ihr festgesetzten Grundsätzen bestellt. Die oberste Reichsbehörde kann diese Befugnis auch auf die ihr nachgeordneten Reichsbehörden übertragen.

§ 87

(1) Zum Zeichen der rechnerischen Feststellung sind alle Ansätze und Zahlenangaben, auf die sich die Feststellung erstreckt, mit schwarzer Tinte oder entsprechendem Tintenstift anzuhaken. Andere Angaben, z. B. die einzelnen Worte, sollen nicht angehakt werden.

(2) Der Feststeller hat die vorgenommene rechnerische Feststellung auf dem Rechnungsbelege möglichst neben oder unmittelbar unterhalb des durch die Berechnung ermittelten Zahlungsbetrags durch Vollziehung des Vermerks „festgestellt" und, wenn die Schlußzahlen geändert worden sind, des Vermerks „festgestellt auf ..... RM" unter Angabe der Amtsbezeichnung oder Dienststellung zu bescheinigen. Besteht ein Rechnungsbeleg aus mehreren Schriftstücken, die in sich abgeschlossene Ansätze und Berechnungen enthalten, so ist der Vermerk „festgestellt" nur auf dem das Gesamtergebnis enthaltenden Schriftstücke nötig.

(3) Soweit eine Nachrechnung durch Nachrechner (§ 86 Abs. 3) vorgenommen worden ist, ist auf den betreffenden Teilen des Rechnungsbelegs durch den Vermerk „nachgerechnet" unter Beifügung von Namen und Amtsbezeichnung oder Dienststellung des Nachrechners zu bescheinigen, daß die der Nachrechnung unterliegenden Zahlenangaben in dem Rechnungsbelege richtig sind.

4. Abschnitt: Zusammenfassung der verschiedenen Feststellungsbescheinigungen. Verbindung von Feststellungsbescheinigungen mit der förmlichen Kassenanweisung

§ 88

(1) Wenn von ein und derselben Person mehrere Arten von Feststellungen gleichzeitig vorgenommen worden sind, so lautet die Bescheinigung für

a) die allgemein sachliche und die fachtechnische Feststellung „richtig",
b) die sachliche und rechnerische Feststellung „sachlich richtig und festgestellt (auf ..... RM)",
c) die fachtechnische und rechnerische Feststellung „fachtechnisch richtig und festgestellt (auf ..... RM)",
d) die allgemein sachliche, fachtechnische und rechnerische Feststellung „richtig und festgestellt (auf ..... RM)".

(2) Wird eine Feststellung von demselben Beamten bescheinigt, der die förmliche Kassenanweisung vollzieht, so kann der Feststellungsvermerk mit der Kassenanweisung verbunden werden.

Literaturverzeichnis*)

A. Bücher:

Buchholtz, P., Grundriß des Haushalts-, Kassen- und Rechnungswesens in Reich, Staat und Gemeinde. 5. Aufl., Mannheim-Berlin-Leipzig. 1929.

Duhmer, Das öffentliche Vermögen in Deutschland und seine Bewirtschaftung. Göttingen 1952.

— —, Das öffentliche Vermögen — Ein Problem der organischen Finanz- und Steuerreform. Heft 35 der Schriftenreihe des Instituts für Finanzen und Steuern. Bonn 1953.

— —, Das aktive Gemeindevermögen im allgemeinen, s. Peters.

Eich, Jakob, Kommunales Kassen- und Rechnungswesen, s. Peters.

Eitner, W., Öffentliche Schulden- und Rücklagenwirtschaft. Göttingen 1954.

Elfert, Wie lassen sich kaufmännisch-betriebswirtschaftliche Gedanken zur Frage der Vermögenserhaltung auf die öffentliche Finanzwirtschaft sinngemäß anwenden? In: Gemeinsame wirtschaftliche Grundregeln in privater Wirtschaft und öffentlicher Verwaltung — Gutachten, erstattet im Auftrage des Herrn Bundesministers der Finanzen. Band 2 der Studien der Forschungsgesellschaft für Staats- und Kommunalwirtschaft e. V. in Frankfurt/Main. Göttingen 1958, S. 50.

Friedel, R., Kurzer Unterricht in der Gruppik. Berlin 1937.

— —, Haushaltsrechnung und -plan in verbundener Form. Leipzig 1940.

Fuchs, M., und Zentgraf, H., Erweiterte kameralistische Buchführung in den öffentlichen Einrichtungen der Gemeinden. Göttingen 1959.

Gerloff-Neumark, Handbuch der Finanzwissenschaft. 2. Aufl., Tübingen 1952.

Giere, G., Kommunales Schuldenwesen, s. Peters.

Gmelch, Karl, Grundvermögen in Staat, Gemeinde und Gemeindeverbänden. Würzburger Dissertation 1932.

Greuner, Neuere haushaltsrechtliche Bestimmungen. Berlin 1954.

Groener, J. L., Das Wesen der kameralistischen Buchführung mit Gewinnausweis. Krefeld 1951.

Heinig, K., Das Budget. Tübingen 1949/52.

Helmert, Otto, Haushalts-, Kassen- und Rechnungswesen — Eine systematische Darstellung und Erläuterung des staatlichen und kommunalen Haushalts- und Kassenrechts, des Rechts der Rechnungslegung und Rechnungsprüfung. Berlin 1961.

Hettlage, K. M., Das gemeindliche Kapitalvermögen, s. Peters.

Johns, Rudolf, Die öffentliche Bilanz. In: Wirtschaftslenkung und Betriebswirtschaftslehre. Festschrift zum 60. Geburtstag von Ernst Walb. Leipzig 1940. S. 165.

— —, Das Problem der öffentlichen Vermögensrechnung und seine Lösung. Heft 8 der Kommunalwirtschaftlichen Studien und Forschungen. Würzburg 1943.

*) Siehe auch das Literaturverzeichnis bei Helmert, Haushalts-, Kassen- und Rechnungswesen, Berlin 1961, S. 585 ff. und die Fußnote zum Vorwort zur zweiten Auflage.

Johns, Rudolf, Kameralistik — Grundlagen einer erwerbswirtschaftlichen Rechnung im Kameralstil. Handelshochschule. Wiesbaden 1951.

— —, Lassen sich Einrichtungen und Methoden des erwerbswirtschaftlichen Rechnens auf die öffentliche Haushaltswirtschaft zur Förderung von Wirtschaftlichkeit und Sparsamkeit übertragen? In dem oben angeführten Gutachten der Forschungsgesellschaft (s. Elfert) S. 31.

Lange, Dieter, Möglichkeiten finanzwirtschaftlicher Vermögensrechnung — dargestellt an realisierten oder zur Diskussion gestellten Rechnungssystemen in Deutschland. Kieler Dissertation 1958.

Leupold, O., Die Verwaltungsbuchführung der deutschen Gemeinden nach den neuesten reichsrechtlichen Vorschriften. 3. Aufl., Leipzig 1942.

Marder, K., Das Gemeindevermögen. Stuttgart-Berlin 1936.

Markus, Karl, Verwaltungsbuchführung und Vermögensrechnung einer Großstadt. 3. Aufl., bearbeitet von Karl Wehner. Band 3 der Schriftenreihe des Instituts für Kommunalwissenschaft. Frankfurt/Main 1956.

Peters, Hans, Handbuch der kommunalen Wissenschaft und Praxis. 3. Band: Kommunale Finanzen und kommunale Wirtschaft. Berlin-Göttingen-Heidelberg 1959.

Reis, Rudolf, Die Vermögensrechnung in der staatlichen Finanzwirtschaft. Saarbrückener Dissertation 1956.

Schiffmann, Verwaltung, Veräußerung, Belastung des Staatsvermögens in Bayern. Würzburger Dissertation 1931.

Schmid, Carl, Leitfaden für die Verwaltungsbuchführung. Stuttgart 1942.

Schumann, Alwin, Die Vermögensrechnung der Gemeinden. Berlin 1944.

Schulze-Wagner, Reichshaushaltsordnung. 3. Aufl., Berlin 1934.

Schwab-Gehring, Badische Kassen- und Rechnungsverordnung. Freiburg i. Br. 1951.

Seelig, K., Kameralistische Musterrechnung für gemeindliche Versorgungsbetriebe. Karlsruhe 1937.

Stenger, Das neue Vermögens- und Haushaltsrecht der deutschen Gemeinden. 2. Aufl., Berlin-München 1939.

Terhalle, Fritz, Die Finanzwirtschaft des Staates und der Gemeinden. Berlin 1948.

Thiess, E., Das Rechnungswesen der gemeindlichen Betriebe. Leipzig 1936.

Vialon, Friedrich Karl, Haushaltsrecht — Haushaltspraxis. 2. Aufl. Berlin und Frankfurt/Main 1959.

Wacke, Das Finanzwesen der Bundesrepublik. Tübingen 1950.

Walb, E., Die Erfolgsrechnung privater und öffentlicher Betriebe. Berlin-Wien 1926.

— —, Finanzwirtschaftliche Bilanz. 2. Aufl. 1943.

Weichmann-Wawrczeck, Neuordnung der öffentlichen Haushalte. Hamburg 1952.

Winckelmann, Hans, Kameralistische und kaufmännische Rechnungslegung in öffentlichen Verwaltungen und Betrieben. Berlin 1949.

— —, Gemeindliche Vermögensrechnung. Stuttgart und Köln 1959.

B. Aufsätze:

Ausschuß für Vermögensbuchführung des Fachverbandes der Kommunalrentmeister e. V. (Weißer, Lendeckel, Leue), Vorschlag für die Buchführungs- und Rechnungslegungsvorschriften zu einer Verordnung über die Vermögensverwaltung der Gemeinden. Kommunalkassenzeitschrift 1953, S. 133.

Bachofer, Inventarnachweis der kommunalen Verwaltungen. Der Gemeindehaushalt 1960, S. 25.

Beurlen, Gedanken zum Nachweis und zur Rechnungsführung über das Vermögen des Bundes. Bulletin des Presse- und Informationsamtes der Bundesregierung Nr. 14 vom 22. Januar 1954, S. 105.

Birkert, Chr., Zur Bilanz der Kameralrechnung. Der Gemeindehaushalt 1950, S. 23.

Dinges, Walter, Die Vermögensbuchführung — Versuch einer Lösung in der Praxis. Kommunalkassenzeitschrift 1959, S. 137.

Eicher, Friedrich, Zur Vermögensstatistik der öffentlichen Hand. Allgemeines Statistisches Archiv, Bd. 24, S. 1.

Emrich, W., Die Jahresrechnung der Gemeinden. Der Gemeindehaushalt 1952, S. 163.

Fuchs, Manfred, Die erweiterte kameralistische Buchführung in den öffentlichen Einrichtungen. Der öffentliche Haushalt 1957, Heft 2/3, S. 55.

Gerber, Johannes, Anforderungen an das Rechnungswesen eines öffentlichen Haushalts. Der öffentliche Haushalt 1955, Heft 3/4, S. 115.

Giere, Zur Frage der Vermögensrechnung. Der Gemeindehaushalt 1949, S. 34.

Heller, Ernst, Die kameralistische Vollrechnung. Der öffentliche Haushalt 1956, Heft 2/3, S. 76.

Helmert, Otto, Leitgedanken der Vermögensrechnung des Bundes. Der öffentliche Haushalt 1954, Heft 4, S. 145.

Hoferichter, Paul, Die Verwaltung und Nachweisung des Vermögens und der Schulden in einer praktischen Vermögensbuchführung. Der Gemeindehaushalt 1959, S. 107.

— —, Grünes Licht für die Vermögensbuchführung. Der Gemeindehaushalt 1961, S. 179.

Johns, R., Ein neues Verfahren in der Kameralrechnung. Zeitschrift für handelsw. Forschung 1936, S. 320.

— —, Die Vollrechnung der Gemeinden. Zeitschrift für handelsw. Forschung 1938, S. 145 u. 193.

— —, Kombinierte Finanz- und Betriebsrechnung im Kameralstil. Zeitschrift f. handelsw. Forschung 1950, S. 407.

Kropp, Verbundrechnung oder Zusammenstellung. Der Gemeindehaushalt 1951, S. 27.

Landig, Herbert, Die Vermögensbuchführung aus der Sicht der Praxis. Der Gemeindehaushalt 1958, S. 30 und 70.

Lange, Die Verordnung über das Kassen-, Rechnungs- und Prüfungswesen (KRPVO) in Niedersachsen. Kommunalkassenzeitschrift 1957, S. 138.

Lehmann, Der Ausbau der Frankfurter Verwaltungsbuchhaltung. Der Gemeindetag 1938, S. 402.

Leue, Vereinfachung der Vermögensbuchführung. Kommunalkassenzeitschrift 1955, S. 63.

— —, Der Nachweis der Erhaltung des Gemeindevermögens. Der Gemeindehaushalt 1957, S. 33.

— —, Zur Einrichtung der Vermögensbestandskartei. Der Gemeindehaushalt 1957, S. 68.

Loschelder, W., Gedanken zur Vermögensrechnung. Der Gemeindehaushalt 1941, S. 17.

Maaß, Werner, Buchführung, Haushalts- und Vermögensrechnung in alter und neuer Sicht. Der öffentliche Haushalt 1962, Heft 4, S. 199.

Mackert, Josef, Die Bibliotheken in der Vermögensrechnung des Bundes. Der öffentliche Haushalt 1954/55, Heft 6, S. 248.

Marder, K., Ist eine Gesamtbewertung des Vermögens öffentlicher Körperschaften, insbesondere der Gemeinden, erforderlich und durchführbar? Reich und Länder, Jg. 10, Berlin 1936, S. 77.

Hierzu Stellungnahme von Friedrich Raab und E. Thieß, a.a.O. S. 81 und 106.

— —, Zweck und Bedeutung der Vermögens- und Schuldenbestandsnachweisungen. Der Gemeindehaushalt 1936, S. 202.

Massar, K., Zur Frage einer Statistik des öffentlichen Vermögens. Allg. Stat. Archiv 1935/36, Bd. 25, S. 319.

Mülhaupt, L., Das Problem der gemeindlichen Vermögensrechnung in betriebswirtschaftlicher und finanzwirtschaftlicher Betrachtung. Zeitschr. f. handelsw. Forschung 1940, S. 305.

— —, Grundsätzliches zum Problem der Vermögensstatistik. Allg. Stat. Archiv 1941/42, Bd. 30, S. 36.

Oldorf, siehe Mackert a. a. O. S. 256.

Pfleger, Karl, Der zweiseitige Vermögensausweis. Der Gemeindehaushalt 1955, S. 90.

Podewils, E., Zur Bilanz der Kameralrechnung. Der Gemeindehaushalt 1950, S. 24.

Raab, Friedrich, siehe bei Marder.

Reichle, Außerordentlicher Haushalt — Vermögensrechnung. Der Gemeindehaushalt 1959, S. 221.

Ritschl, Hans, Die haushaltsrechtlichen Vorschriften über öffentliches Eigentum. Die öffentliche Wirtschaft 1957, Heft. 4, S. 2.

Sambach, Eckhard, Probleme einer staatlichen Vermögensbilanz unter Berücksichtigung der eidg. Staatsrechnung. Finanzarchiv NF 15, 1954/55, S. 251.

Scherer, E., Sachbuchführung und Rechnungslegung in kleineren Gemeinden. Abschnitt VII: Vermögenssachbuch und Vermögensrechnung. Der Gemeindehaushalt 1941, S. 104.

Schmid, Carl, Inhalt der Vermögensrechnung — Gemeindewirtschaftlicher Vermögensbegriff. Der Gemeindehaushalt 1951, S. 38.

— —, Die fehlende Verordnung über die Verwaltung und Nachweisung des Gemeindevermögens. Der Gemeindehaushalt 1960, S. 217.

Schnorr, Zur Frage der Vermögensrechnung (Die Gruppik). Der Gemeindehaushalt 1949, S. 181.

Schrader, W., Die Vermögensrechnung (Kameralistik oder Doppik). Der Gemeindehaushalt 1949, S. 85.

Schubert, A., Wirtschaftlichkeitsüberwachung in der öffentlichen Verwaltung. Zeitschr. f. Betriebswirtschaft 1935, S. 82.

Schulte, Albert, Öffentliches Vermögen und Publizität — Der Weg zur öffentlichen Bilanz. Reichs- und Preußisches Verwaltungsblatt, Band 54, 1933, S. 626.

Schwab, A., Das Sachbuch für das Vermögen. Der Gemeindehaushalt 1949, S. 67.

— —, Die „Bilanz" der Kameralrechnung. Der Gemeindehaushalt 1949, S. 148.

— —, Zur Reform des Gemeindehaushalts- und Rechnungswesens. Der Gemeindehaushalt 1955, S. 186.

Seelig, K., Verbrauchsbedingte Abschreibungen in der finanzwirtschaftlichen Deckungsrechnung. Der Gemeindehaushalt 1950, S. 33.

— —, Außerordentlicher Haushalt und Vermögensrechnung in verbundener Vollrechnung. Der Gemeindehaushalt 1958, S. 1.

Spangenberg, Zur Nachweisung und Bewertung des Vermögens öffentlicher Körperschaften. Reich und Länder 1936, S. 253.

Spielhagen, W., Gedanken zur Vermögenswirtschaft der Gemeinden. Reich und Länder 1935, S. 222.

— —, Gedanken zur Bewertung des Gemeindevermögens. Reich und Länder 1936. S. 8.

Stein, Fritz, Neue Buchhaltung für Wirtschaftsbetriebe der Gemeinden. Der Gemeindehaushalt 1959, S. 113.

Thiess, E., Die mißverstandene Kameralistik. Zeitschr. f. handelsw. Forschung 1935, S. 87.

— —, siehe auch bei Marder.

Totzek, W., Verwaltungsbuchhaltung. Der Gemeindetag 1938, S. 672.

Trassl, Josef, Die erweiterte kameralistische Buchführung. Der öffentliche Haushalt 1956, Heft 2/3, S. 49. Ferner: Die öffentliche Verwaltung 1956, S. 456.

Varnholt, W., Die Vermögensbuchführung der Gemeinden — Ein Mittel zum Zweck oder Selbstzweck? Der Gemeindehaushalt 1960, S. 106.

Walb, E., Die Problematik der Kameralrechnung. Zeitschrift f. handelsw. Forschung 1937, S. 409.

Walter, K., Vermögensbuchführung oder Lastenbuchführung? — Was ist der Zweck der gemeindlichen Vermögensbuchführung? Der Gemeindehaushalt 1960, S. 196.

Warnecke, Der Ausbau der Verwaltungsbuchführung. Der Gemeindetag 1938, S. 736.

Weinmann, A., Haushaltsrechnung — Vermögensrechnung — Erfolgs- und Wirtschaftlichkeitskontrolle. Der Gemeindehaushalt 1949, S. 129.

Literaturverzeichnis

Weißer, Gedanken zur gemeindlichen Vermögensrechnung. Kommunalkassenzeitschrift 1952, S. 169.

— —, Aus der Arbeit des Ausschusses für Vermögensbuchführung. Kommunalkassenzeitschrift 1954, S. 118.

Winckelmann, Hans, Erfordernisse einer gemeindlichen Vermögensrechnung. Der Städtetag 1953, Heft 6, S. 238.

Wobser, Erhard, Kasse — Rechnung — Abschluß. Der öffentliche Haushalt 1956, Heft 2/3, S. 61.

Zimmermann, August, Das Sachbuch für das Vermögen. Der Gemeindehaushalt 1941, S. 241.

Aus jüngster Zeit ist nachzutragen die — insbesondere für den kommunalen Bereich — bedeutungsvolle Studie von

Berkenhoff, Hans Albert, Grundsätze einer Gemeindevermögensordnung. Archiv für Kommunalwissenschaften, Jg. 1, 1962, 1. Halbjahresband, S. 106 ff.

Sachregister

(Die Zahlen bezeichnen die Seiten)

Das Sachregister für die Vermögensrechnungsbestimmungen des Ausgleichsfonds ist im Anschluß an dieses Sachregister abgedruckt.

A

D

E

H

O

P

S

V

Sachregister

zu den Vermögensrechnungsbestimmungen des Ausgleichsfonds

(Die Zahlen bezeichnen die Seiten)

Berichtigung

Zu S. 252	Kennziffern 5313/20 — /22: Unter „Gegenstand“ ist der Text nach „Härtefonds“ ohne Unterbrechung zu lesen.
Zu S. 253	Kennziffer 5391: Bei den Ausgaben ist Kap. 723 einzusetzen.

FSC
www.fsc.org
MIX
Papier | Fördert gute Waldnutzung
FSC® C083411

Kolibri 360 GmbH
Ferdinand-Jühlke-Straße 7
99095 Erfurt, Deutschland
produktsicherheit@kolibri360.de